本教材的出版受"福建农林大学出版基金"资助

基础财务管理

张瑞琛　主编

中国财经出版传媒集团
中国财政经济出版社

图书在版编目（CIP）数据

基础财务管理 / 张瑞琛主编 . —北京：中国财政经济出版社，2019.5
ISBN 978－7－5095－8642－6

Ⅰ.①基⋯　Ⅱ.①张⋯　Ⅲ.①财务管理　Ⅳ.①F275

中国版本图书馆 CIP 数据核字（2018）第 264003 号

责任编辑：段　钢　　　　责任印制：刘春年
封面设计：卜建辰　　　　责任校对：徐艳丽

中国财政经济出版社 出版

URL：http：//www.cfeph.cn
E－mail：cfeph @ cfeph.cn

（版权所有　翻印必究）

社址：北京市海淀区阜成路甲 28 号　邮政编码：100142
营销中心电话：010－88191537
三河市宏图印务有限公司印刷　　各地新华书店经销
787×1092 毫米　16 开　23.5 印张　480 000 字
2019 年 5 月第 1 版　2019 年 5 月河北第 1 次印刷
定价：58.00 元
ISBN 978－7－5095－8642－6
（图书出现印装问题，本社负责调换）
本社质量投诉电话：010－88190744
打击盗版举报热线：010－88191661　QQ：2242791300

前　言

　　基础财务管理是会计类专业的核心课程之一，是财务管理理论和知识体系的概括与总结，是一门以资金及其流转为研究对象的经济管理学科，也是从事财务管理实践所必备的理论知识体系。财务管理是现代企业管理的中心，随着市场经济的发展和资本市场的完善，财务管理在经济管理中变得越来越重要。为了满足当前对高级技能型、应用型人才培养的需求，强化学生综合业务素质和实际操作能力的培养，我们编写了这本教材，全书包括：公司财务管理基础和理论概述、货币时间价值及其应用、债券与股票价值评估、风险与收益分析、长期债务筹资、权益性筹资、现金流量分析、资本预算（投资）决策、资本预算中的风险分析与最佳资本预算的确定等17章的内容，在继承国内外财务管理教材优秀成果的基础上，力求体现时代的特征和财务管理的基本功能，密切联系最新相关法律法规，在加强基础理论、基本方法和基本技能论述的同时，突出理论与实践相结合。与此同时，各章均安排了复习思考题和历年注册会计师真题内容，一方面提高和巩固学生对各章节知识的掌握和应用能力；另一方面让学生提前了解注会考试的难易程度，为之后的学习做准备。全书结构新颖、内容适度、例题经典、通俗易懂，是一本便于高等院校教学且具有较强可读性的教材。

　　本书的成功问世，离不开同事们的热情帮助，在此一并表示由衷的感谢！由于编者时间和水平有限，书中难免存在疏漏和不足，恳请同行专家、学者和广大读者批评指正。

编者
2019年2月

目录

第一章　公司财务管理基础和理论概述 ··· 1
第二章　货币时间价值及其应用 ··· 30
第三章　债券与股票价值评估 ·· 44
第四章　风险与收益分析 ··· 57
第五章　长期债务筹资 ·· 74
第六章　权益性筹资 ··· 90
第七章　现金流量分析 ·· 102
第八章　资本预算（投资）决策 ·· 114
第九章　资本预算中的风险分析与最佳资本预算的确定 ···················· 127
第十章　资本成本 ·· 145
第十一章　资本结构理论 ··· 164
第十二章　杠杆理论 ··· 186
第十三章　股利政策 ··· 200
第十四章　营运资本管理 ··· 232
第十五章　现金管理 ··· 246
第十六章　存货管理 ··· 266
第十七章　应收账款和信用政策 ·· 279

附录 ·· 290
习题解析 ·· 298
参考文献 ·· 368

第一章 公司财务管理基础和理论概述

> **本章提要**
>
> 企业财务是指企业在生产经营过程中客观存在的资金运动及其所体现的经济利益关系,前者称为财务活动,表明了企业财务的内容和形式特征;后者称为财务关系,揭示了企业财务的实质。而财务管理是按照国家法律法规和企业经营要求,遵循资本营运规律,对企业财务活动进行组织、预测、决策、计划、控制、分析和监督等一系列管理工作的总称,通过对本章的学习,掌握财务管理的含义、基本目标、财务管理所处的环境等相关内容,为后续章节的学习奠定基础。

一、财务管理的含义

从传统的观点来看,财务管理就是对企业财务活动过程的管理,是按照国家法律法规和企业经营要求,遵循资本营运规律,对企业财务活动进行组织、预测、决策、计划、控制、分析和监督等一系列管理工作的总称。其目的在于用最少的企业资金为股东创造最大的财富。

(一)财务管理职能

财务管理职能就是对企业筹资、投资利润分配进行管理。具体地说,包括以下几方面:(1)资金从不同的渠道筹集,并运用于不同的投资项目,使企业的价值最大化;(2)财务经理必须考虑投资和筹资决策以及两者的联系;(3)财务经理与企业经理们相互联系,以帮助企业尽可能高效率地运转;(4)货币市场和资本市场的利用。

(二)首席财务执行官(CFO)与财务经理在企业中的地位

CFO在企业组织层中占有较高的位置,被誉为企业的"财神爷"。他负责制定企业的主要财务政策,与其他副总经理联系,提出在别的领域里主要决策中的财务问题,确定应向他报告的财务负责人的职责,并对会计经理和财务经理进行直接领导。在小型企业组织中，首席财务官（副总经理）可能同时履行财务经理和会计经理两个职能，或财务经理在 CFO 领导下执行财务和会计两个方面的职责。

二、财务管理的主要内容

公司的基本活动是从资本市场上筹集资金，投资于经营性资产，并运用这些资产进行经营活动。因此，公司的基本活动可以分为投资、筹资和营业活动三种，财务管理主要与投资和筹资有关。

从财务管理角度看，投资可以分为长期投资和短期投资，筹资也可以分为长期筹资和短期筹资。这样财务管理的内容可以分为四个部分：长期投资、短期投资、长期筹资、短期筹资。由于短期投资和短期筹资有密切关系，通常合在一起讨论，称为营运资本管理（或短期财务管理）。

（一）长期投资

这里的长期投资，是指公司对经营性长期资产的直接投资。它具有以下特征：

1. 投资的主体是公司

工商业公司投资不同于个人或专业投资机构的投资。公司投资是直接投资，即现金直接投资于经营性（或称生产性）资产，然后用其开展经营活动并获取现金。个人或专业投资机构是把现金投资于企业，然后企业用这些现金再投资于经营性资产，属于间接投资。公司的直接投资在投资以后继续控制实物资产，因此可以直接控制投资回报；间接投资的投资人（公司的债权人和股东）在投资以后不直接控制经营性资产，因此只能通过契约或更换代理人间接控制投资回报。

2. 投资的对象是经营性长期资产

经营性资产投资的对象，包括长期资产和短期资产两类。长期资产投资的现金流出至现金流入的时间超过 1 年，属于长期投资；短期资产投资的现金流出至现金流入的时间不超过 1 年，属于短期投资。公司的经营性长期资产包括厂房、建筑物、机器设备、运输设备等。经营性资产投资有别于金融资产投资。金融资产投资以赚取利息、股利或差价为目的，投资对象主要是债券、股票、各种衍生金融工具等，通常称为证券投资。经营资产和金融资产投资的价值评估和决策分析方法不同，前者的核心是净现值原理，后者的核心是投资组合原理。

3. 长期投资的直接目的是获取经营活动所需的实物资源

长期投资的直接目的是获取生产经营所需的固定资产等劳动手段，以便运用这些资源赚取营业利润。长期投资的直接目的不是获取固定资产的再出售收益，而是要使用这些固定资产。有的企业也会投资于其他公司，主要目的是控制其经营和资产以增加本企业的价值，而不是为了获取股利。

公司对于子公司的长期股权投资是经营性投资，目的是控制其经营，而不是期待再出售收益。合并报表将这些股权投资抵消，可以显示其经营性投资的本来面目。对子公司投资的评价方法，与直接投资经营性资产相同。对于非子公司（如合营企业、联营企业）的长期股权投资也属于经营性投资，目的是控制其经营，其分析方法与直接投资经营性资产相同。有时公司也会购买一些风险较低的证券，将其作为现金的替代品，其目的是在保持流动性的前提下降低闲置资金的机会成本，或者对冲汇率、利率等金融风险，并非真正意义上的证券投资行为。

（二）长期筹资

长期筹资是指公司筹集生产经营所需的长期资本。它具有以下特点：

1. 筹资的主体是公司

公司是有别于股东的法人。它可以在资本市场上筹集资本，同时承诺提供回报。公司可以在资本市场上向潜在的投资人直接筹资，如发行股票、债券等；也可通过金融机构间接融资，如银行借款等。

2. 筹资的对象是长期资本

长期资本是指企业可长期使用的资本，包括权益资本和长期债务资本。权益资本不需要归还，企业可以长期使用，属于长期资本。长期借款和长期债券虽然需要归还，但是可以持续使用较长时间，也属于长期资本。通常把期限在1年以上的债务资本称为长期债务资本。

长期筹资还涉及股利分配。股利分配决策同时也是内部筹资决策。净利润属于股东，留存部分利润而不将其分给股东，实际上是向现有股东筹集权益资本，即利润的资本化。

3. 筹资的目的是满足公司的长期资本需要

长期资本筹集多少，应根据长期资本的需要量确定，两者应当匹配。按照投资时间结构去安排筹资时间结构，有利于降低利率风险和偿债风险。如果使用短期债务支持固定资产购置，短期债务到期时公司不仅要承担出售固定资产偿债的风险，而且要承担短期利率变化的风险，使用长期债务支持长期资产，则可以锁定债务时间和利息支出，避免上述风险。

长期筹资决策的主题是资本结构决策和股利分配决策。长期债务资本和权益资本的特定组合，称为资本结构。债务资本和权益资本有很大不同，公司必须进行权衡安排，确定适宜的长期负债与权益的比例，这个比例决定了公司现金流中有多大比例流向债权人，有多大比例流向股东。资本结构决策是最重要的筹资决策。股利分配决策，主要是决定利润留存和分配给股东的比例，也是一项重要的筹资决策。

（三）营运资本管理

营运资本是指流动资产（短期资产）和流动负债（短期负债）的差额。

营运资本管理分为营运资本投资和营运资本筹资两个部分。营运资本投资管理主要是制定营运资本投资政策，决定分配多少资金用于应收账款和存货、决定保留多少现金以备支付，以及对这些资产进行日常管理。营运资本筹资管理主要是制订营运资本筹资政策，决定向谁借入多少短期资金、是否需要采用赊购融资等。

营运资本管理的目标有三个：(1) 有效地运用流动资产，力求其边际收益大于边际成本；(2) 选择最合理的流动负债，最大限度地降低营运资本的资本成本；(3) 加速营运资本周转，以尽可能少的营运资本支持同样的营业收入并保持公司支付债务的能力。

营运资本管理与营业现金流有密切关系。由于营业现金流的时间和数量具有不确定性，以及现金流入和流出在时间上不匹配，使得公司经常会出现现金流的缺口。公司配置较多的营运资本（流动资产与流动负债的差额），有利于减少现金流的缺口，但会增加资本成本；公司配置较少的营运资本，有利于节约资本成本，但会增加不能及时偿债的风险。因此，公司需要根据具体情况权衡风险和报酬，制订适当的营运资本政策。

在上述三个部分内容中，长期投资主要涉及资产负债表的左方下半部分的项目（非流动资产），这些项目的类型和比例往往会因公司所处行业不同而有差异；长期筹资主要涉及资产负债表的右方下半部分的项目（非流动负债和股东权益），这些项目的类型和比例往往会因企业组织的类型不同而有差异；营运资本管理主要涉及资产负债表的上半部分的项目（流动资产和流动负债），这些项目的类型和比例既与行业有关，也与组织类型有关。这三个部分内容是相互联系、相互制约的。长期筹资与长期投资有关，一方面长期投资决定需要长期筹资的规模和时间，另一方面公司已经筹集到的资本制约了公司投资的规模。长期投资和经营有关系，一方面生产经营活动的内容决定了需要投资的长期资产类型，另一方面已经取得的长期资产决定了公司日常经营活动的特点和方式。长期投资、长期筹资和营运资本管理的最终目的，都是为了增加企业价值。

三、财务管理基本目标与利益相关者的要求

（一）财务管理基本目标

任何管理都是有目的性的，财务管理也不例外。财务管理的目标是导向和标准，它决定着企业财务管理的根本方向，是企业财务的出发点和归宿。没有明确目标，就没有方向，也就无法判断一项决策的优劣。财务管理目标决定财务管理所采用的原则、程序

和方法。因此，财务管理的目标是建立财务管理体系的逻辑起点。关于公司财务管理基本目标的观点有许多，表述最多的主要有以下三种观点。

1. 利润最大化

利润最大化这一观点源于亚当·斯密的企业利润最大化理论。这种观点认为，利润代表了公司新创造的财富，利润越多则说明公司的财富增加得越多，越接近公司的目标。但这种观点存在着局限性，主要表现在：

（1）没有区分不用时期的收益，没有考虑资金的时间价值。投资项目收益现值的大小，不仅取决于其收益将来值总额的大小，还要受取得收益时间的制约。例如，今年获利100万元和明年获利100万元，哪一个更符合公司的目标？若不考虑货币的时间价值，就难以作出正确判断。

（2）利润最大化是一个绝对指标，没有考虑所获利润和所投入资本额的关系。例如，同样获得200万元利润，一家公司投入资本400万元，另一家公司投入800万元，哪一个更符合公司的目标？若不与投入的资本数额联系起来，就难以作出正确判断。

（3）没有考虑获取利润和所承担风险的关系。例如，同样投入400万元，本年获利200万元，一家公司的获利并以现金的形式存在，另一家公司获利则全为应收账款，并可能发生坏账损失，哪一个更符合公司的目标？若不考虑风险大小，就难以作出正确判断。

（4）利润最大化可能会使企业财务决策带有短期行为，即片面追求利润的增加，不考虑企业长远的发展。

2. 每股收益最大化

20世纪60年代，随着资本市场的逐渐完善，股份制企业的不断发展，每股收益最大化逐渐成为西方企业的财务管理目标。这种观点认为，应当把公司的利润和股东投入的资本联系起来考察，用每股收益（或资本利润率）来概括公司的财务管理目标，因为每股收益是一定时间内单位投入资本所获得收益额，能够充分体现资本投入与资本增值之间的比例关系，用来克服"利润最大化"目标的局限性。但每股收益最大化观点仍然存在着缺陷，主要表现在：（1）没有考虑每股收益取得的时间；（2）没有考虑每股收益的风险。如果每股收益的时间、风险相同，则每股收益最大化也是一个可以接受的观念。事实上，许多投资人都把每股收益作为评价公司业绩的关键指标。

3. 股东财富最大化

股东财富最大化的观点认为，增加股东财富是财务管理的基本目标。股东创办公司的目的是增加财富。如果公司不能为股东创造价值，股东就不会为公司提供资本。没有了权益资本，公司也就不复存在了。因此，公司要为股东创造价值。

对于上市的股份公司，股东财富最大化可用股票市价最大化来代替。股票市价是企业经营状况及业绩水平的动态描述，代表了投资大众对公司价值的客观评价。在股东投资资本不变的情况下，股价上升可以反映股东财富的增加，股价下跌可以反映股东财富的减损。以每股价格最大化为目标，反映了资本和获利之间的关系；该目标受预期每股收益的影响，反映了每股收益的大小和取得时间；该目标受企业风险的影响，反映了每股收益的风险。因此，假设股东投资资本不变，股价最大化与增加股东财富具有同等意义。值得注意的是，企业与股东之间的交易也会影响股价，但不影响股东财富。例如，分派股利时股价下跌，回购股票时股价上升等。

有时财务管理目标还被表述为公司价值最大化。公司价值的增加，是由于股东权益价值增加和债务价值增加引起的。假设债务价值不变，则增加公司价值与增加股东权益价值具有相同意义。假设股东投资资本和债务价值不变，公司价值最大化与增加股东财富具有相同的意义。

股东财富最大化目标已被理论界和实务界广泛接受，此外，还有相关者利益最大化作为财务管理目标等观点，在此不再一一赘述。

（二）利益相关者的要求

不同财务管理目标之间的分歧之一是如何看待利益相关者的要求。有一种意见认为，公司应当有多重目标，分别满足不同利益相关者的要求。实际上，主张股东财富最大化，并非不考虑其他利益相关者的利益。各国公司法都规定，股东权益是剩余权益，只有满足了其他方面的利益之后才会有股东的利益。公司必须交税、给职工发工资、给顾客提供满意的产品和服务，然后才能获得税后收益。公司的其他利益相关者有其特定的要求。这些要求先于股东，且必须是契约化的。如果对其他利益相关者的要求不加限制，股东就不会有"剩余"了。除非股东确信投资会带来满意的回报，否则股东不会出资，其他利益相关者的要求也无法实现。股东为公司提供了财务资源，但是他们处在公司之外，而经营者即管理当局在公司里直接从事管理工作。公司是所有者即股东的公司，公司财务管理的目标实质上也就是股东的目标。

1. 经营者的利益要求与协调

（1）经营者的利益要求。

公司股东的目标是使自己的财富最大化，因此，千方百计要求公司经营者以最大的努力去实现这个目标。公司经营者也是利益最大化的追求者，其具体目标与股东不尽一致。公司经营者的主要要求有：

①增加报酬。包括物质和非物质的报酬，如工资、奖金、荣誉和社会地位等。

②增加闲暇时间。包括较少的工作时间、工作时间里较多的空闲和有效工作时间中较小的劳动强度等。

③避免风险。经营者努力工作可能得不到应有的报酬，他们的行为和结果之间有不

确定性，经营者总是力图避免这种风险，要求付出一份劳动便得到一份报酬。

(2) 经营者利益与股东利益的协调。

公司经营者利益和股东利益（或目标）并不完全一致，经营者有可能为了自身利益而背离股东利益。这种背离表现在两个方面：

①道德风险。经营者为了自己的目标，不是尽最大努力去实现企业的目标。他们没有必要为提高股价而冒险，股价上涨的好处将归于股东，如若失败他们的"身价"将下跌。他们不做什么错事，只是不十分卖力，以增加自己的闲暇时间。这样做只是道德问题，不构成法律和行政责任问题，股东很难追究他们的责任。

②逆向选择。经营者为了自己的目标而背离股东的目标。例如，装修豪华的办公室，购置高档汽车等；借口工作需要乱花公司的钱；或者蓄意压低股票价格买入股票，导致股东财富受损。

股东为了防止经营者背离其目标，通常采用下列两种制度性措施：

①监督。经营者背离股东目标的条件是双方信息不对称，经营者了解的公司信息比股东多。避免"道德风险"和"逆向选择"的办法是完善公司治理结构，股东获取更多的信息，对经营者进行制度性的监督，在经营者背离股东目标时，减少其各种形式的报酬，甚至解雇他们。

股东往往是分散的或者远离经营的，得不到充分的信息；经营者比股东有更大的信息优势，比股东更清楚什么是对公司更有利的行动方案；全面监督经营者管理行为的代价是高昂的，很可能超过它所带来的收益。因此，股东支付审计费聘请注册会计师，往往限于审计财务报表，而不是全面审查所有管理行为。股东对情况的了解和对经营者的监督总是必要的，但受到监督成本的限制，不可能事事都监督。监督可以减少经营者违背股东意愿的行为，但不能解决全部问题。

②激励。防止经营者背离股东利益的另一种制度性措施是采用激励方式，使经营者分享企业增加的财富，鼓励他们采取符合股东利益最大化的行动。例如，企业盈利率或股票价格提高后，给经营者以现金、股票期权奖励。支付报酬的方式和数量大小，有多种选择。报酬过低，不足以激励经营者，股东不能获得最大利益；报酬过高，股东付出的激励成本过大，也不能实现自己的最大利益。因此，激励可以减少经营者违背股东意愿的行为，但也不能解决全部问题。

通常，股东同时采取监督和激励两种制度性措施来协调自己与经营者的目标。尽管如此，仍不可能使经营者完全按股东的意愿行动，经营者仍然可能采取一些对自己有利而不符合股东利益最大化的决策，并由此给股东带来一定的损失。监督成本、激励成本和偏离股东目标的损失之间，此消彼长、相互制约。股东要权衡轻重，力求找出能使三项之和最小的解决办法（即最佳的解决办法）。

2. 债权人的利益要求与协调

当公司向债权人借入资金后,两者也形成一种委托代理关系。债权人把资金借给公司,要求到期时收回本金,并获得约定的利息收入;公司借款的目的是用于经营,两者的利益并不完全一致。

债权人事先知晓借出资金是有风险的,并把这种风险的相应报酬嵌入利率。通常要考虑的因素包括预计公司新增资产的风险、公司未来的资本结构等。

但是,借款合同一旦成为事实,债权人把资金提供给公司,就失去了控制权。股东为了自身利益可以通过经营者伤害债权人的利益,可能采取的方式有:

(1) 股东不经债权人的同意,投资于比债权人预期风险更高的新项目。如果高风险的计划侥幸成功,超额收益归就股东独享;如果计划不幸失败,公司就无力偿债,债权人与股东将共同承担由此造成的损失。尽管按法律规定,债权人先于股东分配破产财产,但多数情况下,破产财产不足以偿债。因此,对债权人来说,超额收益肯定拿不到,发生损失却有可能要分担。

(2) 股东为了提高公司的利润,不征得债权人的同意而发行新债,致使旧债券的价值下降,使旧债权人蒙受损失。旧债券价值下降的原因是发新债后公司负债比率加大,公司破产的可能性增加。如果公司破产,旧债权人和新债权人就要共同分配破产后的财产,使旧债券的风险增加,价值下降,尤其是对于不能转让的债券或其他借款,债权人没有出售债权以摆脱困境的出路,处境更加不利。

债权人为了防止其利益被损害,除了寻求立法保护,如破产时先行接管、先于股东分配剩余财产等外,通常会采取以下制度性措施:

(1) 在借款合同中加入限制性条款,如规定贷款的用途、规定不得发行新债或限制发行新债的额度等。

(2) 发现公司有损害其债权利益意图时,拒绝进一步合作,不再提供新的贷款或提前收回贷款。

3. 其他利益相关者的利益要求与协调

狭义的利益相关者是指除股东、债权人和经营者之外的、对公司现金流量有潜在索偿权的人。广义的利益相关者包括一切与公司决策有利益关系的人,包括资本市场利益相关者(股东和债权人)、产品市场利益相关者(客户、供应商、所在社区和工会组织)和公司内部利益相关者(经营者和其他员工)。

公司的利益相关者可以分为两类:一类是合同利益相关者,包括客户、供应商和员工,他们和企业之间存在法律关系,受到合同的约束;另一类是非合同利益相关者,包括社区居民以及其他与公司有间接利益关系的群体。

股东和合同利益相关者之间既有共同利益,也有利益冲突。股东可能损害合同利益相关者利益，合同利益相关者也可能损害股东利益。因此，要通过立法调节他们之间的关系，保障双方的合法权益。一般来说，公司只要遵守合同就可以基本满足合同利益相关者的要求，在此基础上股东追求自身利益最大化也会有利于合同利益相关者。当然，仅有法律是不够的，还需要道德规范的约束，以缓和双方的矛盾。

对于非合同利益相关者，法律关注较少，享受的法律保护低于合同利益相关者。公司的社会责任政策，对非合同利益相关者影响很大。

四、公司财务管理的环境

（一）企业组织形式

财务管理的基础是企业的组织形式，企业的组织性质和特点决定着企业目标及其相应的财务目标。企业组织形式的不同类型决定着企业的财务结构、财务关系、财务风险和所采用的财务管理方式的差异，而企业的财务管理必须立足于企业的组织形式。

典型的企业组织形式有三类：个人独资企业、合伙企业和公司制企业。

1. 个人独资企业

个人独资企业是由一个自然人投资，财产为投资人个人所有，投资人以其个人财产对企业债务承担无限责任的经营实体。个人独资企业的规模一般都很小，组织结构也十分简单，几乎没有任何内部管理机构。它的财务管理比较简单。企业不具有独立法人资格，依附于业主存在。个人独资企业的优点是：（1）创立容易，开办费用低廉，维持个人独资企业的固定成本也较低，政府监管较少；（2）不需要缴纳企业所得税，其收益纳入所有者的其他收益一并计算缴纳个人所得税。缺点是：（1）业主对企业债务承担无限责任，如果企业的损失会超过业主最初对企业的投资，就需要用个人其他财产偿债；（2）独资企业依附于业主个人而存在，当个体业主无法履行经营职责时，企业也就终止经营，不复存在；（3）难以从外部获得大量资本用于经营。

多数个人独资企业的规模较小，抵御经济衰退和承担经营失误损失的能力不强，其平均存续年限较短。有一部分个人独资企业能够发展壮大，规模扩大后会发现其固有缺点日益被放大，于是转变为合伙企业或公司制企业。

2. 合伙企业

合伙企业是由各合伙人订立合伙协议，共同出资，合伙经营，共享收益，共担风险，并对合伙债务承担无限连带责任的营利性组织。通常，合伙人是两个或两个以上的自然人，有时也包括法人或其他组织。

合伙企业的优点和缺点与个人独资企业类似，只是程度有些区别。

合伙企业法规定每个合伙人对企业债务须承担无限、连带责任。每个合伙人都可能因偿还企业债务而失去其原始投资以外的个人财产。如果一个合伙人没有能力偿还其应分担的债务，其他合伙人须承担连带责任，即有责任替其偿还债务。法律还规定合伙人转让其所有权时需要取得其他合伙人的同意，有时甚至还需要修改合伙协议。因此，其所有权的转让比较困难。

此外，还有特殊普通合伙企业。它是指以专门知识和技能为客户提供有偿服务的专业机构，这些专业机构可以设立为特殊普通合伙企业，如律师事务所、会计师事务所、设计师事务所等。特殊普通合伙企业必须在其企业名称中标明"特殊普通合伙"字样，以便区别于普通合伙企业。在特殊普通合伙企业中，一个合伙人或数个合伙人在执业活动中因故意或者重大过失造成合伙企业债务的，应当承担无限责任或者无限连带责任，其他合伙人则仅以其在合伙企业中的财产份额为限承担责任。

3. 公司制企业

任何依据公司法登记的机构都被称为公司。各国的公司法差异较大，因此，公司的具体形式并不完全相同。它们的共同特点是均为经政府注册的营利性法人组织，并且独立于所有者和经营者。

正是由于公司是独立法人，使它具有以下优点：(1) 无限存续。一个公司在最初的所有者和经营者退出后仍然可以继续存在。(2) 股权便于转让。公司的所有者权益被划分为若干股权份额，每个份额可以单独转让，无须经过其他股东同意。(3) 有限责任。公司债务是法人的债务，不是所有者的债务，所有者对公司债务的责任以其出资额为限。

正是由于公司具有以上三个优点，因此其更容易在资本市场上筹集到资本。有限债务责任和公司无限存续，降低了投资者的风险；股权便于转让，提高了投资人资产的流动性。这些优点吸引投资人把资本投入公司制企业。

公司制企业的缺点：(1) 双重课税。公司作为独立的法人，其利润需缴纳企业所得税，企业利润分配给股东后，股东还须缴纳个人所得税。(2) 组建成本高。公司法对于公司建立的要求比独资或合伙企业的建立要求高，并且需要提交一系列法律文件，通常花费的时间较长。公司成立后，政府对其监管比较严格，需要定期公开各种报告。(3) 存在代理问题。经营者和所有者分开以后，经营者成为代理人，所有者成为委托人，代理人可能为了自身利益而伤害委托人利益。

在上述三类企业组织形式中，虽然个人独资、合伙企业的总数较多，但公司制企业的注册资本和经营规模较大。因此，财务管理通常把公司财务管理作为讨论的重点。

（二）金融市场

金融市场是金融资产买卖或交易的一种媒介。金融市场主要分为货币市场和资本市场、初级市场和二级市场。

1. 金融市场的分类

（1）货币市场。货币市场经营一年以内到期的短期证券，其资金融通用于短期周转，融资期限短，是公司短期资金筹集的主要场所。货币市场包括银行短期信贷市场、短期证券市场、贴现市场和同业拆借市场。

（2）资本市场。它经营一年以上到期的长期证券，融通长期资金，是企业筹集长期资金的主要场所。资本市场包括银行长期信贷市场和长期有价证券市场。

（3）初级市场。即发行市场或一级市场，是指新证券在发行者与购买者即投资者之间进行交易而形成的市场。它包括证券发行的规划、承购、销售等一系列活动过程。这一市场的特点是：它是新证券的市场，是一个抽象的无形市场。

（4）二级市场。也称次级市场或流通市场。它是指已发行在外的证券在投资者相互之间进行转让、买卖而形成的市场。在这个市场上，买卖对象是已发行在外的证券。这一市场的主要功能是为投资者提供证券的流通变现。二级市场在其结构上又可分为以下四类：

①交易所市场。交易所市场即在证券交易所内部进行集中证券交易的市场。它是高度组织化、有固定场所、有规定营业时间、有一套严密管理制度的证券交易市场，是整个证券二级市场的中心。

②场外交易市场。又称柜台交易或店头市场，即在证券交易所之外进行证券交易的市场。它是一种组织相对松散、无固定交易场所、较难管理的市场，场外市场是有组织的交易所市场的补充。它是一个无形市场，没有一个固定的集中交易场所。它实际上是一个由遍布各地的电话、电报、电传等电信系统构成的无形交易网络。

③第三市场。是指已在正式的证交所上市却在证交所之外进行交易的证券买卖市场。该市场的交易主体主要是一些从事大宗交易的机构投资者，如银行信托部、保险公司、互助储蓄机构等，因而证券交易也主要发生在证券经纪人和上述机构投资者之间。

④第四市场。是指完全撇开交易所和经纪人，由买卖双方通过电信网络直接进行交易的市场。在这个市场上，一个全国联网的证券交易计算机网络起关键的作用。

2. 金融资产

金融资产是在金融市场中资金转移所产生的信用凭证和投资证券，它的实质是一种索偿权（要求权），即提供资金一方对于接受资金一方的未来收入和资产的一种"要求权"。货币是最明显的金融资产。除此之外，金融资产还包括债务证券、权益证券和信用凭证。

(三) 宏观金融管理政策

1. 利率政策

在融资过程中,企业必须要考虑使用资金的成本,这一成本就是利率,其计算公式为:

$$利率 = 纯利率 + 通货膨胀附加率 + 风险附加率$$

通常我们所说的利率是指名义利率,银行的挂牌利率表明的就是名义利率。纯利率是指没有风险和通货膨胀情况下的平均利率。当在没有通货膨胀时,国库券的利率可以视为纯利率。通货膨胀附加率是由于通货膨胀会降低货币的实际购买力,为弥补其购买力损失而在纯利率的基础上加上通货膨胀附加率。风险附加率是由于存在违约风险、流动性风险和期限风险而要求在纯利率和通货膨胀之外附加的利率。其中,违约风险附加率是指为了弥补因债务人无法按时还本付息而带来的风险,由债权人要求附加的利率;流动性风险附加率是指为了弥补因债务人资产流动不好而带来的风险,由债权人要求附加的利率;期限风险附加率是指为了弥补因偿债期长而带来的风险,由债权人要求附加的利率。

2. 税收政策

税收影响公司决策,是企业在决策中必须要考虑的问题。它涉及企业组织形式的选择、发行证券种类的选择、是购买设备还是租赁设备等的选择。通常要考虑企业所得税、流转税对财务管理决策的影响。

(四) 效率市场和财务决策

1. 效率市场假说

如果价格能及时全面地反映有关可得信息,那么市场则被认为是有效率的。在有效的资本市场中,股票价格能提供企业价值的无偏估计。

2. 效率市场程度

效率市场假说按证券价格反映信息程度的不同将市场有效程度分为三种形式或三种水平或三种效率:(1)弱式有效资本市场,隐含着过去股票价格的走势,不能用于预测未来股票价格。弱式有效资本市场是最低程度的有效资本市场。判断弱式有效的标志是有关证券的历史信息对证券的现在和未来价格变动没有任何影响。反之,如果有关证券的历史信息对证券的价格变动仍有影响,则资本市场尚未达到弱式有效。(2)半强式有效资本市场,隐含的所有公开的信息已经在股票价格上反映了。半强式有效资本市场的主要特征是现有股票市价能充分反映所有公开可得的信息。对于投资者来说,在半强式有效的资本市场中不能通过对公开信息的分析获得超额收益。公开信息已反映于股票价格,所以基本面分析是无用的。(3) 强式有效资本市场,隐含着所有的信息,包括公司内部人士所拥有的信息都已在股票价格上反映了。强式有效资本市场的特征是无论可用信息是否公开,价格都可以完全地、同步地反映所有信息。由于市价能充分反映所有公开和私下的信息,对于投资者来说,不能从公开的和非公开的信息分析中获得超额收益,因此内幕消息无用。

有关以上三种形式的效率市场之间的关系,如图 1-1 所示。

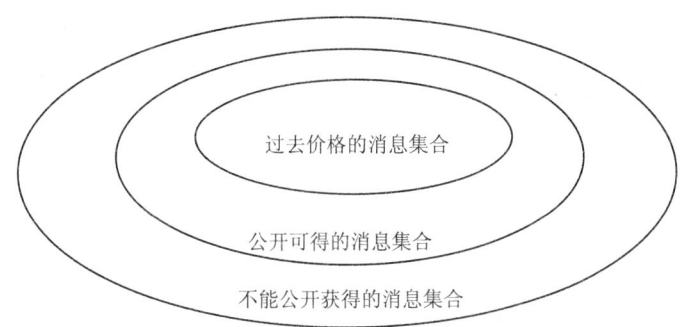

图 1-1　三种不同信息集合之间的关系

(五) 企业治理与财务管理

1. 公司治理结构中的相互制衡关系

公司的法人治理结构的基本框架是由法律规定的。一般地讲,法人治理结构包括四大部分:股东(所有者)、董事会(决策者)、经理(管理者)和监事会(监督者)。

股东大会是由公司股东组成的机构。股东依法凭借所持有的股份行使权力,享受法定的经济利益和选举董事的权力;董事会对外代表公司进行业务活动,对内管理公司的生产和经营,也就是说公司的所有内外事务和业务都在董事会的领导下进行;经理是公司事务和业务的执行机构,它由包括总经理、副总经理、财务负责人等在内的高级管理人员组成,这些高级管理人员受聘于董事会,在董事会授权范围内拥有公司事务的管理权,负责处理公司的日常经营事务;监事会是对董事会和经理执行业务的活动实行监督的机构,监事会作为公司的监察机构,其职责是对董事会和经理的活动实施监督。

2. 公司财务分层管理架构

在公司制的企业组织形式下,股东大会、总经理、财务经理三者瓜分了企业的全部财权,也就是说,企业的财权分属于不同的财务主体,而每一个财务主体为维护自身利益,必然要行使自身的管理权力,这也就是企业财务的分层管理。具体分为出资者财务、经营者财务和财务经理财务。

（六）财务信息披露

1. 财务信息披露的重要性

大量事实证明，信息披露是公司治理的决定性因素之一，而公司治理框架又直接影响着信息披露的要求、内容和质量。

2. 公司信息披露的内容

公司需要披露哪些信息？从世界各国关于公司治理信息披露的要求来看，可分为三部分内容：一是财务会计信息；二是审计信息；三是非财务会计信息，包括公司经营状况、公共政策、风险预测、公司治理结构及原则、有关人员薪金等，非财务会计信息主要用来评价公司治理的科学性和有效性。

3. 财务信息与审计

任何投资者都会对公司的财务会计信息极为敏感，甚至有关董事和经理人员的薪金也是人们关注的焦点，经常用作评估其业绩的指标。在公司治理过程中，无论是股东还是其他利害相关者，都会对财务会计信息的真实性、相关性、完整性和及时性非常关注，人们通过对财务会计信息的分析可获得许多重要而有价值的结论，这些结论直接或间接地支持了信息使用者的决策和行动。

4. 规范我国公司财务信息披露

披露规范应抓的几项工作：（1）我国公司治理框架应当保证真实、准确、完整、及时地披露与公司有关的全部重大问题；（2）我国公司治理信息披露应缩短时间，采用现代化手段；（3）将公司治理信息披露纳入法律法规体系，加大处罚力度。

五、财务管理原则

财务管理的原则，也称理财原则，是指人们对财务活动的共同的、理性的认识。它是联系理论与实务的纽带。财务管理理论是从科学角度对财务管理进行研究的成果，通常包括假设、概念、原理和原则等。财务管理实务是指人们在财务管理工作中使用的原则、程序和方法。理财原则是财务管理理论和实务的结合部分。

理财原则具有以下特征：（1）理财原则是财务假设、概念和原理的推论，它们是经过论证的、合乎逻辑的结论，具有理性认识的特征。（2）理财原则必须符合大量观察和事实，被多数人所接受。财务理论有不同的流派和争论，甚至存在完全相反的理论。而原则不同，它们被现实反复证明并被多数人接受，具有共同认识的特征。（3）理财原则是财务交易和财务决策的基础。财务管理实务是应用性的，"应用"是指理财原则的应用。各种财务管理程序和方法，是根据理财原则建立的。（4）理财原则为解决新的问题提供指引。已经开发出来的、被广泛应用的程序和方法，只能解决常规问题，当问题不符合任何既定程序和方法时，原则为解决新问题提供预先的感性认识，指导人们寻找解决问题的方法。（5）原则不一定在任何情况下都绝对正确。原则的正确性与应用环境有关，在一般情况下它是正确的，而在特殊情况下不一定正确。

对于如何概括理财原则，人们的认识不完全相同。道格拉斯·R. 爱默瑞和约翰·D. 芬尼特的观点具有代表性，他们将理财原则概括为三类，共 12 条。

（一）有关竞争环境的原则

有关竞争环境的原则，是对资本市场中人的行为规律的基本认识。

1. 自利行为原则

自利行为原则是指企业在决策时以财务利益最大化为导向，在其他条件相同时会选择对其最有利的方案。自利行为原则的依据是理性的经济人假设。把握自利行为原则，就是要理解企业的筹资、投资及利润分配等财务决策，因为它们都是建立在自利行为原则的基础之上的。当然，现代企业是各投资者、债权人等众多利益集团的契约联结体，企业的行为往往是他们各自利益相互协调的结果。同时，企业的自利行为是企业基于一定量的财务信息而做出的，并且是合乎理性的。财务信息的拥有量直接制约着企业行为的理性程度。

自利行为原则的一个重要应用是委托—代理理论。根据该理论，应当把企业看成是各种自利的人的集合。如果企业只有业主一个人，他的行为就十分明确和统一。如果企业是一个大型的公司，情况就变得非常复杂，因为这些关系人之间存在利益冲突。一个公司涉及的利益关系人包括普通股东、优先股东、债券持有者、银行、短期债权人、政府、社会公众、经理人员、员工、客户、供应商、社区等。这些人或集团，都是按自利行为原则行事的。企业和各种利益关系人之间的关系，大部分属于委托—代理关系。这种相互依赖又相互冲突的利益关系，需要通过"契约"来协调。因此，委托—代理理论是以自利行为原则为基础的。有人主张，把"委托代理关系"单独作为一条理财原则，可见其重要性。

自利行为原则的另一个应用是机会成本的概念。当一个人采取某个行动时，就等于取消了其他可能的行动，因此他必然要用这个行动与其他的可能行动相比，看该行动是否对自己最有利。采用一个方案而放弃另一个方案时，被放弃方案的收益是被采用方案的机会成本，也称择机代价。尽管人们对机会成本或择机代价的概念有分歧，它们的计算也经常会遇到困难，但是人们都不否认机会成本是一个在决策时不能不考虑的重要问题。

例如，公司可在下列行为中运用此原则：（1）公司在进行投资时，常会寻找能提供风险调整后的最大的期望真实报酬率的投资项目；（2）公司在金融证券投资时，常将证券卖给出价最高者；（3）市场参与者进行金融证券交易，必然会促使证券的市场价格趋于公平价格，否则便会存在套利者；（4）公司股东与公司代理人签订财务合约时，常会给代理人提供一些激励措施，以使代理人的决策有利于股东；（5）公司在给予购货方信用额度时，常会评价顾客的信用，以免发生坏账；（6）公司在购买货物时，常会检查供应商提供的产品和劳务质量是否符合自己的要求；（7）公司经常寻找获利机会租赁资产而不借款购买该资产，即使对希望购买的资产，也要安排项目筹资或合作筹资；（8）公司作为债权人卷入重组活动时，常会寻找机会来增大其所能收回的价值。

2. 双方交易原则

双方交易原则是指每一项财务交易都至少存在两方，并且双方都按照最符合其经济利益的要求进行交易。从财务分析活动来说，至少存在着财务活动主体和财务分析主体。作为财务分析主体，一定要能预见财务活动主体的反应。双方交易原则的建立依据是商业交易至少有两方、交易是"零和博弈"，以及各方都是自利的。在"零和博弈"中，双方都按自利行为原则行事，谁都想获利而不是吃亏。成交的关键在于买卖双方信息不对称，因而对金融证券产生不同的预期。不同的预期导致了证券买卖，高估股票价值的人买进，低估股票价值的人卖出，直到市场价格达到他们一致的预期时交易停止。如果对方不认为对自己有利，他就不会和你成交。因此，在决策时不仅要考虑自利行为原则，还要使对方有利，否则交易就无法实现。

双方交易原则要求在理解财务交易时不能"以我为中心"，在谋求自身利益的同时要注意对方的存在，以及对方也在遵循自利行为原则行事。这条原则要求我们不要总是"自以为是"，错误认为自己优于对手。

双方交易原则还要求在理解财务交易时注意税收的影响。由于税收的存在，主要是利息的税前扣除，使一些交易表现为"非零和博弈"。因为凡是交易政府都要从中收取税金，所以减少政府的税收，交易双方都可以收益。避税就是寻求减少政府税收的合法交易形式。避税的结果使交易双方受益但其他纳税人会承担更大的税收份额，从更大范围来看并没有改变"零和博弈"的性质。有的人主张，把"税收影响决策"单独作为一条理财原则，因为税收会影响所有的交易。

例如，公司可在下列行为中运用此原则：（1）公司进行金融证券投资时，常使用金融证券的公平价格计算其报酬率；（2）公司股东与代理人订立财务合约时，既要从委托人角度又要从代理人角度来考虑每一种环境；（3）公司进行筹资时，必须考虑在自己的筹资条件下交易另一方是否愿意参加，或者在对方给定的条件下公司是否愿意继续筹资；（4）公司利用商业信用进行短期筹资，不应以牺牲供应商利益的不道德行为来获取短期利益，否则只能损害甚至毁掉长期有利的合作关系；（5）公司可以利用衍生证券将财务风险转移给他人，但也可能会牺牲一部分额外报酬；（6）公司作为债权人被卷入破产时，所收回的价值的每一点增加，都会以其他方所收回的价值减少为代价；（7）拟收购一家公司时，通常要溢价支付，否则目标公司的股东不会出卖他们的股票。

3. 信号传递原则

信号传递原则是指行动可以传递信息，并且比企业的声明更有说服力。这一原则要求在进行财务分析时，要善于利用企业的行为来判断其未来收益等财务活动的结果。

信号传递原则要求根据公司的行为判断它未来的收益状况。经常配股的企业产生现金的能力可能很差，而大量购买国债或者委托贷款的企业，则说明其没有很好的投资机会。事实上，当行动和企业的宣告不一致时，行动通常比语言更有说服力。

信号传递原则还要求公司在决策时不仅要考虑行动方案本身，还要考虑该项行动可能给人们传达的信息。在资本市场上，每个人都在利用他人交易的信息，自己交易的信息也会被别人所利用，因此应考虑交易的信息效应。

需要特别注意的是，企业往往会利用这一原则来传递某方面并不可靠的信息。因此，财务分析人员要善于识别企业的虚假信号，洞察其真实的一面。

例如，公司可在下列行为中运用此原则：（1）公司股东与代理人签订财务合约时，应认识到建立和维持良好声誉所具有的激励价值，这将给外部传递一个对公司有正效用的信息；在金融市场中，公司可以利用他人的信息来计量所投资证券的现行市场价值或期望带来的价值。（2）筹资时，公司应分析任何与资本结构和股利政策有关的可能变化，因为任何变化会将信息传递到外部使用者，并可能引起他们的误会。公司应认识到，宣布一种普通股即将公开销售，常会导致股票市场的消极反应，因为这种行为暗示：公司认为其股票已被高估。因此，短期筹资比长期筹资效果要好，长期负债比普通股筹资效果要好。

4. 引导原则

引导原则是指寻找一个值得依赖的榜样来作为自身行为的向导。这是在理解力存在局限性或者寻找最优方案的成本过高时所采取的策略。引导原则不会帮你找到最好的方案，却常常可以使你避免采取最差的行动。它是一个次优化准则，其最好结果是得出近似最优的结论，最差的结果是模仿了别人的错误。这原则虽然有潜在的问题，但是我们经常会遇到理解力、成本或信息受到限制的情况，无法找到最优方案，需要采用引导原则解决问题。

引导原则的一个重要应用，是行业标准概念。例如，资本结构的选择问题，理论不能提供公司最优资本结构的实用化模型。观察本行业成功企业的资本结构，或者多数企业的资本结构，不要与它们的水平偏离太远，就成了资本结构决策的一种简便、有效的方法。

引导原则的另一个重要应用就是"免费跟庄（搭便车）"概念。一个"领头人"花费资源得出一个最佳的行动方案，其他"追随者"通过模仿节约了信息处理成本。《中华人民共和国专利法》和《中华人民共和国著作权法》是在知识产权领域中保护领头人的法律，强制追随者向领头人付费，以避免自由跟庄问题的影响。在财务领域中并不存在这种限制。许多小股民经常跟随"庄家"或机构投资者，以节约信息成本。当然，"庄家"也会利用免费跟庄（搭便车）现象，进行恶意炒作，损害小股民的利益。因此，各国的证券监管机构都禁止操纵股价的恶意炒作，以维持证券市场的公平性。

例如，公司可在下列行为中运用此原则：（1）在进行资本结构决策时，公司应参考其他公司的融资交易行为，分析其资本结构决策所包含的信息，并据此进行决策；（2）在进行股利政策决策时，公司应充分利用从其他公司取得的有关股利政策的信息；（3）在进行现金、应收账款、存货、营运资金管理时，公司应利用行业惯例作为参考。

（二）有关创造价值的原则

有关创造价值的原则，是人们对增加企业财富基本规律的认识。研究有关创造价值的原则就是要在财务分析中牢牢把握住将给企业带来价值的核心资产和项目，充分考察和判断其获利能力。核心资产和项目是企业价值创造的源泉，在进行财务分析时，判断核心资产和项目的依据不在于其是否被登记入账或其入账金额的大小。有关创造价值的原则包括有价值的创意原则、比较优势原则、期权原则和净增效益原则。

1. 有价值的创意原则

有价值的创意原则，是指新创意能获得额外报酬。

竞争理论认为，企业的竞争优势可以分为经营奇异和成本领先两个方面。经营奇异，是指产品本身、销售交货、营销渠道等客户广泛重视的方面在产业内独树一帜，任何独树一帜都来源于新的创意。创造和保持经营奇异性的企业，如果其产品溢价超过了为产品的独特性而附加的成本，就能获得高于平均水平的利润。正是许多新产品的发明，使得发明人和生产企业变得非常富有。

有价值的创意原则主要应用于直接投资项目。重复过去的投资项目或者别人的已有做法，最多只能取得平均的报酬率，维持而不是增加股东财富。新的创意迟早要被别人效仿，失去原有的优势，因此创新的优势都是暂时的。企业长期的竞争优势，只有通过一系列的短期优势才能维持。只有不断创新，才能维持经营的奇异性并不断增加股东财富。

例如，公司可在下列行为中运用此原则：（1）公司涉足金融证券投资时，应寻找富于创造性的管理或信息服务;(2)公司在与员工签订具有独创性的财务合约时,应提防"免费乘客",他们会非法抄袭你在此方面有价值的创意,而降低该创意的效用;(3)公司在进行项目投资时,应运用自下而上或自上而下的程序来增加揭示有价值创意的项目组合;(4)在面对收购决策时,公司应寻找机会重新设计证券及收购交易活动以期增值;(5)在国际投资时,公司应发展新的衍生证券或作出合理安排,以使公司能在国外经营中更好地应付其面对的风险,同时公司还应发展能产生净现值的国际融资机制。

2. 比较优势原则

比较优势原则是指专长能创造价值。在市场上要想赚钱,必须发挥你的专长。没有比较优势的人,很难取得超出平均水平的收入;没有比较优势的企业,很难增加股东财富。

比较优势理论的核心内容是"两利取重,两害取轻"。

比较优势原则的依据是分工理论。让每一个人去做最适合他做的工作,让每一个企业生产最适合它生产的产品,社会的经济效率才会提高。

比较优势原则的一个应用是"人尽其才、物尽其用"。在有效的市场中,你不必要求自己什么都能做得最好,但要知道谁能做得最好。对于某一件事情,如果有人比你自己做得更好,就支付报酬让他代你去做。同时,你去做比别人做得更好的事情,让别人给你支付报酬。

比较优势原则的另一个应用是优势互补。一方有某种优势,另一方有其他优势,两者结合可以使各自的优势快速融合,并形成新的优势。

比较优势原则要求企业把主要精力放在自己的比较优势上,而不是日常的运行上。建立和维持自己的比较优势,是企业长期获利的根本。

例如,公司可在下列行为中运用此原则:(1)寻找能利用公司的比较优势的资本预算项目而不是靠日常筹资来增加公司价值;(2)在进行存货等是自行生产还是从外部购买等决策时,如果外部的供应商能提供更廉价、更适当的产品和服务,公司应考虑将此业务转包给外部的供应商;(3)在发行证券时,如果证券承销商能以较低价格承担新发行证券的定价风险,公司应与他们签订合同;(4)在进行衍生证券决策时,公司应考虑如果其他团体能以更便宜的价格承担这些风险,那么向它们转移风险对自身将十分有利;(5)在进行收购决策时,公司应考虑到具有不同比较优势的公司之间的兼并可能会产生净现值。

3. 期权原则

期权是指不附带义务的权利,它是有经济价值的。期权原则是指在估价时要考虑期权的价值。

期权概念最初产生于金融期权交易，它是指所有者（期权购买人）能够要求出票人（期权出售者）履行期权合同上载明的交易，而出票人不能要求所有者去做任何事情。在财务上，一个明确的期权合约经常是指按照预先约定的价格买卖一项资产的权利。

广义的期权不限于财务合约，任何不附带义务的权利都属于期权。许多资产都存在隐含的期权。例如，一个企业可以决定某个资产出售或者不出售，如果价格不令人满意就什么事也不做，如果价格令人满意就出售。这种选择权是广泛存在的。一个投资项目，本来预期有正的净现值，因此被采纳并实施了，上马以后发现它并没有原来设想的那么好。此时，决策人不会让事情按原计划一直发展下去，而会决定方案下马或者修改方案，使损失减少到最低。这种后续的选择权是有价值的，它增加了项目的净现值。在评价项目时就应考虑到后续选择权是否存在以及它的价值有多大。有时一项资产附带的期权比该资产本身更有价值。

例如，公司可在下列行为中运用此原则：（1）公司与员工签订财务合约时，应考虑或有事件及其对激励因素和价值的影响；（2）在进行项目投资时，公司应考虑确认扩充、延迟或放弃该项目所拥有的选择权的价值，有可能将期权价值考虑后会产生与原来未考虑前时截然相反的决策；（3）在进行股利政策决策时，公司应考虑用可转让卖出认股权作为股票购回的替代方法；（4）公司在进行营运资金和基金管理时，应认识到某一情况下潜在的选择权的价值；（5）公司应清楚地意识到，在以认股权方式发行股票时，认股权的价值、债券的提前偿债选择权所具有的价值，以及租约中的取消权对承租人的价值、包含在衍生金融工具中期权的价值；（6）当公司准备拖欠有关款项时，只有在拖欠支付对公司更有益时，才应选择拖欠支付。

4. 净增效益原则

净增效益原则是指财务决策建立在净增效益的基础上，一项决策的价值取决于它和替代方案相比所增加的净收益。

一项决策的优劣，是与其他可替代方案（包括维持现状而不采取行动）相比较而言的。如果一个方案的净收益大于替代方案，我们就认为它是一个比替代方案好的决策，其价值是增加的净收益。在财务决策中净收益通常用现金流量计量，一个方案的净收益是指该方案现金流入减去现金流出的差额，也称为现金流量净额。一个方案的现金流入是指该方案引起的现金流入量的增加额；一个方案的现金流出是指该方案引起的现金流出量的增加额。"方案引起的增加额"，是指这些现金流量依存于特定方案，如果不采纳该方案就不会发生这些现金流入和流出。

净增效益原则的应用领域之一是差额分析法，也就是在分析投资方案时只分析它们有区别的部分，而省略其相同的部分。例如，一项新产品投产的决策引起的现金流量，不仅包括新设备投资，还包括动用企业现有非货币资源对现金流量的影响；不仅包括固定资产投资，还包括需要追加的营运资金；不仅包括新产品的销售收入，还包括对现有产品销售积极或消极的影响；不仅包括产品直接引起的现金流入和流出，还包括对公司税务负担的影响等。

净增效益原则的另一个应用是沉没成本概念。沉没成本是指已经发生、不会被以后的决策改变的成本。沉没成本与将要采纳的决策无关，因此在分析决策方案时应将其排除。

例如，公司可在下列行为中运用此原则：（1）公司进行项目投资决策时，应计算项目的净增效益；（2）公司在进行金融证券投资时，应计量持有金融证券的净增效益，也就是它的期望未来净现金流量；（3）公司在与员工签订财务合约时，应根据净增效益来衡量激励因素；（4）公司在进行资本结构决策时，应寻找所有的可能途径以最大限度地减少由于资本市场缺陷（如不对称税负、不对称信息和交易成本）而招致的价值损失，同时在进行融资交易时，应考虑所有的交易成本；（5）公司在进行营运资金管理时，应计算和决策相关的净增税后现金流量，在考虑长期负债的替续时，应计算替换的净增税后现金流量；（6）公司在进行收购决策时，应计算收购所带来的收购净利益。

（三）有关财务交易的原则

有关财务交易的原则，是人们对于财务交易基本规律的认识。

1. 风险—报酬权衡原则

风险—报酬权衡原则是指风险和报酬之间存在一个对等关系，投资人必对报酬和风险作出权衡，为追求较高报酬而承担较大风险，或者为减少风险而接受较低的报酬。所谓"对等关系"，是指高收益的投资机会必然伴随巨大风险，风险小的投资机会必然只有较低的收益。

在财务交易中，当其他一切条件相同时人们倾向于高报酬和低风险。如果两个投资机会除了报酬不同以外，其他条件（包括风险）都相同，人们会选择报酬较高的投资机会，这是自利行为原则所决定的。如果两个投资机会除了风险不同以外，其他条件（包括报酬）都相同，人们会选择风险小的投资机会，这是风险反感决定的。

由于竞争的存在，现实的市场中只有高风险同时高报酬和低风险同时低报酬的投资机会。

如果你想有一个获得巨大收益的机会，你就必须冒可能遭受巨大损失的风险，每一个市场参与者都在他的风险和报酬之间作权衡。有的人偏好高风险、高报酬，有的人偏好低风险、低报酬，但是每个人都要求风险与报酬对等，不会去冒没有价值的风险。

例如，公司可在下列行为中运用此原则：（1）公司在金融证券投资时，应意识到金融证券的估值和必要报酬率应反映其风险，妥善选择多种证券的投资组合，以达到公司选择的投资风险水平和期望报酬率；（2）公司在与员工签订财务合约时，应意识到专有资产的风险越高，其要求的报酬越高；（3）公司在进行项目投资时，应在确定项目的资本成本（必要报酬率）时考虑项目的风险；（4）在进行资本结构决策时，以公正的有价证券价格进行交易所引起的资本结构改变，以及在进行股利政策决策时，公开市场交易中的公司股利和资本利得间的选择都仅是一种风险报酬权衡，不会影响公司价值（一些可能的信息影响除外）；（5）在进行营运资金管理时，出售一种能降低投资者风险的新证券，可以使公司支付的利率比类似的常规证券所需利率低得多；（6）在破产重组时，公司在取得债权人的同意修改其债券契约的条款时，需要对债权人风险的增高提供补偿；（7）在进行兼并决策时，通过股权置换的方法合并两个公司对双方的债券持有人都有好处，因为他们预期的回报将增加而风险将下降。

2. 投资分散化原则

投资分散化原则的理论依据是投资组合理论。马克维茨的投资组合理论认为，若干种股票组成的投资组合，其收益是这些股票收益的加权平均数，但其风险要小于这些股票的加权平均风险，所以投资组合能降低风险。投资分散化原则就是指不要把全部财富投资于一个公司，而要分散投资。

分散化原则具有普遍意义，不仅仅适用于证券投资，公司各项决策都应注意分散化原则。不应当把公司的全部投资集中于个别项目、个别产品和个别行业；不应当把销售集中于少数客户；不应当使资源供应集中于个别供应商；重要的事情不要依赖一个人完成；重要的决策不要由一个人做出。凡是有风险的事项，都要贯彻分散化原则，以降低风险。

例如，公司可在下列行为中运用此原则：（1）进行金融证券投资时，应投资于多种证券的组合，以在不降低预期报酬的情况下减少风险；（2）在与员工签订财务合约时，应对高度专业化的人力资本支付更高的报酬；（3）可以通过混合兼并实现经营多样化，但是这一方式只有在股东自身无法取得经营多样化效果时才对股东有利；（4）在进行国际投资时，当国外投资项目的报酬率不与其任何国内报酬率组合完全相关时，在国际范围内投资就显得非常有价值了。

3. 资本市场有效原则

资本市场有效原则是指资本市场上频繁交易的金融资产的市场价格反映了所有可获得的信息，而且信息使用者在面对所有新信息的情况下能够完全、迅速地进行调整。此项原则要求企业通过直接投资创造财富，而不能依靠筹资来增加企业价值。它要求在进行财务分析时，要充分重视企业主营业务收入和营业利润及它们分别在收入和利润中所占的比重。因为企业的关联交易和资产置换行为所带来的收益是不可靠的，只有可靠的主营业务收入和营业利润才能说明企业能否持续经营下去。

资本市场有效原则要求理财时重视市场对企业的估价。股价可以综合反映公司的业绩，弄虚作假、人为地改变会计方法对于企业价值的提高毫无用处。市场有效性原则要求理财时慎重使用金融工具。如果资本市场是有效地购买或出售金融工具的交易的净现值就为零。在资本市场上，只获得与投资风险相称的报酬，也就是与资本成本相同的报酬，很难增加股东财富。

例如，公司可在下列行为中运用此原则：（1）在进行资本结构决策时，应意识到通过改变资本结构来提高公司价值的做法的潜力是有限的；（2）在进行公司价值评估时，可把公司普通股交易活跃时的股票市价作为衡量的最佳尺度；（3）投资者可以利用公司财务报表附注中所揭示的租赁信息来衡量所有租约的真实财务效应，而这些租约一般是不出现在资产负债表内的；（4）在一个有效市场中，利息率、金融商品的价格和外币汇率具有重大随机成分，公司应使用与金融市场总体上一致的预测，并利用金融衍生工具将风险转移给他人；（5）在进行收购决策时，公司应意识到收购的会计方法并不会影响股东从中得到的好处。

4. 货币时间价值原则

重视资金的时间价值，进行资金时间价值分析，是公司理财分析的首要原则，或者说是最基本的原理。资金时间价值是指货币或资金随着时间的推移而形成的增值，即同样数额的资金在不同时间的价值是不同的。一般而言，在不考虑通货膨胀的情况下，当前时刻货币的价值高于未来时刻等额货币的价值，这种不同时期发生的等额货币在价值上的差别就是货币的时间价值。

货币时间价值原则的首要应用是现值概念。由于现在的1元货币比将来1元货币经济价值大，不同时间的货币价值不能直接加减运算，需要进行折算通常，要把不同时间的货币价值折算到"现在"时点，然后进行运算或比较。把同时点的货币折算为"现在"时点的过程，称为"折现"，折现使用的百分率称为"折现率"，折现后的价值称为"现值"。在财务估价中，广泛使用现值计量资产的价值。

货币时间价值的另一个重要应用是"早收晚付"观念。对于不附带利息的货币收支，与其晚收不如早收，与其早付不如晚付。货币在自己手上，可以立即于消费而不必等待将来消费，可以投资获利而无损于原来的价值，可以用于预料不到的支付，因此早收、晚付在经济上是有利的。

例如，公司可在下列行为中运用此原则：（1）公司在进行投资决策时，应运用贴现现金流量分析方法来计算投资项目的净现值，从而决定项目的可行性；（2）公司在投资金融证券时，应通过计算金融证券的期望未来现金流量的现值，来确定证券价值；

（3）公司在考虑期权价值时，要考虑货币的时间价值对期权价值的影响，尤其是期权总价值中的时间溢价部分；（4）公司在进行资本结构决策时，应考虑从资本结构变动中所获取的税收利益的货币时间价值；（5）公司在进行股利政策结构决策时，应考虑从股利政策所获得的税收利益的货币时间价值；（6）公司在进行是租赁还是购买的决策时，应利用贴现现金流量分析把租赁筹资的成本和效益与借款购买的成本和效益进行比较；（7）公司在考虑破产重组时，应利用贴现现金流量分析来确定重组是否比清算可取，并比较可选择的多种重组计划；（8）公司在进行收购决策时，应利用贴现现金流量分析来衡量收购利益。

借助于理财原则可以帮助财务分析人员更好、更快地找到企业财务活动存在的问题。当然，理财原则并不是在任何情况下都适用。我们在借鉴的同时也要努力找出我国企业财务活动中存在的规律。

本章练习

一、简答题

1. 财务管理的职能包括哪些内容？
2. 财务管理的主要内容是什么？
3. 财务管理基本目标有哪些？你认为企业最合理的财务目标是什么？
4. 简要阐述企业不同的组织形式。
5. 效率市场假说包括哪些内容？
6. 谈谈财务管理的基本原则在企业实际工作应用的意义。

二、单项选择题

1. （   ）的应用领域之一是沉没成本概念。

   A. 双方交易原则　　　　　　　　B. 引导原则

   C. 信号传递原则　　　　　　　　D. 净增效益原则

2. 作为企业财务管理的目标，每股收益最大化较之利润最大化的优点是（   ）。

   A. 考虑了资金时间价值的因素

   B. 反映了创造利润与投资资本之间的关系

   C. 考虑了风险因素

   D. 可以避免企业的短期行为

3. 企业财务关系中最为重要的关系是（   ）。

   A. 股东与经营者之间的关系

   B. 股东与债权人之间的关系

   C. 企业与作为社会管理者的政府有关部门、社会公众之间的关系

D. 股东、经营者、债权人之间的关系

4. 在下列经济活动中，能够体现企业与投资者之间财务关系的是（　　）。

A. 企业向职工支付工资

B. 企业向其他企业支付货款

C. 企业向国家税务机关缴纳税款

D. 国有企业向国有资产投资公司支付股利

5. 在下列各项中，从甲公司的角度看，能够形成"本企业与债务人之间财务关系"的业务是（　　）。

A. 甲公司购买乙公司发行的债券

B. 甲公司归还所欠丙公司的货款

C. 甲公司从丁公司赊购产品

D. 甲公司向戊公司支付利息

6. 下列各项中，不能协调所有者与债权人之间矛盾的方式是（　　）。

A. 市场对公司强行接收或吞并

B. 债权人通过合同实施限制性借款

C. 债权人停止借款

D. 债权人收回借款

三、多项选择题

1. 金融市场按交易的性质可分为（　　）。

A. 货币市场　　　　　　　　　B. 资本市场

C. 发行市场　　　　　　　　　D. 流通市场

2. 有关财务交易的零和博弈表述正确的有（　　）。

A. 一方获利只能建立在另一方付出的基础上

B. 在已经成为事实的交易中，买进的资产和卖出的资产总是一样多

C. "零和博弈"中，双方都按自利行为原则行事，谁都想获利而不是吃亏

D. 在市场环境下，所有交易从双方来看都表现为零和博弈

3. （　　）属于创造价值原则的内容。

A. 净增效益原则　　　　　　　B. 比较优势原则

C. 期权原则　　　　　　　　　D. 风险—报酬权衡原则

4. 如果市场是完全有效的，基于市场有效原则可以得出的结论有（　　）。

A. 在证券市场上，购买和出售金融工具的交易的净现值等于零

B. 股票的市价等于股票的内在价值

C. 账面利润始终决定着公司股票价格

D. 财务管理目标是股东财富最大化

5. 利润最大化理财目标的缺点包括（　　）。

A. 片面追求利润最大化，可能导致企业短期行为

B. 不利于不同资本规模的企业或同一企业的不同期间之间的比较

C. 不能直接反映企业创造剩余产品和社会贡献的大小

D. 没有考虑资金时间价值和风险因素

6. 下列各项中，属于企业资金营运活动的有（　　）。

A. 采购原材料　　　　　　　　B. 销售商品

C. 购买国库券　　　　　　　　D. 支付利息

7. 由企业筹资活动引起的财务关系主要有（　　）。

A. 企业与投资者之间的财务关系

B. 企业与债务人之间的财务关系

C. 企业与债权人之间的财务关系

D. 企业与受资者之间的财务关系

8. 在下列各项中，属于财务管理经济环境构成要素的有（　　）。

A. 经济周期　　　　　　　　　B. 经济发展水平

C. 宏观经济政策　　　　　　　D. 金融市场

四、判断题

1. 经营者和所有者的主要矛盾是所有者支付经营者的享受成本与经营者创造的企业价值之间的矛盾。　　　　　　　　　　　　　　　　　　　　　　　（　）

2. 企业的资金运动既表现为钱和物的增减变动，又体现了人与人之间的经济利益关系。　　　　　　　　　　　　　　　　　　　　　　　　　　　　　（　）

3. 股东从公司取得股利，体现的是企业与受资者之间的财务关系；企业向税务部门上缴税金，体现了企业与债权人之间的财务关系。　　　　　　　　　（　）

4. 财务管理环境是指对企业财务活动和财务管理产生影响作用的企业各种外部条件的统称。　　　　　　　　　　　　　　　　　　　　　　　　　　　（　）

5. 民营企业与政府之间的财务关系体现为一种投资与受资关系。　　　（　）

6. 应用"引导原则"可能帮助你找到一个最好的方案，也可能使你遇上一个最坏的方案。　　　　　　　　　　　　　　　　　　　　　　　　　　　　　（　）

五、计算与案例分析

1. 林先生拥有一家经营得十分成功的工艺品经销商店——荣盛商店，数年来，他一直坚持独资经营，身兼所有者和管理者两职，现由于年龄的原因打算从管理岗位上退下来。因此想转化企业的组织形式，但是他希望商店仍能掌握在家族手中，长远目标是将这份产业留给自己的儿孙。

林先生正在考虑将其商店改组为公司制或者合伙制。改组为公司制后，他可以给自

己的每一位儿孙留下数目合适的股份。他也可以将商店整个留给儿孙们让他们进行合伙经营。为了能够选择正确的企业组织形式，林先生制定了如下的目标：①所有权。林先生希望他的两个儿子各拥有25%的股份，五个孙子各拥有10%的股份。②存续能力。林先生希望即使儿孙死亡或者放弃所有权也不会影响经营的持续性。③管理。当林先生退休后，他希望将产业交给一位长期服务于商店的雇员老李来管理。虽然林先生希望家族保持产业的所有权，但他并不相信他的家族成员有足够的时间和经验来完成日常的管理工作。事实上，他认为有两个孙子根本不具有经济头脑，所以他并不希望他们参与管理工作。④所得税。林先生希望产业采取的组织形式可以尽可能减少他的儿孙们应缴纳的所得税，希望每年的经营所得都尽可能多地分配给商店的所有人。⑤所有者的债务。林先生希望能够确保在商店发生损失时，他的儿孙们的个人财产不受任何影响。

（1）根据你所掌握的知识，你认为该企业应采用公司制还是合伙制？

（2）公司制或合伙制对企业财务管理会产生哪些影响？

2. 假设甲公司面临着A、B两个投资项目需做出选择，两个项目的投资额相等，各项目预期报酬和时间分布如表1-1所示。

表1-1　　　　　A、B项目预期报酬和时间分布　　　　　　　单位：元

投资年限	A项目预期报酬	B项目预期报酬
1	0	700 000
2	200 000	500 000
3	400 000	300 000
4	600 000	200 000
5	800 000	100 000
合计	2 000 000	1 800 000

单纯从利润最大化的角度应该选择A项目，因其总预期报酬比B投资项目总预期报酬高出200 000元。但如果考虑这两个投资项目在报酬上的时间分布，假设投资报酬率为10%，B投资项目获利较早，用其获利部分再投资，可带来额外的报酬，最终其投资报酬应大于A项目。

根据以上资料结合教材内容回答：以利润最大化作为企业财务目标的缺点有哪些？

3. 宏伟公司是一家从事IT产品开发的企业，由三位志同道合的朋友共同出资120万元，三人平分股权比例共同创立。企业发展初期，创始股东都以企业的长远发展为目标，关注企业的持续增长能力，所以他们注重加大研发投入，不断开发新产品，这些措施有力地提高了企业的竞争力，使企业实现了营业收入的高速增长。在开始的几年间，销售业绩以年均60%的速度提升。然而，随着利润的不断快速增长，三位创始股东在收益分配上产生了分歧。股东王力、张伟倾向于分红，股东赵勇则认为应将企业取得的

利益用于扩大再生产,以提高企业的持续发展能力,实现长远利益的最大化。矛盾不断升级,最终导致坚持企业长期发展的赵勇被迫出让其持有的1/3股份而离开企业。

但是,此结果引起了与企业有密切联系的广大供应商和分销商的不满,因为他们中许多人的业务发展壮大多与宏伟公司密切相关,深信宏伟公司的持续增长将给他们带来更多的机会。于是他们声称,如果赵勇离开企业,将断绝与企业的业务往来。面对这一情况,其他两位股东提出他们可以离开,条件是赵勇必须收购他们的股份。赵勇的长期发展战略需要较多的投资,这样做将导致企业陷入没有资金维持生产的困境。这时,众多供应商和分销商伸出了援助之手,他们或者主动延长应收账款的期限,或者预付货款,最终使赵勇重新回到企业,成为公司的掌门人。

经历了股权变更的风波后,宏伟公司在赵勇的领导下不断加大投入,实现了企业规模化发展,在同行业中处于领先地位,企业的竞争力和价值不断提升。

问:

(1) 赵勇坚持企业长远发展,而其他股东要求更多分红,你认为赵勇的目标是否与股东财富最大化的目标相矛盾?

(2) 拥有控制权的大股东与供应商和客户等利益相关者之间的利益是否矛盾,如何协调?

(3) 像宏伟这样的公司,其所有权与经营权是合二为一的,这对企业的发展有什么利弊?

(4) 重要利益相关者能否对企业的控制权产生影响?

【注会真题汇编】

1. [2014. 单选] 在股东投资资本不变的情况下,下列各项中能够体现股东财富最大化这一财务管理目标的是( )。

    A. 利润最大化   B. 每股收益最大化

    C. 每股股价最大化   D. 企业价值最大化

2. [2015. 多选] 为防止经营者背离股东目标,股东可以采取的措施有( )。

    A. 对经营者实行固定年薪制   B. 要求经营者定期披露信息

    C. 给予经营者股票期权奖励   D. 聘请注册会计师审计财务报告

3. [2016. 多选] 公司的下列行为中,可能损害债权人利益的有( )。

    A. 提高股利支付率   B. 加大为其他企业提供的担保

    C. 提高资产负债率   D. 加大高风险投资比例

4. [2016. 多选] 在有效资本市场,管理者可以通过( )。

    A. 财务决策增加公司价值从而提升股票价格

B. 从事利率、外汇等金融产品的投资交易获取超额收益

C. 改变会计方法增加会计盈利从而提升股票价格

D. 关注公司股价对公司决策的反映而获得有益信息

5. ［2017.多选］甲投资基金利用市场公开信息进行价值分析和投资，在下列效率不同的资本市场中，该投资基金可获取超额收益的有（　　）。

A. 无效市场　　　　　　　　　　B. 半强式有效市场

C. 弱式有效市场　　　　　　　　D. 强式有效市场

第二章 货币时间价值及其应用

> **本章提要**
>
> 货币时间价值是现代管理的基础观念之一，涉及所有的理财活动。有关资金时间价值的指标有很多种，本章重点介绍单利、复利和年金的计算。复利终值，是指若干期后包括本金和利息在内的未来价值，又称本利和。复利现值是把将来的资金按一定利率折算到现在的价值，或者说为取得将来一定本利和现在所需要的本金。实际上企业的现金流量每年都产生，形成等额、定期的系列收支，称为年金。年金按收付款时间可分为普通年金、预付年金、递延年金和永续年金等。货币时间价值因其非常重要且涉及所有理财活动，有人称其为理财的"第一原则"。

一、货币时间价值

（一）货币时间价值的概念

货币时间价值是指货币经历一定时间的投资和再投资所增加的价值，也称为资金的时间价值。在商品经济中，有这样一种现象：即现在的1元钱和1年后的1元钱其经济价值不相等，或者说其经济效用不同。现在的1元钱，比1年后的1元钱的经济价值要大一些，即使不存在通货膨胀也是如此。为什么会这样呢？例如，将现在的1元钱存入银行，1年后可得到1.10元（假设存款利率为10%）。这1元钱经过1年时间的投资增加了0.10元，这就是货币的时间价值。在实务中，人们习惯使用相对数字表示货币的时间价值，即用增加价值占投入货币的百分数来表示。例如，前述货币的时间价值为10%。

货币投入生产经营过程后，其金额随时间的持续不断增长。这是一种客观的经济现象。企业资金循环的起点是投入货币资金，企业用它来购买所需的资源，然后生产出新的产品，产品出售时得到的货币量大于最初投入的货币量。资金的循环以及因此实现的货币增值，需要或多或少的时间，每完成一次循环，货币就增加一定金额，周转的次数越多，增值额也越大。因此，随着时间的延续，货币总量在循环中按几何级数增长，形成了货币的时间价值。由于货币随时间的延续而增值，现在的 1 元钱与将来的 1 元多钱甚至是几元钱在经济上是等效的。换言之，就是现在的 1 元钱和将来的 1 元钱经济价值不相等。由于不同时间单位货币的价值不相等，因此，不同时间的货币不宜直接比较，需要把它们折算到同一个时点上，才能计算价值和进行比较。

（二）货币时间价值的表示

货币的时间价值可用绝对数（利息）和相对数（利息率）两种形式表示，通常用相对数表示。货币时间价值的实际内容是没有风险和没有通货膨胀条件下的社会平均资金利润率，是企业资金利润率的最低限度，也是使用资金的最低成本率。

由于资金在不同时点上具有不同的价值，不同时点上的资金就不能直接比较，必须换算到相同的时点上才能比较，因此掌握资金时间价值的计算就很重要。

二、货币时间价值的计算

（一）单利的终值和现值

单利是指对本金计算利息，利息部分不再计息的一种方式。通常用 P 表示现值，F 表示终值，i 表示利率（贴现率、折现率），n 表示计算利息的期数，I 表示利息。

(1) 单利的利息：

$$I = P \times i \times n \tag{2-1}$$

(2) 单利的终值：

$$F = P \times (1 + i \times n) \tag{2-2}$$

(3) 单利的现值：

$$P = \frac{F}{1 + i \times n} \tag{2-3}$$

【例 2-1】某人将一笔 10 000 元的现金存入银行，银行一年期定期利率为 8%，存满 5 年后，计算：

利息 $I = P \times i \times n = 10\ 000 \times 8\% \times 5 = 4\ 000$（元）

本利和（终值）$F = P \times (1 + i \times n) = 10\ 000 \times (1 + 8\% \times 5) = 14\ 000$（元）

从上式计算中可以看出，单利计息时本金不变，利息随时间的变化成正比例变化。此外，如无特殊说明，本章给出的利率均为年利率。

【例 2-2】某人希望 5 年后获得 10 000 元本利和，银行利率为 8%，则某人现在应

存入银行

$$P = \frac{F}{1+i \times n} = \frac{10\,000}{1+8\% \times 5} = 7\,142.86(元)$$

上面求现值的计算,也可称贴现值的计算,贴现使用的利率称贴现率。

(二)复利的终值和现值

复利是指不仅对本金要计息,而且对本金所生的利息也要计息,即"利滚利"。

1. 复利的终值

复利的终值是指一定量的本金按复利计算的若干年后的本利和。

复利终值的计算公式为:

$$F = P(1+i)^n = P(F/P, i, n) \tag{2-4}$$

其中 $(1+i)^n$ 称为"复利终值系数"或"1元复利终值",用符号(F/P, i, n)表示,其数值可查阅1元复利终值表。

【例2-3】某人现在将10 000元存入银行,银行利率为8%。则第一年和第二年的本利和为:

第一年的 $F = P \times (1+i)^1 = 10\,000 \times (F/P, 8\%, 1) = 10\,000 \times 1.08 = 10\,800(元)$

第二年的 $F = P \times (1+i)^2 = 10\,000 \times (F/P, 8\%, 2) = 10\,000 \times 1.1664 = 11\,664(元)$

上式中的(F/P, 8%, 2)表示利率为8%,期限为2年的复利终值系数,在复利终值表上,我们可以从横行中找到利率8%,纵列中找到期数2年,纵横相交处,可查到(F/P, 8%, 2)=1.1664。该系数表明,在年利率为8%的条件下,现在的1元与2年后的1.1664元相等。

2. 复利的现值

复利现值是指在将来某一特定时间取得或支出一定数额的资金,按复利折算到现在的价值。

复利现值的计算公式为:

$$P = \frac{F}{(1+i)^n} = F \times (1+i)^{-n} \tag{2-5}$$

其中的 $(1+i)^{-n}$ 称为"复利现值系数"或"1元复利现值系数",用符号(P/F, i, n)表示,其数值可查阅1元复利现值表。

【例2-4】某人希望5年后获得10 000元本利和,银行利率为8%。则现在应存入银行:

$$P = F \times (1+i)^{-n} = F \times (P/F, 8\%, 5) = 10\,000 \times 0.6806 = 6\,806(元)$$

（P/F，8%，5）表示利率为 8%，期限为 5 年的复利现值系数。同样，我们在复利现值表上，从横行中找到利率 8%，纵列中找到期限 5 年，两者相交处，可查到（P/F，8%，5）= 0.6806。该系数表明，在年利率为 8% 的条件下，5 年后的 1 元与现在的 0.6806 元相等。

3. 复利利息的计算

I = F − P

【例 2 − 5】根据例 2 − 4 资料，5 年的利息为

I = F − P = 10 000 − 6 806 = 3 194(元)

4. 名义利率和实际利率

在前面的复利计算中，所涉及的利率均假设为年利率，并且每年复利一次。但在实际业务中，复利的计算期不一定是 1 年，可以是半年、一季、一月或日。当每年复利次数超过一次时，这样的年利率叫作名义利率，而每年只复利一次的年利率叫作实际利率。实际利率和名义利率之间的关系如下：

$$i = \left(1 + \frac{r}{M}\right)^m - 1 \tag{2-6}$$

其中，i 代表实际利率，r 代表名义利率，m 代表每年复利的次数。

【例 2 − 6】某人现存入银行 10 万元，年利率 8%，每季度复利一次，则 10 年后能取得本利和为

方法 1：先根据名义利率与实际利率的关系，将名义利率折算成实际利率。

$$i = \left(1 + \frac{r}{M}\right)^m - 1 = \left(1 + \frac{8\%}{4}\right)^4 - 1 = 8.24\%$$

再按实际利率计算资金的时间价值。

$$F = P \times (1 + i)^n = 10 \times (1 + 8.24\%)^{10} = 22.07(万元)$$

方法 2：将已知的年利率 r 折算成期利率 r/m，期数变为 m×n。

$$F = P \times (1 + i)^n = P \times \left(1 + \frac{r}{m}\right)^{(m \times n)}$$

$$= 10 \times \left(1 + \frac{8\%}{4}\right)^{(4 \times 10)}$$

$$= 22.08(万元)$$

三、年金的终值和现值

在现实经济生活中，还存在一定时期内多次收付的款项，即系列收付的款项。如果每次收付的金额相等，这样的系列收付款项便称为年金。换言之，年金是指一定时期

内，每隔相同的时间等额收付的系列款项。年金的形式多种多样，如保险费、折旧费、租金、税金、养老金、等额分期收款或付款、零存整取或整存零取储蓄等，都可以是年金形式。年金具有连续性和等额性特点。连续性要求在定时间内，间隔相等时间就要发生一次收支业务，中间不得中断，必须形成系列。等额性要求每期收、付款项的金额必须相等。

年金根据每次收付发生的时点不同，可分为普通年金、预付年金、递延年金和永续年金四种。

（一）普通年金

普通年金是指在每期的期末，间隔相等时间，收入或支出相等金额的系列款项。每一间隔期，有期初和期末两个时点，由于普通年金是在期末这个时点上发生收付，故又称后付年金。

1. 普通年金的终值

普通年金的终值是指每期期末收入或支出的相等款项，按复利计算，在最后期所得的本利和。每期期末收入或支出的款项用 A 表示，利率用 i 表示，期数用 n 表示，那么每期期末收入或支出的款项，利用等比数列前 n 项和公式，换算到第 n 年的终值之和 F 为：

$$F = A \times \frac{(1+i)^n - 1}{i} \quad (2-7)$$

其中，$\frac{(1+i)^n - 1}{i}$ 称为"年金终值系数"或"1元年金终值系数"，记为（F/A, i, n），表示年金为1元、利率为 i、经过 n 期的年金终值是多少，可直接查1元年金终值表。因此，式（2-7）也可写作：

$$F = A \times (F/A, i, n) \quad (2-8)$$

【例 2-7】假设某企业投资一项目，在 5 年建设期内每年年末从银行借款 100 万元，借款年复利率为 10%，则该项目竣工时企业应付本息的总额为

$$F = 100 \times \frac{(1+10\%)^5 - 1}{10\%} = 100 \times (F/A, 10\%, 5) = 100 \times 6.1051 = 610.51（万元）$$

2. 年偿债基金

偿债基金是指为了在约定的未来某一时点清偿某笔债务或积聚一定数额的资金而必须分次等额形成的存款准备金。由于每次形成的等额准备金类似年金存款，因而同样可以获得按复利计算的利息，所以债务实际上等于年金终值，每年提取的偿债基金等于年金 A。也就是说，偿债基金的计算实际上是年金终值的逆运算。计算公式

如下：

$$A = F \times \frac{i}{(1+i)^n - 1} \quad (2-9)$$

其中，$\frac{i}{(1+i)^n - 1}$ 称作"偿债基金系数"，记为 (A/F, i, n)，可查阅偿债基金系数表，也可根据年金终值系数的倒数推算出来。即：(A/F, i, n) = 1/(F/A, i, n)。因此，式（2-9）也可以写作：

$$A = F \times (A/F, i, n) = \frac{F}{(F/A, i, n)} \quad (2-10)$$

利用偿债基金系数可把年金终值折算为每年需要支付的年金数额。

【例 2-8】某人在 5 年后要偿还一笔 50 000 元的债务，假设银行利率为 8%。为归还这笔债务，每年年末应存入银行：

A = F × (A/F, i, n)
  = 50 000 × (A/F, 8%, 5)
  = 50 000 × [1/(F/A, 8%, 5)]
  = 50 000 × 1/5.8666
  = 8 522.82(元)

在银行利率为 8% 时，每年年末存入银行 8 522.82 元，5 年后才能还清 50 000 元。

3. 普通年金的现值

普通年金的现值是指一定时期内每期期末等额收支款项的复利现值之和。实际上就是指为了在每期期末取得或支出相等金额的款项，现在需要一次投或借入多少金额，年金现值用 P 表示，利用等比数列前 n 项和公式，整理得：

$$P = A \times \frac{1-(1+i)^{-n}}{i} = A \times (P/A, i, n) \quad (2-11)$$

其中，$\frac{1-(1+i)^{-n}}{i}$ 称为"年金现值系数"或"1 元年金现值系数"，记作 (P/A, i, n)，表示年金 1 元、利率为 i、经过 n 期的年金现值是多少，可查 1 元年金现值表。因此，式（2-11）又可写作：P = A × (P/A, i, n)。

【例 2-9】某人希望每年年末取得 10 000 元，连续取 5 年，银行利率为 8%，则第一年年初应一次存入：

P = 10 000 × (P/A, i, n) = 10 000 × (P/A, 8%, 5) = 10 000 × 3.9927 = 39 927(元)

为了每年年末取得 10 000 元，第一年年初应一次存入 39 927 元。

4. 年资本回收额

年资本回收额是指在约定年限内等额回收初始投入或清偿所欠债务的金额。年资本回收额的计算是年金现值的逆运算。其计算公式如下：

$$A = P \times \frac{i}{1-(1+i)^{-n}} \quad (2-12)$$

其中，$\frac{i}{1-(1+i)^{-n}}$ 称作"资本回收系数"，记作（A/P，i，n），是年金现值系数的倒数，可查表获得，也可利用年金现值系数的倒数来求得。

【例 2 – 10】某人购入一套商品房，须向银行按揭贷款 100 万元，准备 20 年内于每年年末等额偿还，银行贷款利率为 8%。则每年应归还：

$A = P \times (A/P, i, n)$

$= 100 \times (A/P, 8\%, 20)$

$= 100 \times [1/(P/A, 8\%, 20)]$

$= 100 \times 1/9.8182$

$= 10.185$（万元）

（二）预付年金

预付年金是指每期收入或支出相等金额的款项是发生在每期的期初，而不是期末，也称作先付年金或即付年金。

预付年金与普通年金的区别在于收付款的时点不同，普通年金在每期的期末收付款项，预付年金在每期的期初收付款项。

1. 预付年金的终值

预付年金的终值是其最后一期期末时的本利和，是各期收付款项的复利终值之和。由于其付款时间不同，n 期预付年金终值要比 n 期普通年金终值多计一期的利息。因此，在普通年金的终值的基础上，乘以 (1+i) 便可计算出预付年金的终值。其计算公式为：

$$F = A \times \frac{(1+i)^n - 1}{i} \times (1+i)$$

$$= A \times \frac{(1+i)^{n+1} - (1+i)}{i}$$

$$= A \times \left[\frac{(1+i)^{n+1} - 1}{i} - 1\right] \quad (2-13)$$

其中，$\left[\frac{(1+i)^{n+1} - 1}{i} - 1\right]$ 称作"预付年金终值系数"，记作 $[(F/A, i, n+1) - 1]$，可

利用普通年金终值表查得（n+1）期的终值，然后减去1，就可得到1元预付年金终值。

【例2-11】将例2-7中借款的时间改为每年年初，其余条件不变，则该项目竣工时企业应付本息的总额为：

$$F = A \times [(F/A,i,n+1) - 1]$$
$$= 100 \times [(F/A,10\%,5+1) - 1]$$
$$= 100 \times (7.7156 - 1)$$
$$= 671.56(万元)$$

与例2-7的普通年金终值相比，相差（671.56 - 610.51）= 61.05万元，该差额实际上就是预付年金比普通年金多计一年利息而造成的，即610.51 × 10% = 61.05万元。

2. 预付年金的现值

虽然n期预付年金现值与n期普通年金现值的期限相同，但由于其付款时间不同，n期预付年金现值比n期普通年金现值少折现一期，因此，在n期普通年金的现值基础上，乘上（1+i）便可计算出n期预付年金的现值。其计算公式为：

$$P = A \times \frac{1-(1+i)^{-n}}{i} \times (1+i)$$
$$= A \times \frac{(1+i)-(1+i)^{-(n-1)}}{i}$$
$$= A \times \left[\frac{1-(1+i)^{-(n-1)}}{i} + 1\right] \quad (2-14)$$

其中，$\left[\frac{1-(1+i)^{-(n-1)}}{i} + 1\right]$ 称作"预付年金现值系数"，记作[(P/A,i,n-1) + 1]，可利用普通年金现值表查得（n-1）期的现值，然后加上1，就可得到1元预付年金现值。

【例2-12】将例2-9中收付款的时间改在每年年初，其余条件不变。则第一年年初应一次存入：

$$P = A \times [(P/A,i,n-1) + 1]$$
$$= 10\ 000 \times [(P/A,8\%,5-1) + 1]$$
$$= 10\ 000 \times (3.3121 + 1)$$
$$= 43\ 121(元)$$

（三）递延年金

递延年金是指第一次收付款发生在第二期或以后各期的年金。凡是不在第一期开始收付款的年金都是递延年金。

递延年金的一般形式如图 2-1 所示

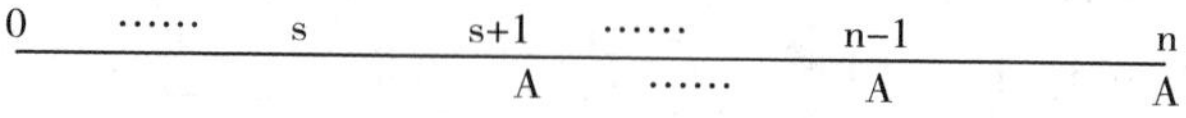

```
0  ……  s    s+1  ……  n-1      n
              A    ……    A      A
```

图 2-1　递延年金示意图

其中 s 表示为递延期,且 s≥1。与普通年金相比,尽管期限一样,都是 n 期,但普通年金在 n 期内,每个期末都要发生收支,而递延年金在 n 期内,只在后 n-s 期发生收支,前 s 期无收支发生。

1. 递延年金终值

在图 2-1 中,先不看递延期,年金一共支付了 n-s 期。只要将这 n-s 期年金换算到期末,即可得到递延年金终值。所以递延年金终值的大小,与递延期无关,只与年金共支付了多少期有关,它的计算方法与普通年金相同。其计算公式如下:

$$F = A \times (F/A, i, n-s) \tag{2-15}$$

【例 2-13】某企业于年初投资一项目,估计从第 5 年开始至第 10 年,每年年末可得收益 10 万元,假定年利率为 8%,则该投资项目年收益的终值为:

$$F = A \times (F/A, i, n-s)$$
$$= 10 \times (F/A, 8\%, 10-4)$$
$$= 10 \times 7.3360$$
$$= 73.36(万元)$$

2. 递延年金现值

递延年金现值的计算方法有三种。

第一种方法,是把递延年金视为 n-s 期普通年金,求出递延期末的现值,然后再将此现值调整到第一期初(图 2-1 中 0 的位置)。

$$P = A \times (P/A, i, n-s) \times (P/F, i, s) \tag{2-16}$$

第二种方法,是假设递延期中也进行支付,则变成一个 n 期的普通年金,先求出 n 期的年金现值,然后,扣除实际并未支付的 s 期递延期的年金现值,即可得出递延年金现值。

$$P = A \times (P/A, i, n) - A \times (P/A, i, s)$$
$$= A \times [(P/A, i, n) - (P/A, i, s)] \tag{2-17}$$

第三种方法,是先算出递延年金的终值,再将终值折算到第一期期初,即可求得递延年金的现值。

$$P = A \times (F/A, i, n-s) \times (P/F, i, n) \qquad (2-18)$$

【例 2-14】 某企业年初投资一项目,希望从第 5 年开始每年年末取得 10 万元收益,投资期限为 10 年,假定年利率 8%,则该企业年初最多投资多少万元才有利:

方法 1: $P = A \times (P/A, i, n-s) \times (P/F, i, s)$

$= 10 \times (P/A, 8\%, 6) \times (P/F, 8\%, 4)$

$= 10 \times 4.6229 \times 0.7350$

$= 33.9783(万元)$

方法 2: $P = A \times [(P/A, i, n) - (P/A, i, s)]$

$= 10 \times [(P/A, 8\%, 10) - (P/A, 8\%, 4)]$

$= 10 \times (6.7101 - 3.3121)$

$= 33.98(万元)$

方法 3: $P = A \times (F/A, i, n-s) \times (P/F, i, n)$

$= 10 \times (F/A, 8\%, 6) \times (P/F, 8\%, 10)$

$= 10 \times 7.3359 \times 0.4632$

$= 333.98(万元)$

从计算中可知,该企业年初的投资额不超过 33.98 万元才合算。

(四) 永续年金

永续年金是指无限期的收入或支出相等金额的年金,也称作永久年金。它也是普通年金的一种特殊形式,由于永续年金的期限趋于无限,没有终止时间,因而也没有终值,只有现值。永续年金的现值计算公式可以通过普通年金现值的计算公式导出:

$$P = A \times \frac{1 - (1+i)^{-n}}{i} \qquad (2-19)$$

当 n→∞ 上式可写成

$$P = A \times \frac{1}{i} \qquad (2-20)$$

【例 2-15】 某企业要建立一项永久性帮困基金,计划每年拿出 5 万元帮助失学儿童,年利率为 8%,则现在应筹集资金:

$P = A \times \dfrac{1}{i} = \dfrac{5}{8\%} = 62.5(万元)$

现在应筹集到 62.5 万元资金,就可每年拿出 5 万元帮助失学的儿童。

需要指出的是,在上面阐述过程中,一般假设利率 i 和期数 n 是已知的,实际在上述各关系式中,任何一个变量都可能是未知变量,可以根据其他已知变量计算得出。

【例2－16】某企业向银行借入23 000元,借款期9年,每年年末还本付息额为4 600元,则其借款利率为:

已知年金现值P、年金A和期数n,求利率。根据题意,有:

23 000 = 4 600 × (P/A,i,9)

(P/A,i,9) = 5

利用内插法,有:

$$\frac{i - 12\%}{14\% - 12\%} = \frac{5 - 5.3282}{4.9464 - 5.3282}$$

i = 13.72%

本章练习

一、简答题

1. 如何理解货币的时间价值?
2. 单利和复利计算法的区别是什么?
3. 普通年金终值系数和偿债基金系数、普通年金现值系数和投资回收系数、预付年金终值系数和普通年金终值系数、预付年金现值系数和普通年金现值系数之间分别是什么关系?

二、单项选择题

1. 某人在年初存入一笔资金,存满4年后从第5年年末开始每年年末取出1 000元,至第8年年末取完,银行存款利率为10%。则此人应在最初一次存入银行的资金为( )元。

   A. 2 848　　　B. 2 165　　　C. 2 354　　　D. 2 032

2. 已知(F/A,10%,9) = 13.579,(F/A,10%,11) = 18.531。则10年、10%的预付年金终值系数为( )。

   A. 17.531　　　B. 15.937　　　C. 14.579　　　D. 12.579

3. 若使复利终值经过4年后变为本金的2倍,半年计息一次,则年利率应为( )。

   A. 18.10%　　　B. 18.92%　　　C. 37.84%　　　D. 9.05%

4. 在复利计息下,当计息期短于1年时,实际利率同名义利率关系表现为( )。

   A. 实际利率小于名义利率　　　B. 实际利率大于名义利率

   C. 两者相等　　　D. 不能确定大小

5. 已知(P/A,10%,4) = 3.170,(F/A,10%,4) = 4.641,则相应的偿债基金系数为( )。

   A. 0.315　　　B. 5.641　　　C. 0.215　　　D. 3.641

6. 某企业年初借得 50 000 元贷款，10 年期，年利率 12%，每年年末等额偿还。已知年金现值系数（P/A，12%，10）= 5.6502，则每年应付金额为（　　）元。

A. 8 849　　　　B. 5 000　　　　C. 6 000　　　　D. 28 251

三、多项选择题

1. 某公司拟购置一处房产，付款条件是：从第 7 年开始，每年年初支付 10 万元，连续支付 10 次，共 100 万元。假设该公司的资金成本率为 10%，则相当于该公司现在一次付款的金额为（　　）万元

A. $10 \times [(P/A,10\%,15) - (P/A,10\%,5)]$

B. $10 \times (P/A,10\%,10)(P/F,10\%,5)$

C. $10 \times [(P/A,10\%,16) - (P/A,10\%,6)]$

D. $10 \times [(P/A,10\%,15) - (P/A,10\%,6)]$

2. 下列各项中，属于年金形式的项目有（　　）。

A. 零存整取储蓄存款的整取额　　　B. 定期定额支付的养老金

C. 年资本回收额　　　　　　　　　D. 偿债基金

3. 下列表述中，正确的有（　　）。

A. 复利终值系数和复利现值系数互为倒数

B. 普通年金终值系数和普通年金现值系数互为倒数

C. 普通年金终值系数和偿债基金系数互为倒数

D. 普通年金现值系数和资本回收系数互为倒数

4. 在下列各项中，可以直接或间接利用普通年金终值系数计算出确切结果的项目有（　　）。

A. 偿债基金　　　　　　　　　　　B. 先付年金终值

C. 永续年金现值　　　　　　　　　D. 永续年金终值

5. 如果（F/P，12%，5）= 1.7623，则下述系数正确的有（　　）。

A. （P/F，12%，5）= 0.5674　　　　B. （F/A，12%，5）= 6.3525

C. （P/A，12%，5）= 3.6050　　　　D. （A/P，12%，5）= 0.2774

四、判断题

1. 等量资金在不同时点上的价值不相等，根本的原因是通货膨胀的存在。（　　）

2. 国库券是一种几乎没有风险的有价证券，其利率可以代表资金时间价值。

（　　）

3. 年金是指每隔一年、金额相等的一系列现金流入或流出量。（　　）

4. 在终值和计息期一定的情况下，折现率越低，则复利现值越高。（　　）

5. 有一年金，前 3 年无流入，后 5 年每年年初流入 500 万元，假设年利率 10%，其现值为 1 565.68 万元。（　　）

五、计算与案例分析

1. A 公司向银行借款,该笔借款的年利率为 8%,每季度计息一次,请计算 A 公司借入该笔借款的实际利率。

2. 如果(F/P,5%,5)为 1.2763,请计算(A/P,5%,5)的值。

3. 某项永久性奖学金,每年计划颁发 50 000 元奖学金。若年复利率为 8%,该奖学金的本金应为多少?

4. 假定你每年在花旗银行存入 2 000 美元,共存 30 年,年利率为 5%。到第 30 年年末,你有多少钱?

5. 假定你有两种选择:要么第 4 年年末获得 200 000 元,要么今天获得一笔现款。设年利率为 6%,按复利计算。要求:这笔现款必须是多少时,才能吸引你接受 4 年后的 200 000 元许诺?

6. 有 F、S 两家银行,F 银行存款年利率为 9%,复利计算、整存整取;S 银行年利率为 8%,按季复利计算。假设提前支取利率为零。

(1) 你愿在哪家银行存款?

(2) 如果你要在年中而不是年末提钱,这对你选择存款银行有影响吗?假定 F 银行以整年计算,而 S 银行以整季计算。

7. 假定宝马汽车公司对你购买他们的汽车提供了两种付款方式,即"特别筹资"或现金折扣。假定汽车的标价是 20 000 美元。你既可以取得 1 500 美元的现金折扣,支付 18 500 美元的现购价款,也可以从宝马公司借款,再分期付款。

(1) 如果你以 3.9% 的年利率借得 20 000 美元,在以后的 36 个月中,每月要支付多少美元?

(2) 假定你可以从花旗银行获得一笔贷款用于支付汽车款 18 500 美元,从而获得现金折扣。这笔借款的利率为 8%,那么你是从花旗银行借款还是应用先借款再分期付款的方式购车呢?

(3) 假设你从花旗银行获得的借款也要求每月付款,那么你每月向银行的偿付款为多少?并与从宝马公司借款获得的金额进行比较。

8. A、B 两家公司同时于 2015 年 1 月 1 日发行面值为 100 元、票面利率为 10% 的 5 年期债券。A 公司债券规定利随本清,不计复利;B 公司债券规定每年 12 月底付息,到期还本。要求:

(1) 若 2017 年 1 月 1 日市场利率 12%,A 债券市价为 105 元,则 A 债券是否被市场高估?

(2) 若 2017 年 1 月 1 日市场利率 12%,B 债券市价为 105 元,则该资本市场是否完全有效?

(3) 若甲公司 2018 年 1 月 1 日能以 122 元购入 A 公司债券,计算到期收益率;

(4) 若甲公司 2018 年 1 月 1 日能以 102 元购入 B 公司债券,计算到期收益率;

(5) 若甲公司 2017 年 4 月 1 日购入 B 公司债券,必要收益率为 12%,则 B 公司债券价值为多少?

【注会真题汇编】

1. [2014. 单选] 假设银行利率为 i,从现在开始每年年末存款为 1 元,n 年后的本利和为 $[(1+i)^n - 1]/i$ 元,如果改为每年年初存款,存款期数不变,n 年后的本利和应为( )元。

A. $[(1+i)^{n+1} - 1]/i$

B. $[(1+i)^{n+1} - 1]/i - 1$

C. $[(1+i)^{n+1} - 1]/i + 1$

D. $[(1+i)^{n-1} - 1]/i + 1$

2. [2013. 单选] 甲公司平价发行 5 年期的公司债券,债券票面利率为 10%,每半年付息一次,到期一次偿还本金。该债券的有效年利率是( )。

A. 9.5% B. 10% C. 10.25% D. 10.5%

第三章 债券与股票价值评估

> **本章提要**
>
> 证券是商品经济和社会化大生产发展的产物,其含义非常广泛。从法律意义上说,证券是指各类记载并代表一定权利的法律凭证的统称,包括股票、债券及其衍生品等。本章主要介绍债券与股票的价值评估。债券的价值或债券的内在价值是指债券未来现金流入量的现值,即债券各期利息收入的现值加上债券到期偿还本金的现值之和。只有债券的内在价值大于购买价格时,才值得购买。股票未来现金流入的现值,称为股票的价值或股票的内在价值。股票的价值不同于股票的价格,受社会、政治、经济变化和心理等诸多因素的影响,股票的价格往往背离股票的价值,以下将做详细说明。

一、价值评估的原理

1. 价值评估的假设和价格理论

价值评估基于一定的基本假设:(1)大部分资产的价值是可以得到合理评估的,而且相同的基本原理可适用于不同类型资产的评估,包括实体资产、金融资产和智力资产;(2)不同资产价值评估难易程度、内容及可靠性会有所不同,但是核心原理是一样的。运用金融、财务理论和模型对资产的价值进行评定估算的过程就是价值评估。价值评估的基础是企业的长期盈利能力而不是短期盈利能力,主要的评估方法有两种:一是以会计利润为基础,在会计方法中,最重要的是业务的账面收入,价值等于利润与市盈率的乘积。二是以现金流量为基础,估价形式较复杂的会计方法可能会按某种比率折现未来的利润流量。在折现现金流量法中,业务的价值是按某种比率折现的未来预期现金流量,该比率反映了现金流量的风险。

价值评估所依据的理性价格理论:投资者所支付的投资标的价格等于资产内在价值。但现实中世界上的万物(有形的和无形的)都有价值,而且价值与价格往往是偏离的。因此,企业市场价格与企业内在价值存在一定的偏离。然而,在市场上,经常被引用的也有一种片面的理论——"傻子"价格理论：只要还存在愿意出更高价格购买资产的"傻子"，资产价格与其内在价值就会产生偏离。市场谬误：只要有人愿意出价购买，这种价格就是合理的。

目前我国对国有资产的评估，通常采用账面净资产来确定其价格，主要采用静态评估、书面评估强调成本法或重置成本法，即当时兴建这家企业需要多少资金，或现在重新建设一家相同规模的同类企业需要多少投资。也有卖家评估时，侧重固定资产，而对企业的无形资产等，不自觉地少评、漏评。而买家买的却是企业的未来，除了有形的、无形的、角落的资产全部都评估外，还要算新账：目前有哪些潜能尚未发挥、未来企业的成长空间、盈利能力、资本收益等，以此确定投资价值，算的是企业的"愿景"（愿景是企业永远为之奋斗希望达到的图景，它是一种意愿的表达，概括了企业的未来目标、使命及核心价值）。但这种"愿景"带有不少的主观因素，与经营者的能力、资金、人才等众多因素息息相关，具有一定变数，给价值评估的公允性带来不少难度。

2. 价值评估的作用

在公司内部，价值评估要考察特定项目将如何影响公司价值，战略规范则侧重于考察更大的一系列行动如何影响价值。在公司外部，证券分析师通过价值评估提出买或卖的建议，而潜在的收购者（通常在投资银行家的帮助下）估计目标公司的价值及其可能带来的协同效应，进而做出收购或放弃的决策。为了对首次公司公开募股定价，向有关各方面通报与持续经营相关的销售收入、不动产处置和财产分配，价值评估也是必需的。对于那些不需要对公司价值作出明确估价的信贷分析师而言，至少也需要考虑公司股东权益价值的"缓冲作用"，公司股权价值越大，其债权受到保护的程度也越大。

企业价值的准确评估，作用在于企业财务管理有一个比较准确的创造企业价值的评价工具，有助于科学地进行财务决策——投资决策与筹资决策，实现权衡条件下的企业股东财富最大化的理财目标。在这个过程中，理财人员需要着眼于未来，很好地规划企业在可预计年度内的效率及其成长。企业价值评估是一项前瞻性工作，必须考虑并处理大量的变量，而这些变量往往是企业在未来经营期间内极为紧要的决策因素，在很大程度上决定着企业的发展方向。可以说，企业价值是决定企业一切财务活动的基础，而企业价值评估中所体现的经营观念必将转化为企业的生存能力和竞争能力，从而有助于企业的持续稳定发展。

二、债券估值

债券估值具有重要的实际意义。企业通过发行债券从资本市场上筹资，必须要知道它如何定价。如果定价偏低，企业会因付出更多现金而遭受损失；如果定价偏高，企业会因发行失败而遭受损失。对于已经发行在外的上市交易的债券，估值仍然有重要意义。债券的价值体现了债券投资人要求的报酬。对于经理人员来说，不知道债券如何定价就是不知道投资人的要求，也就无法使他们满意。

（一）债券的概念

1. 债券

债券是发行者为筹集资金发行的、在约定时间支付一定比例的利息，并在到期时偿还本金的一种有价证券。

2. 债券面值

债券面值是指设定的票面金额，它代表发行人承诺于未来某一特定日期偿付给债券持有人的金额。

3. 债券票面利率

债券票面利率是指债券发行者预计一年内向投资者支付的利息占票面金额的比率。票面利率不同于有效年利率。有效年利率通常是指按复利计算的一年期的利率。债券的计息和付息方式有多种，可能使用单利或复利计息，利息支付可能半年一次、一年一次或到期日一次总付，这就使得票面利率可能不等于有效年利率。

4. 债券的到期日

债券的到期日指偿还本金的日期。债券一般都规定到期以便到期时归还本金。

（二）债券的分类

1. 按债券是否记名分类

按债券上是否记有持券人的姓名或名称，分为记名债券和无记名债券。在公司债券上记载持券人姓名或名称的为记名公司债券；反之为无记名公司债券。

2. 按债券能否转换为股票分类

按能否转换为公司股票，分为可转换债券和不可转换债券。若公司债券能转换为本公司股票，为可转换债券；反之为不可转换债券。一般来说，前种债券的利率要低于后种债券。

3. 按有无财产抵押分类

按有无特定的财产担保，分为抵押债券和信用债券。发行公司以特定财产作为抵押品的债券为抵押债券；没有特定财产作为抵押，凭信用发行的债券为信用债券。抵押债券又分为：一般抵押债券，即以公司全部资产作为抵押品而发行的债券；不动产抵押债券，即以公司的不动产为抵押而发行的债券；设备抵押债券，即以公司的机器设备为抵押而发行的债券;证券信托债券,即以公司持有的股票证券以及其他担保证书交付给信托公司作为抵押而发行的债券等。

4. 按能否上市分类

按能否上市,分为上市债券和非上市债券。可在证券交易所挂牌交易的债券为上市债券;反之为非上市债券。上市债券信用度高,且变现速度快,故而容易吸引投资者,但上市条件严格,并要承担上市费用。

5. 按偿还方式分类

按照偿还方式,分为到期一次债券和分期债券。发行公司于债券到期日一次集中清偿本息的,为到期一次债券;一次发行而分期、分批偿还的债券为分期债券,分期债券的偿还又有不同办法。

6. 按债券的发行人分类

按照发行人不同,债券分为以下类别:

(1) 政府债券:通常指中央政府发行的债券,也称政府债券。一般认为,政府债券会按时偿还利息和本金,没有拖欠风险。但是,在市场利率上升时,政府债券的市场流通价格会下降,因此也是有风险的。

(2) 地方政府债券:指地方政府发行的债券。地方政府债券有拖欠风险,因此利率会高于中央政府债券。

(3) 公司债券:指公司发行的债券。公司债券有拖欠风险,不同的公司债券拖欠风险有很大差别。拖欠风险越大,债券的利率越高。

(4) 国际债券:指外国政府或外国公司发行的债券。不仅外国公司债有拖欠风险,有些外国政府债券也有拖欠风险。此外,如果国际债券以国外货币结算,购买者还需要承担汇率风险。

(三) 债券的估值模型

债券的价值是发行者按照合同规定从现在至债券到期日所支付的款项的现值。影响债券价值的因素主要有债券的面值、期限、票面利率和所采取的折现率等因素。计算现值时使用的折现率取决于当前的市场利率和现金流量的风险水平。下面介绍几种最常见的债券估值模型。

1. 分期付息、到期还本的债券估值模型

分期付息、到期还本的债券估值模型是债券估值的基本模型,其计算公式为:

债券价值 = 未来收取的利息和收回本金的现值合计
= 每期利息 × 年金现值系数 + 债券面值 × 复利现值系数

即：

$$V = \sum_{t=1}^{n} \frac{I}{(1+k)^t} + \frac{M}{(1+k)^n} = I \times (P/A, k, n) + M \times (P/F, k, n) \quad (3-1)$$

其中，I 为每期利息；M 为债券面值或到期本金；k 为市场利率或者要求的最低报酬率；n 为付息期数。

【例 3-1】某债券面值 1 000 元，票面利率 8%，期限 6 年，每年年末付息一次，到期还本。某企业拟购买该债券，购买时的市场利率为 10%，则该债券的价值为：

$V = 1\,000 \times 8\% \times (P/A, 10\%, 6) + 1\,000 \times (P/F, 10\%, 6)$

$\quad = 80 \times 4.355 + 1\,000 \times 0.565 = 913.40 (元)$

2. 到期一次还本付息且不计复利的债券估值模型

我国有一部分债券属于到期一次还本付息且不计复利的债券，其估值计算公式为：

债券价值 = 债券到期本利和 × 复利现值系数

$$V = (M + M \times i \times n) \times (P/F, k, n) \quad (3-2)$$

其中，i 为债券的票面利率，其他符号含义同前式。

【例 3-2】某企业拟购买一种到期一次还本付息的债券，该债券面值为 1 000 元，期限 3 年，票面利率 10%（单利计息），当时的市场利率为 5%。则该债券的价格为多少时，企业才值得购买：

$V = (1\,000 + 1\,000 \times 10\% \times 3) \times (P/F, 5\%, 3) = 1\,300 \times 0.8638 = 1\,122.94 (元)$

即该债券价格必须低于 1 122.94 元，企业才值得购买。

3. 贴现发行债券的估值模型

债券以贴现方式发行，没有票面利率，到期按面值偿还，这种债券也称零票面利率债券。这种债券以贴现方式发行，也即以低于面值的价格发行，到期按面值偿还。其估值模型为：

债券价值 = 债券面值 × 复利现值系数

即：

$$V = \frac{M}{(1+k)^n} = M \times (P/F, k, n) \quad (3-3)$$

其中的符号含义同前式。

【例 3-3】某债券面值为 1 000 元，期限为 5 年，以贴现方式发行，期内不计利息，到期按面值偿还，当时的市场利率为 8%。则该债券的价值为：

$V = 1\,000 \times (P/F, 8\%, 5) = 1\,000 \times 0.6806 = 680.60 (元)$

因此该债券的价值为 680.60 元。

（四）债券投资的优缺点

1. 债券投资的优点 公司进行债券投资的优点主要表现在以下三个方面：

（1）本金安全性高。与股票相比，债券投资风险比较小。政府发行的债券有国家财力作后盾，其本金的安全性非常高，通常视为无风险证券。公司债券的持有者拥有优先求偿权，即当公司破产时，优先于股东分得公司资产，因此，其本金损失的可能性小。

（2）收入比较稳定。债券票面一般都标有固定利息率，债券的发行人有按时支付利息的法定义务，因此，在正常情况下，投资于债券都能获得比较稳定的收入。

（3）许多债券都具有较好的流动性。政府及大公司发行的债券一般都可在金融市场上迅速出售，流动性很好。

2. 债券投资的缺点 公司进行债券投资的缺点主要表现在以下三个方面：

（1）购买力风险比较大。债券的面值和利息率在发行时就已确定，如果投资期间的通货膨胀率比较高，则本金和利息的购买力将不同程度地受到侵蚀，在通货膨胀率非常高时，投资者虽然名义上有报酬，实际上却遭受了损失。

（2）没有经营管理权。投资于债券只是获得报酬的一种手段，无权对债券发行单位施以影响和控制。

（3）需要承受利率风险。市场利率随时间上下波动，市场利率的上升会导致流通在外的债券价格下降。由于市场利率上升导致的债券价格下降的风险称为利率风险。假如以100元的价格购买面值为100元的A公司债券，期限为5年，票面利率为10%。第二年市场利率升至15%，则债券的价格会下跌到85.73元，因此每张债券将损失14.27元，上升的市场利率导致了债券持有者的损失。因此，投资债券的个人或公司承受着市场利率变化的风险。

三、股票估值

股票是股份公司发给股东的所有权凭证，是股东借以取得股利的一种证券。股票持有者即该公司的股东，对该公司财产有要求权。股票可以按不同的方法和标准分类：按股东所享有的权利，可分为普通股和优先股；按票面是否标明持有者姓名，分为记名股票和不记名股票；按股票票面是否记名股票金额，分为有面值股票和无面值股票；按能否向股份公司赎回自己的财产，分为可赎回股票和不可赎回股票。

（一）股票的构成要素

为了更好地理解股票估值模型，我们有必要介绍股票的一些要素。

(1) 股票价值。投资股票通常是为了在未来能够获得一定的现金流入。这种现金流入包括两个部分：每期将要获得的股利以及出售股票时得到的价格收入。有时为了将股票的价值与价格相区别，也把股票的价值称为"股票内在价值"。

(2) 股票价格。股票的价格是指其在市场上的交易价格，它分为开盘价、收盘价、最高价和最低价等。股票的价格会受到各种因素的影响而出现波动。

(3) 股利。股利是股份有限公司以现金的形式从公司净利润中分配给股东的投资报酬，也称"红利"或"股息"。但也只是当公司有利润并且管理层愿意将利润分给股东而不是将其进行再投资时，股东才有可能获得股利。

（二）股票的估值

股票作为一种投资，现金流出是其购买价格，现金流入是股利和出售价格。股票未来现金流入的现值，称为股票的价值或股票的内在价值。股票的价值不同于股票的价格，受社会、政治、经济变化和心理等诸多因素的影响，股票的价格往往背离股票的价值。下面介绍几种最常见的股票估值模型

1. 短期持有股票，未来准备出售的股票估值模型

一般情况下，投资者投资于股票，不仅希望得到股利收入，更期望在股票价格上涨时出售股票获得资本利得。如果投资者不打算永久地持有该股票，而在一段时间后出售，他的未来现金流入是几次股利和出售时的股价。此时的股票估值模型为：

$$V = \sum_{t=1}^{n} \frac{D_t}{(1+k)^t} + \frac{P_n}{(1+k)^n} \qquad (3-4)$$

其中：V 为股票的内在价值；D_t 为第 t 期的预期股利；P_n 为未来出售时预计的股票价格；k 为贴现率，一般采用当时的市场利率或投资人要求的必要收益率；n 为预计持有股票的期数。

【例 3-4】某企业拟购买 A 公司发行的股票，该股票预计今后三年每年每股股利收入为 2 元，3 年后出售可得 16 元，投资者的必要报酬率 10%。则该股票的价值为

V = 2 × (P/A,10%,3) + 16 × (P/F,10%,3) = 2 × 2.4869 + 16 × 0.7513 = 16.99（元）

该股票的价值为 16.99 元，若此公司股票的市价低于 16.99 元，则该企业可考虑对此股票进行投资。

2. 长期持有、股利稳定不变的股票估值模型

在每年股利稳定不变，投资人持有期限很长的情况下，股票的估值模型可在第一种模型的基础上简化为：

$$V = \frac{D}{k} \qquad (3-5)$$

其中：V 为股票的内在价值，D 为每年固定股利，k 为投资人要求的必要收益率。

【例 3-5】某企业拟购买 A 公司股票并准备长期持有，预计该股票每年股利为 6 元，企业要求的必要收益率为 10%。则该股票的价值为：

$$V = \frac{D}{k} = \frac{6}{10\%} = 60(元)$$

3. 长期持有、股利固定增长的股票估值模型

如果一个公司的股利不断增长，投资者的投资期限又非常长，则股票的估值就相对复杂，只能计算近似值。设今年股利为 D_0，第 t 年股利为 D_t，每年股利比上年增长率为 g，则：

$$V = \frac{D_0(1+g)}{k-g} = \frac{D_1}{k-g} \tag{3-6}$$

【例 3-6】某企业准备购买 B 公司的股票，该股票今年支付的每股股利为 2 元，预计以后每年以 12% 的增长率增长。企业要求的必要收益率为 15%。则该股票价格为多少时可考虑购买：

$$V = \frac{2 \times 1.12}{0.15 - 0.12} = 74.67(元)$$

4. 非固定增长股票的价值

在现实生活中，有的公司股利是不固定的。例如，在一段时间里高速增长，在另一段时间里正常固定增长或固定不变。在这种情况下，就要分段计算才能确定股票的价值。

【例 3-7】投资者持有 C 公司的股票，他的投资必要报酬率为 12%。预计 C 公司未来 3 年股利将高速增长，增长率为 20%。在此以后转为正常增长，增长率为 10%。C 公司最近支付的股利是每股 2 元。则 C 公司股票的内在价值为多少？

首先，计算非正常增长期的股利现值如表 3-1 所示。

表 3-1　　　　　　非正常增长期的股利现值计算

年份	股利 D_t	现值系数	现值（V_t）
1	2 × 1.2 = 2.4	0.8929	2.1430
2	2.4 × 1.2 = 2.88	0.7972	2.2959
3	2.88 × 1.2 = 3.456	0.7118	2.4500
合计（3 年股利的现值）			6.8889

其次，计算第三年年底的普通股内在价值：

$$V = \frac{D_3(1+g)}{k-g} = \frac{D_4}{k-g} = \frac{3.456 \times 1.10}{0.12 - 0.10} = 190.08(元)$$

计算其现值：

$V_0 = 190.08 \times (P/F, 12\%, 3) = 190.08 \times 0.7118 = 135.30(元)$

最后，计算股票目前的内在价值：$V = 6.89 + 135.30 = 142.19(元)$

(三) 股票投资的优缺点

1. 股票投资的优点

股票投资是一种最具挑战性的投资，其报酬和风险都比较高。股票投资的优点主要有：

(1) 能获得比较高的报酬。普通股的价格虽然变动频繁，但从长期看，优质股票的价格总是上涨的居多，只要选择得当，一般都能获得优厚的投资报酬。

(2) 能适当降低购买力风险。普通股的股利不固定，在通货膨胀率比较高时，由于物价普遍上涨，股份公司盈利增加，股利的支付也随之增加，因此，与固定报酬证券相比，普通股能有效地降低购买力风险。

(3) 拥有一定的经营控制权。普通股股东属股份公司的所有者，有权监督和控制公司的生产经营情况，因此，欲控制一家公司，最好的途径就是收购这家公司的股票。

2. 股票投资的缺点

股票投资的缺点主要是风险大，这是因为：

(1) 普通股对公司资产和盈利的求偿权均居最后。公司破产时，股东原来的投资可能得不到全数补偿，甚至可能血本无归。

(2) 普通股的价格受众多因素影响，很不稳定。政治因素、经济因素、投资者心理因素、企业的盈利情况、风险情况等，都会影响股票价格，这也使股票投资具有较高的风险。

(3) 普通股的收入不稳定。普通股股利的多少，视企业经营状况和财务状况而定，其有无、多寡均无法律上的保证，其收入的风险也远远大于固定收益证券。

本章练习

一、简答题

1. 债权的基本要素有哪些？其含义是什么？
2. 债权的价值如何确定？有哪几种基本的估值方法？
3. 股票的价值如何确定？进行股票估值有哪几种常用方法？
4. 股票与债券投资分别有哪些优缺点？

二、单项选择题

1. 当市场利率上升时，长期固定利率债券价格的下降幅度（　　）短期债券的下降幅度。

   A. 大于　　　　B. 小于　　　　C. 等于　　　　D. 无法确定

2. 当必要报酬率不变的情况下，对于分期付息的债券，当市场利率小于票面利率时，随着债券到期日的接近，当付息期无限小时，债券价值将相应（　　）。

   A. 增加　　　　B. 减少　　　　C. 不变　　　　D. 无法确定

3. 某企业于2017年4月1日以10 000元购得面值为10 000元的新发行债券，票面利率10%，两年后一次还本，每年支付一次利息，该公司若持有该债券至到期日，其2017年4月1日到期收益率为（　　）。

   A. 12%　　　　B. 16%　　　　C. 8%　　　　D. 10%

4. 某企业于2017年4月1日以950元购得面额为1 000元的新发行债券，票面利率为12%，每年付息一次，到期还本，该公司若持有该债券至到期日，其到期收益率为（　　）。

   A. 高于12%　　B. 低于12%　　C. 等于12%　　D. 难以确定

5. 某股票的未来股利不变，当股票市价低于股票价值时，则预期报酬率（　　）投资人要求的最低报酬率。

   A. 高于　　　　B. 低于　　　　C. 等于　　　　D. 可能高于也可能低于

6. 如果债券不是分期付息，而是到期时一次还本付息，那么平价发行债券，其到期收益率（　　）。

   A. 与票面利率相同　　　　　　　B. 与票面利率也有可能不同
   C. 高于票面利率　　　　　　　　D. 低于票面利率

三、多项选择题

1. 对于分期付息债券，下列表述正确的有（　　）。

   A. 当投资者要求的收益率高于债券票面利率时，债券的市场价值会低于债券面值
   B. 当投资者要求的收益率低于债券票面利率时，债券的市场价值会高于债券面值
   C. 当债券接近到期日时，债券的市场价值向其面值回归
   D. 当投资者要求的收益率等于债券票面利率时，债券的市场价值会等于债券面值

2. 下列表述中正确的有（　　）。

   A. 如果等风险债券的市场利率不变，那么随着时间向到期日靠近，溢价发行债券的价值会随时间的延续而逐渐下降。
   B. 从长期来看，公司股利的固定增长率扣除通货膨胀因素不可能超过公司的资本成本率。
   C. 一种10年期的债券，票面利率为10%；另一种5年期的债券，票面利率亦为

10%。两种债券的其他方面没有区别，在市场利息率急剧上涨时，前一种债券价格下跌得更多。

D. 如果等风险债券的市场利率不变，那么随着时间向到期日靠近，折价发行债券的价值会随时间的延续而逐渐上升。

3. 下列有关平息债券价值表述正确的是（　　）。

A. 如果等风险利率不变，平价债券，债券付息期长短对债券价值没有影响

B. 如果等风险利率不变，折价债券，债券付息期越短，债券价值越高

C. 随着到期时间缩短，必要报酬率变动对债券价值的影响越来越小

D. 在债券估价模型中，折现率实际上就是必要报酬率，折现率越大，债券价值越低

4. 下列说法中正确的是（　　）。

A. 即使票面利率相同的两种债券，由于付息方式不同，投资人的实际经济利益亦有差别

B. 如不考虑风险，债券价值大于市价时，买进该债券是合算的

C. 债券以何种方式发行最主要是取决于票面利率与市场利率的一致程度

D. 债券到期收益率是能使未来现金流入现值等于买入价格的折现率

5. 下列哪些因素变动会影响债券到期收益率（　　）。

A. 债券面值　　　　B. 票面利率　　　　C. 市场利率　　　　D. 债券购买价格

四、判断题

1. 成为上市公司可以提高股东的变现能力、使原始股东分散风险并且不至于稀释原有股东的控制权。（　　）

2. 零息债券采用平价发行，在债券到期以前，公司不必支付任何利息或本金。（　　）

3. 某一债券的面值为100元，期限为5年，以贴现方式发行，期内不计利息，到期按面值偿还，发行时的市场利率为8%。若该债券发行价为70元，则不值得购买。（　　）

五、计算与案例分析

1. 甲企业计划利用一笔长期资金投资购买股票。现有M公司股票和N公司股票可供选择，甲企业只准备投资一家公司股票。已知M公司股票现行市价为每股9元，上年每股股利为0.15元，预计以后每年以6%的增长率增长。N公司股票现行市价为每股7元，上年每股股利为0.6元，股利分配政策将一贯坚持固定股利政策。甲企业要求的投资必要报酬率为8%。

（1）利用股票估价模型，分别计算M、N公司股票价值。

（2）代甲企业作出股票投资决策。

2. 五年前发行的一张 20 年期的债券，债券的面值为 100 元，票面利率为 6%，每年付息一次，到期还本。目前，第五次刚刚付过，现在发行的与之风险相当的债券利率为 8%。如果该债券的转让价格是 80 元，你是否愿意投资？如果投资的话，你的实际收益率为多少？

3. 假设网景公司正在一个最近引起公众注意的新兴产业中经营。

（1）某股东持有网景公司股票 100 股，每股面值 100 元，投资最低报酬率为 20%。预期该公司未来三年股利为零成长，每股股利 20 元。预计从第四年起转为正常增长，增长率为 10%。计算某股东持有网景公司股票的价值。

（2）如果网景公司销售以每年 80% 的速度增长，预计在这一高销售增长率下的第一年至第四年的现金股利增长率为 25%，此后，预期股利增长率为永续每年 5%。发放的最近年度的股利为 0.75 美元。股票的必要报酬率是 22%，则网景公司的普通股每股价值为多少？

4. 2016 年 1 月 1 日 ABC 公司投资购买债券，目前证券市场上有三家公司债券可供挑选：

（1）A 公司曾于 2015 年 1 月 1 日发行的债券，债券面值为 1 000 元，5 年期，票面利率为 8%，每年 12 月 31 日付息一次，到期还本，目前市价为 1 105 元。若投资人要求的必要收益率为 6%，则此时 A 公司债券的价值为多少？应否购买？

（2）B 公司 2016 年 1 月 1 日发行的债券，债券面值为 1 000 元，5 年期，票面利率为 6%，单利计息，到期一次还本付息，债券目前的市价为 1 000 元。若 A、B、C 公司此时投资该债券并在 2018 年 1 月 1 日以 1 200 元的价格出售，则投资 B 公司债券的收益率为多少？

（3）C 公司 2016 年 1 月 1 日发行的债券，债券面值为 1 000 元，5 年期，票面利率为 8%。C 公司采用贴现法付息，发行价格为 600 元，期内不付息，到期还本。若投资人要求的必要收益率为 6%，则 C 公司债券的价值与持有至到期日的投资收益率为多少？应否购买？

【注会真题汇编】

1. [2014. 单选] 假设折现率保持不变，溢价发行的平息债券自发行后债券价值（　　）。

A. 逐渐下降，至到期日等于债券面值

B. 波动下降，到期日之前一直高于债券面值

C. 波动下降，到期日之前可能等于债券面值

D. 波动下降，到期日之前可能低于债券面值

2. [2017. 单选] 甲公司已进入稳定增长状态，固定股利增长率 4%，股东必要报

酬率为10%。公司最近一期每股股利0.75元,预计下一年的股票价格是( )元。

A. 7.5　　　　　　B. 12.5　　　　　　C. 13　　　　　　D. 13.52

3. [2013. 单选] 假设资本市场有效,在股利稳定增长的情况下,股票的资本利得收益率等于该股票的(　　)。

A. 股利收益率　　B. 股利增长率　　C. 期望收益率　　D. 风险收益率

4. [2017. 多选] 下列情形中,优先股股东有权出席股东大会行使表决权的有(　　)。

A. 公司增发优先股

B. 公司一次或累计减少注册资本超过10%

C. 修改公司章程中与优先股有关的内容

D. 公司合并、分立、解散或变更公司形式

5. [2015. 多选] 相对普通股而言,下列各项中,属于优先股特殊性的有(　　)。

A. 当公司分配利润时,优先股股息优先于普通股股利支付

B. 当公司选举董事会成员时,优先股股东优先于普通股股东当选

C. 当公司破产清算时,优先股股东优先于普通股股东求偿

D. 当公司决定合并、分立时,优先股股东表决权优先于普通股股东

6. [2016. 计算题] 小W因购买个人住房向甲银行借款300 000元,年利率6%,每半年计息一次,期限5年,自2014年1月1日至2019年1月1日止,小W选择等额本息还款方式偿还贷款本息,还款日在每年的7月1日和1月1日。2015年12月末小W收到单位发放的一次性年终奖60 000元,正在考虑这笔奖金的两种使用方案:

(1) 2016年1月1日提前偿还银行借款60 000元(当日仍需偿还原定的每期还款额)。

(2) 购买乙国债并持有至到期,乙国债为5年期债券,每份债券面值1 000元,票面利率4%,单利计息,到期一次还本付息,乙国债还有3年到期,当前价格1 020元。

要求:

(1) 计算投资乙国债的到期收益率。小W应选择提前偿还银行借款还是投资国债,为什么?

(2) 计算当前每期还款额,如果小W选择提前偿还银行借款,计算提前还款后的每期还款额。

第四章 风险与收益分析

> **本章提要**
>
> 企业的财务活动在获得收益的同时总是伴随着风险，离开了风险因素就无法正确评价企业收益的高低。风险价值原理揭示了风险同收益之间的关系，它同资金时间价值原理一样，是财务管理的基本依据。近些年来，海外上市已成为我国企业利用国际资本市场的一种重要融资渠道。然而海外市场风云变幻，炒作众多，企业股价剧烈波动，存在着巨大风险。为什么在股市上有这么大的波动性呢？如何理解投资股票的风险和收益呢？这些问题将在本章中进行详细探讨。

一、风险与收益的度量

货币时间价值是在没有风险和通货膨胀下的投资收益率，没有涉及风险问题。但是在财务活动中风险是客观存在的，所以还必须考虑当企业冒着风险投资时能否获得额外收益的问题。投资风险价值指的就是投资者由于冒着风险进行投资而获得的超过货币时间价值的额外收益，又称为投资风险收益、投资风险报酬。

（一）确定性投资决策和风险性投资决策

在市场经济条件下进行投资决策，所涉及的各个因素可能是已知的、可确定的，但许多时候对未来情况并不十分明了，有时甚至连各种情况发生的可能性也不清楚。因此，根据对未来情况的掌握程度，投资决策可分为以下三种类型：

1. 确定性投资决策

这是指未来情况能够确定或已知的投资决策。如购买政府发行的国库券，由于国家实力雄厚，事先规定的债券利息率到期肯定可以实现，这就属于确定性投资，即没有风险和不确定的问题。

2. 风险性投资决策

这是指未来情况不能完全确定，但各种情况发生的可能性——概率为已知的投资决策。如购买某家用电器公司的股票,已知该公司股票在经济繁荣、一般、萧条时的收益率分别为15%、10%和5%;另外,根据有关资料分析,认为近期该行业繁荣、一般、萧条的概率分别为30%、50%和20%,这种投资就属于风险性投资。

3. 不确定性投资决策

决策者不仅对未来的情况不能完全确定,而且对不确定性可能出现的概率也不清楚,这种情况下的决策称为不确定性决策。从理论上讲,不确定性是无法计量的,但在财务管理中,通常为不确定性规定了一些主观概率,以便进行定量分析。不确定性在被规定了主观概率以后,就与风险十分近似了。因此,在公司财务管理中,对风险与不确定性并不作严格区分,当谈到风险时,可能是风险,更可能是不确定性。投资者之所以愿意投资高风险的项目,是因为其获得的报酬率也足够高,能够补偿其投资风险。

(二)风险的类别

1. 从个别投资主体的角度看,风险分为市场风险和公司特有风险两类

(1)市场风险。

市场风险是指那些对所有公司产生影响的因素引起的风险,如战争、经济衰退、通货膨胀、高利率等。这类风险涉及所有的投资对象,不能通过多元化投资来分散,因此又称为不可分散风险和系统风险。例如,一个人投资于股票,不论买哪一种股票,他都要承担市场风险,经济衰退时各种股票的价格都会有不同程度的下跌。

(2)公司特有风险。

公司特有风险是指发生于个别公司的特有事件造成的风险,如罢工、新产品开发失败、没有争取到重要合同、诉讼失败等。这类事件是随机发生的,因而可以通过多元化投资来分散,即发生于一家公司的不利事件可以被其他公司的有利事件所抵消。这类风险称为可分散风险或非系统风险。例如,一个人投资股票时,买几种不同的股票,比只买一种风险小。

通过投资多元化分散掉,因此也称为"可分散风险"。

2. 从公司经营本身划分,风险又可分为经营风险和财务风险

(1)经营风险。

经营风险是指因生产经营方面的原因给企业盈利带来的不确定性。企业的供、产、销等各种生产经营活动都存在着很大的不确定性,都会对企业收益带来影响,因而经营风险是普遍存在的。产生经营风险的因素既有内部的因素,又有外部的因素。如原材料供应地政治经济情况变动、运输方式改变、价格变动等这些因素会造成供应方面的风险;由于所生产产品质量不合格、生产组织不合理、设备事故等因素造成生产方面的风险;由于出现新的竞争对手、消费者爱好发生变化、销售决策失误、产品广告推销不力

以及货款回收不及时等因素带来的销售方面的风险。所有这些生产经营方面的不确定性，都会引起企业的利润或利润率的变化，从而导致经营风险。

（2）财务风险。

财务风险又称筹资风险，是指由于举债而给企业财务成果带来的不确定性。企业举债经营，全部资金中除自有资金外还有一部分借入资金，这会对自有资金的盈利能力造成影响；同时，借入资金需还本付息，一旦无力偿付到期债务，企业便会陷入财务困境甚至破产。当企业息税前资金利润率高于借入资金利息率时，使用借入资金而获得的利润除了补偿利息外，还有剩余，因而使自有资金利润率提高。但是，当息税前资金利润率低于借入资金利息率时，借入资金所获得的利润不足以支付利息，需动用自有资金利润来支付利息，从而使自有资金利润率降低。总之，由于诸多因素的影响，使得息税前资金利润率与借入资金利息率具有不确定性，从而引起自有资金利润率的变化，这种风险即财务风险。其风险大小受借入资金与自有资金比例的影响，借入资金比例越大，风险程度越大；借入资金比例减小，风险程度就会随之减小。对财务风险的管理，关键是要保证有一个合理的资金结构，维持适当的负债水平，既要充分利用举债经营这一手段获取财务杠杆利益，提高资金盈利能力，又要注意防止过度举债而引起的财务风险加大，避免陷入财务困境。

（三）投资风险价值的表示方法

投资风险价值也有两种表示方法：风险收益额和风险收益率。投资者由于冒着风险进行投资而获得的超过资金时间价值的额外收益，称为风险收益额；风险收益额对于投资额的比率，则称为风险收益率。在实际工作中，对两者并不严格区分，通常以相对数——风险收益率进行计量。在不考虑物价变动的情况下，投资收益率（即投资收益额对于投资额的比率）包括两个部分：一部分是资金时间价值，它是不经受投资风险而得到的价值，即无风险投资收益率；另一部分是风险价值，即风险投资收益率。其关系是：

$$投资收益率 = 无风险投资收益率 + 风险投资收益率$$

（四）风险与收益的权衡

风险意味着有可能出现与人们取得收益的愿望相背离的结果，但是，人们在投资活动中，由于主观努力，把握时机，往往能有效地避免失败，并取得较高的收益。因此，风险不同于危险，危险只可能出现坏的结果，而风险则是指既可能出现坏的结果，也可能出现好的结果。风险在长期投资中是经常存在的。投资者讨厌风险，不愿遭受损失，为什么又要进行风险性投资呢？这是因为有可能获得额外的收益—风险收益。人们总想冒较小的风险而获得较多的收益，至少要使所得的收益与所冒的风险相当，这是对投资的基本要求。因此，进行投资决策时必须考虑各种风险因素，预测风险对投资收益的影响程度，以判断投资项目的可行性。风险收益具有不易计量的特性，要计算在一定风险条件下的投资收益，必须利用概率论的方法，按未来年度预期收益的平均偏离程度来进行估量。

（五）对风险的态度

根据不同人对待风险的态度不同，我们将投资者分为风险回避者、风险爱好者和风险中立者三类。

风险回避者的效用函数是边际效用递减的，也就是随着财富的增加，相同财富增加带来的效用增加也减少。对于他们来说，损失 1 000 元财富所导致的效用损失，要多于同等数量的财富增加所带来的增加额。因此，这类投资者希望投资收益的可能变化偏离期望值越少越好。一个收益完全确定的投资，比一个具有相同期望值，但结果不确定的投资给风险回避者带来的效用要高。风险回避者喜欢平稳，不喜欢动荡。为了使他们能够承担风险，必须给予一定的风险报酬。

与风险回避者恰恰相反，风险爱好者的效用函数是边际效用递增的，也就是随着财富的增加，相同财富增加带来的效用增加将增加。对于他们来说，增加 1 000 元财富所导致的效用增加，要多于同等数量的财富减少所带来的效用损失。他们是冒险精神很强的投资者，喜欢收益的动荡甚于喜欢收益的稳定，赌徒通常就属于这类投资者。他们选择投资项目的基本原则是：当期望收益相同时，选择风险大的项目，因为这将给他们带来更大的效用。

风险中立者的效用函数是一个线性函数，其边际效用是常数，也就是即使财富发生变化，相同财富增加带来的效用增加也不变。对于他们来说，增加 1 000 元财富所导致的效用增加，与同等数量的财富减少所带来的效用损失是相等的。他们既不回避风险，也不主动追求风险。他们进行投资决策的唯一标准是期望收益的大小，而不管其风险状况如何，因此所有期望收益相同的投资将给他们带来相同的效用。

一般的投资者都是风险回避者，他们不愿意做只有一半成功机会的"赌博"。尤其是作为不分享利润的经营管理者，冒险成功时报酬大多归于股东，冒险失败时他们的声望下降，职业的前景受威胁。在一般情况下，报酬率相同时人们会选择风险小的项目；风险相同时人们会选择报酬高的项目。问题在于，有时风险大，报酬率也高，那么如何决策呢？这就要看报酬是否高到值得去冒险，以及投资者对风险的态度。

二、概率分布和预期收益

在经济活动中，某一事件在相同条件下可能发生也可能不发生，这类事件称为随机事件。概率就是用来表示随机事件发生可能性大小的数值。如果随机变量（如报酬率）只取有限个值，并且对应于这些值有确定的概率，则称随机变量是离散型分布；如果对每种情况都赋予一个概率，并分别测定其报酬率，则可以用连续型分布描述。随机变量的各个取值，以相应的概率为权数的加权平均数，称为随机变量的预期值（数学期望或均值），它反映随机变量取值的平均化。在投资活动中，我们以各种经济情况出现的概率（即各种收益率出现的概率）为权数计算收益率的加权平均数，即预期收益。其计算公式如下：

$$\bar{R} = \sum_{i=1}^{n} R_i P_i \qquad (4-1)$$

其中，$\bar{R}$ 表示预期收益率；P_i 表示第 i 种经济情况出现的概率；R_i 表示第 i 种结果出现后的期望报酬率；n 表示所有可能的经济情况的数目。

期望收益率仅代表一个投资项目的获利水平的高低，反映预计收益的平均化、在各种不确定性因素影响下，它代表着投资者的合理预期，但不能反映投资项目的风险程度。因此，还需要通过一系列指标去刻画投资项目的风险程度。

风险的衡量

为了定量地衡量风险大小，须使用统计学中衡量概率分布离散程度的指标。统计学中表示随机变量离散程度的指标很多，常用的是方差、标准差和标准离差率。

（1）方差。

方差是指各种可能情况下发生的投资报酬与预期报酬之差的平方再乘以相应概率的和，是用来表示随机变量与期望值之间离散程度的一个重要指标，通常用 σ^2 表示。其计算公式如下：

$$\sigma^2 = \sum_{i=1}^{n} (R_i - \bar{R})^2 P_i \qquad (4-2)$$

方差一定程度上反映了各种可能发生的投资报酬率偏离预期报酬的离散程度。方差越大说明投资报酬的离散程度越大，投资风险越高；方差越小说明投资报酬的离散程度越小，投资风险越低。

（2）标准差。

标准差也叫均方差，是方差的平方根。它是各种可能的收益率偏离期望收益率的综合差异。通常情况下，用标准差刻画投资项目报酬的离散程度，以反映投资项目的风险程度。如果用 σ 表示标准差，则其计算公式为：

$$\sigma = \sqrt{\sum_{i=1}^{n} (R_i - \bar{R})^2 P_i} \qquad (4-3)$$

虽然方差和标准差能够反映投资项目的风险程度，但没有反映与投资报酬的变化关系。一个投资项目的方差或标准差很大，但其投资报酬率可能也很大；一个投资项目的方差或标准差很小，但其投资报酬率可能也很小。如果两个投资项目的方差或标准差相等，投资者应该选择哪种方案呢？因此，仅仅知道方差或标准差，投资者仍然不能做出正确的选择，还需要借助于标准离差率进行决策选择。

(3) 标准离差率。

标准离差率等于标准差除以预期报酬，也叫变异系数。其计算公式为：

$$V = \frac{\sigma}{\bar{R}} \qquad (4-4)$$

其中，V 代表标准离差率，σ 为标准差，$\bar{R}$ 代表预期报酬率。

标准离差率是一个相对指标，它以相对数反映决策方案的风险程度，表示每单位预期收益所包含的风险，即每一元预期收益所承担的风险的大小。方差和标准差作为绝对数，只适用于期望值相同的决策方案风险程度的比较。对于期望值不同的决策方案，评价和比较其各自的风险程度只能借助于标准离差率这一相对数值。在期望值不同的情况下，标准离差率越大，风险越大；反之，标准离差率越小，风险越小。

【例 4-1】某企业准备投资开发新产品，现有甲、乙两个方案可供选择，经预测，甲、乙两个方案的预期投资收益率如表 4-1 所示。

表 4-1　　　　　　　　甲、乙两个方案的预期投资收益率

市场状况	概率	预期投资收益率	
		甲方案	乙方案
繁荣	0.4	32%	40%
一般	0.4	17%	15%
衰退	0.2	-3%	-15%

则：

(1) 计算甲、乙两个方案的预期收益率的期望值

甲方案收益率的期望值 = 32% × 0.4 + 17% × 0.4 + (-3%) × 0.2 = 19%

乙方案收益率的期望值 = 40% × 0.4 + 15% × 0.4 + (-15%) × 0.2 = 19%

(2) 计算甲、乙两个方案预期收益率的标准差

甲方案标准差

$$= \sqrt{(32\% - 19\%)^2 \times 0.4 + (17\% - 19\%)^2 \times 0.4 + (-3\% - 19\%)^2 \times 0.2} = 12.88\%$$

乙方案标准差
$= \sqrt{(40\% - 19\%)^2 \times 0.4 + (15\% - 19\%)^2 \times 0.4 + (-15\% - 19\%)^2 \times 0.2} = 20.35\%$

（3）计算甲乙两个方案预期收益率的变化系数：

甲方案变化系数 $= \dfrac{12.88\%}{19\%} = 67.79\%$

乙方案变化系数 $= \dfrac{20.35\%}{19\%} = 107.11\%$

三、单个证券的投资分析

单个证券的投资分析相对来说是比较简单的，我们首先从单个证券着手，对投资的收益和风险进行分析：计算预期收益；分别计算每个公司的可能收益与其预期收益的离差及离差平方和；计算每个公司收益的方差，即离差平方和的平均数。最后根据计算的平均收益率和方差进行比较分析，选择投资方案。

四、组合的投资分析

投资组合理论认为，若干种证券组成的投资组合收益是这些证券收益的加权平均数，但其风险不是这些证券风险的加权平均风险，投资组合能降低风险。

1. 组合的预期收益

资产组合的预期收益率就是组成资产组合的各种资产的预期收益率的加权平均数，其权数等于各种资产在组合中所占的价值比例。其计算公式为：

$$E(R_p) = \sum_{i=1}^{n} W_i \times R_i \qquad (4-5)$$

其中，$E(R_p)$ 表示资产组合的预期收益率；R_i 表示第 i 项资产的预期收益率；W_i 表示第 i 项资产在整个组合中所占的价值比例，是由主观决定的，投资者可以决定 W_i 的取值。

2. 组合的方差和标准差

（1）组合的方差。

由证券 1 和证券 2 构成的投资组合的方差满足以下关系式：

$$\sigma_p^2 = W_1^2 \sigma_1^2 + W_2^2 \sigma_2^2 + 2W_1 W_2 \sigma_{12} \qquad (4-6)$$

注意投资组合方差的计算公式由三项构成：证券 1 的方差 σ_1^2、证券 2 的方差 σ_2^2、证券 1 和证券 2 的协方差 σ_{12}。

(2) 投资组合的标准差。

投资组合的标准差为方差的平方根，即：

$$\sigma_p = \sqrt{W_1^2\sigma_1^2 + W_2^2\sigma_2^2 + 2W_1W_2\sigma_{12}} \qquad (4-7)$$

一般认为，之所以组合的标准差小于组合中各个证券标准差的加权平均数，是因为组合多元化效应的缘故。主要是协方差在发生作用：

$$\text{Cov}(R_1, R_2) = \sigma_{12} = \rho_{12} \times \sigma_1 \times \sigma_2 \qquad (4-8)$$

其中，ρ_{12}反映两项资产收益率的相关程度，即两项资产收益率之间相对运动的状态，称为相关系数。理论上，相关系数介于 [-1, 1] 内。当 $\rho_{12}=1$ 时，表明两项资产的收益率具有完全正相关的关系，即它们的收益率变化方向和变化幅度完全相同，两项资产的风险完全不能互相抵销，所以这样的组合不能降低任何风险；当 $\rho_{12}=-1$ 时，表明两项资产的收益率具有完全负相关的关系，即它们的收益率变化方向和变化幅度完全相反，两者之间的风险可以充分地相互抵销，甚至完全消除。因而，由这样的资产组成的组合就可以最大限度地抵消风险；但在实际中，两项资产的收益率具有完全正相关和完全负相关的情况几乎是不可能的。绝大多数资产两两之间都具有不完全的相关关系，即相关系数小于1且大于 -1（多数情况下大于零）。因此，会有 $0 < \sigma_p < (W_1\sigma_1 + W_2\sigma_2)$，即：资产组合的标准差小于组合中各资产标准差的加权平均，也即资产组合的风险小于组合中各资产风险之加权平均值，因此，资产组合才可以分散风险，但不能完全消除风险。

3. 组合的扩展——多种资产构成的组合

以上讨论的是由两种证券构成的组合，我们可以将它扩展为由多种证券构成的组合。也就是说，在由多种证券构成的组合中，只要组合中两种证券的收益之间的相关系数小于1，组合的标准差一定小于组合中各种证券的标准差的加权平均数。

4. β 系数

β 系数是一种风险系数，它用于衡量个股收益率的变动对市场组合收益率变动的敏感性。其计算公式为：

$$\beta_i = \frac{\text{Cov}(R_i, R_m)}{\sigma_m^2} \qquad (4-9)$$

其中，$\text{Cov}(R_i, R_m)$ 是第 i 种证券的收益与市场组合收益之间的协方差；σ_m^2 是市场组合收益的方差。

β 系数一个最重要的特征是：当以各种股票的市场价值占市场组合总的市场价值的比重为权数时，所有证券的 β 系数的平均值等于1，即：

$$\sum_{i=1}^{N} X_i B_i = 1 \quad (i = 1,2,3,\cdots,N) \tag{4-10}$$

其中，X_i 为各种股票的市场价值占市场组合总的市场价值的比重。

五、资本资产定价模型

在西方金融学和财务管理学中，有许多模型论述风险和收益率的关系，其中一个最重要的模型为资本资产定价模型（capital asset pricing model，CAPM）。这里的资本资产，是指股票、债券等有价证券，它代表对真实资产所产生的收益的求偿权利。资本资产定价模型的重要贡献在于它提供了一种与组合资产理论相一致的有关个别证券的风险量度。这种模型使投资者能够估计单项资产的不可分散风险，形成最优投资组合，引导投资者作出合适的投资决策。同时，这种模型对于财务学的发展有着极其重要的作用，并且被广泛地用于资本预算编制、资产估价，以及确定股权资本的成本和解释利率的结构风险。

资本资产定价模型主要基于以下基本假设：

假设1：资本市场是有效率的，信息可为所有投资者共享，信息的交易成本很低，投资的限制很少。

假设2：所有投资者都有相同的预期，即对所有资产收益的均值、方差和协方差等有完全相同的主观估计，并且他们的预期都建立在一个共同的持有期（如一年）之上。

假设3：所有投资者都力图规避风险，并追求期终财富预期效用的最大化。

假设4：存在无风险资产，所有投资者都可按无风险利率不受限制地借贷资金。

假设5：所有的资产都是完全可以分割的，拥有充分的流动性且没有交易成本。

假设6：所有投资者均为价格接受者。即任何一个投资者的买卖行为都不会对股票价格产生影响，没有税金。

这一模型为：

$$R_i = R_f + \beta_i \times (R_m - R_f) \tag{4-11}$$

其中，R_i 为第 i 种股票或第 i 种证券组合的必要收益率；R_f 为无风险收益率；β_i 为第 i 种股票或第 i 种证券组合的 β 系数；R_m 为所有股票或所有证券的平均收益率。

式（4-11）中（$R_m - R_f$）是投资者为补偿承担超过无风险收益的平均风险而要求的额外收益，称为风险溢价，反映市场作为整体对风险的平均"容忍"程度，也就是市场整体对风险的厌恶程度。对风险越是厌恶和回避，要求的补偿就越高，因此，市场风险溢价的数值就越大。反之，如果市场的抗风险能力越强，则对风险的厌恶和回避就越不是很强烈,因此,要求的补偿就越低,市场风险溢价的数值就越小。某项资产的风险收益率是市场风险溢价与该资产系统风险系数的乘积,即:

$$风险收益率 = \beta \times (R_m - R_f) \quad (4-12)$$

无风险收益率加风险收益率即必要报酬率。

【例 4-2】某企业持有甲、乙、丙三种股票构成的证券组合,其 β 系数分别是 1.2、1.6 和 0.8,他们在证券组合中所占的比重分别是 40%、35% 和 25%,此时证券市场的平均报酬率为 10%,无风险报酬率为 6%。则有:

(1) 上述组合投资的风险报酬率和报酬率为:

$\beta_p = 1.2 \times 40\% + 1.6 \times 35\% + 0.8 \times 25\% = 1.24$

$R_p = 1.24 \times (10\% - 6\%) = 6.2\%$

$K_i = 6\% + 6.2\% = 12.2\%$

(2) 如果该企业要求组合投资的报酬率为 13%,问你将采取何种措施来满足投资的要求?

由于该组合的收益率(12.2%)低于企业要求的收益率(13%),因此,可以通过提高 β 系数高的甲或乙种股票的比重、降低丙种股票的比重实现这一目的。

由此我们可以得出结论:①调整各种证券在证券组合中的比重,可以改变证券组合的风险、风险报酬率、风险报酬额;②系数反映了证券收益对于系统风险的反应程度;③在其他因素不变的情况下,风险报酬取决于证券组合的 β 系数,β 系数越大,风险报酬就越大,反之,则越小。

资本资产定价模型,通常用图形加以表示,称为证券市场线(简称 SML)。它说明必要收益率 R 与系统风险 β 系数之间的关系,如图 4-1 所示。

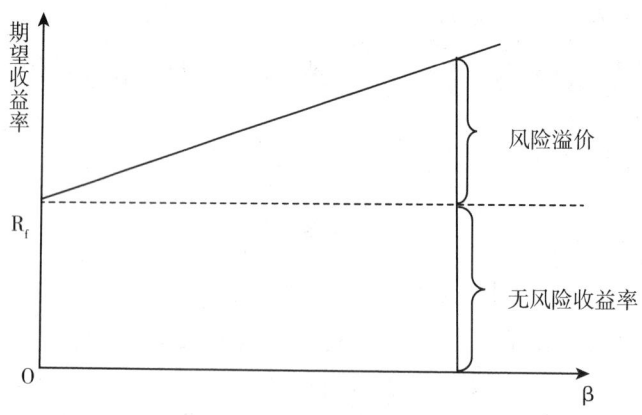

图 4-1 证券收益率与系数之间的关系

证券市场线表明:

(1) 纵轴为期望的收益率，横轴是以β值表示的风险。

(2) 无风险证券的β=0，R_f即证券市场线在纵轴上的截距。

(3) 证券市场线的斜率是市场风险收益率（$R_m - R_f$），表示经济系统中风险厌恶的程度。一般地说，投资者对风险的厌恶程度越强，证券市场线的斜率越大，对风险资产所要求的风险补偿越大，对风险资产的要求收益率越高。

(4) β值越大，要求的收益率越高。

从证券市场线可以看出，投资者要求的收益率不仅取决于市场风险，而且还取决于无风险利率（证券市场线的截距）和市场风险补偿程度（证券市场线的斜率）。由于这些因素始终处于变动之中，因此证券市场线也不会一成不变。预计通货膨胀提高时，无风险利率会随之提高，进而导致证券市场线的向上平移。风险厌恶感的加强，会提高证券市场线的斜率。

证券市场线适用于单个证券和证券组合（不论它是否已经有效地分散了风险），它测度的是证券（证券组合）每单位系统风险（β系数）的超额收益。

【例4-3】某公司拟进行股票投资，计划购买A、B、C三种股票，并分别设计了甲、乙两种投资组合。已知三种股票的β系数分别为1.5、1.0和0.5，它们在甲种投资组合下的投资比重为50%、30%和20%；乙种投资组合的风险报酬率为3.4%。同期市场上所有股票的平均报酬率为12%，无风险报酬率为8%。

要求：

(1) 根据A、B、C三种股票的β系数，分别评价这三种股票相对于市场投资组合而言的投资风险大小。

A股票的β系数为1.5，B股票的β系数为1.0，C股票的β系数为0.5，所以A股票相对于市场投资组合的投资风险大于B股票，B股票相对于市场投资组合的投资风险大于C股票。

(2) 按照资本资产定价模型计算A股票的必要报酬率，甲种、乙种投资组合的β系数和风险报酬率。

A股票的必要报酬率 = 8% + 1.5 × (12% - 8%) = 14%

甲种投资组合的β系数 = 1.5 × 50% + 1.0 × 30% + 0.5 × 20% = 1.15

甲种投资组合的风险报酬率 = 1.15 × (12% - 8%) = 4.6%

甲种投资组合的必要报酬率 = 8% + 4.6% = 12.6%

乙种投资组合的β系数 = 3.4% / (12% - 8%) = 0.85

乙种投资组合的必要报酬率 = 8% + 3.4% = 11.4%

由此可以看出，甲种投资组合的β系数大于乙种投资组合的β系数，说明甲种的投资风险大于乙种的投资风险。

本章练习

一、简答题

1. 投资风险价值的概念。
2. 不同人对待风险的态度有哪几种？
3. 如何计算投资组合的方差和标准差？
4. 简述 β 系数的含义。
5. 资本资产定价模型基于哪些假设？

二、单项选择题

1. 现有两个投资项目甲和乙，已知甲、乙方案的期望值分别为 5%、10%，标准离差分别为 10%、19%，那么（　　）。

   A. 甲项目的风险程度大于乙项目的风险程度

   B. 甲项目的风险程度小于乙项目的风险程度

   C. 甲项目的风险程度等于乙项目的风险程度

   D. 不能确定

2. 若某股票的 β 系数等于 1，则下列表述正确的是（　　）。

   A. 该股票的市场风险大于整个市场股票的风险

   B. 该股票的市场风险小于整个市场股票的风险

   C. 该股票的市场风险等于整个市场股票的风险

   D. 该股票的市场风险与整个市场股票的风险无关

3. 证券投资组合的非系统风险具有的特征是（　　）。

   A. 对各个投资者的影响程度相同

   B. 可以用 β 系数衡量其大小

   C. 可以通过证券投资组合来削减

   D. 只能回避而不能消除

4. 下列阐述不正确的是（　　）。

   A. 对于单个方案，决策者可根据其标准离差（率）的大小，并将其与设定的可接受的此项指标最高限值对比作出取舍

   B. 对于多方案择优，应选择标准离差最低、期望收益最高的方案

   C. 标准离差能正确评价投资风险程度的大小，因而可将风险与收益结合起来进行分析

   D. 诱使投资者进行风险投资的因素是风险收益

5. 已知甲方案投资收益率的期望值为 15%，乙方案投资收益率的期望值为 12%，

两个方案都存在投资风险。比较甲、乙两方案风险大小应采用的指标是（　　）。

A. 方差　　　　B. 净现值　　　C. 标准离差　　D. 标准离差率

6. 如果两个投资项目预期收益的标准离差相同，而期望值不同，则这两个项目（　　）。

A. 预期收益相同　　　　　　　B. 标准离差率相同

C. 预期收益不同　　　　　　　D. 未来风险报酬相同

7. 证券市场线反映了个别资产或投资组合（　　）与其所承担的系统风险 β 系数之间的线性关系。

A. 风险收益率　　　　　　　　B. 无风险收益率

C. 通货膨胀率　　　　　　　　D. 必要收益率

8. 已知某种证券收益率的标准差为 0.2，当前的市场组合收益率的标准差为 0.4，两者之间的相关系数为 0.5，则两者之间的协方差是（　　）。

A. 0.04　　　　B. 0.16　　　　C. 0.25　　　　D. 1.00

9. 下列关于协方差和相关系数的说法中，不正确的是（　　）。

A. 如果协方差大于 0，则相关系数一定大于 0

B. 相关系数为 1 时，表示一种证券报酬率的增长总是等于另一种证券报酬率的增长

C. 如果相关系数为 0，则表示不相关，但并不表示组合不能分散任何风险

D. 证券与其自身的协方差就是其方差

三、多项选择题

1. 在进行两个投资方案比较时，投资者完全可以接受的方案是（　　）。

A. 期望收益相同，标准离差较小的方案

B. 期望收益相同，标准离差率较小的方案

C. 期望收益较小，标准离差率较大的方案

D. 期望收益较大，标准离差率较小的方案

2. P 是证券 A 和证券 B 组成的投资组合，（　　）将决定 P 的风险。

A. 证券 A 和 B 的风险　　　　　B. 证券 A 和 B 之间的相关系数

C. 证券 A 和 B 的收益　　　　　D. 投资于证券 A 和证券 B 的投资比例

3. 关于资本资产定价模型的下列说法正确的是（　　）。

A. 若市场风险溢价提高，则所有的资产的风险收益率都会提高，并且提高的数量相同

B. 若无风险收益率提高，则所有的资产的必要收益率都会提高，并且提高的数量相同

C. 对风险的平均容忍程度越低，市场风险溢价越大

D. 如果 β=1，则该资产的必要收益率=市场平均收益率

4. 按照资本资产定价模型，影响证券投资组合必要收益率的因素包括（　　）。

A. 无风险收益率　　　　　　　　B. 市场收益率

C. 投资组合中各证券的 β 系数　　D. 各种证券在证券组合中的比重

5. 下列对风险收益的理解正确的有（　　）。

A. 风险反感导致投资者要求风险收益

B. 风险收益是超过资金时间价值的额外收益

C. 投资者要求的风险收益与风险程度成正比

D. 风险收益率有可能等于期望的投资收益率

6. 下列关于 β 值和标准差的表述中，正确的有（　　）。

A. β 值测度系统风险，而标准差测度非系统风险

B. β 值测度系统风险，而标准差测度整体风险

C. β 值测度财务风险，而标准差测度经营风险

D. β 值只反映市场风险，而标准差还反映特有风险

四、判断题

1. 风险报酬就是投资者因冒风险进行投资而实际获得的超过资金时间价值的那部分额外报酬。（　　）

2. 如果资金时间价值为 10%，通货膨胀率为 4%，某企业的风险收益率为 6%，则该企业的无风险收益率为 10%。（　　）

3. 构成投资组合的证券 A 和证券 B，其标准差分别为 12% 和 8%。在等比例投资的情况下，如果两种证券的相关系数为 1，该组合的标准差为 10%；如果两种证券的相关系数为 -1，则该组合的标准差为 2%。（　　）

4. 当代证券投资组合理论认为，不同股票的投资组合可以降低风险，股票的种类越多，风险越小，包括全部股票投资组合的风险为零。（　　）

5. 不论投资组合中两项资产之间的相关系数如何，只要投资比例不变，各项资产的期望收益率不变，则该投资组合收益率的标准差就不变。（　　）

6. 有效地进行证券的组合投资几乎可以完全消除证券投资的全部风险。（　　）

7. 只要证券之间的收益变动不具有完全负相关关系，证券组合的风险就一定小于单个证券风险的加权平均值。（　　）

五、计算与案例分析

1. 某公司股票 β 系数为 0.5，无风险利率为 10%，市场上所有股票的平均收益率为 12%，请计算该公司股票的风险收益率。

2. 构成投资组合的证券 A 和证券 B，其标准差分别为 12% 和 8%。在等比例投资的情况下，如果两种证券的相关系数为 -1，请计算该投资组合的标准差。

3. 甲公司持有 A、B、C 三种股票，在由上述股票组成的证券投资组合中，各股票所占的比重分别为 50%、30% 和 20%，其 β 系数分别为 2.0、1.0 和 0.5，市场收益率为 15%，无风险收益率为 10%。A 股票当前每股市价为 12 元，刚收到上一年度派发的每股 1.2 元的现金股利，预计股利以后每年将增长 8%。

（1）计算以下指标：

①甲公司证券组合的 β 系数；

②甲公司证券组合的风险收益率（R_p）；

③甲公司证券组合的必要投资收益率（K）；

④投资 A 股票的必要投资收益率。

（2）利用股票估价模型分析当前出售 A 股票是否对甲公司有利。

4. 康恩公司 2017 年欲投资购买股票，现有 A、B 两家公司股票可供选择。从 A 公司 2016 年 12 月 31 日的有关会计报表及补充资料中获知，2016 年度 A 公司税后净利润 800 万元，发放股利每股 5 元，每股市价为 40 元，发行在外股数 100 万股，每股面值 10 元；B 公司税后净利润 400 万元，发放股利每股 2 元，每股市价为 20 元，发行在外股数 100 万股，每股面值 10 元。预期 A 公司股票股利在未来 5 年内恒定，以后转为正常增长，年增长率 6%；预期 B 公司股票股利在未来无限期持续增长率 4%。假定目前无风险收益率为 8%，平均风险股票的必要收益率为 12%，A 公司股票的 β 系数为 2，B 公司股票的 β 系数为 1.5。

（1）计算股票价值，判断两公司股票是否应该购买；

（2）若投资购买两种股票各 100 股，该投资组合的预期报酬率和组合市场风险程度为多少？

5. 假设你是 B 公司的财务分析员，目前正在进行一项针对四个备选方案的投资分析工作。各方案的投资期都是一年，对应于三种不同经济状况的估计报酬率如表 4-2 所示：

表 4-2　不同经济条件下华特电子公司四种方案的估计报酬率

经济状态	概率	备选方案			
		A	B	C	D
衰退	0.20	10%	6%	22%	5%
一般	0.60	10%	11%	14%	15%
繁荣	0.20	10%	31%	-4%	25%

问：

（1）计算各方案的期望报酬率、标准差、离散系数。

（2）公司的财务主管要求你根据四个待选方案各自的标准差和期望报酬率来确定

是否可以淘汰其中某一方案。

（3）假定你认为上述分析是以各待选方案的总风险（标准差）为依据的，不十分科学，应进行系统风险分析。投资方案 D 是一种经过高度分散的基金性资产，可用以代表市场投资。试求各方案的 β 系数，然后用资本资产定价模型来评价各方案。

【注会真题汇编】

1. ［2013. 单选］下列关于两种证券组合的机会集曲线的说法中，正确的是（　　）。

   A. 曲线上的点均为有效组合

   B. 曲线上报酬率最低点是最小方差组合点

   C. 两种证券报酬率的相关系数越大，曲线弯曲程度越小

   D. 两种证券报酬率的标准差越接近，曲线弯曲程度越小

2. ［2017. 单选］当存在无风险资产并可按无风险报酬率自由借贷时，下列关于最有效风险资产组合的说法中正确的是（　　）。

   A. 最有效风险资产组合是投资者根据自己风险偏好确定的组合

   B. 最有效风险资产组合是风险资产机会集上最小方差点对应的组合

   C. 最有效风险资产组合是风险资产机会集上最高期望报酬率点对应的组合

   D. 最有效风险资产组合是所有风险资产以各自的总市场价值为权数的组合

3. ［2014. 单选］证券市场组合的期望报酬率是 16%，甲投资人以自有资金 100 万元和按 6% 的无风险报酬率借入的资金 40 万元进行证券投资，甲投资人的期望报酬率为（　　）。

   A. 20%　　　　　　B. 18%　　　　　　C. 19%　　　　　　D. 22.4%

4. ［2016. 多选］市场上有两种有风险证券 X 和 Y，下列情况下，两种证券组成的投资组合风险低于二者加权平均风险的有（　　）。

   A. X 和 Y 期望报酬率的相关系数是 0

   B. X 和 Y 期望报酬率的相关系数是 -1

   C. X 和 Y 期望报酬率的相关系数是 0.5

   D. X 和 Y 期望报酬率的相关系数是 1

5. ［2014. 多选］下列因素中，影响资本市场线中市场均衡点的位置有（　　）。

   A. 无风险报酬率

   B. 风险组合的期望报酬率

   C. 风险组合的标准差

   D. 投资个人的风险偏好

6. ［2017. 多选］下列关于单个证券投资风险度量指标的表述中，正确的有（　　）。

A. β 系数度量投资的系统风险

B. 方差度量投资的系统风险和非系统风险

C. 标准差度量投资的非系统风险

D. 变异系数度量投资的单位期望报酬率承担的系统风险和非系统风险

7. ［2016.多选］下列关于证券市场线的说法中，正确的有（　　）。

A. 无风险报酬率越大，证券市场线在纵轴的截距越大

B. 证券市场线描述了由风险资产和无风险资产构成的投资组合的有效边界

C. 投资者对风险的厌恶感越强，证券市场线的斜率越大

D. 预计通货膨胀率提高时，证券市场线向上平移

第五章 长期债务筹资

> **本章提要**
>
> 企业举债可以提高企业的生产能力,扩大企业的经营规模。债务融资是指通过负债筹集资金。长期债务融资的工具可分为传统的债务融资工具和创新的债务融资工具两类。前者如定期贷款和普通债券,后者如零息债券、浮动利率债券等。本章我们将就各种长期负债工具、债券契约的有关条款以及影响长期融资决策的因素等展开讨论。

一、长期债务筹资的特点

债务筹资是指通过负债筹集资金。负债是企业一项重要的资金来源,几乎没有一家企业是只靠自有资本,而不运用负债就能满足资金需要的。债务筹资是与普通股筹资性质不同的筹资方式。与后者相比,债务筹资的特点表现为:筹集的资金具有使用上的时间性,需到期偿还;不论企业经营好坏,需固定支付债务利息,从而形成企业固定的负担;其资本成本一般比普通股筹资成本低,且不会分散投资者对企业的控制权。

长期负债是指期限超过1年的负债。长期负债的优点是:可以解决企业长期资金的不足,如满足发展长期性固定资产的需要;由于长期负债的归还期长,债务人可对债务的归还作长期安排,还债压力或风险相对较小。缺点是:长期负债筹资一般成本较高,即长期负债的利率一般会高于短期负债利率;负债的限制较多,即债权人经常会向债务人提出一些限制性的条件以保证其能够及时、足额偿还债务本金和支付利息,从而形成对债务人的种种约束。

目前在我国,长期债务筹资主要有长期借款和长期债券两种方式。

二、长期借款筹资

长期借款是指企业向银行或其他非银行金融机构借入的使用期超过1年的借款,主要用于购建固定资产和满足长期流动资金占用的需要。

（一）长期借款的种类

长期借款的种类很多，各企业可根据自身的情况和各种借款条件选用。我国目前各金融机构的长期借款主要有：按照用途，分为固定资产投资借款、更新改造借款、科技开发和新产品试制借款等；按照提供贷款的机构，分为政策性银行贷款、商业银行贷款等。此外，企业还可从信托投资公司取得实物或货币形式的信托投资贷款，从财务公司取得各种中长期贷款等，按照有无担保，分为信用贷款和抵押贷款。信用贷款指不需企业提供抵押品，仅凭其信用或担保人信誉而发放的贷款。抵押贷款是指要求企业以抵押品作为担保的贷款。长期贷款的抵押品常常是房屋、建筑物、机器设备、股票、债券等。

（二）长期借款的条件

金融机构对企业发放贷款的原则是：按计划发放、择优扶植、有物资保证、按期归还。企业申请贷款一般应具备的条件是：独立核算、自负盈亏、有法人资格；经营方向和业务范围符合国家产业政策，借款用途属于银行贷款办法规定的范围；借款企业具有一定的物资和财产保证，担保单位具有相应的经济实力；具有偿还贷款的能力；财务管理和经济核算制度健全，资金使用效益及企业经济效益良好；在银行设有账户，办理结算。具备上述条件的企业欲取得贷款，先要向银行提出申请，陈述借款原因与金额、用款时间与计划、还款期限与计划。银行根据企业的借款申请，针对企业的财务状况、信用情况、盈利的稳定性、发展前景、借款投资项目的可行性等进行审查。银行审查同意贷款后，再与借款企业进一步协商贷款的具体条件，明确贷款的种类、用途、金额、利率、期限、还款的资金来源及方式、保护性条件、违约责任等，并以借款合同的形式将其法律化。借款合同生效后，企业便可取得借款。

（三）长期借款的保护性条款

由于长期借款的期限长、风险大，按照国际惯例，银行通常对借款企业提出一些有助于保证贷款按时足额偿还的条件。将这些条件写进贷款合同中，就形成了合同的保护性条款。归纳起来，保护性条款大致有如下两类：

1. 一般性保护条款

一般性保护条款应用于大多数借款合同，但根据具体情况会有不同内容，主要包括：

（1）对借款企业流动资金保持量的规定，其目的在于保持借款企业资金的流动性和偿债能力；（2）对支付现金股利和再购入股票的限制，其目的在于限制现金外流；

(3) 对净经营性长期资产总投资规模的限制，其目的在于减小企业日后不得不变卖固定资产以偿还贷款的可能性，仍着眼于保持借款企业资金的流动性；(4) 限制其他长期债务，其目的在于防止其他贷款人取得对企业资产的优先求偿权；(5) 借款企业定期向银行提交财务报表，其目的在于及时掌握企业的财务情况；(6) 不准在正常情况下出售较多资产，以保持企业正常的生产经营能力；(7) 如期缴纳税费和清偿其他到期债务，以防被罚款而造成现金流失；(8) 不准以任何资产作为其他承诺的担保或抵押，以避免企业负担过重；(9) 不准贴现应收票据或出售应收账款，以避免或有负债；(10) 限制租赁固定资产的规模，其目的在于防止企业负担巨额租金以致削弱其偿债能力，还在于防止企业以租赁固定资产的办法摆脱对其净经营性长期资产总投资和负债的约束。

2. 特殊性保护条款

特殊性保护条款是针对某些特殊情况而出现在部分借款合同中的，主要包括：(1) 贷款专款专用；(2) 不准企业投资于短期内不能收回资金的项目；(3) 限制企业高级职员的薪金和奖金总额；(4) 要求企业主要领导人在合同有效期间担任领导职务；(5) 要求企业主要领导人购买人身保险；等等。

此外，"短期借款筹资"中的周转信贷协定、补偿性余额等条件，也同样适用于长期借款。

(四) 企业对贷款银行的选择

借款企业除了考虑借款种类、借款成本等因素外，还须对贷款银行进行分析，作出选择。对贷款银行的选择，通常要考虑以下几个方面：

(1) 银行对贷款风险的政策。银行通常都对其贷款的风险作出政策性的规定。有些银行倾向于保守政策，只愿承担较小的贷款风险；而有些银行则富有开拓性、敢于承担较大的风险。这与银行的实力和环境有关。

(2) 银行与借款企业的关系。银行与借款企业的现存关系，是由以往借贷业务形成的。一个企业可能与多家银行有业务往来，且这种关系的亲密程度不同。当借款企业面临财务困难时，有的银行可能大力支持，帮助企业渡过难关；而有的银行可能会施加更大的压力，迫使企业偿还贷款，或付出高昂的代价。

(3) 银行为借款企业提供的咨询与服务。有些银行会主动帮助借款企业分析潜在的财务问题，提出解决问题的建议和办法，为企业提供咨询与服务，同企业交流有关信息。这对借款企业具有重要的参考价值。

(4) 银行对贷款专业化的区分。一般而言，大银行都设有不同类别的部门，分别处理不同行业的贷款，如工业、商业、农业等。这种专业化的区分，影响不同行业的企业对银行的选择。

（五）长期借款的程序

现以长期银行借款为主，介绍企业借款的基本程序。

（1）企业提出申请。企业申请借款必须符合贷款条件。确定贷款条件的依据是企业单位设置的合法性、经营的独立性、自有资本的充足性、经营的盈利性及贷款的安全性。企业借款应具备的基本条件为：①企业经营的合法性；②企业经营的独立性；③企业具有一定数量的自有资金；④企业在银行开立基本账户；⑤企业有按期还本付息的能力。

企业提出的借款申请，应陈述借款的原因、借款金额、用款时间与计划、还款期限与计划。

（2）银行进行审批。银行针对企业的借款申请，按照有关规定和贷款条件，对借款企业进行审查，依据审批权限，核准企业申请的借款金额和用款计划。银行审查的内容包括：①企业的财务状况；②企业的信用情况；③企业的盈利稳定性；④企业的发展前景；⑤借款投资项目的可行性等。

（3）签订借款合同。银行经审查批准借款合同后，可与借款企业进一步协商贷款的具体条件，签订正式的借款合同，明确规定贷款的数额、利率、期限和一些限制性条款。

（4）企业取得借款。借款合同生效后，银行可在核定的贷款指标范围内，根据用款计划和实际需要，一次或分次将贷款转入企业的存款结算户，以便企业支用借款。

（5）企业偿还借款。企业应按借款合同的规定按期还本付息。企业偿还贷款的式通常有三种：①到期日一次偿还。在这种方式下，还款集中，借款企业须于贷款到期日前做好准备，以保证全部清偿到期贷款。②定期偿还相等份额的本金。即在到期日之前定期（如每1年或2年）偿还相同的金额，至贷款到期日还清全部本金。③分批偿还。每批金额不等，便于企业灵活安排。

贷款到期经银行催收，如果借款企业不予偿付，银行可按合同规定，从借款企业的存款户中扣收贷款本息及加收的利息。

借款企业如因暂时财务困难需延期偿还贷款，应向银行提交延期还贷计划，经银行审查核实，续签合同，但通常要加收利息。

（六）借款合同的内容

借款合同是规定借贷当事人各方权利和义务的契约。借款企业提出的借款申请经贷款银行审查认可后，双方即可在平等协商的基础上签订借款合同。借款合同依法签订后，即具有法律约束力，借贷当事人各方必须遵守合同条款，履行合同约定的义务。

（1）借款合同的基本条款。根据我国有关法规，借款合同应具备下列基本条款：①借款种类；②借款用途；③借款金额；④借款利率；⑤借款期限；⑥还款资金来源及还款方式；⑦保证条款；⑧违约责任等。

其中，保证条款是规定借款企业申请借款应具有银行规定比例的自有资本，若有适销或适用的财产物资作贷款保证，当借款企业无力偿还到期贷款时，贷款银行有权处理作为贷款保证的财产物资；必要时还可规定保证人，保证人必须具有足够代偿借款的财产，当借款企业不履行合同时，由保证人承担偿付本息的连带责任。

（2）借款合同的限制条款。由于长期贷款的期限长、风险较大，因此，除合同的基本条款以外，按照国际惯例，银行对借款企业通常都约定一些限制性条款，前面已详细说明，此处就不再多加赘述。

（七）长期借款筹资的优点和缺点

与其他长期负债筹资相比，长期借款筹资的优缺点主要有：

1. 优点

（1）筹资速度快。发行各种证券筹集长期资金所需时间一般较长，做好证券发行的准备以及证券的发行都需要一定时间。而向金融机构借款与发行证券相比，一般借款所需时间较短，可以迅速地获取资金。

（2）借款弹性好。企业与金融机构可以直接接触，可通过直接商谈来确定借款的时间、数量、利息、偿付方式等条件。在借款期间，如果企业情况发生了变化，也可与金融机构进行协商，修改借款合同。借款到期后，如有正当理由，还可延期归还。

2. 缺点

（1）财务风险较大。企业举借长期借款，必须定期还本付息。在经营不利的情况下，可能会产生不能偿付的风险，甚至会导致破产。

（2）限制条款较多。企业与金融机构签订的借款合同中，一般都有较多的限制条款，这些条款可能会限制企业的经营活动。

三、长期债券筹资

债券是发行人依照法定程序发行，约定在一定期限内还本付息的有价证券。债券的发行人是债务人，投资于债券的人是债权人。这里所说的债券，指的是期限超过1年的公司债券，其发行目的通常是为建设大型项目筹集大笔长期资金。

（一）债券的种类

1. 公司债券按有无记名分类，可分为记名债券与无记名债券

（1）记名债券是指在券面上记载持券人的姓名或名称的债券。对于这种债券，公司只对记名人偿付本金，持券人凭印鉴支取利息。记名债券的转让由债券持有人以背书

等方式进行,并由发行公司将受让人的姓名或名称载于公司债券存根簿。

(2) 无记名债券是指在券面上不记载持券人的姓名或名称,还本付息以债券为凭,一般实行剪票付息的债券。债券持有人将债券交付给受让人后即发挥转让效力。

2. 公司债券按有无抵押担保分类,可分为抵押债券与信用债券

(1) 抵押债券又称有担保债券,是指发行公司有特定财产作为担保品的债券。其按担保品的不同又可分为不动产抵押债券、动产抵押债券、信托抵押债券。信托抵押债券是指公司以其持有的有价证券为担保而发行的债券。

抵押债券还可按抵押品的先后担保顺序分为第一抵押债券和第二抵押债券。公司解散清算时,只有在第一抵押债券持有人的债权已获清偿后,第二抵押债券持有人才有权索偿剩余的财产,因此后者要求的利率相对较高。

(2) 信用债券又称无担保债券,是指发行公司没有抵押品作为担保,完全凭信用发行的债券。这种债券通常是由信誉良好的公司发行,利率一般略高于抵押债券。

3. 公司债券按利率是否变动进行分类,可分为固定利率债券与浮动利率债券

(1) 固定利率债券的利率在发行债券时即已确定并载于债券券面。

(2) 浮动利率债券的利率在发行债券之初不固定,而是根据有关利率,如银行存贷款利率等加以确定。

4. 公司债券按是否参与利润分配,可分为参与债券与非参与债券

(1) 参与债券的持有人除可获得预先规定的利息外,还享有一定程度参与发行公司收益分配的权利,其参与利润分配的方式与比例必须事先规定。实践中这种债券一般很少。

(2) 非参与债券的持有人则没有参与利润分配的权利。公司债券大多为非参与债券。

5. 公司债券按债券持有人的特定权益可分为收益债券、可转换债券和附认股权债券

(1) 收益债券是指只有当发行公司有税后利润可供分配时才支付利息的一种公司债券。这种债券对发行公司而言,不必承担固定的利息负担;对投资者而言,风险较大,收益亦可能较高。

(2) 可转换债券是指根据发行公司债券募集办法的规定,债券持有人可将其转换为发行公司的股票的债券。发行可转换债券的公司,应规定转换办法,并应按转换办法向债券持有人换发股票。债券持有人有权选择是否将其所持债券转换为股票。发行这种债券,既可为投资者增加灵活的投资机会,又可为发行公司调整资本结构或缓解财务压力提供便利。

(3) 附认股权债券是指所发行的债券附带允许债券持有人按特定价格认购股票的

一种长期选择权。这种认股权通常随债券发放，具有与可转换债券相类似的属性。附认股权债券的票面利率，与可转换债券一样，通常低于一般的公司债券。

6. 公司债券按是否上市交易，可分为上市债券与非上市债券

按照国际惯例，公司债券与股票一样，也有上市与非上市之分。上市债券是经有关机构审批，可以在证券交易所买卖的债券。

债券上市对发行公司和投资者都有一定的好处：（1）上市债券因其符合一定的标准，信用度较高，能卖较好的价钱；（2）债券上市有利于提高发行公司的知名度；（3）上市债券成交速度快，变现能力强，更易吸引投资者；（4）上市债券交易便利，成交价格比较合理，有利于公平筹资和投资。

发行公司欲使其债券上市，需要具备规定的条件，并提出申请，遵循一定的程序。

（二）发行债券的资格与条件

1. 发行债券的资格

根据《公司法》的规定，股份有限公司、国有独资公司和两个以上的国有企业或者其他两个以上的国有投资主体投资设立的有限责任公司，具有发行公司债券的资格。

2. 发行债券的条件

按照国际惯例，发行债券需要符合规定的条件。一般包括发行债券最高限额、发行公司自有资本最低限额、公司盈利能力、债券利率水平等。

根据《公司法》《证券法》和《公司债券发行试点办法》的规定，发行公司债券必须符合下列条件：①股份有限公司的净资产额不低于人民币 3 000 万元，有限责任公司的净资产额不低于人民币 6 000 万元；②累计债券总额不超过公司净资产的 40%；③最近 3 年平均可分配利润足以支付公司债券一年的利息；④筹集的资金投向符合国家产业政策；⑤债券的利率不得超过国务院限定的利率水平；⑥公司内部控制制度健全，内部控制制度的完整性、合理性和有效性不存在重大缺陷；⑦经资信评级机构评级，债券信用级别良好；⑧国务院规定的其他条件。

此外，发行公司债券所筹集的资本，必须按审批机关批准的用途使用，不得用于弥补亏损和非生产性支出。

如果发行可转换公司债券，还应当符合股票发行的条件。

发行公司发生下列情形之一的，不得再次发行公司债券：①前一次发行的公司债券尚未募足的；②对已发行的公司债券或者其他债务有违约或者延迟支付本息的事实，且仍处于继续状态的；③违反有关规定，改变公开发行公司债券所募资金的用途；④最近 36 个月内公司财务会计文件存在虚假记载，或公司存在其他重大违法行为；⑤本次发行申请文件存在虚假记载、误导性陈述或者重大遗漏；⑥严重损害投资者合法权益和社

会公共利益的其他情形。

(三) 债券的发行程序

公司发行债券需要遵循一定的程序来办理有关手续：

1. 作出发行债券决议

公司在实际发行债券之前，必须作出发行债券的具体决定公司债券发行总额、票面金额、发行价格、募集办法、债券利率、偿还日期及方式等内容。

我国股份有限公司、有限责任公司发行公司债券，由董事会制定方案，股东会作出决议；国有独资公司发行公司债券，应由国家授权投资的机构或国家授权的部门作出决定。

在国外，公司发行债券一般须经董事会决议，由 2/3 以上董事出席，且超过出席董事的半数通过。

2. 提出发行债券申请

按照国际惯例，公司发行债券须向主管部门提交公司申请，未经批准，公司不得发行债券。

公司申请发行债券由国务院证券管理部门批准。公司申请应提交公司登记证明、公司章程、公司债券募集办法、资产评估报告和验资报告。

3. 公告债券募集办法

发行公司债券的申请经批准后，公开向社会发行债券应当向社会公告债券募集办法。根据《公司法》的规定，公司债券募集办法中应当载明的主要事项有：发行公司名称；债券募集资金的用途；债券总额和债券的票面金额；债券利率的确定方式；还本付息的期限和方式；债券担保情况；债券的发行价格、发行的起止日期；公司净资产额；已发行的尚未到期的公司债券总额；公司债券的承销机构。

公司若发行可转换公司债券，还应在债券募集办法中规定具体的转换办法。

4. 委托证券机构发售

公司债券的发行方式一般有私募发行和公募发行两种：（1）私募发行是指由发行公司将债券直接发售给投资者的一种发行方式。这种发行方式因受限制，极少采用。（2）公募发行是指发行公司通过承销团向社会发售债券的一种发行方式。在这种发行方式下，发行公司要与承销团签订承销协议。承销团由数家证券公司或投资银行组成。承销团的承销方式有代销和包销。代销是指由承销机构代为推销债券，在约定期限内未售出的余额将退还发行公司，承销机构不承担发行风险。包销是由承销团先购入发行公司拟发行的全部债券，然后再出售给社会上的投资者，如果在约定期限内未能全部售出，余额要由承销团负责认购。

公募发行是世界各国通常采用的债券发行方式，美国甚至强制要求对某些债券（如电力、制造业公司债券）必须采用公募发行方式，我国有关法律、法规亦要求公募发行债券。

5. 交付债券，收缴债券款，登记债券存根簿

发行公司公募发行公司债券，由证券承销机构发售时，投资者直接向承销机构付款购买，承销机构代理收取债券款，交付债券；然后，发行公司向承销机构收缴债券款并结算预付的债券款。

根据《公司法》的规定，公司发行的公司债券，必须在债券上载明公司名称、债券面额、利率、偿还期限等事项，并由董事长签名，公司盖章。

公司发行的债券，还应在置备的公司债券存根簿中登记。对于记名公司债券，应载明的事项包括：（1）债券持有人的姓名或者名称及住所；（2）债券持有人取得债券的日期及债券的编号；（3）债券总额、债券票面金额、债券利率、债券还本付息的期限与方式；（4）债券的发行日期。

对于无记名债券，应在债券存根簿上载明债券总额、利率、偿还期限与方式、发行日期及债券的编号等事项。

（四）债券发行价格

债券的发行价格是债券发行时使用的价格，亦即投资者购买债券时所支付的价格。公司债券的发行价格通常有三种：平价、溢价和折价。

平价指以债券的票面金额为发行价格；溢价指以高出债券票面金额的价格为发行价格；折价指以低于债券票面金额的价格为发行价格。债券发行价格的形成受诸多因素的影响，其中主要是票面利率与市场利率的一致程度债券的票面金额、票面利率在债券发行前即已参照市场利率和发行公司的具体情况确定下来，一并载明于债券之上。但在发行债券时已确定的票面利率不一定与当时的市场利率一致。为了协调债券购销双方在债券利息上的利益，就要调整发行价格：当票面利率高于市场利率时，以溢价发行债券；当票面利率低于市场利率时，以折价发行债券；当票面利率与市场利率一致时，以平价发行债券。

（五）债券评级

公司公开发行债券通常需要由债券评信机构评定等级。债券的信用等级对于发行公司和购买人都有重要影响。这是因为：（1）债券评级是度量违约风险的一个重要指标，债券的等级对于债务融资的利率以及公司债务成本有着直接的影响。一般来说，资信等级高的债券，能够以较低的利率发行；资信等级低的债券，风险较大，只能以较高的利率发行。另外，许多机构投资者将投资范围限制在特定等级的债券之内。（2）债券评级方便投资者进行债券投资决策。对广大投资者尤其是中小投资者来说，由于受时间、

知识和信息的限制,无法对众多债券进行分析和选择,因此需要专业机构对债券还本付息的可靠程度进行客观、公正和权威的评定,为投资者决策提供参考。

国际上流行的债券等级是3等9级。AAA级为最高级,AA级为高级,A级为上中级,BBB级为中级,BB级为中下级,B级为投机级,CCC级为完全投机级,CC级为最大投机级,C级为最低级。

我国的债券评级工作正在开展,但尚无统一的债券等级标准和系统评级制度。根据中国人民银行的有关规定,凡是向社会公开发行的企业债券,需要由经中国人民银行认可的资信评级机构进行评信。这些机构对发行债券企业的企业素质、财务质量、项目状况、项目前景和偿债能力进行评分,以此评定信用级别。

(六) 债券偿还

1. 债券的偿还时间

债券偿还时间按其实际发生与规定的到期日之间的关系,分为到期偿还、提前偿还与滞后偿还三类。

(1) 到期偿还。到期偿还又包括分批偿还和一次偿还两种。如果一个企业在发行同一种债券的当时就为不同编号或不同发行对象的债券规定了不同的到期日,这种债券就是分批偿还债券。因为各批债券的到期日不同,它们各自的发行价格和票面利率也可能不相同,从而导致发行费较高。但由于这种债券便于投资人挑选最合适的到期日,因而便于发行。另一种就是最为常见的到期一次偿还的债券。

(2) 提前偿还。提前偿还又称提前赎回或收回,是指在债券尚未到期之前就予以偿还。只有在企业发行债券的契约中明确规定了有关允许提前偿还的条款,企业才可以进行此项操作。提前偿还所支付的价格通常要高于债券的面值,并随到期日的临近而逐渐下降。具有提前偿还条款的债券可使企业融资有较大的弹性。当企业资金有结余时,可提前赎回债券;当预测利率下降时,也可提前赎回债券,而后以较低的利率来发行新债。

(3) 滞后偿还。债券在到期日之后偿还称为滞后偿还。这种偿还条款一般在发行时便订立,主要是给予持有人以延长持有债券的选择权。滞后偿还有转期和转换两种形式。转期指将较早到期的债券换成到期日较晚的债券,实际上是将债务的期限延长。常用的办法有两种:一是直接以新债券兑换旧债券;二是用发行新债券得到的资金来赎回旧债券。转换通常指股份有限公司发行的债券可以按一定的条件转换成发行公司的股票。

2. 债券的偿还形式

债券的偿还形式是指在偿还债券时使用什么样的支付手段,可使用的支付手段包括现金、新发行的本公司债券(简称新债券)、本公司的普通股股票(简称普通股)和本公司持有的其他公司发行的有价证券(简称有价证券)。

（1）用现金偿还债券。由于现金是债券持有人最愿意接受的支付手段，因此这一形式最为常见。为了确保在债券到期时有足额的现金偿还债券，有时企业需要建立偿债基金。如果发行债券合同的条款中明确规定用偿债基金偿还债券，企业就必须每年都提取偿债基金，且不得挪作他用，以保护债券持有者的利益。

（2）以新债券换旧债券。也被称为"债券的调换"。企业之所以要进行债券的调换，一般有以下几个原因：①原有债券的契约中订有较多的限制条款，不利于企业的发展；②把多次发行、尚未彻底偿清的债券进行合并，以减少管理费；③有的债券到期，但企业现金不足。

（3）用普通股偿还债券。如果企业发行的是可转换债券，那么可通过转换变成普通股来偿还债券。

3. 债券的付息

债券的付息主要表现在利息率的确定、付息频率和付息方式三个方面。

（1）利息率的确定。利息率的确定有固定利率和浮动利率两种形式。浮动利率一般指由发行人选择一个基准利息率，按基准利息率水平在一定的时间间隔中对债务的利率进行调整。

（2）付息频率。付息频率越高，资金流发生的次数越多，对投资人的吸引力越大。债券付息频率主要有按年付息、按半年付息、按季付息、按月付息和一次性付息（利随本清，贴现发行）五种。

（3）付息方式。付息方式有两种：一种是采取现金、支票或汇款的方式；另一种是采用息票债券的方式。付息方式多随付息频率而定，在一次付息的情况下，或用现金或用支票；如果是贴现发行，发行人以现金折扣的形式出售债券并不发生实际的付息行为；在分次的情况下，记名债券的利息以支票或汇款的形式支付，不计名债券则按息票付息。

（七）债券筹资的优点和缺点

1. 债券筹资的优点

（1）筹资规模较大。债券属于直接融资，发行对象分布广泛，市场容量相对较大，且不受金融中介机构自身资产规模及风险管理的约束便可以筹集的资金数量也较多。

（2）具有长期性和稳定性。债券的期限可以比较长，且债券的投资者一般不能在债券到期之前向企业索取本金，因而债券筹资方式具有长期性和稳定性的特点。金融机构对较长期限借款的比例往往会有一定的限制。

（3）有利于资源优化配置。由于债券是公开发行的，是否购买债券取决于市场上众多投资者自己的判断，并且投资者可以方便地交易并转让所持有的债券，有助于加速市场竞争，优化社会资金的资源配置效率。

2. 债券筹资的缺点

（1）发行成本高。企业公开发行公司债券的程序复杂，需要聘请保荐人、会计师、律师、资产评估机构以及资信评级机构等中介，发行的成本较高。

（2）信息披露成本高。发行债券需要公开披露募集说明书及其引用的审计报告、资产评估报告、资信评级报告等多种文件。债券上市后也需要披露定期报告和临时报告，信息披露成本较高。同时也对保守企业的经营、财务等信息及其他商业机密不利。

（3）限制条件多。发行债券的契约书中的限制条款通常比优先股及短期债务更为严格，可能会影响企业的正常发展和以后的筹资能力。

本章练习

一、简答题

1. 债券的种类有哪些？
2. 简述长期借款的程序。
3. 长期债务筹资的特点是什么？包括哪几个种类？
4. 长期借款的保护性条款主要包括什么？各有什么特点？
5. 简述债券发行的程序
6. 债券评级的标准和重要性是什么？
7. 债券筹资的优缺点主要有哪些？

二、单项选择题

1. 长期借款筹资的缺点包括（　　）。

　　A. 筹资速度慢　　　　　　　　B. 筹资成本高

　　C. 分散经营控制权　　　　　　D. 筹资风险大

2. 某企业按年利率10%银行借款20万元，银行要求维持贷款限额15%的补偿性余额，那么企业实际承担的利率为（　　）。

　　A. 10%　　　B. 12.76%　　　C. 11.76%　　　D. 9%

3. 企业向银行借款100万元，期限1年，年利率为6%。按照贴现法付息该项贷款的实际利率是（　　）。

　　A. 6.38%　　　B. 6%　　　C. 5.66%　　　D. 12%

4. 要求公司的主要领导人购买人身保险，属于长期借款保护条款中的（　　）。

　　A. 例行性保护条款　　　　　　B. 一般性保护条款

　　C. 特殊性保护条款　　　　　　D. 例行性保护条款或一般性保护条款

5. 某企业与银行商定的周转信贷额为800万元，年利率2%，承诺费率为5%，年度内企业使用了 500 万元，平均使用 10 个月，则企业本年度应向银行支付的承诺费为（　　）万元。

A. 6.83　　　　B. 0.42　　　　C. 1.92　　　　D. 1.5

三、多项选择题

1. 与债券筹资相比，下列各项中属于长期借款优点的有（　　）。

A. 筹资规模较大　　B. 借款弹性好　　C. 筹资速度快　　D. 限制条款较少

2. 下列说法正确的有（　　）。

A. 借款企业希望采用收款法支付利息

B. 银行希望采用加息法收取利息

C. 借款企业希望采用贴现法支付利息

D. 银行希望采用收款法收取利息

3. 影响债券发行价格的因素有（　　）。

A. 债券面值　　B. 票面利率　　C. 市场利率　　D. 债券期限

4. 关于银行借款的筹资特点，下列说法正确的有（　　）。

A. 筹资弹性较大　　B. 筹资成本较高　　C. 限制条件多　　D. 筹资速度快

四、判断题

1. 一旦企业与银行签订周转信贷协定，则在协定的有效期内，只要企业的借款总额不超过最高限额，银行必须满足企业任何时候任何用途的借款要求。（　　）

2. 在按加息法支付利息的情况下，借款企业所负担的实际利率大约是名义利率的 2 倍。（　　）

3. 相对于银行借款筹资而言，发行公司债券的筹资风险大。（　　）

4. 信贷额度是银行从法律上承诺向企业提供不超过某一最高限额的贷款协定。（　　）

五、计算和案例分析

1. A 公司需要筹集 990 万元资金，使用期 5 年，有以下两个筹资方案：

（1）甲方案：委托甲证券公司公开发行债券，债券面值为 1 000 元，承销差价（留给证券公司的发行费用）每张票据是 51.60 元，票面利率 14%，每年付息一次，5 年到期一次还本。发行价格根据当时的预期市场利率确定。

（2）乙方案：向乙银行借款，名义利率是 10%，补偿性余额为 10%，5 年后到期时一次还本并付息（单利计息）。

假设当时的预期市场利率（资金的机会成本）为 10%，不考虑所得税的影响。

（1）甲方案的债券发行价格应该是多少？

（2）根据得出的价格发行债券，假设不考虑时间价值，哪个筹资方案的成本（指总的现金流出）较低？

（3）如果考虑时间价值，哪个筹资方案的成本较低？

2. 某公司发行的公司债券面值为 2 000 元，期限为 6 年，票面利率为 9%，每年末付息一次。若该公司需要债务筹资 5 000 万元，今年发行时市场利率为 10%。

（1）计算该公司今年应发行多少张公司债券？

（2）若以 2 295 元价格发行，债券发行时市场利率应是多少？

3. 某公司正准备筹集一笔 1 年期贷款，贷款金额 12 000 元。银行提供了如下几种备选方案：

（1）年利率 15% 的贷款，没有补偿余额要求，本息在年末支付；

（2）年利率 12% 的贷款，补偿余额等于贷款额的 10%，本利在年末支付；

（3）年利率 11% 的贴现利率贷款，补偿余额等于贷款额的 10%；

（4）年利率 9% 的附加利率贷款，逐月等额偿还本息。

请问哪一种贷款方案最有效？

4. A 航空公司于 2011 年实行杠杆式收购后，负债比率一直居高不下。直至 2016 年度，负债比率仍然很高，有近 15 亿元的债务于 2019 年到期。因此，需要采用适当的筹资方式追加筹资，降低负债比率。

2017 年年初，公司董事长和总经理正在研究公司的筹资方式的选择问题。董事长和总经理两人都是主要持股人，也都是财务专家。他们考虑了包括增发普通股等筹资方式，并开始向投资银行咨询。

起初，投资银行认为，可按每股 20 元的价格增发普通股。但经分析得知，这是不切实际的，因为投资者对公司有关机票打折策略和现役机龄老化等问题顾虑重重，如此高价位发行，成功概率不大。最后，投资银行建议，公司可按每股 13 元的价格增发普通股 2 000 万股，以提升股权资本比重，降低负债比率，改善财务状况。

A 公司 2016 年年底和 2017 年年初增发普通股后（如果接受投资银行的咨询建议）筹资方式组合如表 5-1 所示。

表 5-1   A 航空公司长期筹资方式情况

长期筹资方式	2016 年年末实际数		2017 年年初估计数	
	金额（亿元）	百分比（%）	金额（亿元）	百分比（%）
长期债券	49.66	73.46	48.63	70.48
优先股	6.51	9.63	6.51	9.43
普通股	11.43	16.91	13.86	20.09
总计	67.6	100	69	100

假如你是A航空公司的财务总监（CFO），问：

（1）请你分析普通股筹资方式的优缺点。

（2）你如何评价投资银行对公司的咨询建议？

（3）你将对公司提出怎样的筹资方式建议？

5. B公司是一家上市公司，专业生产、销售整体橱柜。近年来，我国经济快速发展，居民掀起购房和装修热，对公司生产的不同类型的整体橱柜需求旺盛，其销售收入增长迅速。公司预计在北京及其周边地区的市场潜力较为广阔，销售收入预计每年将增长50%~100%。为此，公司决定在2018年年底前在北京郊区建成一座新厂。公司为此需要筹措资金5亿元，其中2 000万元可以通过公司自有资金解决，剩余的4.8亿元需要从外部筹措。2017年8月31日，公司总经理周建召开总经理办公会议研究筹资方案，并要求财务经理陆华提出具体计划，以便提交董事会会议讨论。

公司在2017年8月31日的有关财务数据如下：

（1）资产总额为27亿元，资产负债率为50%。

（2）公司有长期借款2.4亿元，年利率为5%，每年年末支付一次利息。其中6 000万元将在2年内到期，其他借款的期限尚余5年。借款合同规定公司资产负债率不得超过60%。

（3）公司发行在外普通股3亿股。

另外，公司2016年完成净利润2亿元。2017年预计全年可完成净利润2.3亿元。公司适用的所得税税率为33%。

假定公司一直采用固定股利率分配政策，年股利率为每股0.6元。

随后，公司财务经理陆华根据总经理办公会议的意见设计了两套筹资方案，具体如下：方案一：以增发股票的方式筹资4.8亿元。

公司目前的普通股每股市价为10元。拟增发股票每股定价为8.3元，扣除发行费用后，预计净价为8元。为此，公司需要增发6 000万股股票以筹集4.8亿元资金。为了给公司股东以稳定的回报，维护其良好的市场形象，公司仍将维持其设定的每股0.6元的固定股利率分配政策。

方案二：以发行公司债券的方式筹资4.8亿元。

鉴于目前银行存款利率较低，公司拟发行公司债券。设定债券年利率为4%，期限为10年，每年付息一次，到期一次还本，发行总额为4.9亿元，其中预计发行费用为1 000万元。

分析上述两种筹资方案的优缺点，并从中选出较佳的筹资方案。

【注会真题汇编】

1. ［2017. 单选］与长期借款相比，发行债券进行筹资的优点是（　　）。

   A. 筹资速度快　　　　B. 筹资规模大　　C. 筹资费用小　　D. 筹资灵活性较好

2. ［2015. 多选］下列各项中，属于企业长期借款合同一般性保护条款的有（　　）。

   A. 限制企业股权再融资

   B. 限制企业高级职员的薪金和奖金总额

   C. 限制企业租入固定资产的规模

   D. 限制企业增加具有优先求偿权的其他长期债务

第六章　权益性筹资

> **本章提要**
>
> 权益资金是指投资者投入企业以及企业生产经营过程中所形成的积累性资金。它反映企业所有者的权益，可以为企业长期占有和支配，是企业一项最基本的资金来源。它的筹集方式具体可分为吸收直接投资、普通股筹资、利用留存收益等。

一、吸收直接投资

吸收直接投资是指企业按照"共同出资、共同经营、共担风险、共享利润"的原则，从国家、法人、个人、外商等外部主体吸收投资的一种方式。它不以证券为媒介，直接形成企业生产能力，投入资金的主体成为企业的所有者，参与企业经营，按其出资比例承担风险、分享收益。

（一）吸收直接投资的方式

吸收直接投资可以采用多种方式。

1. 吸收现金投资

吸收现金投资是企业吸收直接投资最为主要的形式之一。这是因为，与其他筹资方式相比，现金在使用上具有较大灵活性，它既可用于购置资产，也可用于支付费用。因此，企业应尽量动员投资者采用现金出资方式。

2. 吸收非现金投资

吸收非现金投资分为两类：一是吸收实物资产投资，二是吸收无形资产投资。与现金出资方式相比，非现金投资直接形成经营所需资产，因此有利于缩短企业经营筹备期，提高效率。但是，应注意以下两个问题：

（1）资产作价。《公司法》第二十七条第二款规定："对作为出资的非货币财产应当评估作价，核实财产，不得高估或者低估作价。法律、行政法规对评估作价有规定的，从其规定。"投资方和被投资方在确认资产价值时，必须本着客观、公正的原则进行资产作价，如按第三方（中介评估机构）的资产评估确定其价值，或者按双方签订的合同、协议约定的价值进行作价。

（2）出资标的物应符合国家规定。《公司登记管理条例》第十四条明确规定股东："不得以劳务、信用、自然人姓名、商誉、特许经营权或者设定担保的财产等作价出资。"

（二）吸收直接投资的管理

吸收直接投资的管理，主要包括以下几方面的内容。

1. 合理确定吸收直接投资的总量

企业资本筹集规模要与生产经营相适应。企业在创建时必须注意其资本筹集规模与投资规模的关系，要求从总量上协调两者的关系，以避免因吸收直接投资规模过大而造成资产闲置，或者因规模不足而影响资产的经营效益。

2. 正确选择出资方式，以保持其合理的出资结构与资产结构

由于吸收直接投资形式下各种不同出资方式形成的资产的周转能力与变现能力不同，对企业正常生产经营能力的影响也不相同，应在吸收投资时确定较合理的结构关系。这些结构关系包括：现金出资与非现金出资间的结构关系；实物资产与无形资产间的结构关系；流动资产与长期资产间的结构关系（包括流动资产与固定资产间的结构关系）等。

3. 明确投资过程中的产权关系

不同投资者的投资数额不同，从而其所享有的权益也不相同。因此，企业在吸收投资时必须明确一系列产权关系，包括企业与投资者之间的产权关系，以及各投资者之间的产权关系。

（三）吸收直接投资的优缺点

吸收直接投资是非股份制企业筹集资金的主要方式，也是我国企业筹资中最早采用的一种方式。

1. 吸收直接投资的优点

（1）吸收直接投资所筹资本属于权益资本，能提高企业的资信和借款能力。

（2）吸收直接投资不仅可筹集现金，而且能够直接取得所需的先进设备和技术，能尽快地形成企业的生产经营能力。

（3）与股票筹资相比，吸收直接投资方式所履行的法律程序相对简单，从而筹资速度相对较快。

（4）与债务筹资相比，吸收直接投资的财务风险较低。

2. 吸收直接投资的缺点

（1）吸收直接投资的成本较高。

（2）由于不以证券为媒介，产权关系有时不够明晰，不便于产权交易，也不利于吸引广大投资者投资。

二、普通股筹资的特点

普通股筹资通常不需要归还本金且没有固定的股利负担，相对于债券和借款的固定性利息现金流支付所承担的财务风险而言，权益筹资的筹资成本较高。股权筹资包括内部股权筹资和外部股权筹资，反映在资产负债表上，前者是指留存收益的增加，后者则体现为股本或实收资本的增加（通常伴随资本公积的增加）。

普通股是最基本的一种股票形式，是相对于优先股的一种股票种类。它是指股份公司依法发行的具有表决权和剩余索取权的一类股票。普通股具有股票的最一般特征，每一份股权包含对公司的财产享有的平等权利。

（一）股票的类型

1. 按照股东所享有的权利划分，可分为普通股和优先股

（1）优先股是股份公司发行的在分配红利和剩余财产时比普通股具有优先权的股份。优先股是一种没有期限的有权凭证，优先股股东一般不能在中途向公司要求退股（少数可赎回的优先股例外）。

优先股的主要特征为：一是优先股通常预先定明股息收益率。由于优先股股息率事先固定，优先股的股息一般不会根据公司经营情况而增减，而且一般也不能参与公司的分红，但优先股可以先于普通股获得股息，对公司来说，由于股息固定，它不影响公司的利润分配。二是优先股的权利范围小。优先股股东一般没有选举权和被选举权，对股份公司的重大经营无投票权，但在某些情况下可以享有投票权。

如果公司股东大会需要讨论与优先股有关的索偿权，即优先股的索偿权先于普通股，而次于债权人，优先股的优先权主要表现在两个方面：

①股息领取优先权。股份公司分派股息的顺序是优先股在前，普通股在后。股份公司不论其盈利多少，只要股东大会决定分派股息，优先股就可按照事先确定的股息率领取股息，即使普遍减少或没有股息，优先股亦应照常分派股息。

②剩余资产分配优先权。股份公司在解散、破产清算时，优先股具有公司剩余资产的分配优先权，不过，优先股的优先分配权在债权人之后，普通股之前。只有还清

公司债权人债务之后，有剩余资产时，优先股才具有剩余资产的分配权。只有在优先股索偿之后，普通股才参与分配。

（2）普通股是"优先股"的对称，是随企业利润变动而变动的一种股份，是公司资本构成中最普通、最基本的股份，是股份企业资金的基础部分。

普通股的基本特点是其投资利益（股息和分红）不是在购买时约定，而是事后根据股票发行公司的经营实际来确定，公司的经营实际好，普通股的收益就高；而经营实际差，普通股的收益就低。普通股是股份公司资本构成中最重要、最基本的股份，亦是风险最大的一种股份，但又是股票中最基本、最常见的一种。

一般可把普通股的特点概括为以下四点：

①持有普通股的股东有权获得股利，但必须是在公司支付了债息和优先股的股息之后才能分得。普通股的股利是不固定的，一般视公司净利润的多少而定。当公司经营有方，利润不断递增时普通股能够比优先股多分得股利，股利率甚至可以超过50%；但赶上公司经营不善的年头，也可能连一分钱都得不到，甚至可能连本也赔掉。

②当公司因破产或结业而进行清算时，普通股东有权分得公司剩余资产，但普通股东必须在公司的债权人、优先股股东之后才能分得财产，财产多时多分，少时少分，没有则只能作罢。由此可见，普通股东与公司的命运更加息息相关，荣辱与共。当公司获得暴利时，普通股东是主要的受益者；而当公司亏损时，他们又是主要的受损者。

③普通股东一般都拥有发言权和表决权，即有权就公司重大问题进行发言和投票表决。普通股东持有一股便有一股的投票权，持有两股者便有两股的投票权。任何普通股东都有资格参加公司最高级会议每年一次的股东大会，但如果不愿参加，也可以委托代理人来行使其投票权。

④普通股东一般具有优先认股权，即当公司增发新普通股时，现有股东有权优先（可能还以低价）购买新发行的股票，以保持其对企业所有权的原百分比不变，从而维持其在公司中的权益。例如，某公司原有 1 万股普通股，而你拥有 100 股，占 1%，现在公司决定增发 10% 的普通股，即增发 1 000 股，那么你就有权以低于市价的价格购买其中 1% 即 10 股，以便保持你持有股票的比例不变。

2. 按股票是否记名划分，可分为记名股票和无记名股票

（1）记名股票的特点就是除持有者和其正式的委托代理人或合法继承人、受赠人外，任何人都不能行使其股权。另外，记名股票不能任意转让，转让时，既要将受让人的姓名、住址分别记载于股票票面，还要在公司的股东名册上办理过户手续，否则转让不能生效。显然这种股票有安全、不怕遗失的优点，但转让手续烦琐。这种股票如需要私自转让，如发生继承和赠予等行为时，必须在转计行为发生后立即办理过户等手续。

（2）无记名股的特点是此种股票在发行时，在股票上不记载股东的姓名。其持有

者可自行转让股票，任何人一旦持有便享有股东的权利，无须再通过其他方式、途径证明自己的股东资格。这种股票转让手续简便，但也应该通过证券市场的合法交易实现转让。因此，不记名股票是较为普遍的一种股票形式。

当今世界证券市场飞速发展，计算机进入股票交易市场，股票市场实行无纸化交易，传统意义上的记名和不记名股票几乎已经不存在。现在的交易是每位股票投资者开设股票账户后，股票转让只须在交易双方的账户上进行结转，而无须到股份公司办理手续，交易效率大大提高。

3. 按股票票面是否载明金额划分，可分为面额股票和无面额股票

（1）面额股票。面额股票是指股票票面上记载每股金额的股票，如每股人民币 100 元、200 元等，这样就可以很容易地确定每一股份在该股份公司中所占的比例。股票面额为公司资本的基本单位，是股东的基础出资额。

（2）无面额股票。也称比例股票或无面额股票。股票发行时无票面价值记载，仅表明每股占资本总额的比例。其价值随公司财产的增减而增减。因此，这种股票的内在价值总是处于变动状态。这种股票最大的优点就是避免了公司实际资产与票面资产的背离，因为股票的面值往往是徒有虚名，人们关心的不是股票面值，而是股票价格。发行这种股票对公司管理、财务核算、法律责任等方面要求极高，因此只有在美国比较流行，而不少国家根本不允许发行。

4. 按能否向股份公司赎回自己的财产划分，可分为可赎回股票和不可赎回股票

（1）可赎回股票。可赎回股票就是持有人能够赎回自己原有的财产的股票。

（2）不可赎回股票。不可赎回股票就是持有人不能赎回自己原有的财产的股票。

5. 按股票的投资主体划分，可分为国有股、单位股和社会公众股等

（1）国有股。指有权代表国家投资的部门或机构以国有资产向公司投资形成的股份，包括以公司现有国有资产折算成的股份。由于我国大部分股份制企业都是由原国有大中型企业改制而来的，因此，国有股在公司股权中占有较大的比重。国有股是指以国家或全民所有制资金、实物资产、土地使用权等投资而形成的股份，形成主要有两种方式：一是由原全民所有制企业改组股份公司，原国有资产折算成的股份；二是国家以资金、实物资产、土地使用权等投资于新建的股份公司而占有的股份。

（2）单位（法人）股。指企业法人或具有法人资格的事业单位和社会团体以其依法可经营的资产向公司非上市流通股权部分投资所形成的股份。目前，在我国上市公司的股权结构中，法人股平均占 20% 左右。根据法人股认购的对象，可将法人股进一步分为境内发起法人股、外资法人股和募集法人股三个部分。单位（法人）股主要包括：

①由法人单位以其自有资金认购的股份；

②原集体企业以其资产折算成的股份；

③原有企业改组成为股份公司时，原有企业多余未发的职工奖励基金转作的股份；

④按规定可以持股的银行或其他金融机构投资持有的股份；

⑤由个人和法人投资建立的共同基金，再投资于股份公司而形成的股份。

（3）个人（自然人）股。个人（自然人）股指自然人持有的股份。主要包括：股份公司定向募集的内部职工股、股份公司向社会再募集的社会个人股和境外个人投资者持有的股份。

（4）外资股。外资股是指国外和中国香港澳门、台湾地区的投资者，以购买人民币特种股票形式向股份有限公司投资形成的股份。外资股也称B股，包括法人外资股和个人外资股。经国务院批准，中国证监会规定自2001年2月下旬起，允许境内居民以合法持有的外汇开立B股账户，交易B股股票。自从B股市场对境内投资者开放之后，境内投资者逐渐取代境外投资者成为投资主体，B股发生了由"外资股"演变为"内资股"的趋向。

6. 按公司业绩分类，可分为绩优股和垃圾股

（1）绩优股就是业绩优良公司的股票，但对于绩优股的定义国内外却有所不同。在我国，投资者衡量绩优股的主要指标是每股税后利润和净资产收益率。

一般而言，每股税后利润在全体上市公司中处于中上地位，公司上市后净资产收益率连续三年显著超过10%的股票当属绩优股之列。在国外，绩优股主要指的是业绩优良且比较稳定的大公司股票。这些大公司经过长时间的努力，在行业内达到了较高的市场占有率，形成了经营规模优势，利润稳步增长，市场知名度很高。绩优股具有较高的投资回报和投资价值。其公司拥有资金、市场、信誉等方面的优势，对各种市场变化具有较强的随和适应能力，绩优股的股价一般相对稳定且呈长期上升趋势。因此，绩优股总是受到投资者尤其是从事长期投资的稳健型投资者的青睐。

（2）与绩优股相对应，垃圾股指的是业绩较差的公司的股票。这类上市公司或者由于行业前景不好，或者由于经营不善等，有的甚至进入亏损行列。其股票在市场上的表现萎靡不振，股价走低，交投不活跃，年终分红也差。投资者在考虑选择这些股票时，要有比较高的风险意识，切忌盲目跟风投机。

另外，人们还经常根据股票的上市地点来对股票进行分类。例如，N股即表示在纽约交易所上市交易的股票，H股即表示在香港联合交易所上市的股票，S股即表示在新加坡上市交易的股票。

中国股票有A股、B股、红筹股、法人股、国家股、国有法人股等多种说法。A股是以人民币标明面值，以人民币进行投资的社会公众股，投资者可以是个人，也可以是法人。B股为人民币特种股票，股票以人民币标明面值，但投资者必须以外币购买。红筹股是一种约定俗成的说法，指内地公司在香港上市的股票，但从严格意义上讲，此类

股是外资股,即中国大陆公司控股,在境外注册公司,然后在香港上市。

(二)股票发行的规定与条件

按照我国《公司法》的有关规定,股份有限公司发行股票,应符合以下规定和条件:

(1) 每股金额相等。同次发行的股票,每股的发行条件和价格应当相同。

(2) 股票发行价格可以按票面金额,也可以超过票面金额,但不得低于票面金额。

(3) 股票应当载明公司名称、公司成立日期、股票种类、票面金额及代表的股份数、股票编号等主要事项。

(4) 向发起人、法人发行的股票,应当为记名股票;对社会公众发行的股票,可以为记名股票,也可以为无记名股票。

(5) 公司发行记名股票的,应当置备股东名册,记载股东的姓名或名称及住所,各股东所持股份,各股东所持股票编号,各股东取得其股份的日期;发行无记名股票的,公司应当记载其股票数量、编号及发行日期。

(6) 公司发行新股,应由股东大会做出有关下列事项的决议:新股种类及数额;新股发行价格;新股发行的起止日期;向原有股东发行新股的种类及数额。

(三)股票发行价格决策

股票发行价格的确定受法律等外在因素的限制,如不得折价发行。但股票价格决定于其内在价值。在具体确定股票价格时,人们通常采用以下几种方法作为股票发行价格的参考依据。

1. 每股净资产法

每股净资产是所有资产按账面价值,在支付了全部债务(含优先股)后,每股公司所有者权益的价值。它等于公司账面总资产减去负债后的资产净值除以公开发行在外的平均普通股总数。

2. 市盈率法

市盈率是指每股市价与每股收益的比率。它反映股票市价(即股东购买的成本)与股票收益间的对应关系,即价格对收益的倍数。因此,公司可以用每股收益额乘以某一参考市盈率(如行业平均数)来确定其股票发行价格。其公式是:

$$发行价格 = 预期每股收益 \times 参考市盈率$$

3. 未来收益现值法

投资者购买股票是为了获取股利。因此,每只股票的价值等于预期未来可收到的全部股利的现值。其计算公式为：

$$P = \sum_{t=1}^{n} \frac{D_t}{(1+k)^t} \qquad (6-1)$$

其中，P 代表普通股每股现值；D_t 代表第 t 年年底预期得到的每股股利；k 代表股票投资者应得的必要报酬率；n 代表年份。

在具体定价时，需要考虑上述因素，并结合具体的定价策略来最终确定股票发行价格。

（四）股票上市

1. 股票上市的意义

股票上市是指股份有限公司公开发行的股票，符合规定条件，经过申请批准后在证券交易所作为挂牌交易的对象。经批准在证券交易所上市交易的股票，称为上市股票；股票上市的股份有限公司称为上市公司。

股份有限公司申请股票上市，基本目的是增加本公司股票的吸引力，形成稳定的资本来源，能在更大范围内筹措大量资本。股票上市对上市公司而言，主要有如下意义：（1）提高公司所发行股票的流动性和变现性，便于投资者认购、交易；（2）促进公司股权的社会化，避免股权过于集中；（3）提高公司的知名度；（4）有助于确定公司增发新股的发行价格；（5）便于确定公司的价值，有利于促进公司实现财富最大化目标。因此，不少公司都积极创造条件，争取股票上市。

但也有人认为，股票上市对公司不利，主要表现在：（1）各种信息公开的要求可能会泄露公司的商业秘密；（2）股市的波动可能歪曲公司的实际情况，损害公司声誉；（3）可能分散公司的控制权。因此，有些公司即使已符合上市条件，也宁愿放弃上市机会。

2. 股票上市的条件

股票上市条件也称股票上市标准，是指对申请上市公司所作的规定或要求。按照国际惯例，股票上市的条件一般有开业时间、资产规模、股本总额、持续盈利能力、股权分散程度、每股市价等。各国对股票上市条件都规定了具体的数量标准。

《证券法》规定，股份有限公司申请股票上市，应当符合下列条件：（1）股票经国务院证券监督管理机构核准已公开发行；（2）公司股本总额不少于人民币 3 000 万元；（3）公开发行的股份达到公司股份总数的 25% 以上，公司股本总额超过人民币 4 亿元的，公开发行股份的比例在 10% 以上；（4）公司最近 3 年无重大违法行为，财务会计报告无虚假记载。证券交易所可以规定高于前款规定的上市条件，并报国务院证券监督管理机构批准。

3. 股票上市的决策

股份公司为实现其上市目标,需在申请上市前对公司状况进行分析,对上市股票的股利决策、股票上市方式和上市时机作出决策。

(1) 公司状况分析。申请股票上市的公司,需要分析公司及其股东的状况,全面分析权衡股票上市的各种利弊及其影响,确定关键因素。例如,如果公司面临的主要问题是资本不足,现有股东筹资风险过大,则可通过股票上市予以解决;倘若公司目前存在的关键问题是,一旦控制权外流,就会导致公司的经营不稳定,从而影响公司长期稳定发展,则可放弃上市计划。

(2) 上市股票的股利决策。股利决策包括股利政策和股利分派方式的选择。股利决策既影响上市股票的吸引力,又影响公司的支付能力,因此,必须作出合理的选择。

股利政策通常有固定股利额、固定股利率、正常股利加额外股利等政策。固定股利额能给市场以稳定的信息,有利于保持上市股票价格的稳定性,增强投资者的信心,有利于投资者有计划地安排股利的使用,但这也成为公司的固定财务负担。固定股利率可与公司盈利水平相衔接,但股利额不稳定。正常股利加额外股利的政策既能保持股利的稳定性,又能实现股利与盈利之间的配合,故为许多上市公司所采用。股利分派方式主要有现金股利、股票股利、财产股利等。现金股利适合公司在具有充足的现金时采用。股票股利可在公司现金短缺时选用。财产股利一般是指公司以其投资的短期有价证券代替现金分派股利,这种证券变现能力强,股东可以接受,而公司不必立即支付现金,可以暂时弥补公司现金的不足。

(3) 股票上市方式的选择。股票上市的方式一般有公开发售、反向收购等。申请上市的公司需要根据股市行情、投资者和本公司的具体情况进行选择。

公开发售是股票上市的最基本方式,申请上市的公司通常采用这种上市方式,该方式有利于满足公司增加现金资本的需要,有利于原股东转让其所持有的部分股份。反向收购是指申请上市的公司收购已上市的较小公司的股票,然后向被收购的公司股东配售新股,以达到筹资的目的。

(4) 股票上市时机的选择。股票上市的最佳时机,是在公司预计来年会取得良好业绩之时。当然,还须考虑当时的股市行情如何。

(五) 普通股筹资的优缺点

1. 普通股筹资的优点

与其他筹资方式相比,普通股筹措资本具有以下优点。

(1) 没有固定利息负担。公司有盈余,并认为适合分配股利,就可以分给股东;公司盈余较少,或虽有盈余但资金短缺或有更有利的投资机会,就可少支付或不支付股利。

（2）没有固定到期日。利用普通股筹集的是永久性的资金，除非公司清算才需偿还。它对保证企业最低的资金需求有重要意义。

（3）筹资风险小。由于普通股没有固定到期日，不用支付固定的利息，因此风险小，能增加公司的信誉。普通股本与留存收益构成公司所借入一切债务的基础。有了较多的自有资金，就可为债权人提供较大的损失保障，因而，普通股筹资既可以提高公司的信用价值，同时也为使用更多的债务资金提供了强有力的支持。

（4）筹资限制较少。利用优先股或债券筹资，通常有许多限制，这些限制往往会影响公司经营的灵活性，而利用普通股筹资则没有这种限制。

（5）由于普通股的预期收益较高并可在一定程度上抵销通货膨胀的影响（通常在通货膨胀期间，不动产升值时普通股也随之升值），因此普通股筹资容易吸收资金。

2. 普通股筹资的缺点

运用普通股筹措资本也有一些缺点。

（1）普通股的资本成本较高。首先，从投资者的角度讲，投资于普通股风险较高，相应地要求有较高的投资报酬率；其次，对于筹资公司来讲，普通股股利从净利润中支付，不像债券利息那样作为费用从税前支付，因而不具有抵税作用；最后，普通股的发行费用一般也高于其他证券。

（2）以普通股筹资会增加新股东，这可能会分散公司的控制权，削弱原有股东对公司的控制。

（3）如果公司股票上市，需要履行严格的信息披露制度，接受公众股东的监督，会带来较大的信息披露成本，也增加了公司保护商业秘密的难度。

（4）股票上市会增加公司被收购的风险。公司股票上市后，其经营状况会受到社会的广泛关注，一旦公司经营或是财务方面出现问题，可能面临被收购的风险。

本章练习

一、简答题

1. 权益性筹资有哪几种类型？
2. 吸收直接投资有哪些优缺点？
3. 股票的分类包括哪几种？
4. 股票发行价格决策有哪几种方法？
5. 股票上市的决策包括哪几个方面？
6. 普通股筹资的优缺点是什么？

二、单项选择题

1. 企业筹集的资金，按资金性质的不同，可分为（　　）。
   A. 直接筹资和间接筹资　　　　B. 内源筹资和外源筹资
   C. 权益资金和债务资金　　　　D. 短期资金和长期资金

2. 下列各项中（　　）不属于吸收直接投资的优点。
   A. 有利于增强企业信誉　　　　B. 有利于尽快形成生产能力
   C. 资本成本较低　　　　　　　D. 有利于降低财务风险

3. 在下列各项中，能够引起企业所有者权益增加的筹资方式是（　　）。
   A. 吸收直接投资　　　　　　　B. 发行公司债券
   C. 利用商业信用　　　　　　　D. 留存收益转增资本

4. 下列权利中，不属于优先股股东权利的是（　　）。
   A. 优先分配股利　　　　　　　B. 优先分配剩余资产
   C. 表决权限制　　　　　　　　D. 优先认购权

5. 下列（　　）项不是优先股筹资的优点。
   A. 不用还本　　　　　　　　　B. 股利可以税前扣除
   C. 股利支付具有弹性　　　　　D. 不会影响公司的控制权

三、多项选择题

1. 筹资渠道包括（　　）在内。
   A. 银行信贷资金　　　　　　　B. 居民个人资金
   C. 融资租赁　　　　　　　　　D. 吸收直接投资

2. 企业筹资活动按是否通过金融机构，可以划分为（　　）两类。
   A. 直接筹资　　　　　　　　　B. 债务资金
   C. 间接筹资　　　　　　　　　D. 权益资金

3. 下列各项中，属于"吸收直接投资"与"发行普通股"筹资方式所共有特点的是（　　）。
   A. 使用限制多　　　　　　　　B. 财务风险大
   C. 所筹集的资金都是企业的权益资金　D. 资本成本比较高

4. 下列权利中，属于优先股股东优于普通股股东的权利有（　　）。
   A. 股利分配优先权　　　　　　B. 分取剩余财产优先权
   C. 公司管理权　　　　　　　　D. 优先认股权

5. 下列各项中，（　　）属于权益资金筹资方式所共有的缺点。
   A. 限制条件多　　　　　　　　B. 财务风险大
   C. 容易分散控制权　　　　　　D. 资本成本高

四、判断题

1. 企业权益资金的筹集相对于债务资金的筹集,其财务风险小,但付出的成本相对较高。（　　）
2. 与股票筹资相比,吸收直接投资方式筹资速度相对较慢。（　　）
3. 公司向发起人、国家授权投资机构、法人发行的股票,可以为记名股票,也可以为无记名股票。（　　）
4. 优先认股权是优先股股东的优先权。（　　）
5. 发行普通股股票可以按票面金额等价发行,也可以溢价、折价发行。（　　）

五、计算和案例分析题

1. 某公司准备投资1 000万元去购买设备,公司希望负债比率仍保持60%,仍然将税后盈余的40%作为股利发放给股东。公司本年的税后盈余为600万元。试问:为了筹到扩充所需资金,必须发行多少新普通股,筹集多少借款?

2. 某公司普通股当前市场价格为25元,本年度预期红利为每股1.8元,红利和利润均以11.2%的年增长率增长,则该公司普通股的预期收益率是多少?

3. 某国有企业拟在明年年初改制为独家发起的股份有限公司。净资产经评估价值1.2亿元,全部进入新公司,折股比率为1。按其计划经营规模需要总资产6亿元,合理的资产负债率为30%。预计明年的税后利润为9 000万元。

（1）如果市盈率不超过15倍,每股盈利按0.4元规划,最高发行价格是多少?

（2）如果按每股5元发行,至少要发行多少社会公众股?发行后,每股盈余是多少?市盈率是多少?

【注会真题汇编】

1. [2012.单选] 配股是上市公司股权再融资的一种方式。下列关于配股的说法中,正确的是（　　）。

A. 配股价格一般采取网上竞价方式确定
B. 配股价格低于市场价格,会减少老股东的财富
C. 配股权是一种看涨期权,其执行价格等于配股价格
D. 配股权价值等于配股后股票价格减配股价格

2. [2017.多选] 与公开间接发行股票相比,下列关于不公开直接发行股票的说法中,正确的有（　　）。

A. 发行成本低
B. 股票变现性差
C. 发行范围小
D. 发行方式灵活性小

第七章 现金流量分析

> **本章提要**
>
> 所有的投资决策都或明或暗地建立在某种价值评估模式基础上。因此决策者应依据能准确反映其企业价值的估价模式来作决策。分析潜在项目最重要的一部是估计其现金流量,包括项目所要求的投资额及该项目带来的未来净现金流入。用来评价投资项目许多变量都与现金流量有关。而公司真正能用来投资的是现金而非账面利润,现金流量具有最大的综合性,现金流量折现法作为一种常用的经济模式,可以更好地衡量企业价值。在进行现金流量估计时,会涉及很多的变量,同时把握与投资项目有关的一些宏观经济数据,进而提高决策的有效性。

一、现金流量的含义

现金流量,在投资决策中是指一个投资项目引起的企业现金支出和收入增加的数量,它是评价投资方案是否具有财务可行性的一个基础数据。需要指出的是:这里的"现金"是广义的现金,不仅包括货币资金,还包括投资项目需要投入的企业现有非货币性资源的变现价值。例如,一个投资项目需要使用原有的厂房、设备等资产,相关的现金流量是指它们的变现价值,而不是其账面成本。在折现的现金流量中投资项目的价值是按某种比率折现的未来预期现金流量,该比率反映了现金流量的风险。

运用现金流量折现法进行估价主要有以下几个步骤:

(1) 未来现金流量的估计,包括在时间上的分布;

(2) 货币的时间价值,以无风险利率代替;

(3) 承担资产或负债不确定的溢价;

(4) 对未来现金流量以风险报酬率折现。

价值评估的基础是企业的长期盈利能力而不是短期盈利能力。对企业价值的评估方法主要有两种:一是以会计利润为基础,二是以现金流量为基础。在会计方法中,最重要的是业务的账面收入,价值不过是利润乘以市盈率,形式较复杂的会计方法可能会按某种比率折现未来的利润流量。在折现现金流量法中,业务的价值是按某种比率折现的未来预期现金流量,该比率反映了现金流量的风险,因此可以更为准确地反映企业的价值。

在进行现金流量估计时,会涉及很多的变量,涉及许多个人和部门。例如,销售量的预测和销售价格通常由营销部门根据价格弹性、广告效应、经济情况、竞争者反应及消费者偏好的变化趋势来制定。类似地,一项新产品相关的资本支出通常由工程师及产品开发人员确定,而经营成本则由成本会计、制造部门专家、人力资源专家和采购人员来估计。需要特别指出的是,在预测投资项目现金流量时,若能把握与投资项目有关的一些宏观经济数据,如国民生产总值、通货膨胀率等,就能提高预测的准确程度。

二、现金流量与会计利润

会计利润和现金流量提供信息的层次不同。利润包括很多层次,有主营业务利润、其他业务利润、营业利润等;现金流量的内容包括以现金形式反映出来的利润,还要加上不涉及现金流出的减值准备、摊销,不涉及现金收支的投资和筹资。会计利润的数额大小在很大程度上反映企业生产经营活动所取得的经济效益,表明一个企业在某一会计期间的最终经营成果。现金流量的多少则清楚地表明企业经营周转是否顺畅、资金的紧缺情况、企业偿债能力的大小以及企业是否过度扩大经营规模、对外投资是否恰当,资本经营是否有效等,从而为投资者、债权人和企业管理者提供非常有用的信息。

会计利润一直是评价企业业绩的重要指标。随着企业改革的深入,人们越来越发现,当一家企业利润指标优异的同时,仍然存在着资金链断裂的风险,严重情况下,企业甚至会面临破产清算。究其原因,现行会计制度确认收入、费用采用权责发生制,但收入高的企业不一定现金流入多,现金流量表要求企业从收付实现制的角度反映一定时期的现金净流量。正常情况下,企业经营活动的目的就是提高经济效益,在投资决策中,研究的重点是现金流量,而把利润的研究放在次要地位,其原因是:

(1) 整个投资有效年限内,利润总计与现金净流量总计是相等的。但现金流量更能反映企业财务资源在时间上的分布情况。

(2) 利润在各年的分布受折旧方法等人为因素的影响,而现金流量的分布不受这些人为因素的影响,可以保证评价的客观性。在现阶段以权责发生制为核心的会计核算体系中,会计政策的选择具有较大的随意性,例如,折旧方法的选择就有直线法、年数总和法、双倍余额递减法等方法可供选择,这些都会影响会计利润在时间上的分布。在考虑货币时间价值的情况下,收益在时间上的分布对项目的经济效益具有重要的影响。而现金流量的分布则具有客观性,不受人为选择的影响。

(3) 在投资分析中,现金流动状况比盈亏状况更重要。有利润的年份不一定能产生多余的现金用来进行其他项目的再投资。一个项目能否维持下去,不是取决于一定期间是否盈利,而是取决于有没有现金用于各种支付。现金一旦支出,只有等其收回之后才能用来进行再投资。

三、现金流量的内容

现金流量包括现金流入量、现金流出量和现金净流量三个具体概念。

(一)现金流入量

现金流入量,用 I 表示,是指由投资项目引起的企业现金收入的增加额,简称现金流入。对于新建项目来说,现金流入量的内容主要包括:

1. 营业收入

营业收入是指投资项目投产后每年实现的营业收入。它是经营期主要的现金流入项目。营业收入按照项目在经营期内相关产品预计单价和预测销售量进行估算。从会计视角看,按权责发生制计量的营业收入并不是当期的经营现金流入。经营现金流入是当期现销收入和回收前期应收账款的合计数。为简化核算,通常假设正常经营年度内每期发生的赊销额与回收前期的应收账款大体相等。在这种情况下,某期的经营现金流入等于该期的营业收入。

2. 出售或报废时长期资产的残值收入

资产出售或报废时的残值收入,是由于当初的投资引起的,应当作为投资项目的一项现金流入。通常,长期资产的残值收入按长期资产的原值乘以其法定净残值率估计长期资产的残值收入或处置时账面价值估算。如果直接按终结点长期资产情况预计残值收入,其数值可能与按税法计提折旧的账面价值不一致、与长期资产处置相关的现金流量需考虑收益纳税、损失抵税带来的现金流量。

3. 垫付的流动资金回收

投资项目出售或报废时,流动资金将回收。回收的流动资金等于各年垫支流动资金投资额的合计数。

(二)现金流出量

现金流出量,用 O 表示,是指由投资项目引起的企业现金支出的增加额。对于新建项目来说,现金流出量的内容主要包括以下三项。

1. 原始投资

原始投资是指企业为使投资项目完全达到设计生产能力、开展正常经营而投入的全部资金,包括建设投资和流动资金投资两项内容。

建设投资是指在建设期内按一定生产经营规模和建设内容进行的投资,包括固定资产投资、无形资产投资和其他资产投资等。其他资产投资主要包括筹建费用、试运营费用、职工培训费等。除非特别指明,否则假设它们都是在建设期内投入的。

流动资金投资是指为维持正常生产经营活动而追加的周转性资金,一般在营业终了时才能收回。通常,流动资金投资发生在建设期期末或经营期期初。

2. 付现成本

付现成本,又称经营成本,是指经营期内为满足正常生产经营而运用现金支付的成本费用,是项目在生产经营期最主要的现金流出量。企业的营业成本是由需要当期付现的经营成本和不需要在当期以现金支付的非付现成本两个部分组成。付现成本主要包括原材料、燃料、动力、工资、生产设备的日常维护和经营性维修等,非付现成本主要包括固定资产折旧、无形资产及其他长期资产的摊销等。

3. 各项税款

各项税款是指项目投产后依法缴纳的、单独列示的各项税款,包括营业税金及附加、所得税等。在所得税的估算中,由于不再进行利润总额与应纳税所得额的调整,因此,所有非付现成本的估算应符合税法规定。

(三)现金净流量

现金净流量,用 NCF 表示,又称净现金流量,是指在项目计算期由每年现金流入量与同年现金流出量之间的差额所形成的序列指标。无论是在经营期内,还是在建设期内都存在净现金流量。当现金流入量大于流出量,净现金流量为正值;反之,净现金流量为负值。

由于项目计算期不同阶段上现金流入与现金流出发生的可能性不同,使各阶段上的净现金流量在数值上表现出不同的特点。一般来说,建设期内的净现金流量的数值为负值或等于零;经营期内的净现金流量则多为正值。

四、项目现金流量的估算

为简化起见,在投资项目现金流量估算中,把投资和筹资分开考虑,先评价项目本身的经济价值而不管筹资方式如何。如果投资项目有正的净现值,再去处理筹资的细节问题。这也就意味着,归还借款利息和本金不作现金流出。

按是否将所得税视为现金流出,现金流量有所得税前现金流量和所得税后现金流量两种形式。从企业或法人投资主体的角度看,所得税是一项现金流出。

为了便于估算，通常把投资项目的现金流量按时段特征分为初始现金金流量、营业现金流量和终结现金流量。

（一）初始现金流量

初始现金流量，即建设期现金流量，是指从投资建设开始到完工投产这段时间发生的现金流量，是项目的投资支出。在这一时段，项目没有现金流入，只有现金流出。因此，初始现金流量等于负的原始投资，其估算公式为：

$$NCF_t = -P_t \tag{7-1}$$

其中，NCF_t 代表建设期某年的净现金流量；$-P_t$ 代表该年的原始投资。

原始投资包括固定资产投资、无形资产投资、其他资产投资和流动资金投资四项内容。固定资产投资按项目规模和投资计划所确定的各项建设工程费用、设备购置费用和安装工程费用等来估算。无形资产投资和其他资产投资，根据需要和可能，逐项按有关资产的评估方法和计价标准进行估算。流动资金投资是经营期内长期占用并周转使用的营运资金，又称垫支流动资金或营运资金投资，可按以下公式进行估算：

某年流动资金投资额 = 本年流动资金需用数 - 上年流动资金需用数

本年流动资金需用数 = 本年流动资产需用数 - 本年流动负债可用数

【例7-1】A公司投资一项目，生产经营期第1年流动资产需用额为100万元，流动负债为45万元；投产后第2年预计流动资产需用额为150万元，流动负债可用额为60万元。要求：估算投产第1年和第2年流动资金投资额。

生产经营期第1年流动资金投资额 = 100 - 45 = 55(万元)

生产经营期第2年流动资金投资额 = 150 - 60 - 55 = 35(万元)

（二）营业现金流量

营业现金流量，又称经营现金流量，是指项目投入生产经营后，在其寿命周期内生产经营所带来的现金流入和流出的数额。

营业现金流量 = 营业收入 - 付现成本 - 所得税额
    = 营业收入 - (营业成本 - 非付现成本) - 所得税额
    = 净利润 + 非付现成本
    = [营业收入 - 付现成本 + 非付现成本)] × (1 - 所得税税率) + 非付现成本
    = 营业收入 × (1 - 所得税税率) - 付现成本 × (1 - 所得税税率)
      + 非付现成本 × 所得税税率
    = 税后营业收入 - 税后付现成本 + 非付现成本抵税

由上式可知，非付现成本并不是现金流出，它之所以会对投资项目的现金流量产生影响，是由于所得税的存在引起的。

非付现成本主要包括固定资产折旧、无形资产摊销、其他长期资产摊销、资产减值损失等。通常，在项目投资决策现金流量估算中，主要考虑固定资产折旧、无形资产摊销和其他长期资产摊销三项非付现成本。固定资产折旧和无形资产摊销按税法规定的净残值、使用年限和折旧摊销方法估算，其他长期资产摊销按制度规定在投产后第一年全额摊销。

【例 7-2】 B 公司有一固定资产投资项目，其分析与评价资料如下：该投资项目投产后每年的营业收入为 800 万元，付现成本为 300 万元，固定资产的折旧为 100 万元，该公司的所得税税率为 25%。要求：估算该项目的营业现金流量。

营业现金流量 = 净利润 + 非付现成本 = (800 - 300 - 100) × (1 - 25%) + 100 = 400(万元)

或

营业现金流量 = 税后营业收入 - 税后付现成本 + 非付现成本抵税
$$= 800 × (1 - 25\%) - 300 × (1 - 25\%) + 100 × 25\% = 400(万元)$$

（三）终结现金流量

终结现金流量是指投资项目终结时所发生的现金流量。它主要包括长期资产报废或出售的现金流入、收回垫支的流动资金以及与税法确认的资产残值差异形成的纳税或抵税金额。

需要关注的是：按现行税法规定，在大多数情况下，投资项目寿命期末会有相关的纳税支出或收入。这是因为长期资产通常不是按账面价值报废或出售的。在考虑所得税情况下，需要将出售收入扣除账面价值和相关税费后的金额计入当期损益，按照出售收益和计提折旧后的账面价值之间的差额来测算纳税金额。

出售或处置长期资产现金流入可按以下公式计算：

$$NCF_e = S_e + (C_e - S_e) × T \qquad (7-2)$$

其中，NCF_e 代表出售或处置长期资产现金流量；S_e 代表预计净残值收入；C_e 代表长期资产账面价值；T 代表所得税税率。

【例 7-3】 C 公司原值为 20 000 元的固定资产，税法规定的净残值率 10%，最终报废时预计净残值 1 000 元。假设公司的所得税税率为 25%。要求：估算设备报废时残值带来的现金流量。

残值的现金流量 = 1 000 + (2 000 - 1 000) × 25% = 1 250(元)

五、投资项目现金流量应注意的问题及影响因素

为了正确计算投资方案的增量现金流量，需要正确判断哪些支出会引起企业总现金

流量的变动，哪些支出不会引起企业总现金流量的变动。在进行这种判断时，要注意以下四个问题：

1. 区分相关成本和非相关成本

相关成本是指与特定决策有关的、在分析评价时必须加以考虑的成本。例如，差额成本、未来成本、重置成本、机会成本等都属于相关成本。与此相反，与特定决策无关的、在分析评价时不必加以考虑的成本是非相关成本。例如，沉没成本、过去成本、账面成本等往往是非相关成本。

例如，某公司在 20×6 年曾经打算新建一个车间，并请一家会计公司做过可行性分析，支付咨询费 5 万元，后来由于公司有了更好的投资机会，该项目被搁置下来，该笔咨询费作为费用已经入账了。20×8 年旧事重提，在进行投资分析时，这笔咨询费是否仍是相关成本呢？答案应当是否定的。该笔支出已经发生，不管公司是否采纳新建一个车间的方案，它都已无法收回，与公司未来的总现金流量无关。

如果将非相关成本纳入投资方案的总成本，则一个有利的方案可能因此变得不利，一个较好的方案可能变为较差的方案，从而造成决策错误。

2. 不要忽视机会成本

在投资方案的选择中，如果选择了一个投资方案，则必须放弃投资于其他途径的机会。其他投资机会可能取得的收益是实行本方案的一种代价，被称为这项投资方案的机会成本。例如，上述公司新建车间的投资方案，需要使用公司拥有的一块土地。在进行投资分析时，因为公司不必动用资金去购置土地，可否不将此土地的成本考虑在内呢？答案是否定的。因为该公司若不利用这块土地来兴建车间，则它可将这块土地移作他用，并取得一定的收入。只是由于在这块土地上兴建车间才放弃了这笔收入，而这笔收入代表兴建车间使用土地的机会成本。假设这块土地出售可净得 15 万元，它就是兴建车间的一项机会成本。值得注意的是，不管该公司当初是以 5 万元还是 20 万元购进这块土地，都应以现行市价作为这块土地的机会成本。

机会成本不是我们通常意义上的"成本"，它不是一种支出或费用，而是失去的收益。这种收益不是实际发生的，而是潜在的。机会成本总是针对具体方案的，离开被放弃的方案就无从计量确定

3. 要考虑投资方案对公司其他项目的影响

当我们采纳一个新的项目后，该项目可能对公司的其他项目造成有利或不利的影响。

例如，若新建车间生产的产品上市后，原有其他产品的销路可能减少，而且整个公司的销售额也许不增加甚至减少。因此，公司在进行投资分析时，不应将新车间的销售收入作为增量收入来处理，而应扣除其他项目因此减少的销售收入。当然，也可能发生

相反的情况，新产品上市后将促进其他项目的销售增长。这要看新项目和原有项目是竞争关系还是互补关系。

当然，诸如此类的交互影响，事实上很难准确计量。但决策者在进行投资分析时仍要将其考虑在内。

4. 对营运资本的影响

一方面，在一般情况下，当公司开办一个新业务并使销售额扩大后，对于存货和应收账款等经营性流动资产的需求也会增加，公司必须筹措新的资金以满足这种额外需求；另一方面，公司扩充的结果，应付账款与一些应付费用等经营性流动负债也会同时增加，从而降低公司营运资金的实际需要。所谓营运资本的需要，指增加的经营性流动资产与增加的经营性流动负债之间的差额。

当投资方案的寿命周期快要结束时，公司将与项目有关的存货出售，应收账款变为现金，应付账款和应付费用也随之偿付，营运资本恢复到原有水平。通常，在进行投资分析时，假定开始投资时筹措的营运资本在项目结束时收回。

六、投资决策中使用现金流量的原因

财务会计是按权责发生制计算企业的收入和成本，并以收入减去成本后的利润作为收益，用来评价企业的经济效益。在长期投资决策中则不能以按这种方法计算的收入和成本作为评价项目经济效益高低的基础，而应以现金流入为项目的收入，以现金流出作为项目的支出，以净现金流量作为项目的净收益，并在此基础上评价投资项目的经济效益。投资决策之所以按收付实现制计算的现金流量作为评价项目经济效益的基础，主要有以下两个方面原因：

1. 采用现金流量才能使投资决策更合理

资金时间价值是财务学基本理念。项目投资有一个时间周期，横跨多个年度，而不同时间的资金具有不同的价值，因此，忽略资金时间价值就可能做出错误的项目投资决策。要考虑资金的时间价值，需要在决策时弄清每笔预期收入款项和支出款项的具体时间。在衡量方案优劣时，应根据各投资项目寿命周期内各年的现金流量，按照资本成本，结合资金的时间价值来确定。

而利润的计算，并不考虑资金收付时间，它是以权责发生制为基础的。例如，购置固定资产、无形资产等长期资产付出大量现金时不计入成本；将固定资产、无形资产等资产的价值以折旧或摊销的形式逐期计入成本时，却又不需要付出现金；计算利润是不考点垫支流动资金的数量和回收的时间；等等。可见，要在投资决策中考虑资金的时间价值，就不能利用利润来衡量项目的优劣，而必须采用现金流量。

2. 用现金流量才能使投资决策更客观

在长期投资决策时,用现金流量能科学客观地评价投资方案的优劣,而利润则明显地存在不科学、不客观的成分。这是因为:(1)利润的计算没有一个统一的标准,在一定程度上要受存货计价、费用摊配和折旧计提的不同方法影响,因而净利润计算比现金流量的计算具有更大的主观随意性,作为决策的主要依据不太可靠;(2)利润反映的是某一会计期间"应计"的现金流量,而不是实际的现金流量。若以未实际收到现金的流入作为收益,具有较大风险,容易高估投资项目的经济效益,存在不科学、不合理的成分。

本章练习

一、简答题

1. 简述现金流量的含义。
2. 简述现金流量所包括的具体概念。
3. 如何对营业现金流量进行估算?
4. 简述投资项目现金流量应注意的问题及影响因素。

二、单项选择题

1. 投资项目从投资建设开始到最终清理或出售整个过程的时间,称之为(   )。

   A. 项目计算期   B. 生产经营期   C. 建设期   D. 试产期

2. 某投资项目的建设期为零,第1年流动资产需用额为1 000万元,流动负债可用额为400万元,则该年流动资金投资额为(   )万元。

   A. 400   B. 600   C. 1 000   D. 1 400

3. 某公司已投资60万元于一项设备研制,但它不能使用。如果决定继续研制,还需投资40万元,则该设备研制成功后能获取的现金净流入量至少应为(   )万元。

   A. 40   B. 100   C. 50   D. 60

4. 某公司拟投资一新产品,据预测新产品投产后可创造500万元的现金流量,但公司原生产的老产品会因此受到影响,使其年收入由原来的1 500万元降低到1 200万元。假设所得税税率为25%,则与投资新产品项目相关的现金净流量为(   )万元。

   A. 500   B. 300   C. 275   D. 200

5. 在进行投资项目评价时,投资者要求的风险报酬率取决于该项目的(   )。

   A. 经营风险   B. 财务风险   C. 系统风险   D. 特有风险

6. 已知某设备原值60 000元,税法规定残值率为10%,最终报废残值5 000元,该公司所得税税率为25%,则该设备最终报废由于残值带来的现金流入量为(   )元。

A. 5 000　　　　　B. 5 250　　　　　C. 6 000　　　　　D. 4 750

三、多项选择题

1. 终结点的现金流量包括（　　）。

A. 回收垫支的流动资金

B. 固定资产报废或出售的现金流入

C. 原始投资

D. 经营期最后一年的营业现金流量

2. 下列估算投资项目营业现金流量的方法中，正确的是（　　）。

A. 营业现金流量等于税后净利润加上非付现成本

B. 营业现金流量等于营业收入减去付现成本再减去所得税费用

C. 营业现金流量等于税后收入减去税后付现成本再加上非付现成本抵税

D. 营业现金流量等于营业收入减去营业成本再减去所得税费用

3. 某公司拟于 2015 年年初新建一生产车间用于某新产品的开发，则与该投资项目有关的现金流量是（　　）。

A. 需购置新的生产流水线价值 150 万元，同时垫付 20 万元流动资金

B. 利用现有的库存材料，该材料目前的市价为 10 万元

C. 车间建在距离总厂 10 公里外的于 2011 年购入的土地上，该块土地若不使用可以以 300 万元出售

D. 2014 年公司曾支付 5 万元咨询费请专家论证过此事

4. 在以实体现金流量为基础计算项目评价指标时，下列各项中不属于项目投资需考虑的现金流出量的有（　　）。

A. 利息　　　　　B. 垫付流动资金

C. 经营成本　　　D. 归还借款本金

四、判断题

1. 因为营业现金流量等于净利润加非付现成本，因此，固定资产折旧越多，营业现金流量越大，投资项目的净现值也就越大。（　　）

2. 折旧之所以对投资决策产生影响，是因为折旧是现金流量的来源之一。（　　）

3. 某公司对一投资项目的分析与评价资料如下：该投资项目适用的所得税税率为 25%，年税后营业收入为 750 万元，税后付现成本为 375 万元，净利润为 225 万元，那么该项目年营业现金流量为 425 万元。（　　）

五、计算与案例分析

1. A 公司于 2018 年 1 月 1 日购入设备一台，设备价款 1 500 万元，预计使用 3 年，预计期末无残值，采用直线法按 3 年计提折旧（均符合税法规定）。该设备于购入当日投入使用。预计能使公司未来 3 年的销售收入分别增长 1 200 万元、2 000 万元和 1 500

万元，经营成本分别增加 400 万元、1 000 万元和 600 万元。购置设备所需资金通过发行债券方式予以筹措，债券面值为 1 500 万元，票面年利率为 8%，每年年末付息。债券按面值发行，发行费率为 2%。该公司适用的所得税税率为 33%，要求的投资收益率为 10%。

（1）计算债券资金成本率。

（2）计算设备每年折旧额。

（3）预测公司未来 3 年增加的净利润。

（4）预测该项目各年经营净现金流量。

2. 某人拟开设一个彩扩店，通过调查研究提出以下方案。

（1）设备投资：冲扩设备购价 20 万元，预计可使用 5 年，报废时无残值收入；按税法要求该设备折旧年限为 4 年，使用直线法折旧，残值率为 10%；计划在 2018 年 7 月 1 日购进并立即投入使用。

（2）门店装修：装修费用预计 4 万元，在装修完工的 2018 年 7 月 1 日支付。预计在 2.5 年后还要进行一次同样的装修。

（3）收入和成本预计：预计 2018 年 7 月 1 日开业，前 6 个月每月收入 3 万元（已扣除营业税，下同），以后每月收入 4 万元；耗用相纸和冲扩液为成本收入的 60%；人工费、水电费和房租等费用每月 0.8 万元（不含设备折旧、装修费摊销）。

（4）营运资金：开业时垫付 2 万元。

（5）所得税率为 30%。

（6）业主要求的投资报酬率最低为 10%。

请计算每年的营业活动净现金流量。

3. 甲工厂正考虑重置包装机。目前正在使用的包装机每台账面净值为 100 万美元，并在今后的 5 年中继续以直线法折旧直至账面净值变为零。工厂的工程师估计老机器尚可使用 10 年。新机器每台购置价格为 500 万美元，在 10 年内以直线法折旧直至账面净值变为 500 000 美元。每台新机器比旧机器每年可以节约 150 万美元的税前经营成本。

甲工厂估计，每台旧包装机能以 250 000 美元的价格卖出，除了购置成本外，每台新机器还将发生 600 000 美元的安装成本，其中 500 000 美元要和购置成本一样资本化，剩下的 100 000 美元可立即费用化。因为新机器的运行比老机器快得多，所以企业要为每台新机器平均增加 30 000 美元的原材料库存，同时因为商业信用，应付账款将增加 10 000 美元。最后，管理人员相信尽管 10 年后新机器的账面净值为 500 000 美元，但可能只能以 300 000 美元转让出去。届时还要发生 40 000 美元的搬运和清理费。甲工厂的边际税率是 40%。

（1）与每台新机器相关的税后净增现金流量是多少？

（2）甲工厂项目的资本成本是 12%，则其净现值为多少？

(3) 判断甲工厂是否应该接受这个项目。

【注会真题汇编】

1. [2014. 多选] 下列关于实体现金流量计算的公式中，正确的有（　　）。

A. 实体现金流量 = 税后经营净利润 – 净经营资产增加

B. 实体现金流量 = 税后经营净利润 – 经营性营运资本增加 – 资本支出

C. 实体现金流量 = 税后经营净利润 – 经营性资产增加 – 经营性负债增加

D. 实体现金流量 = 税后经营净利润 – 经营性营运资本增加 – 净经营性长期资产增加

2. [2017] 2017年年初，甲投资基金对乙上市公司普通股股权进行估值。乙公司2016年销售收入6 000万元，销售成本（含销货成本、销售费用、管理费用等）占销售收入的60%，净经营资产4 000万元。该公司自2017年开始进入稳定增长期。可持续增长率为5%，目标资本结构（净负债/股东权益）为1/1，2017年年初流通在外普通股1 000万股，每股市价22元。该公司债务税前利率8%，股权相对债权风险溢价5%，企业所得税税率25%。为简化计算，假设现金流量均在年末发生，利息费用按净负债期初余额计算。

要求：

(1) 预计2017年乙公司税后经营净利润、实体现金流量、股权现金流量。

(2) 计算乙公司股权资本成本，使用股权现金流量法估计乙公司2017年年初每股价值，并判断每股市价是否高估。

第八章 资本预算（投资）决策

> **本章提要**
>
> 资本预算决策是管理者采用客观的角度来做出正确的决策。资本预算是把筹措到的资金分配到企业的生产经营活动中去，建立企业的某种生产经营条件和从事某种生产经营活动，以期望在未来获取收益的经济行为。投资包括生产性投资和经营性投资，本章所讨论的投资是指企业具有长远意义的决策，即资本性投资，如机器设备的购置、更新，厂房的新建改造等。

一、资本预算概述

资本预算决策影响到企业的生产能力以及开发新产品、开拓新市场的能力。由于其影响持续期较长，投资机会的合理利用是企业保持良好的经营状态和盈利能力的关键。

投资是以盈利为目的的。在不确定性条件下，企业投资总是面临着风险。投资者在作投资评价时一般要考虑两个维度，即风险和收益。

（一）证券投资

一般所指的证券投资包括股票投资和债券投资。股票投资是指企业以货币、实物、无形资产投资或购买其他单位的股票；债券投资是指企业购买政府或其他单位的债券。

股票投资没有到期日，法律规定不可撤资。其特点是：（1）可分割性。任何一种证券发行公司都将其总股本按等额的形式划分为若干股份，因此，投资者可以根据自己的意愿购买其中某一部分股份，而不必一定要百分百持股。（2）流动性。股票一般可以在证券交易所上市交易，与债券相比，其流动性较大、交易频繁，因此对企业来说，股票的变现能力较强。（3）风险性。由于股票的未来价格难以预期，而且波动比较大，因此投资者承担了较大的市场风险。

股票投资的分类：按权利可分为普通股和优先股；按投资主体可分为国有股、法人股、个人股和外资股；按资产性质可分为公有资产股和非公有资产股；按记名形式可分为记名股票和不记名股票；按有无面额可分为定额票面股票和不定额票面股票。

公司债可以分为不同的类型，主要包括：（1）担保债券。担保债券实质是以公司的某种特定财产作抵押所发行的债券，包括抵押公司债、证券信托公司债等。（2）非担保公司债。非担保公司债是指没有载明具体资产抵押品作为担保，仅凭企业信誉而发行的公司债。可以进一步划分为：信用债券、从属信用公司债等。（3）其他类型的公司债。包括可转换公司债、附认股权债、零票面利率债券和浮动利率债券。

（二）固定资产更新决策

企业经营性固定资产中机器、设备的更新周期决策是企业固定资产更新决策的主要内容。机器、设备等固定资产的更新决策，一般在企业中分为两种情况：一种是用相同性能、相同生产效率的新设备更换自然寿命已经结束的旧设备；另一种是以生产效能更高、性能更加完善、成本更加合理的先进设备代替生产技术上还能继续使用，但经济上不宜再继续使用的设备。在更新设备时，需要从资本成本方面来分析、决定固定资产的经济寿命，即确定设备的最佳更新周期，以使企业固定资产的使用更加经济有效。

固定资产的更新决策主要有以下几种方法。

1. 模式决策法

它是指以设备的经济寿命为依据，以设备使用年平均成本最低为目标，来确定设备最佳更新周期的方法。其基本思路是：首先确定固定资产使用年限内的总使用成本，包括初始投资成本，以及以后各期所投入的维修费用等，其次确定年平均成本。年平均成本为总使用成本除以使用年限。

这种方法计算简单，但未考虑资金的时间价值，可能对其经济寿命错误估计。

2. 面值决策法

用面值决策来确定设备最佳更新周期，是以设备一次性投资与各年经营维持费用之和最小，即设备平均年总费用最低额为依据，来选择设备更新的最佳年限。

在运用该方法决策时，一般先计算出各个可能寿命年限的平均年总费用，然后比较这些费用，以平均年总费用最低时的年限为设备的更新周期。即，如果 $C_n - 1 > C_n < C_{n+1}$（假定只有一个极小值），那么 n 年就是设备的最佳更新周期，因为第 n 年的平均年总费用在各年中最低。

3. 折现决策法

折现决策法是指在面值决策法基础上，进一步考虑各项费用的资金时间价值影响因素，而形成的设备更新决策方法。其基本思路与面值决策法一致，只是对未来的价值以资金的时间成本做了折现。

（三）项目投资

进行项目投资时，支出现金是为了在未来一定期间内获得收益，这些投资涉及的金额较大，回收期较长。项目投资包括以下几方面的内容：产品的改进或新产品的开发、厂房和设备的更新、研究和开发、勘探等。

项目投资包含的内容非常广泛，一般来说，项目投资具备单次性任务的属性。例如，一幢大楼的施工任务可以作为一个项目投资看待。项目投资决策在企业投资决策中占有十分重要的地位，它主要有以下几个特点：

（1）所需要的投资额较大；

（2）项目成果的价值对企业有较大的影响；

（3）任务比较复杂，涉及面广。

由于项目投资的上述技术经济特点，特别是投资额大、周期长，这就决定了它在企业投资决策中的重要地位。由此，必须对整个投资项目建成后可能取得的经济效益和社会效益进行科学的分析和预测，从而提出该项目是否值得投资建设的意见，即进行可行性分析。可行性分析是对项目的技术先进性、经济合理性和建设可能性进行综合研究的一种科学方法。其目的是保证项目投资决策的正确性，以尽可能地减少错误决策给企业带来的损失。

（四）公司并购投资

以上几种投资方式都是在企业内部投资。实际上，企业外部投资方式也是非常普遍的，主要包括兼并收购（即并购）、合资经营和合作联盟等。其中以并购方式最为普遍。如果一个投资项目的净现值为正，那么企业就存在投资（或增长）的机会。企业扩大生产规模可以通过自身的投资，也可以通过收购不良企业来实现。并购是将企业作为一个有机体，而不是简单地由厂房、设备和雇员等组成的一个生产单位。

通过并购来实现外部增长和多样化经营的有利因素包括：

（1）通过外部收购可以更迅速地实现企业的某些目标；

（2）企业从内部新建一个组织的成本可能会超过收购成本；

（3）通过外部途径实现增长或多样化经营风险更小、成本更低，缩短获得经济合理的市场份额所需的时间；

（4）企业可能没有足够的资金以内部方式获取相等的资产和生产能力，但可以用证券来获得其他企业。

总的来说，当以上的优势很小时，内部发展便受到青睐。在进行自建或外购决策时，从经济的角度来看，内部发展可能更可行，因为并购活动是具有相当大的风险的。

从实际经营的角度来看，通过兼并与多样化经营实现增长是在经营决策中可以考虑的一种可供选择的、稳妥而明智的方案。尽管这并不意味着外部增长和多样化经营应该成为增长的主要形式，但经验表明，外部增长可能为企业有效地适应不断变化的环境提供更多的机会。

二、资本预算的决策方法

用来系统评价投资项目的方法主要有四种：回收期法和折现投资回收期法、会计收益率法、净现值法、内含报酬率法。

（一）回收期法和折现投资回收期法

1. 回收期的含义

回收期法是根据投资回收期的长短来判断投资项目可行与否的决策分析方法。投资回收期是指项目投产后以净收益回收全部投资所需的时间。投资回收期法是使用回收期作为评价方案优劣指标的一种方法。回收年限越短，投资方案的流动性越好，风险越小。投资回收期有包括建设期的投资回收期（记作 PP）和不包括建设期的投资回收期（记作 PP′）两种形式。包括建设期的投资回收期等于不包括建设期的投资回收期加上建设期，即 PP = PP′ + S。

2. 投资回收期的计算

投资回收期的计算有通用法和简算法两种。通用法计算出的投资回收期为包括建设期投资回收期，其计算公式如下：

$$\sum_{t=0}^{PP} NCF_t = 0 \tag{8-1}$$

其中，PP 代表包括建设期的投资回收期；S 代表建设期；NCF_t 代表第 t 年的净现金流量。

不包括建设期投资回收期等于包括建设期投资回收期减去建设期。

如果原始投资全部发生在建设期内，投产后前若干年每年营业净现金流量相等，且相等年份营业净现金流量之和大于或等于原始投资额，则不包括建设期的投资回收期可用以下简化公式计算

$$PP' = \frac{\sum_{t=0}^{s} P_t}{NCF_t} \tag{8-2}$$

其中，PP′代表不包括建设期的投资回收期；P_t 代表原始投资；S 代表建设期；NCF_t 代表第 t 年净现金流量。

3. 投资回收期指标的特点

投资回收期是一个静态的绝对量反指标。由于计算简便,并且容易理解,在实务中应用较为广泛。它的缺点主要是:一是没有考虑资金的时间价值;二是没有考虑回收期以后的现金流量;三是不能反映投资方案实际的报酬率。事实上,具有战略意义的长期投资往往早期收益较低,中后期收益较高。投资回收期法优先考虑急功近利的项目,可能导致放弃长期成功的方案。它是以往评价投资项目财务可行性最常用的方法,目前只是作为辅助方法使用,主要用来测定方案的流动性而非营利性。

使用投资回收期法进行决策必须有一个决策依据,但没有客观因素表明存在一个合适的截止期,可以使公司价值最大化。因此,回收期法没有相应的参照标准。通常,在不考虑其他评价指标的前提下,用小于或等于项目计算期的一半或基准回收期,作为判断投资项目是否具有财务可行性的标准。这一参照标准在一定意义上只是一种主观的臆断。

为了克服回收期法不考虑资金时间价值的缺陷,人们提出了折现投资回收期法。折现投资回收期,又称动态投资回收期,是指在考虑资金时间价值的情况下以投资项目引起的现金流入量抵偿原始投资所需要的时间。动态投资回收期是使下式成立的 PP:

$$\sum_{t=0}^{PP} \frac{NCF_t}{(1+i)^t} = 0 \qquad (8-3)$$

(二) 会计收益率法

1. 会计收益率法的含义

会计收益率法是非贴现方法中的一种,根据不同方案的预期年平均报酬率的大小来判断投资方案的优劣,进而做出投资决策。会计收益率,又称投资利润率,是年平均净收益占原始投资额的百分比。在计算时使用会计的收益、成本观念以及会计报表的利润数据,不直接使用现金流量信息。

2. 会计收益率的计算

会计收益率的计算公式为

$$会计收益率 = \frac{年平均净利润}{原始投资额} \times 100\% \qquad (8-4)$$

如果在计算年平均净收益时,使用不包括建设期的经营期年数,其结果称为"经营期会计收益率"。

3. 会计收益率指标的特点

会计收益率是个静态的相对量正指标。它的优点是计算简单,应用范围较广。其缺点主要有：一是没有考虑资金时间价值；二是无法直接利用净现金流量信息；三是不能反映投资方案本身的投资报酬率；四是计算公式的分子分母的时间特征不同，不具有可比性。

与投资回收期一样，会计收益率指标没有一个客观的基准可以作为评判投资项目财务可行性的依据。通常以行业平均会计收益率或投资人要求的会计收益率作为基准。在此情况下，不考虑其他评价指标的前提下，只有当会计收益率指标大于或等于基准会计收益率时，投资项目才具有财务可行性。

（三）净现值法

1. 净现值法的含义

净现值（NPV）是指特定项目未来现金流入的现值与未来现金流出的现值之间的差额，它是评价项目是否可行的最重要的指标。按照这种方法，所有未来现金流入和流出都要用资本成本折算现值，然后用流入的现值减流出的现值得出净现值。如果净现值为正数，就表明投资报酬率大于资本成本，该项目可以增加股东财富，应予采纳。如果净现值为零，就表明投资报酬率等于资本成本，不改变股东财富，没有必要采纳。如果净现值为负数，就表明投资报酬率小于资本成本，该项目将减损股东财富，应予放弃。

用 NPV 法评价项目的步骤如下：（1）估计各期的现金流量；（2）计算各期净现金流量的现值（包括初始投资额），以项目的资本成本折现；（3）加总前一步所计算出来的现金流量，总和就是 NPV；（4）做出决策。对于独立项目，如果 NPV 为正，该项目可以接受；如果 NPV 为负，则应放弃。如果两个项目是相互排斥的，则选择 NPV 更大的项目。

2. 净现值法的计算

净现值的计算公式为：

$$净现值(NPV) = \sum_{t=0}^{n} \frac{NCF_t}{(1+i)^t} \quad (8-5)$$

或

$$NPV = \sum_{t=0}^{n} \frac{I_t}{(1+i)^t} - \sum_{t=0}^{n} \frac{O_t}{(1+i)^t} \quad (8-6)$$

其中，n 代表投资项目计算期；NCF_t 代表第 t 年的净现金流量；I_t 代表第 t 年的现金流入量；O_t 代表第 t 年的现金流出量；i 代表投资人要求的报酬率。

3. 净现值法的特点

净现值是一个折现的绝对量正指标，是项目投资决策评价指标中最重要的指标之一。净现值法考虑了资金的时间价值和整个项目寿命周期的现金流量,能反映投资项目在其计算期内的净收益。从理论说,它比其他方法更完善,被誉为"理财的第一原则",具有广泛的适用性。净现值法的缺点在于不能直接反映项目实际收益率水平;且当投资额不等时,无法用 NPV 确定独立方案的优劣。

按照这种方法,所有未来现金流入和流出都要按照预定的贴现率折算为现值,然后再计算它们的差额。如净现值为正数,即贴现后现金流入大于贴现后现金流出,该投资项目的报酬率大于预定的贴现率;如净现值为零,即贴现后现金流入等于贴现后现金流出,该投资项目的报酬率等于预定的贴现率;如净现值为负数,即贴现后现金流入小于贴现后现金流出,该投资项目的报酬率小于预定的贴现率。因此,只有当净现值大于等于 0 时,投资方案才具有财务可行性。

(四)内含报酬率法

1. 内含报酬率法的含义

内含报酬率是指能够使未来现金流入量现值等于未来现金流出量现值的折现率,或者说是使投资项目净现值为零的折现率。净现值法虽然考虑了时间价值,可以说明投资项目的报酬率高于或低于资本成本,但没有揭示项目本身可以达到的报酬率是多少。内含报酬率是根据项目的现金流量计算的,是项目本身的投资报酬率。

2. 内含报酬率的计算

内含报酬率的计算公式为:

$$\sum_{t=0}^{n} \frac{NCF_t}{(1+IRR)^t} = 0 \qquad (8-7)$$

或:

$$\sum_{t=0}^{n} \frac{I_t}{(1+IRR)^t} = \sum_{t=0}^{n} \frac{O_t}{(1+IRR)^t} \qquad (8-8)$$

内含报酬率的计算,通常需要"逐步测试法"。首先估计一个折现率,用它来计算项目的净现值;如果净现值为正数,就说明项目本身的报酬率超过折现率,应提高折现率后进一步测试;如果净现值为负数,就说明项目本身的报酬率低于折现率,应降低折现率后进一步测试。经过多次测试,寻找出使净现值接近于 0 的折现率,即为项目本身的内含报酬率。

3. 内含报酬率的特点

内含报酬率是一个折现的相对量正指标。它从动态的角度直接反映了投资项目实际收益水平,计算不受设定贴现率的影响。其缺点主要是计算过程比较麻烦。

只有当内含报酬率大于或等于资本成本或投资人要求的收益率时,方案才具有财务可行性。

本章练习

一、简答题

1. 简述净现值法评估项目的步骤。
2. 简述资本预算的四种主要决策方法。

二、单项选择题

1. 某企业拟进行一项固定资产投资项目,要求的最低投资报酬率为12%。有四个方案可供选择,其中甲方案的项目计算期为10年,净现值为1 000万元;乙方案的获利指数为0.85;丙方案的项目计算期为11年,年等额净回收额为150万元;丁方案的内含报酬率为10%。最优的投资方案是( )。

A. 甲方案　　　　B. 乙方案　　　　C. 丙方案　　　　D. 丁方案

2. 包括建设期的静态投资回收期是( )。

A. 净现值为零的年限　　　　　　B. 累计净现金流量为零的年限

C. 净现金流量为零的年限　　　　D. 累计净现值为零的年限

3. 某投资项目,当折现率为10%时,净现值为50万元;折现率为12%时,净现值为-4万元,则该投资项目的内含报酬率是( )。

A. 13.15%　　　B. 12.75%　　　C. 11.85%　　　D. 10.25%

4. 在全部投资均于建设起点一次投入,建设期为零,投产后每年净现金流量相等的情况下,为计算内含报酬率所求得的年金现值系数应该等于该项目的( )。

A. 资本回收系数

B. 获利指数指标的值

C. 静态投资回收期指标的值

D. 会计收益率指标的值

5. 某投资项目在建设起点一次投入原始投资400万元,获利指数为1.35,该项目净现值为( )万元。

A. 540　　　　　B. 140　　　　　C. 100　　　　　D. 200

6. 假定有A、B两个投资方案,它们的投资额和项目计算期均相同,现金流量的总和也相同,但A方案的现金流量逐年递增,B方案的现金流量逐年递减。如果考虑资金时间价值,且两方案均可行的情况下,则下列表述正确的是( )。

A. A方案与B方案等价　　　　　B. A方案优于B方案

C. B方案优于A方案　　　　　　D. 不能确定

7. 当贴现率为10%时，某项目的净现值为500元，则说明该项目的内含报酬率（ ）。

  A. 高于10% B. 低于10% C. 等于10% D. 无法界定

8. 净现值法的优点不包括（ ）。

  A. 考虑了资金的时间价值 B. 考虑了项目计算期的全部净现金流量

  C. 考虑了投资的风险 D. 可直接反映项目的实际收益率

9. 下列说法不正确的是（ ）。

  A. 内含报酬率是能够使未来现金流入量现值等于未来现金流出量现值的贴现率

  B. 内含报酬率是方案本身的投资报酬率

  C. 内含报酬率是使方案净现值等于零的贴现率

  D. 内含报酬率是使方案获利指数等于零的贴现率

10. 固定资产的平均年成本是未来使用年限内现金流出总现值与（ ）的乘积。

  A. 年金终值系数 B. 年金现值系数

  C. 资本回收系数 D. 偿债基金系数

三、多项选择题

1. 如果其他因素不变，一旦贴现率提高，则下列指标中其数值将会变小的是（ ）。

  A. 获利指数 B. 静态投资回收期

  C. 净现值 D. 内含报酬率

2. 若净现值为负数，则表明该投资项目（ ）。

  A. 各年利润小于0，不可行

  B. 它的内含报酬率小于0，不可行

  C. 它的内含报酬率没有达到要求的投资报酬率，不可行

  D. 它的内含报酬率不一定小于0

3. 影响投资项目内含报酬率的因素包括（ ）。

  A. 投资项目的有效年限 B. 投资项目的现金流量

  C. 企业要求的最低投资报酬率 D. 银行贷款利率

4. 使用企业当前的资本成本作为项目的贴现率应满足的条件为（ ）。

  A. 项目的预期收益与企业当前资产的平均收益相同

  B. 项目的风险与企业当前资产的平均风险相同

  C. 项目的资本结构与企业当前的资本结构相同

  D. 资本市场是完善的

5. 下列关于投资项目评价方法的表述中，正确的有（ ）。

  A. 获利指数法克服了净现值法不能直接比较投资额不同的项目的局限性，它在数

值上等于投资项目净现值除以初始投资额

　　B. 动态回收期法克服了静态回收期法不考虑资金时间价值的缺点，但它仍然不能衡量项目的盈利性

　　C. 内含报酬率是项目本身的投资报酬率，不会随投资项目预期现金流的变化而变化

　　D. 内含报酬率法不能直接评价两个投资规模不同的互斥项目的优劣

　　6. 若有两个投资方案，原始投资额不同，彼此相互排斥，各方案项目寿命期不同，可以用来对此项目进行选优的方法有（　　）。

　　A. 内含报酬率法　　　　　　　B. 净现值法
　　C. 年等额净回收额法　　　　　D. 方案重复法

　　7. 如果其他因素不变，一旦折现率提高，则下列指标中其数值将会变小的有（　　）。

　　A. 动态投资回收期　　B. 净现值　　C. 内含报酬率　　D. 获利指数

　　8. 如果把原始投资看成是按预定折现率借入的，那么在净现值法下，下列说法正确的有（　　）。

　　A. 当净现值为正数时说明还本付息后该项目仍有剩余收益
　　B. 当净现值为负数时该项目收益不足以偿还本息
　　C. 当净现值为零时偿还本息后一无所获
　　D. 当净现值为负数时该项目收入小于成本

四、判断题

　　1. 如果把原始投资看成是按预定贴现率借入的，那么在净现值法下，当投资项目的净现值为正数时说明该投资项目在还本付息后该项目仍有剩余收益。　　（　　）

　　2. 投资回收期指标虽然没有考虑资金的时间价值，但考虑了回收期满后的现金流量状况。　　（　　）

　　3. 利用内含报酬率指标评价投资项目时，计算出的内含报酬率就是方案本身的投资报酬率，因此，不需要再估计投资项目的资本成本或要求的最低报酬率。　　（　　）

　　4. 若一个风险投资项目的内含报酬率大于风险报酬率，则该方案可行。　　（　　）

　　5. 某企业正在讨论更新现有的生产线，有两个备选方案：A方案的净现值为400万元，内含报酬率为10%；B方案的净现值为300万元，内含报酬率为15%。据此可以认定A方案较好。　　（　　）

　　6. 若A、B、C三个方案是独立的，那么用获利指数法可以作出优先次序的排列。
　　　　　　　　　　　　　　　　　　　　　　　　　　　　　　　（　　）

五、计算与案例分析

　　1. 企业计划用新设备替换现有旧设备。旧设备预计还可使用5年，目前变价收入60 000元。新设备投资额为150 000元，预计使用5年。至第5年年末，新、旧设备的

预计残值相等。使用新设备可使企业在未来 5 年内每年增加营业收入 16 000 元，降低经营成本 9 000 元。该企业按直线法计提折旧，所得税税率为 33%。

（1）计算使用新设备比使用旧设备经营阶段每年增加的净现金流量。

（2）计算该方案的差额投资内部收益率。

（3）若设定折现率分别为 8% 和 10%，确定应否用新设备替换现有旧设备。

2. 某企业计划进行某项投资活动，拟有甲、乙两个方案。有关资料如下：

甲方案原始投资为 150 万元，其中，固定资产投资 100 万元，流动资金投资 50 万元，全部资金于建设起点一次投入。该项目经营期 5 年，到期残值收入 5 万元。预计投产后年营业收入 90 万元，年总成本 60 万元。

乙方案原始投资为 210 万元，其中，固定资产投资 120 万元，无形资产投资 25 万元，流动资金投资 65 万元，全部资金于建设期起点一次投入。该项目建设期 2 年，经营期 5 年，到期残值收入 8 万元，无形资产自投产年份起分 5 年摊销完毕。该项目投产后，预计年营业收入 170 万元，年经营成本 80 万元。

该企业按直线法折旧，全部流动资金于终结点一次回收，所得税税率为 33%，设定折现率为 10%。

（1）采用净现值法评估甲、乙方案是否可行。

（2）采用年等额净回收额法确定该企业应选择哪一投资方案。

3. A 是一个钢铁企业，拟进入前景看好的汽车制造业。现找到一个投资机会，利用 B 公司的技术生产汽车零件，并将零件出售给 B 公司。B 公司是一个有代表性的汽车零件生产企业。预计该项目需固定资产投资 750 万元，可以持续五年。会计部门估计每年固定成本为（不含折旧）40 万元，变动成本是每件 180 元。固定资产折旧采用直线法，折旧年限为 5 年，估计净残值为 50 万元。营销部门估计各年销售量均为 40 000 件。B 公司可以接受 250 元/件的价格。生产部门估计需要 250 万元的净营运资本投资。

（1）A 和 B 均为上市公司，A 公司的 β 系数为 0.8，资产负债率为 50%；B 公司的 β 系数为 1.1，资产负债率为 30%。

（2）A 公司不打算改变当前的资本结构。目前的借款利率为 8%。

（3）无风险资产报酬率为 4.3%，市场组合的预期报酬率为 9.3%。

（4）为简化计算，假设没有所得税。

问：

（1）计算评价该项目使用的折现率；

（2）计算项目的净现值；

（3）假如预计的固定成本和变动成本、固定资产残值、净营运资本和单价只在 ±10% 以内是准确的，这个项目在最差情景下的净现值是多少？

(4) 分别计算利润为零、营业现金流量为零、净现值为零的年销售量。

4. 康元葡萄酒厂是生产葡萄酒的中型企业,该厂生产的葡萄酒酒香纯正,价格合理,长期以来供不应求。为了扩大生产能力,康元葡萄酒厂准备新建一条生产线。

张晶是该厂的助理会计师,主要负责筹资和投资工作。总会计师王冰要求张晶搜集建设新生产线的有关资料,并对投资项目进行财务评价,以供厂领导决策考虑。张晶经过十几天的调查研究,得到以下有关资料:

(1) 投资新的生产线需一次性投入1 000万元,建设期1年,预计可使用10年,报废时无残值收入;按税法要求该生产线的折旧年限为8年,使用直线法折旧,残值率为10%。

(2) 购置设备所需的资金通过银行借款筹措,借款期限为4年,每年年末支付利息100万元,第4年年末用税后利润偿付本金。

(3) 该生产线投入使用后,预计可使工厂第1~5年的销售收入每年增长1 000万元,第6~10年的销售收入每年增长800万元,耗用的人工和原材料等成本为收入的60%。

(4) 生产线建设期满后,工厂还需垫支流动资金200万元。

(5) 所得税税率为30%。

(6) 银行借款的资金成本为10%。

为了完成总会计师交给的任务,请你帮助张晶完成以下工作:

(1) 预测新的生产线投入使用后,该工厂未来10年增加的净利润。

(2) 预测该项目各年的现金净流量。

(3) 计算该项目的净现值,以评价项目是否可行。

【注会真题汇编】

1. [2015. 单选] 在设备更换不改变生产能力且新旧设备未来使用年限不同的情况下,固定资产更新决策应选择的方法是(   )。

A. 净现值法　　　　　　　　B. 平均年成本法
C. 折现回收期法　　　　　　D. 内含报酬率

2. [2017. 多选] 甲公司拟投资一条生产线,该项目投资期限5年,资本成本12%,净现值200万元。下列说法中,正确的有(   )。

A. 项目现值指数大于1　　　　B. 项目会计报酬率大于12%
C. 项目折现回收期大于5年　　D. 项目内含报酬率大于12%

3. [2017. 多选] 动态投资回收期法是长期投资项目评价的一种辅助方法,该方法的缺点有(   )。

A. 忽视了资金的时间价值　　　　　B. 忽视了折旧对现金流的影响
C. 没有考虑回收期以后的现金流　　D. 促使放弃有战略意义的长期投资项目

4. ［2013］甲公司主营电池生产业务，现已研发出一种新型锂电池产品，准备投向市场。为了评价该锂电池项目，需要对其资本成本进行估计。有关资料如下：

（1）该锂电池项目拟按照资本结构（负债/权益）30/70 进行筹资，税前债务资本成本预计为 9%。

（2）目前市场上有一种还有 10 年到期的已上市政府债券。该债券面值为 1 000 元，票面利率 6%，每年付息一次，到期一次归还本金，当前市价为 1 120 元，刚过付息日。

（3）锂电池行业的代表企业是乙、丙公司，乙公司的资本结构（负债/权益）为 40/60，股东权益的 β 系数为 1.5；丙公司的资本结构（负债/权益）为 50/50，股东权益的 β 系数为 1.54。权益市场风险溢价为 7%。

（4）甲、乙、丙三个公司适用的企业所得税税率均为 25%。

要求：

（1）计算无风险报酬率。

（2）使用可比公司法计算锂电池行业代表企业的平均 β 资产、该锂电池项目的 β 权益与权益资本成本。

（3）计算该锂电池项目的加权平均资本成本。

第九章　资本预算中的风险分析与最佳资本预算的确定

> **本章提要**
>
> 进行一项项目投资最直接、最主要的动机是为了获得期望的收益，但收益与投资之间的滞后导致收益受许多不确定性因素的影响，即具有一定的风险性。风险是财务管理中两个基本观念之一，风险越高，所要求的回报也越高，即风险与报酬成正比。在资本预算中，同样要求对投资项目的风险进行分析。本章讨论项目风险的种类及其衡量，在此基础上介绍几种在风险条件下进行资本预算的方法，如敏感性分析法、情景分析、临界点分析等，用以控制项目运行中的风险，使资本预算更加符合实际情况。

一、项目风险介绍

任何投资项目都有风险，未来的现金流量总会具有某种程度的不确定性。而公司在制订资本预算时，不仅要考虑相关风险的大小并将其纳入评价范围，还应在设计项目时尽可能减少不确定性。而如何处置投资项目的风险就成为一个较为复杂的问题。资金时间价值和投资风险价值是财务管理中的两个重要的理念，风险与收益对等是财务的基本原理。在投资决策中，要考虑风险与收益的配比，需要对投资项目进行风险分析。所以进行一项项目投资最直接最主要的动机是为了获得期望的收益，投资决策的目的是使收益最大化。

1. 项目风险的种类

风险从项目管理的角度可以理解为一旦发生就会对项目造成损失的潜在威胁，也可以理解为对项目全过程可能产生影响的不确定性因素，如项目筹资中利率和汇率的变化趋势、项目建成投产后产品的销路和售价等。风险是一种可能性，一旦成为现实，就叫风险事件。风险事件后果对于项目可能有利，称为机会；也可能不利，称为威胁或损失。任何项目都会有风险，人们从事项目活动看中的是机会，容易忽略的却是威胁或损失。风险无处不在,无时不有。风险可以从不同的角度进行分类,分类的目的是便于识别和管理。

(1) 以风险事件后果来划分,有纯粹风险和投机风险。纯粹风险指只能造成威胁或损失的风险,如战争、地震、洪水、车祸、疾病等。投机风险指既可能使人蒙受损失,又可能给人带来利益的风险,如投资活动中的风险、科学研究中的风险等。投资项目既能遇上纯粹风险,也会有投机风险,但是项目风险应看成是投机风险。纯粹风险给项目造成的损失也就是给社会造成的损失;投机风险给项目造成的损失,却有可能使其他方面获利,因而整个社会不蒙受损失或少受损失。例如,政府投资基础设施项目,建成后政府亏损,但全社会受益。

(2) 以风险事件性质划分,有自然风险、社会风险、政治风险、法律风险和技术风险等。自然风险指由自然界力量导致损失的风险,如水灾、风暴、地震等;社会风险指人类不可预料的反常行为引起的风险,如盗窃、抢劫、罢工、动乱等;政治风险指由于政治或国家利益冲突而导致的风险,如战争、政府没收财产、禁运、制裁行动等;法律风险指与合同、执照、许可证、专利权、诉讼等关的风险;经济风险指同币值、物价、汇率、利率、关税、原材料供应、产品销售资金筹集和还贷有关的风险;技术风险指与项目的设计、施工、设备安装、调试、投产等技术方面有关的风险。

(3) 以风险后果承担者划分,有项目业主(项目执行组织)风险、政府风险、承包商风险、投资方风险、设计和咨询单位风险。

(4) 以是否可人为控制划分,有可管理风险和不可管理风险。可以预测并采取措施加以控制的风险称为可管理风险;反之,则为不可管理风险。

(5) 以影响范围划分,有局部风险和特别风险。

上述各种风险对于投资项目都有可能遇上。

对于投资项目业主单位可能遇到的风险有:

(1) 财务风险,如建设资金不到位、项目资金中外汇部分因汇率发生不利的变化而造成的损失。

(2) 技术风险,项目选用的工艺、设备在项目建成时已陈旧过时;设计、施工单位技术和管理水平不高,缺少经验;对项目费用估算不准等。

(3) 经济风险。如项目建成后生产的产品遇上了强有力的竞争、由于货币购买力未达到购买本项目产品的水平而使产品滞销等。

(4) 不可抗力风险,如自然灾害。

(5) 管理失误,如由于缺乏经验和常识没有签订对承包商有约束力的合同。

(6) 政治法律风险,如政府产业政策或环保政策的变化导致项目多缴纳税款或追加投资。

(7) 组织风险,项目业主若是联营体,则可能由于各合伙人对项目目标、应尽的义务、享有的权利等的理解、预期和态度不同而造成项目进展缓慢，即使在项目执行组织内部，项目管理班子也会因同各职能部门之间配合不力而难以对项目实施有效的管理。

按照项目风险所涉及的范围划分，项目风险可以包括项目的特有风险、公司风险和市场风险。

（1）项目特有风险。项目的特有风险也称为单个项目风险，就是单个投资项目本身所特有的风险。如果不考虑与公司的其他投资项目的组合效应以及与股票持有者的其他投资组合的影响，即股票持有者只拥有一家公司的股票，而且公司的资产组合中只有一个投资项目时，该投资项目或股票持有者所具有的风险就是项目的特有风险。它单纯反映特定项目的未来收益（IRR 或 NPV）的可能结果相对于预期值的离散程度，通常采用概率的方法，以项目收益的标准差来衡量。

（2）公司风险。公司风险也称为公司特别风险，它是指公司在投资多个项目时所具有的风险，反映了公司多元化投资对项目风险的影响。它是指在不考虑股票持有者投资组合的分散化因素，纯粹站在公司立场来衡量的投资风险，或者说它是从没有实行多元化投资组合的单一股票持有者（只投资于某一公司的股票）的角度来看的风险。公司风险是项目对公司收益变动的影响，可以用公司资产的预期报酬率的变异程度来衡量，资产报酬率可以用表达式（EBIT/总资产）来计算，也可以用公司过去项目实现的平均 IRR 来反映。由于公司风险是用过去的统计资料来获得的，因此，在公司状况发生较大变动使得过去资料不能真实反映公司将来风险的情况下，对其进行主观估计可能会更准确。

（3）市场风险。如果公司股东同时拥有几家公司的股票，而且公司同时进行多个项目的投资时，公司股东的投资所具有的风险就是市场风险。市场风险常用 β 系数表示，它是从实行高度多元化投资组合的股票持有者的角度来看的风险，或者说，在投资项目风险中，无法通过多元化组合加以消除的那部分系统性风险，就是该项目的市场风险。

这种分类方法有助于揭示不同组合的项目投资风险之间的内在关系，有利于决策者对风险的控制，因此在这里重点加以阐述。

2. 不同项目风险的关系

项目特有风险可以用投资项目的实际报酬率偏离预期的程度来衡量，然而，并不是所有的风险分析都可以量化，有的投资项目就不能实现量化。一个新投资项目的风险的衡量常常是依据历史数据，利用统计的方法来进行的。如果新项目是原有项目的扩展，历史数据可取自公司原有的投资项目；如果是公司从未涉及的领域，历史数据取自与之相关的行业。历史数据实在不能取得的，只能靠管理人员的经验积累和主观判断。

通常地，市场风险和公司风险很难加以估计，但是，如果它们与新项目的特有风险具有很高的相关性，那么就可以用项目的特有风险代替市场风险和公司风险。一个具有高度风险项目的收益与社会经济范围内的大部分资产密切相关，那么该项投资将具有高度的公司风险和市场风险。

不管项目的特有风险与市场风险和公司风险具有多高的相关性，它与项目的公司风险的相关系数很难达到+1，这是由于公司的多元化投资分散了风险，公司风险总是要小于特有风险；同样地，有些新项目的风险与整个经济状况有着很高的相关性，但这种相关程度也很难达到+1，这是由于公司股东的多元化投资分散了风险，市场风险总是小于项目的特有风险。

市场风险对股票持有者来讲是相当重要的，因为它会直接影响股票持有者要求的股票收益率从而影响公司的资本成本和股票价格。但是，基于以下原因，项目的公司风险也是很重要的，值得我们重视：

（1）单一股票持有者，包括中小企业所有者，他们对公司风险的关注胜过市场风险。

（2）从理论上说，投资者在设定对投资项目所要求的必要收益率时，除了要考虑市场风险外，还需要考虑其他因素，如财务危机等影响公司风险的因素，而不管是否进行了多元化投资。一些实证研究也表明公司风险对必要收益率的影响与市场风险同样重要。

（3）公司的稳定经营对于公司的相关利益集团（包括债权人、供应商、客户、员工以及公司所在的社区）来讲也是很重要的。经营不稳定的公司很难留住优秀的员工，难于维持公司与客户和供应商的业务关系，也难于取得足够的低成本的资金。这些都会进一步影响公司的经营，从而降低股票的价格。

二、项目风险分析

项目的特有风险是指项目的实际报酬偏离预期的程度，而实际报酬率取决于项目的现金流量。在资本预算中，几乎所有的投资决策都是以项目的现金流量作为基础，可以说，准确的现金流量预测是投资决策正确与否的关键。

然而，在实际生活中，现金流量常常受到销售价格、销售量、制造成本、市场竞争、广告效应等多种因素的影响，这些因素本身也是不确定的，会在其他因素的影响下发生变动，它们有着各自的概率分布。可以根据这些因素的概率分布以及它们之间的相关性，确定该项目的净现值或内涵报酬率的概率分布来衡量项目的特别风险。

当项目评价时，需要考虑项目的特有风险。项目特有风险分析方法主要有敏感性分析、临界点分析、情景分析、模拟分析（蒙特卡罗法）。

（一）敏感性分析（sensitivity analysis）

敏感性分析是风险分析的一个重要技巧，敏感性分析是假定其他条件不变前提下，分析项目的净现值（或内含报酬率）对某一个主要因素变动的敏感程度。有些因素即使发生了变化，对项目净现值（或内含报酬率）的影响较小，这些因素称为非敏感性因素；有些因素发生很小的变化，就会使项目净现值（或内含报酬率）变化很大，这些因素就是敏感性因素。敏感性分析就是检测项目的净现值（或内含报酬率）对某一特定因素变化的敏感度，以确定哪些因素是敏感性因素。基本步骤是：

1. 计算项目的基准净现值

以正常情况下现金流量为数据，计算出项目的预期净现值，作为计算变动幅度的基础。

2. 选择需要分析的不确定因素，计算其变化引起的净现值变动

项目的不确定因素通常有市场占有率、销售量、价格、主要原材料价格或劳动率价格、投资额等。其中销售量、价格、成本和投资额等是最常被选择的变量。

在选定需要分析的因素后，假定其中一个因素变动一定幅度而其他因素不变，重新计算净现值，并将其与基准净现值比较，确定变动幅度。

3. 计算各因素的敏感系数，确定风险因素

$$某一因素的敏感系数 = \frac{净现值变动百分比}{该因素变动百分比} \qquad (9-1)$$

敏感系数表示选定因素变化 1% 时导致净现值变动的百分数。比较敏感系数的大小，可以发现影响净现值的敏感性因素。

敏感性分析是一种最常用的风险分析方法，计算过程简单，也易于理解。问题是它只允许一个变量发生变动，而假设其他变量保持不变。现实中，这些变量通常是相互关联的，会一起发生变动，只是变动的幅度不同而已。因此，情景分析是对敏感性分析的较好补充。

（二）情景分析

情景分析，也称剧情分析或场景分析，是一种常用的投资项目风险分析方法。它通过设定一定的场景，综合考察某种场景下各因素变化对项目净现值的影响。与敏感性分析的区别主要在于：情景分析法允许多个因素同时变动，而敏感性分析只允许一个因素变动。

情景分析一般假定未来现金流量有乐观、正常和悲观三种情景，也可以根据实际情况和需要，设计更多的情景。采用情景分析，需要对每种情景出现的概率作出估计。如果它们的概率难以估计，也可以假设正常情况出现的概率为 50%，乐观和悲观情景出现的概率各为 25%。

情景分析存在的局限性是只考虑有限的几种状况下的净现值，实际上有无限多的情景和可能结果，且估计每种情景出现的概率，具有很大的主观性，其结论的可信性依赖

于分析人员的经验和判断力。

(三) 临界点分析

临界点分析是通过计算净现值为零时各变量值（最大值或最小值），帮助决策者认识项目的特有风险，又称最大最小法。其主要步骤是：

根据给定的原始投资、营业现金流入、营业现金流出、回收额等变量最可能发生的数值，即期望值，计算出项目基准净现值，以判断项目的财务可行性。在此基础上选择第一个变量并且假设其他变量不变，令净现值等于零，计算选定变量的临界值；选择第二个变量，假设其他变量不变，求解变量的临界值；重复这一过程，直至完成主要变量测算。通过对各变量的临界值与期望值之差距，对项目风险进行分析与差别。

(四) 模拟分析

模拟分析，又称蒙特卡罗模拟，它是使用计算机输入影响项目现金流量的基本变量，然后模拟项目运作的过程，最终得出项目净现值的概率分布，据以对项目做出取舍决策。模拟分析是通过计算机计算及高速度运转来实现的，比情景分析更进一步，它考虑了无限多的情景更接近实际的情景分析。但由于计算过程中需要知道未来现金流量的连续分布概率，在实务中，是很难获得的。如果我们随意选择该分布的各种参数，所得到的模拟结果尽管在理论上很诱人，但实际却毫无用处。

实施计算机模拟的基本步骤具体如下：

第一步创建一个含有项目现金流量的计算机模型；

第二步确定各种不确定因素的概率分布；

第三步根据不同的概率分布，为每一因素随机选取一个数值；

第四步使用随机选取的各种因素的数值计算项目的现金净流量以及项目的NPV；

第五步重复上述第三步和第四步，从而计算出项目的NPV的预期值和标准差，得到NPV的概率分布。

运用计算机模拟的关键有两点：

(1) 所选的随机数确是随机的；

(2) 所选的随机数的分布与该因素的概率分布相符。

为解决以上两个问题，一般的做法是通过计算机产生均匀分布的随机数，再经过适当的转换就可以得到与各因素的概率分布相符的随机数分布。

用计算机模拟分析项目的风险，可以有两种不同的度量指标：

(1) 损失概率。可以通过两种不同的方法计算：第一种方法是从函数的实际分布求得，即以落到函数临界值以外的频率来衡量项目失败的概率；第二种方法是从函数的假设正态分布来求得，即通过假设输出函数是服从正态分布的，根据函数的数学期望和方差，将任意正态分布转换成标准正态分布，然后查标准正态分布函数表就可以确定 NPV 小于临界值的概率，也就是项目失败的概率。

（2）变异系数。变异系数是用 NPV 的标准差和数学期望之比来表示的。利用计算机进行模拟时，模拟的次数越多，所得到的结果也越精确，但花费的成本也越大。实验表明，当模拟进行到一定次数以后，所得到的结果逐渐趋于稳定，基本上控制在允许的误差范围之内。这时候如果再增加模拟次数，对项目结果的影响很小，而成本却提高了，不符合成本效益原则。实验证明，模拟的次数为 50～300 次时，输出的分布函数就基本上收敛了。

蒙特卡罗模拟可以很方便地提供 NPV 的累计概率曲线，从而可以定量地衡量项目所承担的风险，然而，它也存在不容忽视的缺陷，主要有以下几点：

（1）不能得到精确解。在计算机模拟中，每一个因素的输入值都有个确定的变化范围和概率分布，而概率分布是由过去的统计数据或主观经验来确定的，带有一定的误差。可以通过增加模拟次数来减少该误差。

（2）进行计算机模拟有一个前提，那就是各种因素之间是相互独立的能独立进行随机抽样，而实际上有些因素不是独立的，如销量和单价之间就不独立。

（3）分析方法只注重分析单个项目的风险而忽略了市场风险和公司风险，忽略了单个项目是公司投资组合和市场投资组合的一部分，单个项目的风险有可能因投资组合而被分散。

（4）无法了解诸多因素中，哪些是敏感性因素，哪些是非敏感性因素。

三、风险条件下的资本预算

在风险条件下，投资项目的现金流量的收支时间和金额是不确定的，如果其不确定性比较小，一般可以忽略不计，但是如果其不确定性比较大，且足以影响方案的选择，那么就应该对它们进行计量并在决策时加以考虑。风险条件下的投资项目决策的常用方法有风险调整贴现率法和肯定当量法。

（一）风险调整贴现率法

风险调整贴现率法的基本思路是根据风险的大小确定风险因素的贴现率，对高风险的项目，采用较高的贴现率去计算净现值；对低风险的项目，采用的较低的贴现率。因此，关键在于如何确定风险调整贴现率。

在风险调整贴现率法下，确定风险调整贴现率的方法有以下几种。

1. 用资本资产定价模型（CAPM）来调整贴现率

在前面讨论资本资产定价模型时曾指出，证券的风险可以分为两个部分：可分散风险和不可分散风险。其中，不可分散风险是由 β 值来度量的，而可分散风险可以通过证券投资组合来消除。CAPM 运用于企业中可以得到企业总资产模型：

$$\text{总资产风险} = \text{不可分散风险} + \text{可分散风险} \tag{9-2}$$

可分散风险是可以通过公司的多元化经营来消除的，投资时应该关注的是不可分散的风险。

运用资本资产定价模型（CAPM）来调整贴现率可以用以下公式计算：

$$K_c = R_f + \beta \times (R_m - R_f) \tag{9-3}$$

其中，K_c 表示按风险调整的贴现率或项目的必要报酬率，R_f 表示无风险利率，β 表示项目的不可分散风险的 β 系数，R_m 表示所有项目平均的贴现率或必要报酬率。

2. 按风险报酬模型调整贴现率

在风险报酬模型中，一项投资的报酬分为两个部分：无风险报酬和风险报酬，其计算公式为：

$$K = R_f + b \times VC \tag{9-4}$$

因此，特定项目按风险调整贴现率可按下式计算：

$$K_i = R_f + b_i \times VC_i \tag{9-5}$$

其中，K_i 表示项目 i 按风险调整的贴现率，R_f 表示无风险利率，b_i 项目 i 的风险报酬系数，VC_i 表示项目 i 的预期标准离差率。

3. 按投资项目的风险等级调整贴现率

这种方法是对影响投资项目风险的各因素进行评分，根据评分来确定风险等级，并根据风险等级来调整贴现率的一种方法。

4. 按投资项目类别调整贴现率

这也是被广泛应用于调整贴现率的一种方法。它首先把投资项目分成若干类别，然后再以无风险贴现率或资本成本为基础，根据经验判断每一类的投资项目的风险大小并对其贴现率进行调整。风险较高的项目其贴现率在无风险贴现率或资本成本的基础上加上风险溢价，风险较低的则在资本成本的基础上下调一点。

（二）肯定当量法

肯定当量法是为了克服风险调整贴现率的缺点而提出来的，是按风险调整现金流量的一种方法。在风险条件下，风险的存在使得每年的现金流量具有不确定性，此时的资本预算也可以首先把不确定的现金流量按风险等级调整为确定的现金流量，然后再按无风险贴现率计算净现值。风险调整现金流量法除了肯定当量法以外，还有概率法、决策树法等。

肯定当量法的基本思路是先用一个肯定当量系数把有风险的现金收支调整为无风险的现金收支，然后用无风险的贴现率去计算净现值，以便用净现值法的规则判断投资项目的可取程度。这种方法的关键是肯定当量系数的确定。

肯定当量系数是肯定的现金流量跟与之相当的、不肯定的现金流量的比值，通常用 a_t 来表示，其计算公式为：

$$a_t = \frac{\text{肯定的现金流量}}{\text{不肯定的现金流量期望值}}$$

$$NPV = \sum_{t=0}^{n} \frac{a_t CFAT_t}{(1+R_f)^t} \quad (9-6)$$

其中，a_t 表示 t 年现金流量的肯定当量系数，在 0~1 之间；R_f 表示无风险贴现率；$CFAT_t$ 表示 t 年后现金流量。

肯定当量法也可以与内含报酬率法结合使用。

在确定肯定当量系数时，应当根据每年现金流量风险的大小来选取不同的肯定当量系数。当现金流量为确定时，可取 $a_t = 1.00$；当现金流量的风险很小时，可取 $0.80 \leq a_t < 1.00$；当现金流量风险一般时，可取 $0.40 \leq a_t < 0.80$；当现金流量风险很大时，可取 $0 < a_t < 0.40$。

肯定当量系数的选取可以由经验丰富的分析人员凭判断确定，因此带有一定的主观随意性。为了防止因决策者的风险偏好不同而造成决策失误，有些企业根据标准离差率来确定肯定当量系数。因为标准离差率是衡量风险大小的一个很好的指标，因而用它来确定肯定当量系数是合理的。标准离差率与肯定当量系数的经验对照关系如表 9-1 所示。

表 9-1　　　　　　标准离差率与肯定当量系数的经验对照表

标准离差率	肯定当量系数
0.01 ~ 0.07	1
0.08 ~ 0.15	0.9
0.16 ~ 0.23	0.8
0.24 ~ 0.32	0.7
0.33 ~ 0.42	0.6
0.43 ~ 0.54	0.5
0.55 ~ 0.70	0.4
……	……

（三）两种方法的比较

在风险调整贴现率法下，风险调整的贴现率等于无风险报酬加上风险溢价。由于贴现过程是以复利形式来进行的，因此随着时间的推移和延续，风险溢价也越来越高。也就是说，这种方法夸大了远期风险，对远期现金流量采用了较高的贴现率，做出了较大的调整，因而，这种方法只适用于一些风险随着时间的推移和延续而逐渐增加的项目，这是风险调整贴现率法隐含的一个假设。在风险调整贴现率法下，投资者可以利用市场利率或行业资料来决定要采用的贴现率，通常以资本成本作为风险较低的贴现率，在此基础上加上一点风险溢价，形成风险较高项目的贴现率。因此，这种方法可以与资本成本保持较为密切的关系（资本成本是与项目的投资收益最为密切的相关贴现率）。

在风险调整贴现率法下，还有一个问题值得注意，那就是风险型现金流出量。在净现值的计算公式中，我们可以知道，净现值与所采用的贴现率成反比，贴现率越高，净现值越低。然而，如果现金流量是负值，采用较高的贴现率就会得到较高的负现值，从而得到了较高的净现值，也就是说，风险越高的项目被接受的可能性反而更大，因此有可能使决策者做出错误的选择。因此，在这种情况下，为了使决策更加合理，高风险的现金流出量应采用较低的贴现率，低风险的现金流出量应该采用较高的贴现率。

肯定当量法克服了风险调整贴现率法夸大远期的缺点，可以根据各年不同的风险程度，分别采用不同的肯定当量系数，对每年的现金流量直接进行调整，将风险与时间因素分开了。这理论上是可行的，但在实务上如何确定肯定当量系数是一个难题。另外，这种方法在贴现过程中所采用的贴现率是无风险贴现率，而不是资本成本。

风险调整贴现法是根据风险的大小确定调整折现率，然后以风险调整的折现率对现金流量进行折现；肯定当量法则是根据风险的大小确定肯定当量系数，计算各年风险现金流量的肯定当量，然后以无风险利率将肯定当量折为现值。

四、最佳资本预算的确定

在进行投资项目选择时，内含报酬率（IRR）越高的项目为企业带来的利益越大，因此，企业选择投资机会时一般是按照 IRR 从大到小的顺序进行的。当选择不同的组合时，对资金的需求是不一样的。然而，获取资金要付出一定的代价，这就是资本成本。只有 IRR 大于资本成本的项目才可能被接受。

（一）实践中最佳资本预算的确定

1. 资本预算最佳规模的确定

为了达到最佳的资本预算效果，使资本预算与公司目标相契合，必须建立全方位的资本预算管理体系。其中，资本支出属于企业重大的决策行为，而资本分配权限在不同的行为主体间的分配和制衡，是保证资本支出决策有效的重要前提。从财务可行性上看，资本分配标准的关键取决于贴现率的确定，也即企业的平均资本成本。

资本预算离不开筹资安排，筹资预算主要解决两个问题：一是资本筹集方式，二是资本投资总额。在逻辑上，项目投资总额并不等于对外筹资总额，对外筹资总额是投资总额减去部分内源性资金（如其他营业性现金流入量、项目折旧或利润再投资等）后的净额，因此预算的作用就在于事先明确项目的投资总量，结合企业自身现金流状况，通过融资优序理论，确定外部筹资数额，从而使筹资行为在事先规划的过程中为投资服务，并力求达到较低的资本成本。

企业投资规模是指一定时期企业投资的总水平或投资总额。投资规模是以一定时期或一定环境以及企业内部条件为前提的，由于企业的经济环境和企业的自身条件是处在不断变动中的，因而，不同时期企业投资规模也不断变动，企业不存在一个始终不变的投资规模，否则确定投资规模就失去了其现实意义。投资规模可以用投资总额即绝对值也可以用投资的增长水平即相对值反映。因此，投资规模可以是指存量规模，也可以是指增量规模。

企业投资规模的大小反映企业未来生产能力的高低，进而影响企业投资效益的好坏。因此，企业投资规模决策历来被视为是企业投资决策的一项重要内容。对投资规模的合理选择与确定，可以减少企业投资风险，确保企业的投资效益和可持续发展，是企业经营工作的重中之重。

确定投资项目的实际规模，是项目选择的落脚点。在考虑资本的投资规模时，首先需要充分考虑投资项目所涉及的内外部因素（包括产品市场供求状况、国家宏观经济政策、资本市场的完善程度）和企业的内部状况（包括人力，物力、财力及技术因素）。其次，需要对投资项目进行效益分析，在对投资项目进行成本分析时，应包括拟订目标成本、预测成本水平两个方面的内容。企业目标成本确定后，应对当前情况下成本可能达到的水平及发展趋势进行预测，以评估投资项目的盈利水平。再次，对项目进行投资风险和预期收益分析。企业为了降低风险，在进行投资决策时，应注意尽量寻求降低企业经营杠杆系数的途径和措施。最后，通过对投资项目的投资成本分析及投资风险与预期收益水平分析，结合企业资源和社会需求的趋势预测，利用边际分析法——投资的边际收益大于或等于投资的边际资金成本，可以确定出比较科学的投资规模。

企业的最优规模和效率最高的规模，对于不同的行业、地区、同一行业的不同企业、同一企业的不同时期都不相同。例如，长虹公司把"最佳规模"确定为国际公认的垄断线——市场占有率25%。长虹规模大，自有资本雄厚，支付信誉良好。企业规模大，会摊低固定成本，带来供应链上的谈判优势等好处，但同样也会带来管理上的难度、市场上产品供应量增加、价格下降等坏处。当企业规模达到一定程度，好处的增加带来的效益逐渐接近于甚至等于坏处的增加导致的损失时,企业的收益最大。因此,企业的最优规模,应该永远是企业追求的目标。

关于合理投资规模的判断标准,理论界大致有两种观点。一种观点认为,在一定的生产建设条件、技术管理水平和一定的投资结构等条件下,能够带来最大投资效果的投资规模即为合理投资规模,这种观点可称为"最大投资效果论"。另一种观点则认为,一定时期的投资规模受该时期国家能够提供的人力、财力和物力的制约,国力允许的投资规模即合理投资规模,这种观点可称为"国力论"。其中,"最大投资效果论"受到收益递减规律、投资结构一定的假设的约束。相对而言,"国力论"经过一定的补充和完善后,更利于判断。

投资是企业的一项非常重要的经营活动,企业投资的正确决策关乎企业的生存和发展。企业在进行投资决策时,多一点理性的思维和科学的分析是投资项目成功的关键所在。选择企业合理的投资规模和投资结构,不仅可以使企业投资效益最大化,而且对于企业的长期发展也是非常有益的。

2. 资本预算风险的调整

在进行资本预算决策时,有一个前提假定,就是所有的投资项目都有相同的平均风险,而在实践中,大多数项目的投资风险是不一样的,因此,就需要对它们的风险进行调整。

理论上调整风险的方法有两种:一种是调整投资项目的 IRR。根据风险的大小调整项目 IRR,将高风险项目的 IRR 适当调高,低风险项目的 IRR 适当调低,然后再与企业的资本成本相比较。然而,在实践中可供企业选择的投资机会可能比较多,调整起来的成本会很高,因此这种方法在运用中受到很大限制。

另一种方法是调整企业的资本成本。对于不同风险的投资项目,可以将平均风险基础的资本成本根据风险大小适当调整,用调整后的资本成本来对投资项目进行评价。但是这样重新评价会改变投资项目选择。

由于以上原因,使得理论上的方法不能得到切实的运用,实践上采用了简单易行的主观判断方法,具体程序如下:

(1)根据预算部门的投资项目表和财务部门的资本成本表确定合理的资本成本和最佳的投资规模。当最佳的投资规模低于企业计划的投资规模时,应该调整企业的目标资本结构或股利政策,调节资本成本,重新确定一个合理的资本成本和最佳的投资规模。

(2)根据各个部门的风险大小将它们分为高风险部门、平均风险部门和低风险部门,然后再根据各个部门的风险系数将企业的资本成本调整为各个部门的资本成本。调整时,将平均风险部门的风险系数定为1,假定企业的资本成本为10%,高风险部门的风险系数为1.2,则高风险部门的资本成本为10%×1.2=12%;低风险部门的风险系数为0.8,则低风险部门的资本成本为10%×0.8=8%。而平均风险部门的资本成本仍为10%。

(3)根据各个项目的风险大小将项目分成高风险项目、平均风险项目和低风险项目,根据项目的风险大小将部门的资本成本调整为各个项目的资本成本。调整时,仍将平均风险项目的风险系数定为1,假定高风险部门中的资本成本为12%,该部门中的高风险项目的风险系数为1.2,那么高风险项目的资本成本为12%×1.2=14.4%;如果低风险项目的风险系数为0.8,则低风险项目的资本成本为12%×0.8=9.6%。

(4)根据按风险调整后的各个项目的资本成本来确定项目的净现值并评价项目的可行性。最佳的资本预算是由接受风险调整后净现值为正的项目和互斥项目中净现值最大的项目。

这种方法虽然主观,但是由于它考虑了风险因素,可以弥补其他投资项目选择方法的不足,也可以适应市场不断变化的需要,因此在实践中还是可行的。

(二)影响最佳资本预算的其他因素

在理论上,最佳资本预算要求接受那些风险调整后净现值为正的独立项目以及互斥项目中净现值最高的项目,但是在实践中是否如此呢?其实还存在其他一些影响因素,主要考虑以下几个方面。

1. 会计利润与现金流量的矛盾

在股票市场上,由于信息的不对称,投资者一般是只能以会计利润来评价一个企业,他们看好的是会计利润的稳定增长,对现金流量的概念则比较模糊,不了解最佳资本预算的真正价值所在,因此,会计利润的增长情况将会影响股票的价格。但是,企业在资本预算决策时考虑的是以现金流量为基础的净现值指标或IRR,目标是使企业价值最大化,因此我们可以看出,投资者和管理者的决策标准是不一致的。

然而,有的项目对现金流量和会计利润的影响是相反的。现金流量较好的项目可能会计利润比较小,而会计利润比较大的项目现金流量却比较小,这种情况经常会遇到。在会计利润和现金流量发生矛盾的情况下,管理者就面临一个"两难"选择。有时候为了稳定股票价格,管理者在进行预算决策时可能会迎合投资者的需求,放弃那些现金流量较佳而会计利润不好的项目,从而违章背了资本预算决策标准理论。

2. 项目的期限

资金期限的长短会影响资本成本率,那么,项目期限的长短是否会影响项目的资本成本,或者说,长期项目的资本成本是否大于短期项目的资本成本呢?应该说,这种情况是有可能存在的。但是,对一个持续经营的企业来说,特定期限的投资项目只是企业持续投资计划的一部分，也就是说，一个项目到期后，会继续与其相同的或类似的项目。例如，一个商业银行使用的电脑办公设备的使用期限为5年，5年以后该设备必须要更新，因此，这一笔投资可以看作是长期投资，其投资的资本成本与长期项目的成本一致。因此，总的来说，许多资本预算的期限并不会影响资本成本，当然，对一些确实是短期的特殊项目来说，它的资本成本可能与大多数项目的资本成本有所差别。

3. 长期战略的影响

许多企业进行长期投资是基于战略考虑的。也就是说，它并没有以资本预算的决策标准来衡量。因为，战略投资是从企业全局的角度来看的，它实际上是对企业未来的一种投资，使得企业能够维持它的竞争优势，或者防止企业未来的经营失败；战略投资的回报一般很难确定，即使可以计算，这项投资在大多数情况下是不值得的。例如，通用汽车公司曾经分析了电动汽车的适用性，并且得出了这种车前景不好的结论，然而，通用汽车公司仍然率先花费了几亿美元去研制这种电动汽车，管理者认为，这样一笔投资获得的技术足以保持它在汽车行业的主导地位。

本章练习

一、简答题

1. 项目风险主要有哪些划分方法，可以划分成哪些种类？
2. 比较风险调整贴现率法和肯定当量法的异同。
3. 如何衡量市场风险？
4. 如何评估项目的特有风险？

二、单项选择题

1. 在进行投资项目评价时，投资者要求的风险报酬率取决于该项目的（　　）。

   A. 经营风险　　　　B. 财务风险　　　C. 系统风险　　　D. 特有风险

2. 下列关于肯定当量法的表述正确是（　　）。

   A. 利用肯定当量系数可以把现金流量的系统风险和非系统风险均调整为0

   B. 肯定当量法的计算思路为用一个系数把有风险抵押的折现率调整为无风险折现率

   C. 投资项目现金流量的风险越大，肯定当量系数越大

   D. 运用肯定当量法进行投资风险分析，需要调整的项目是有风险的折现率

3. 项目特有风险的衡量与处置中，假定其他变量不变的情况下，测定某变量发生特定变化时对净现值或内含报酬率影响的方法是（　　）。

   A. 蒙特卡罗模拟　　B. 敏感性分析　　C. 情景分析　　D. 可比分析

4. 在进行投资项目评价时，下列说法正确的是（   ）。

A. 只有当企业投资项目的收益率超过资本成本时，才能为股东创造财富

B. 当新项目的风险与企业现有资产的风险相同时，就可以使用企业当前的资本成本作为项目的折现率

C. 增加债务会降低加权平均资本成本

D. 不能用股东要求的报酬率去折现股权现金流量

5. 基本变量的概率信息难以取得的风险分析方法是（   ）。

A. 敏感分析　　　　B. 情景分析　　　C. 因素分析　　　D. 模拟分析

三、多项选择题

1. 下列有关项目特有风险衡量和处置的方法的叙述中，正确的有（   ）。

A. 利用情景分析法允许多个变量同时变动，并给出不同情景发生的可能性

B. 在进行敏感性分析时，只允许一个变量发生变动，并给出每一个数值发生的可能性

C. 蒙特卡洛模拟是敏感分析和概率分布原理结合的产物

D. 模拟分析比情景分析是一个进步，它不是只考虑有限的几种结果，而是考虑了无限多的情景

2. 在投资项目风险处置的调整现金流量法下，关于项目变化系数与肯定当量系数的说法正确的有（   ）。

A. 变化系数为1，肯定当量系数为0

B. 变化系数为0，肯定当量系数为1

C. 变化系数越大，肯定当量系数越大

D. 变化系数越大，肯定当量系数越小

3. 关于投资项目的风险分析，下列说法正确的有（   ）。

A. 任何投资项目都是有风险的

B. 通常，项目特有风险不宜作为资本预算时风险的度量

C. 一个新的投资项目与公司现有资产的平均风险相同，则该项目没有公司风险

D. 项目风险中影响股东预期收益的只有项目的系统风险

四、判断题

1. 肯定当量法克服了风险调整贴现率法夸大远期风险的缺点，可以根据各年不同的风险程度，分别采用不同的肯定当量系数。（   ）

2. 如果公司股东同时拥有几家公司的股票，而且公司同时进行多个项目的投资时，公司股东的投资所具有的风险就是公司风险。（   ）

3. 公司在制定资本预算时，不仅要考虑相关风险的大小并将其纳入评价范围，还应在设计项目时尽可能减少不确定性。（   ）

五、计算与案例分析

1. 某电信企业拟从事房地产开发行业,其资本结构中产权比率为 0.6,在评价该项目时利用甲房地产上市公司的 β 值替代评价待评估项目的系统风险。该房地产上市公司的资本结构中产权比率为 0.4,资产收益率和股票指数的数据如表 9-2 所示。

表 9-2 该公司各年度资产收益率和股票指数的等相关数据

年度	公司资产收益率 X	股票指数的收益率 Y	XY	X^2
1	12	10	120	144
2	11	9.5	104.5	121
3	10	9	90	100
4	12	10	120	144
5	13	10.5	136.5	169
6	14	11	154	196
合计	72	60	725	874

计算:

(1) 甲房地产公司的 β 值(权益);

(2) 利用类比法计算电信公司从事房地产项目的 β 值(权益)。

2. 资料:

A 公司的最低报酬率为 6%,现有一个投资方案的有关资料如表 9-3 和表 9-4 所示。

表 9-3 A 公司投资方案 单位:元

t 年	A 方案	
	现金流量	概率
0	(4 000)	1
1	3 000	0.25
	2 000	0.50
	1 000	0.25
2	4 000	0.20
	3 000	0.60
	2 000	0.20
3	2 500	0.30
	2 000	0.40
	1 500	0.30

表 9-4　　　　　　　　变化系数与肯定当量系数经验关系

变化系数（q）	肯定当量系数（a_t）
0.00~0.07	1
0.08~0.15	0.9
0.16~0.23	0.8
0.24~0.32	0.7
0.33~0.42	0.6
0.43~0.54	0.5
0.55~0.70	0.4

（1）采用肯定当量系数调整各年的现金流量；

（2）根据调整后的无风险现金流量计算 A 方案的内含报酬率；

（3）假定无风险的最低报酬率为 10%，判定 A 方案是否应采用。

【注会真题汇编】

1. ［2016］甲公司是一家制造业上市公司，主营业务是易拉罐的生产和销售。为进一步满足市场需求，公司准备新增一条智能化易拉罐生产线。目前，正在进行该项目的可行性研究。

相关资料如下：

（1）该项目如果可行，拟在 2016 年 12 月 31 日开始投资建设生产线，预计建设期 1 年，即项目将在 2017 年 12 月 31 日建设完成，2018 年 1 月 1 日投产使用，该生产线预计购置成本 4 000 万元，项目预期持续 3 年，按税法规定，该生产线折旧年限 4 年，残值率 5%，按直线法计提折旧，预计 2020 年 12 月 31 日项目结束时该生产线变现价值 1 800 万元。

（2）公司有一闲置厂房拟对外出租，每年租金 60 万元，在出租年度的上年年末收取。该厂房可用于安装该生产线，安装期间及投产后，该厂房均无法对外出租。

（3）该项目预计 2018 年生产并销售 12 000 万罐，产销量以后每年按 5% 增长，预计易拉罐单位售价 0.5 元，单位变动制造成本 0.3 元，每年付现销售和管理费用占营业收入的 10%，2018 年、2019 年、2020 年每年付现固定成本分别为 200 万元、250 万元和 300 万元。

（4）该项目预计营运资本占营业收入的 20%，垫支的营运资本在运营年度的上年年末投入，在项目结束时全部收回。

（5）为筹集所需资金，该项目拟通过发行债券和留存收益进行筹资，发行期限 5

年、面值 1 000 元，票面利率 6% 的债券，每年年末付息一次，发行价格 960 元，发行费用率为发行价格的 2%；公司普通股 β 系数 1.5，无风险报酬率 3.4%，市场组合必要报酬率 7.4%。当前公司资本结构（负债/权益）为 2/3，目标资本结构（负债/权益）为 1/1。

（6）公司所得税税率 25%。

假设该项目的初始现金流量发生在 2016 年年末，营业现金毛流量均发生在投产后各年年末。

要求：

（1）计算债务税后资本成本、股权资本成本和项目加权平均资本成本。

（2）计算项目 2016 年及以后各年年末现金净流量及项目净现值，并判断该项目是否可行（计算过程和结果填入下方表格）。

单位：万元

	2016 年年末	2017 年年末	2018 年年末	2019 年年末	2020 年年末
设备购置支出					
税后收入					
税后付现营业费用：					
税后变动制造成本					
税后付现销售和管理费用					
税后付现固定成本					
折旧抵税					
变现价值					
变现利得纳税					
营运资本					
营运资本垫支					
营运资本收回					
丧失税后租金收入					
现金净流量					
折现系数 8%					
现金流量现值					
净现值					

（3）假设其他条件不变，利用最大最小法计算生产线可接受的最高购置价格。

第十章　资本成本

> **本章提要**
>
> 资本成本是财务管理的一个非常重要的概念。资本成本概念之所以重要，有两个原因：一是公司要达到股东财富最大化，必须使所有的投入成本最小化，其中包括资本成本的最小化，所以正确估计和合理降低资本成本是制定筹资决策的基础；二是公司为了增加股东财富，公司只能投资于投资报酬率高于资本成本率的项目，正确估计项目的资本成本是制定投资决策的基础。

一、资本成本的概念

一般来说，资本成本是指投资资本的机会成本。这种成本不是实际支付的成本，而是一种失去的收益，是将资本用于本项目投资所放弃的其他投资机会的收益，因此被称为机会成本。例如，投资人投资于一个公司的目的是取得回报，他是否愿意投资于特定企业要看该公司能否提供更多的报酬。为此，他需要比较该公司的期望报酬率与其他等风险投资机会的期望报酬率。如果该公司的期望报酬率高于所有的其他投资机会，他就会投资于该公司。他放弃的其他投资机会的收益就是投资于本公司的成本。因此，资本成本也称为投资项目的取舍率、最低可接受的报酬率。

资本成本的概念包括两个方面：一方面，资本成本与公司的筹资活动有关，它是公司募集和使用资金的成本，即筹资的成本；另一方面，资本成本与公司的投资活动有关，它是投资所要求的必要报酬率。这两个方面既有联系，也有区别。为了加以区分，我们称前者为公司的资本成本，后者为投资项目的资本成本。

（一）公司的资本成本

公司的资本成本，是指组成公司资本结构的各种资金来源的成本的组合，也就是各种资本要素成本的加权平均数。

理解公司资本成本，需要注意以下几个问题。

1. 资本成本是公司取得资本使用权的代价

在债券和股票估价中,我们是从投资人的角度评价证券的报酬和风险。现在我们换一个角度,从筹资人(公司)的角度看,投资人从证券上所取得的报酬就是证券发行公司的成本。债权投资人的收益就是筹资公司的债务成本,权益投资人的报酬率就是筹资公司的股权成本。任何交易都至少有两方,一方的所得就是另一方所失,一方的收益就是另一方的成本。所以投资人的税前的必要报酬率等于公司的税前资本成本。

2. 资本成本是公司投资人要求的必要报酬率

资本成本是公司投资人要求的必要报酬率。如果公司的投资报酬率超过投资人的要求,其收益大于股东的要求,就必然会吸引新的投资者购买该公司股票,股价就会上升,现有股东的财富将增加。如果情况相反,有些股东会就出售股票,股价就会下跌,股东的财富将减少。因此,公司的资本成本是其投资的必要报酬率,或者说是维持公司股价不变的报酬率。

既然公司的资本成本取决于投资人的期望报酬率,那么投资人的期望报酬率又是由什么决定的呢?例如,一家银行贷款给一个公司,银行收取的利率就是银行投资给这家公司所要求的报酬率。因为,银行把资金贷给别人也能得到这个回报。这个利率是银行贷款的机会成本。又如,股东对一家公司投资,他预期的回报率必须足够高,这样他才不会出售股份把钱转移到其他投资机会上去。股票的期望报酬率是公司股东不撤资的机会成本。由此可见,公司的资本成本与资本市场有关,如果市场上其他的投资机会的报酬率升高,公司的资本成本就会上升。

3. 不同资本来源的资本成本不同

公司有多种资本来源,如债务、优先股、普通股等。每一种资本来源被称为一种资本要素。每一种资本要素要求的报酬率被称为要素成本。每一种要素的投资人都希望在投资上取得报酬,但是由于风险不同,每一种资本要素要求的报酬率不同。公司的资本成本是构成企业资本结构中各种资金来源成本的组合,即各资本要素成本的加权平均值。

债权人要求的报酬率比较容易观察。不论是取得银行贷款或发行公司债券,都要事先规定利率。这些规定的利率可以代表投资人的要求,也就是债务的成本。当然,因为不同债务的风险不同,所以不同公司的债务成本不同,不同借款期限的债务成本也不同,但总是有明确规定的。

股东要求的报酬率不容易观察。权益投资者得到的报酬不是合同规定的。他们的报酬来自股利和股价上升两个方面。公司没有义务必须支付某一特定水平的股利,分配多少股利要看将来的经营状况和财务状况。股票价格有时上升,有时下降,会经常变化,因此,股价上升的收益也是不确定的。此外,股东的股利要求权排在债权人的利息之后，只有满足了债权人的要求之后，才可以分配股利。基于以上原因，股东的风险比债权人大。因此，公司应当为股东支付更高的报酬。公司为了获得权益资本，必须使权益投资人相信该权益投资的报酬率至少可以与他们放弃的等风险最佳投资机会的报酬率一样。权益投资人要求的报酬率，是一种事前的期望报酬率，而不是已经获得或实际获得的报酬率。实际报酬率和期望报酬率不同，它可能高于或低于原来的期望。公司对于期望报酬率是否能够实现，并不作出任何保证。权益投资人根据公司的现状和前景的有关信息，对可能获得的期望水平作出判断，以决定是否应该投资。

4. 不同公司的资本成本不同

一个公司资本成本的高低，取决于三个因素：（1）无风险利率，是指无风险投资所要求的报酬率。典型的无风险投资的例子是政府债券投资。（2）经营风险溢价，是指由于公司未来的前景的不确定性导致的要求投资报酬率增加的部分。一些公司的经营风险比另一些公司高，投资人对其要求的报酬率也会增加。（3）财务风险溢价，是指高财务杠杆产生的风险，公司的负债率越高，普通股收益的变动性越大，股东要求的报酬率也就越高。

由于公司所经营的业务不同（经营风险不同）、资本结构不同（财务风险不同），因此各公司的资本成本不同。公司的经营风险和财务风险大，投资人要求的报酬率就会较高，公司的资本成本也就较高。

（二）投资项目的资本成本

投资项目的资本成本是指项目本身所需投资资本的机会成本。

理解项目资本成本的含义，需要注意以下两个问题。

1. 区分公司资本成本和项目资本成本

必须注意区分公司资本成本和项目资本成本。公司资本成本是投资人针对整个公司要求的报酬率，或者说是投资者对于企业全部资产要求的必要报酬率。项目资本成本是公司投资于资本支出项目所要求的必要报酬率。

2. 每个项目有自己的机会资本成本

因为不同投资项目的风险不同，所以它们的最低报酬率不同。风险高的投资项目要求的报酬率较高，风险低的投资项目要求的报酬率较低。作为投资项目的资本成本即项目的必要报酬率，其高低主要取决于资本运用于什么样的项目，而不是从哪些来源筹资。

如果公司新的投资项目的风险与企业现有资产平均风险相同，则项目资本成本等于公司资本成本；如果新的投资项目的风险高于企业现有资产的平均风险，则项目资本成本高于公司资本成本；如果新的投资项目的风险低于企业现有资产的平均风险，则项目资本成本低于公司的资本成本。因此，每个项目都有自己的资本成本，它是项目风险的函数。

二、资本成本的用途

公司的资本成本主要用于投资决策、筹资决策、营运资本管理、企业价值评估和业绩评价。

（一）用于投资决策

当投资项目与公司现存业务相同时，公司资本成本是合适的折现率。当然，在确定一个项目风险恰好等于现有资产平均风险时，需要审慎地判断。

如果投资项目与现有资产平均风险不同，公司资本成本就不能作为项目现金流量的折现率。不过，公司资本成本仍具有重要价值，它提供了一个调整基础。根据项目风险与公司风险的差别，适当调增或调减可以估计项目的资本成本。评价投资项目最普遍的方法是净现值法和内含报酬率法。当采用净现值法时，项目资本成本是计算净现值的折现率；当采用内含报酬率法时，项目资本成本是其"取舍率"或必要报酬率。因此，项目资本成本是项目投资评价的基准。

（二）用于筹资决策

筹资决策的核心问题是决定资本结构。最优资本结构是使股票价格最大化的资本结构。由于估计资本结构对股票价格的影响非常困难，通常的办法是假设资本结构不改变企业的现金流，那么能使公司价值最大化的资本结构就是加权平均资本成本最小化的资本结构。预测资本结构变化对平均资本成本的影响，比预测其对股票价格的影响要容易。因此，加权平均资本成本可以指导资本结构决策。

（三）用于营运资本管理

公司各类资产的收益、风险和流动性不同，营运资本投资和长期资产投资的风险不同，其资本成本也不同。可以把各类流动资产投资看成是不同的"投资项目"，它们也有不同的资本成本。

在管理营运资本方面，资本成本可以用来评估营运资本投资政策和营运资本筹资政策。例如，当用于流动资产的资本成本提高时，应适当减少营运资本投资额，并采用相对激进的筹资政策。决定存货的采购批量和储存量、制订销售信用政策和决定是否赊购等，都需要使用资本成本作为重要依据。

（四）用于企业价值评估

在现实中，经常会碰到需要评估一个企业的价值的情况，如企业并购、重组等。在制订公司战略时，需要知道每种战略选择对企业价值的影响，也会涉及企业价值评估。当评估企业价值时，主要采用现金流量折现法，需要使用公司资本成本作为公司现金流量的折现率。

（五）用于业绩评价

资本成本是投资人要求的报酬率，与公司实际的投资报酬率进行比较可以评价公司的业绩。日渐兴起的以价值为基础的业绩评价，其核心指标是经济增加值。计算经济增加值需要使用公司资本成本。公司资本成本与资本市场相关，所以经济增加值可以把业绩评价和资本市场联系在一起。

总之，资本成本是连接投资和筹资的纽带，具有广泛的用途。首先，筹资决策决定了一个公司的加权平均资本成本；其次，加权平均资本成本又成为投资决策的依据，既是平均风险项目要求的必要报酬率，也是其他风险项目资本成本的调整基础；再次，投资决策决定了公司所需资金的数额和时间，成为筹资决策的依据；最后，投资于高于现有资产平均风险的项目，会增加公司的风险并提高公司的资本成本。资本成本把筹资决策和投资决策联系起来。为了实现股东财富最大化的目标，公司在筹资活动中寻求资本成本最小化，与此同时，投资于报酬高于资本成本的项目并力求净现值最大化。

三、资本成本的影响因素

在市场经济环境中，多方面因素的综合作用决定着企业资本成本的高低，其中主要有：利率、市场风险、税率、资本结构、股利政策和投资政策。当这些因素发生变化时，就需要调整资本成本。

（一）外部因素

1. 利率

市场利率上升，公司的债务成本会上升，因为投资人的机会成本增加了，公司筹资时必须付给债权人更多的报酬。根据资本资产定价模型，利率上升也会引起普通股和优先股的成本上升。个别公司无法改变利率，只能被动接受。资本成本上升，投资的价值会降低，抑制公司的投资。利率下降，公司资本成本也会下降，会刺激公司投资。

2. 市场风险溢价

市场风险溢价由资本市场上的供求双方决定，个别公司无法控制。根据资本资产定价模型可以看出,市场风险溢价会影响股权成本。

3. 税率

税率是政府政策,个别公司无法控制。税率变化直接影响税后债务成本以及公司加权平均资本成本。此外,资本性收益的税务政策发生变化,会影响人们对于权益投资和债务投资的选择,并间接影响公司的最佳资本结构。

(二) 内部因素

1. 资本结构

在计算加权平均资本成本时,我们假定公司的目标资本结构已经确定。当企业改变资本结构时,资本成本会随之改变。增加债务的比重,会使平均资本成本趋于降低,同时会加大公司的财务风险。财务风险的提高,又会引起债务成本和股权成本上升。因此,公司应适度负债,寻求资本成本最小化的资本结构。

2. 股利政策

股利政策影响净利润中分配给股东的比例。根据股利折现模型,它是决定股权成本的因素之一。公司改变股利政策,就会引起股权成本的变化。

3. 投资政策

公司的资本成本反映现有资产的平均风险。如果公司向高于现有资产风险的新项目大量投资,公司资产的平均风险就会提高,并使资本成本上升。因此,公司投资政策发生变化时资本成本就会发生变化。

四、个别资本成本的计算

个别资本成本是指单一融资方式的资本成本,主要包括银行借款资本成本、公司债券资本成本、优先股资本成本、普通股资本成本和留存收益资本成本等,其中前两类是债务资本成本,后三类是权益资本成本。

资本成本包括资本筹资费用和资本占用费用。由于筹资费用在筹资当时一次性发生,计算资本成本时作为筹资额的一项扣除。资本占用费与占用时间长短有关系,同时资本占用费中的利息属于所得税前列支项目,具有节税效应,而股利不具有节税作用,为了合理比较,资本占用费通常是指企业预计每年承担的税后资本占用费。

个别资本成本的一般计算公式为:

$$资本成本 = \frac{每年税后资本占用费}{筹资总额 - 筹资费用} = \frac{每年税后资本占用费}{筹资总额 \times (1 - 筹资费用率)} \quad (10-1)$$

设 K 代表资本成本，P 代表筹资总额，D 代表每年税后资本占用费，F 代表筹资费用，f 代表筹资费用占筹资总额的比率，则公式表示为：

$$K = \frac{D}{P - F} = \frac{D}{P \times (1 - f)} \qquad (10-2)$$

对于金额大、时间超过一年的长期资本，运用折现模式计算资本成本更合理。折现模式下的资本成本就是满足筹资净额等于未来现金流出量时的折现率。未来现金流出量指债务未来的还本付息额或股票未来的股利。

（一）债务资本成本的测算

1. 银行借款资本成本

借款利息具有抵税效应，因此银行借款资本成本的一般计算公式为：

$$K_l = \frac{I \times (1 - T)}{P_l \times (1 - f)} \qquad (10-3)$$

其中，I 代表借款年利息，T 代表所得税税率，P_l 代表借款额，f 代表借款手续费率。

相对而言，银行借款筹资费很少，常常可以忽略不计，则上式可简化为：

$$K_l = i \times (1 - T)$$

【例 10-1】A 公司欲从银行取得一笔长期借款 1 000 万元，手续费率 1%，年利率 5%，期限 3 年，每年结息一次，到期一次还本，公司所得税税率为 25%。这笔借款的资本成本率为：

$$K_l = \frac{I \times (1 - T)}{P_l \times (1 - f)} = \frac{1\,000 \times 5\% \times (1 - 25\%)}{1\,000 \times (1 - 1\%)} = 3.79\%$$

在实务中，银行借款筹资费常常可以忽略不计。在不考虑借款手续费的情况下，这笔借款的资本成本率为：

$$K_l = i \times (1 - T) = 5\% \times (1 - 25\%)$$

2. 债券资本成本

债券资本成本的计算与银行借款基本一致，但发行债券的筹资费用较高，一般不能忽略。债券的筹资费用即发行费用，包括申请费、注册费、印刷费和上市费以及路演费等，其中有的费用按一定的标准支付。

债券资本成本的一般计算公式为：

$$K_b = \frac{I \times (1 - T)}{P_b \times (1 - f)} \qquad (10-4)$$

其中,I 代表债券年利息;T 代表所得税税率;P_b 代表债券筹资额,按发行价格确定;f 代表债券筹资费率。

【例 10-2】B 公司拟平价发行面值 100 元、期限 5 年、票面利率 8% 的债券,每年结息一次;发行费用为发行价格的 5%;公司所得税税率为 25%。则该批债券的资本成本率为:

$$K_b = \frac{I \times (1-T)}{P_b \times (1-f)} = \frac{1\,000 \times 8\% \times (1-25\%)}{1\,000 \times (1-5\%)} = 6.32\%$$

(二)权益资本成本的测算

1. 优先股资本成本

企业利用优先股筹资需支付发行费用,同时优先股的股利通常是固定的,并在税后支付,其计算公式:

$$K_p = \frac{D_p}{P_p \times (1-f)} \qquad (10-5)$$

其中,D_p 代表优先股每股年股利,P_p 表示优先股筹资额,f 代表优先股筹资费率。

【例 10-3】C 公司拟发行一批优先股,每股发行价格 105 元,发行费用 5 元,预计每股年股息 10 元,其资本成本率测算如下:

$$K_p = \frac{D_p}{P_p \times (1-f)} = \frac{10}{105 - 5} = 10\%$$

2. 普通股资本成本

由于普通股没有期限,在未来的存续期里普通股的每股收益是不确定,因此要精确计算普通股的资本成本实际上是不可能的,只能采取估算的方法。普通股筹资成本的估算方法有三种:股利折现模型、资本资产定价模型和无风险利率加风险溢价法。

(1)股利折现模式。股利折现模型的基本表达式是:

$$P_c(1-f) = \sum_{t=1}^{\infty} \frac{D_t}{(1+K_c)^t} \qquad (10-6)$$

其中,P_c 表示普通股筹资发行价格;D_t 表示普通股第 t 年的预期股利;K_c 表示普通股投资的必要报酬率,即普通股资本成本;f 表示筹资发行费用率。

普通股资本成本主要是向股东支付的各期股利。由于各期股利并不一定固定,随企业各期收益波动,因此需假定各期股利的变化具有一定的规律性。在每年预计股利固定的情况下,采用股利折现模型计算普通股成本的公式为:

$$K_c = \frac{D}{P_c \times (1-f)} \qquad (10-7)$$

在假设股利增长率固定的情况下,采用股利折现模型计算普通股筹资成本的公式为:

$$K_c = \frac{D_1}{P_c \times (1-f)} + g = \frac{D_0(1+g)}{P_c \times (1-f)} + g \qquad (10-8)$$

【例10-4】D公司准备增发普通股,每股的发行价格为15元,每股发行费用为1.5元,预计第一年分派现金股利每股1.5元,以后每年股利增长4%。其资本成本率测算为:

$$K_c = \frac{D_1}{P_c \times (1-f)} + g = \frac{1.5}{15-1.5} + 4\% = 15.11\%$$

(2)资本资产定价模型。如果是上市公司普通股,其资本成本还可以根据该公司的股票收益率与市场收益率的相关性,按资本资产定价模型法估计。资本资产定价模型给出了普通股投资的必要报酬率等于无风险报酬率加风险报酬率,用公式表示如下:

$$K_c = R_f + \beta \times (R_m - R_f) \qquad (10-9)$$

其中,K_c代表普通股筹资的资本成本,R_f代表无风险报酬率,R_m代表市场组合的预期收益率,β代表股票收益率与市场收益率的相关性。

【例10-5】已知E公司股票的β系数为1.5,市场报酬率为10%,无风险报酬率为6%。则该股票的资本成本率测算为:

$$K_c = R_f + \beta \times (R_m - R_f) = 6\% + 1.5 \times (10\% - 6\%) = 12\%$$

(3)无风险利率加风险溢价法。根据"风险越大,要求的报酬率越高"的原理,由于普通股股东对企业的投资风险要大于债券投资者,因而会在债券投资者要求的收益率上再要求一定的风险溢价。股票持有人就必然要求获得一定的风险补偿。按照这一理论,普通股的筹资成本公式为:

$$K_c = R_f + R_p \qquad (10-10)$$

其中,R_f代表债券资本成本,R_p代表股东比债权人承担更大的风险所要求的风险溢价。

【例10-6】F公司已发行债券的投资报酬率为8%。先准备发行一批股票,经分析,该股票投资高于债券投资的风险报酬率为4%。则该股票的必要报酬率即资本成本率为:

$$K_c = R_f + R_p = 8\% + 4\% = 12\%$$

普通股股利支付不固定。企业破产后,股东的求偿权位于最后,与其他投资者相比,普通股股东所承担的风险最大,普通股的报酬也应最高。因此,在各种资金来源中,普通股筹资的成本最高。

企业在计算股票资本成本时，可选择上述方法中的任何一种来计算。不同的方式在计算结果上会有一定偏差，可用多种方法进行测算，在比较后取得较为准确的数据。

3. 留存收益资本成本

留存收益是企业资金的一项重要来源，留存收益是历年滚存下来的未分配税后利润，其所有权归属于股东。股东将这部分利润留存于企业，实质上对企业的追加投资。股东对这部分投资与以前投入企业的股本一样，也要求有一定的报酬。因此，企业使用这部分资金，同样需要对投资者支付红利，从而产生资本成本。留存收益资本成本的计算，可视同普通股资本成本来计算，但不需要考虑筹资费用。

以上我们说明了股份有限公司股权资本成本率的测算。对于非股份制企业而言，其股权资本成本率的测算与普通股、优先股和留用利润成本率的测算有所不同，主要是：（1）非股份制企业的投入资本筹资协议有的约定了固定的利润分配比例，这类似于优先股，但不同于普通股；（2）非股份制企业的投入资本及留用利润不能在证券市场上交易，无法形成公平的交易价格，因而也就难以预计其投资的必要报酬率。在这种情况下，投入资本和留用利润的资本成本率的测算还是一个需要探讨的问题。我国有的财务学者认为，在一定条件下，投入资本及留用利润的资本成本率可按优先股资本成本率的测算方法予以测算。

五、综合资本成本率的测算

综合资本成本率是指一个企业全部长期资本的成本率，通常是以各种长期资本的比例为权重，对个别资本成本率进行加权平均测算的，故亦称加权平均资本成本率。因此，综合资本成本率是由个别资本成本率和各种长期资本比例这两个因素决定的。各种长期资本比例是指一个企业各种长期资本分别占企业全部长期资本的比例，即狭义的资本结构。当资本结构不变时，个别资本成本率越高，则综合资本成本率越高；反之，个别资本成本率越低，则综合资本成本率越低。因此，在资本结构一定的条件下，综合资本成本率的高低是由个别资本成本率决定的。当个别资本成本率不变时，资本结构中成本率较高资本的比例上升，则综合资本成本率提高；反之，成本率较低资本的比例上升，则综合资本成本率降低。因此，在个别资本成本率一定的条件下，综合资本成本率的高低是由各种长期资本比例（即资本结构）决定的。

综合资本成本是一种加权平均资本成本，是以各种资本占全部资本的比重为权数，对个别资本成本本进行加权平均确定。其计算公式为：

$$\mathrm{WACC} = \sum_{j=1}^{n} K_j \times w_j \qquad (10-11)$$

其中，WACC 代表综合资本成本（加权平均资本成本），K_j 代表第 j 种个别资本成本，w_j 代表第 j 种资本成本占全部资本的比重，

其中，$\sum_{j=1}^{n} w_j = 1$

【例 10 – 7】G 公司现有长期资本总额 10 000 万元，其中长期借款 2 000 万元，长期债券 3 500 万元，优先股 1 000 万元，普通股 3 000 万元，留用利润 500 万元；各种长期资本成本率分别为 4%、6%、10%、14% 和 13%。该公司综合资本成本率可按如下步骤进行测算：

第一步，计算各种长期资本的比例。

长期借款资本比例 $= \dfrac{2\,000}{10\,000} = 0.2$

长期债券资本比例 $= \dfrac{3\,500}{10\,000} = 0.35$

优先股资本比例 $= \dfrac{1\,000}{10\,000} = 0.1$

普通股资本比例 $= \dfrac{3\,000}{10\,000} = 0.3$

留存收益资本比例 $= \dfrac{500}{10\,000} = 0.05$

第二步，测算综合资本成本率。

$K_w = 4\% \times 0.20 + 6\% \times 0.35 + 10\% \times 0.1 + 14\% \times 0.30 + 13\% \times 0.05 = 8.75\%$

综合资本成本的计算存在着权数价值的选择问题，即各项资本按什么权数来确定资本比重。通常，可供选择的价值形式有账面价值、市场价值、目标价值等。

1. 账面价值权数

账面价值权数是以各项个别资本的会计报表账面价值为基础来计算资本权数，确定各类资本占总资本的比重。其优点是资料容易取得，可以直接从资产负债表中得到，而且计算结果比较稳定。其缺点是，当债券和股票的市价与账面价值差距较大时，导致按账面价值计算出来的资本成本，不能反映目前从资本市场上筹集资本的现时机会成本，不适合评价现时的资本结构。

2. 市场价值权数

市场价值权数是以各项个别资本的现行市价为基础来计算资本权数，确定各类资本占总资本的比重。其优点是能够反映现时的资本成本水平，有利于进行资本结构决策。但现行市价处于经常变动之中，不容易取得，而且现行市价反映的只是现时的资本结构，不适用未来的筹资决策。

3. 目标价值权数

目标价值权数是以各项个别资本预计的未来价值为基础来确定资本权数，确定各类资本占总资本的比重。目标价值是目标资本结构要求下的产物，是公司筹措和使用资金对资本结构的一种要求。对于公司筹措新资金，需要反映期望的资本结构来说，目标价值是有益的，适用于未来的筹资决策，但目标价值的确定难免具有主观性。

以目标价值为基础计算资本权重，能体现决策的相关性。目标价值权数的确定，可以选择未来的市场价值，也可以选择未来的账面价值。选择未来的市场价值，与资本市场现状联系比较紧密，能够与现时的资本市场环境状况结合起来，目标价值权数的确定一般以现时市场价值为依据。但市场价值波动频繁，可行方案是选用市场价值的历史平均值，如 30 日、60 日、120 日均价等。总之，目标价值权数是主观愿望和预期的表现，依赖于财务经理的价值判断和职业经验。

尽管目标价值权数和市场价值权数优于实际账面价值权数，可许多企业仍坚持实际账面价值权数，其原因在于权数容易确定。

六、资本成本的其他问题

（一）边际资本成本的计算

1. 边际资本成本的概念

边际资本成本（MACC）是新增资本的加权平均成本，也可以看作是在多次筹措资本时，每次筹措到的最后一笔资本的成本。如果新增资本的结构与原资本结构相一致，新增资本的成本也没有变化，那么边际资本成本就等于原加权平均的资本成本；如果资本成本不变，为筹措新资本而改变了原有的资本结构，或者资本结构不变，而资本成本发生了变化，或者两者都发生变化，那么新增资本的边际成本将发生变化。边际资本成本最能反映企业筹集资本成本的实际情况，它不仅是企业筹资决策，也是投资决策的一个重要指标。企业在进行投资决策时，往往要以边际资本成本为折现率来对投资方案的净现值进行分析。

根据供求法则，若其他条件不变，需求大于供给，价格就会上升。对于资本而言，供求法则也同样发生作用。企业需要的资本量越大，发行有价证券越多，市场上的资金就会越紧张，资金供应者就会要求更高的投资报酬率，其结果是有价证券价格下降，资本成本上升。

2. 边际资本成本的计算

如前所述，边际资本成本就是新增资本的加权平均成本。影响加权平均资本成本的因素有两个：一是各种资本来源的资本成本，二是资本来源的结构。因此，下面分几种不同情况对新增资本的边际成本进行讨论。

（1）当资本成本和资本结构不变时，筹措新资本的边际成本。

如果新增资本的结构与原资本结构相一致，新增资本的成本也没有变化，那么，边际资本成本就等于原加权平均的资本成本。

（2）当资本成本不变而资本结构改变时，筹措新资本的边际成本。

如果资本成本不变，为筹措新资本而改变了原有的资本结构，那么新增资本的边际成本将发生变化。

（3）当资本成本变动而资本结构不变时，筹措新资本的边际成本。

我们在前面讨论资本的边际成本时，都是假设各种来源的资本成本不发生变化。事实上，资本市场的动作情况是：资金需要量越大，资金提供者要求的收益率就越高，公司筹措资本的成本就会不断上升。如果公司新增资本超过一定的数额，其各种来源的资本成本就会增加，从而使企业新增资本的边际成本上升。

（4）当资本成本和资本结构变动时，筹措新资本的边际成本。

由于企业新增资本结构的改变，会引起各种资本成本的改变。企业不可能无限制地运用负债这一资本成本较低的资本来源。如果企业过多地发行债券，打破了原有的资本结构，很可能会引起其他资本来源诸如普通股成本的大幅度上升。因为企业债务的增加给普通股带来了较大的风险，其结果会导致普通股股东要求的收益率的增加以及普通股市价的下跌，从而使企业新增资本的边际成本增加。

3. 边际资本成本的作用

边际资本成本最能反映企业筹集资本成本的实际情况，它不仅是企业筹资决策，且也是投资决策的一个重要指标。企业在进行投资决策时，往往要以边际资本成本为折现率来对投资方案的净现值进行分析。同时，边际资本成本又是内部收益率（IRR）的比较依据。如果 IRR 大于或等于 MCC，则投资项目是可行的；反之，如果 IRR 小于 MCC，则投资项目时不可行的。

（二）降低资本成本的途径

降低资本成本，既取决于企业自身筹资决策，如筹资期限安排是否得当、筹资效率是否提高、信用等级状况的好坏、资产抵押或担保工作是否做得较好等，也取决于市场环境，特别是通货膨胀状况、市场利率变动趋势等。根据影响资本成本的具体因素分析，降低资本成本的途径主要有以下几个方面：

（1）合理安排筹资期限。原则上看，资本的筹集主要用于长期投资，筹资期限要服从于投资年限，服从于资本预算。投资年限越长，筹资期限也要求越长。但是，由于投资是分阶段、分时期进行的,因此,企业在筹资时,可按照投资的进度来合理安排筹资期限,这样既减少资本成本,又减少资金不必要的闲置。

(2) 合理利率预期。资本市场利率多变,因此,合理利率预期对负债筹资意义重大。例如,同样是利用债券筹资 500 万元,筹资期限为 3 年。如果筹资时对利率进行预期,未来利率将由现时的 8% 上升到 10%,则按现时 8% 利率发行 3 年期的债券,对企业有利;如果,未来利率预期将由现时的 8% 下降到 6%,则按现时 8% 利率发行为期 1~2 年的债券,等到利率下降时再按下降了的利率发行债券,以新债还旧债,从而可以节约资本成本。

(3) 提高企业信誉,积极参与信用等级评估。我国多数企业不太注重企业信誉建立,对信用等级评估采取消极被动的策略,其实这不利于企业自身财务形象的树立。要想提高信用等级,首先必须积极参与等级评估,让市场了解企业,也让企业走向市场。只有这样,才能为以后的资本市场筹资提供便利,才能增强投资者的投资信心,才能有效地取得资金、降低资本成本。

(4) 积极利用负债经营。在投资收益率大于债务成本率的前提下,企业应该积极利用负债经营,取得财务杠杆效益,降低资本成本,提高投资效益。

(5) 提高筹资效率。筹资效率的提高有赖于做好以下几项工作:

①正确制订筹资计划,即从总体上对企业在一定时期内的筹资数量、资金需要的时间等进行周密安排。

②充分掌握各筹资方式的基本程序,理顺筹资程序中各步骤间的关系,并制订具体的实施步骤,以便于各步骤之间的衔接和协调,节约时间与费用。

③在人员安排上,组织专人负责筹资计划的具体实施,保证筹资工作的顺利开展。

(6) 积极利用股票增值机制,降低股票筹资成本。股东投资总是希望获得收益,而股票投资收益的方式包括股利、资本利得两种。股利是企业真正的现金流出,构成资本成本,而资本利得则属于市场社会收益的再分配,与企业现金流出量无关。因此,对企业来说,要降低股票筹资成本,就应尽量用多种方式转移投资者对股利的吸引力,而转向市场实现其投资增值,通过股票增值机制来降低企业实际的筹资成本。当然,股票增值机制的作用发挥有赖于两个前提:一是股市较为完善;二是企业的经营利润较大或潜在利润较大,市场价值很高。因此,努力提高企业经营实力和竞争能力,扩大市场份额可以直接降低股票分红压力,从而降低其资本成本。

本章练习

一、简答题

1. 资本成本的构成内容是什么?

2. 简述资本成本的影响因素。

3. 简述普通股成本的计算方法。

4. 如何计算加权平均资本成本？

5. 降低资本成本有哪几个途径？

二、单项选择题

1. 某企业负债的市场价值为 4 000 万元，股东权益的市场价值为 6 000 万元。债务的平均利率为 10%，β 系数为 1.41，所得税税率为 25%，市场的平均风险收益率是 9.2%，国库券利率为 4%。则加权平均资本成本为（　　）。

　　A. 13.18%　　　　B. 9.8%　　　　C. 18.34%　　　　D. 18.67%

2. 某公司普通股目前的股价为 25 元/股，筹资费率为 6%，最近一期支付的每股股利为 2 元，股利固定增长率 2%，则该企业利用留存收益的资本成本为（　　）。

　　A. 10.16%　　　　B. 10.68%　　　　C. 8.68%　　　　D. 8.16%

3. 某公司发行债券，债券面值为 1 000 元，票面利率 6%，每年付息一次，到期还本，债券发行价 1 010 元，筹资费为发行价的 2%，企业所得税税率为 25%，则该债券筹资的资本成本为（　　）。（不考虑时间价值）

　　A. 4.06%　　　　B. 4.25%　　　　C. 4.55%　　　　D. 4.12%

4. 某公司普通股的 β 系数为 1.25，此时一年期国债利率为 6%，市场上所有股票的平均风险收益率 8%，则该股票筹资的资本成本为（　　）。

　　A. 12.5%　　　　B. 14%　　　　C. 16%　　　　D. 18%

5. 某公司普通股目前的股价为 10 元/股，筹资费率为 5%，刚刚支付的每股股利为 0.8 元，股利固定增长率为 4%，则该企业利用普通股筹资的资本成本为（　　）。

　　A. 12.76%　　　　B. 12.32%　　　　C. 12.42%　　　　D. 13.76%

6. 资金每增加一个单位而增加的成本叫作（　　）。

　　A. 综合资本成本　　B. 边际资本成本　C. 自有资本成本　D. 债务资本成本

三、多项选择题

1. 资本成本包括资本筹资费和资本占用费两部分，其中属于资本占用费的是（　　）。

　　A. 向股东支付的股利　　　　　　B. 向债权人支付的利息

　　C. 借款手续费　　　　　　　　　D. 债券发行费

2. 在计算个别资本成本时，需要考虑所得税抵减作用的筹资方式有（　　）。

　　A. 银行借款　　　B. 长期债券　　　C. 优先股　　　D. 普通股

3. 在个别资本成本的计算中，需要考虑筹资费用影响的有（　　）。

　　A. 债券成本　　　B. 普通股成本　　C. 银行借款成本　D. 留存收益成本

4. 下列各项中，会直接影响企业加权平均资本成本的有（　　）。

　　A. 个别资本成本　　　　　　　　B. 各种资本占全部资本的比重

C. 筹资速度　　　　　　　　D. 企业的经营杠杆

四、判断题

1. 在计算加权平均资本成本时，可以按照债券、股票的市场价格确定其占全部资本的比重。（　　）

2. 资本的边际成本需要采用加权平均法计算，其最理想的权数应为账面价值权数，而不是市场价值权数和目标价值权数。（　　）

3. 边际资本成本是企业进行追加筹资的决策依据。筹资方案组合时，边际资本成本的权数采用目标价值权数。（　　）

五、计算与案例分析

1. 某项银行贷款年利率为8%，银行要求的补偿性余额维持在25%水平基础上，那么该贷款的实际利率是多少？

2. 某公司利用长期债券、优先股、普通股、留存收益来筹集长期资金1 000万元，分别为300万元、100万元、500万元和100万元，资金成本率为6%、11%、12%和15%。求该筹资组合的综合资本成本率。

3. 某公司发行总面额1 000万元，票面利率为12%，偿还期限3年，发行费率3%，所得税率为33%的债券，该债券发行价为1 200万元。根据上述资料：

（1）简要计算该债券的资本成本率；

（2）如果所得税降低到20%，则这一因素将对债券资本成本产生何种影响？影响有多大？

4. 某公司计划投资某一项目，原始投资额为200万元，全部在建设起点一次投入，并于当年完工投产。该公司拟发行面值为1 000元，票面年利率为15%，期限为10年的债券1 600张，债券的筹资费率为1%；剩余资金以发行优先股的方式筹集，优先股股息为19.4%，发行费率为3%。固定市场年利率为15%，所得税税率为34%。

（1）计算债券发行价格；

（2）计算债券成本率、优先股成本率和项目综合资本成本率。

5. A公司目前资本结构如表10-1所示：

表10-1　　　　　　　　　　A公司的资本结构

资金来源	金额（万元）
长期债券，年利率8%	200
优先股，年股利率6%	100
普通股，25 000股	500
合计	800

该公司普通股每股面额 200 元，今年期望股利为 24 元，预计以后每年股利增加 4%，该公司所得税率 25%，假设发行各种证券均无筹资费用。

A 公司所在的行业竞争越来越激烈，为了增强自身的竞争能力，A 公司决定加大新产品的开发力度，计划增资 200 万元，有以下两个方案可供选择：

甲方案发行债券 200 万元，年利率为 10%，此时普通股股利将增加到 26 元，以后每年还可增加 5%，但由于风险增加，普通股市价将跌至每股 180 元；

乙方案发行债券 100 万元，年利率为 10%，发行普通股 100 万元，此时普通股股利将增加到 26 元，以后每年再增加 4%，由于企业信誉提高，普通股市价将上升至 230 元。

通过计算，在甲、乙两个方案中选择最优方案。

【注会真题汇编】

1．[2016．单选] 在进行投资决策时，需要估计的债务成本是（　　）。
　A．现有债务的承诺收益　　　　B．未来债务的期望收益
　C．未来债务的承诺收益　　　　D．现有债务的期望收益

2．[2013．单选] 甲公司采用风险调整法估计债务资本成本，在选择若干已上市公司债券以确定本公司的信用风险补偿率时，应当选择（　　）。
　A．与本公司债券期限相同的债券
　B．与本公司信用级别相同的债券
　C．与本公司所处行业相同的公司的债券
　D．与本公司商业模式相同的公司的债券

3．[2016．多选] 下列关于投资项目资本成本的说法中，正确的有（　　）。
　A．资本成本是投资项目的取舍率
　B．资本成本是投资项目的必要报酬率
　C．资本成本是投资项目的机会成本
　D．资本成本是投资项目的内含报酬率

4．[2012．多选] 企业在进行资本预算时需要对债务资本成本进行估计。如果不考虑所得税的影响，下列关于债务资本成本的说法中，正确的有（　　）。
　A．债务资本成本等于债权人的期望收益率
　B．当不存在违约风险时，债务资本成本等于债务的承诺收益率
　C．估计债务资本成本时，应使用现有债务的加权平均债务资本成本
　D．计算加权平均债务资本成本时，通常不需要考虑短期债务

5．[2012．多选] 资本资产定价模型是估计权益成本的一种方法。下列关于资本资产定价模型参数估计的说法中，正确的有（　　）。

A. 估计无风险报酬率时，通常可以使用上市交易的政府长期债券的票面利率

B. 估计贝塔值时，使用较长年限数据计算出的结果比使用较短年限数据计算出的结果更可靠

C. 估计市场风险溢价时，使用较长年限数据计算出的结果比使用较短年限数据计算出的结果更可靠

D. 预测未来资本成本时，如果公司未来的业务将发生重大变化，则不能用企业自身的历史数据估计 β 值

6. [2017] 甲公司是一家上市公司，主营保健品生产和销售。2017 年 7 月 1 日，为对公司业绩进行评价，需估算其资本成本。相关资料如下：

（1）甲公司目前长期资本中有长期债券 1 万份，普通股 600 万股，没有其他长期债务和优先股。长期债券发行于 2016 年 7 月 1 日，期限 5 年，票面价值 1 000 元，票面利率 8%，每年 6 月 30 日和 12 月 31 日付息。公司目前长期债券每份市价 935.33 元，普通股每股市价 10 元。

（2）目前无风险利率 6%，股票市场平均收益率 11%，甲公司普通股 β 系数 1.4。

（3）甲公司的企业所得税税率 25%。

要求：

（1）计算甲公司长期债券税前资本成本。

（2）用资本资产定价模型计算甲公司普通股资本成本。

（3）以公司目前的实际市场价值为权重，计算甲公司加权平均资本成本。

（4）在计算公司加权平均资本成本时，有哪几种权重计算方法？简要说明各种权重计算方法并比较优缺点。

7. [2014] 甲公司拟于 2014 年 10 月发行 3 年期的公司债券，债券面值为 1 000 元，每半年付息一次，2017 年 10 月到期还本，甲公司目前没有已上市债券，为了确定拟发行债券的票面利率，公司决定采用风险调整法估计债务成本。财务部新入职的小 w 进行了以下分析及计算：

（1）收集同行业的 3 家公司发行的已上市债券，并分别与各自发行期限相同的已上市政府债券进行比较，结果如下：

发债公司	公司债券			政府债券			票面利率差额
	期限	到期日	票面利率	期限	到期日	票面利率	
A 公司	3 年期	2015 年 5 月 6 日	7.7%	3 年期	2016 年 6 月 8 日	4%	3.7%
B 公司	5 年期	2016 年 1 月 5 日	8.6%	5 年期	2017 年 10 月 10 日	4.3%	4.3%

续表

发债公司	公司债券			政府债券			票面利率差额
	期限	到期日	票面利率	期限	到期日	票面利率	
C公司	7年期	2017年8月5日	9.2%	7年期	2018年10月10日	5.2%	4%

(2) 公司债券的平均风险补偿率 = (3.7% + 4.3% + 4%)/3 = 4%。

(3) 使用3年期政府债券的票面利率估计无风险报酬率,无风险报酬率 = 4%。

(4) 税前债务成本 = 无风险报酬率 + 公司债券的平均风险补偿率 = 4% + 4% = 8%。

(5) 拟发行债券的票面利率 = 税后债务成本 = 8% × (1 − 25%) = 6%。

要求:

(1) 请指出小w在确定公司拟发行债券票面利率过程中的错误之处,并给出正确的做法。(无须计算)

(2) 如果对所有错误进行修正后等风险债券的税前债务成本为8.16%,请计算拟发行债券的票面利率和每期(半年)付息额。

第十一章 资本结构理论

> **本章提要**
>
> 资本结构,是指企业各种长期资本来源的构成和比例关系。通常情况下,企业的资本由长期债务资本和权益资本构成,资本结构指的就是长期债务资本和权益资本各占多大比例。一般来说,在资本结构概念中不包含短期负债。短期资本的需要量和筹集是经常变化的,且在整个资本总量中所占的比重不稳定,因此不列入资本结构管理范围,而作为营运资本管理。

一、资本结构的概述

(一)资本结构的含义

在财务管理实务中,企业在一定时期采用各种筹资方式组合筹资的结果,就形成了一定的资本结构。因此,资本结构是指企业各种资本的价值构成及其比例关系,是企业一定时期筹资组合的结果。

资本结构有广义和狭义之分。广义的资本结构是指企业全部资本的构成及其比例关系。企业一定时期的资本可分为债务资本和股权资本,也可分为短期资本和长期资本。一般而言,广义的资本结构包括:债务资本与股权资本的结构、长期资本与短期资本的结构,以及债务资本的内部结构、长期资本的内部结构和股权资本的内部结构等。

狭义的资本结构是指企业各种长期资本的构成及其比例关系,尤其是指长期债务资本与(长期)股权资本之间的构成及其比例关系。

(二)资本结构的种类

企业的资本结构可以分为不同的种类,主要划分依据有资本权属和资本期限,相应区分为资本的权属结构和资本的期限结构。

1. 资本的权属结构

一个企业的全部资本就其权属而言,通常分为两大类:一类是股权资本,另一类是债务资本。企业的全部资本按权属区分，则构成资本的权属结构。资本的权属结构是指企业不同权属资本的价值构成及其比例关系。这两类资本构成的资本结构就是企业的资本权属结构。例如，A 公司的资本总额为 10 000 万元，其中股东权益属于股权资本，金额为 5 000 万元，比例为 50%；银行借款和应付债券等属于债务资本，金额合计为 5 000 万元，比例为 50%。债务资本和股权资本各为 5 000 万元或各占 50%，或者债务资本与股权资本之比为 1∶1。这是对 A 公司资本权属结构的不同表述。企业同时拥有债务资本和股权资本而构成的资本权属结构，有时又称"搭配资本机构"或"杠杆资本结构"，其搭配比例或杠杆比例通常可用债务资本的比例来表示，资本的权属结构涉及企业及其股东和债权人的利益和风险。

2. 资本的期限结构

一个企业的全部资本一般可以分为两大类：一类是长期资本，另一类是短期资本。这两类资本构成企业资本的期限结构。资本的期限结构是指不同期限资本的价值构成及其比例关系。在上例中，A 公司的银行借款 2 000 万元中有 1 000 万元是短期借款，1 000 万元是长期借款，应付债券和股权资本都是长期资本，由此，该公司短期资本为 1 000 万元，长期资本为 9 000 万元；或长期资本占 90%，短期资本占 10%；或者长期资本与短期资本之比为 9∶1。这是对 A 公司资本期限结构的不同表述。资本的期限结构涉及企业一定时期的利益和风险，并可能影响企业股东和债权人的利益和风险。

（三）资本结构的价值基础

对于企业的资本结构，需要明确资本的价值基础。一般而言，资本价值的计量基础有会计账面价值、现时市场价值和未来目标价值。与此相联系，企业的资本如果分别按这三种价值基础来计量和表达，就形成三种不同价值计量基础反映的资本结构，即资本的账面价值结构、资本的市场价值结构和资本的目标价值结构。

1. 资本的账面价值结构

资本的账面价值结构是指企业资本按会计账面价值基础计量反映的资本结构，企业资产负债表的右方"负债及所有者权益"或"负债及股东权益"所反映的资本结构就是按账面价值计量的，由此形成的资本结构是资本的账面价值结构。一般认为，它不太符合企业资本结构决策的要求。

2. 资本的市场价值结构

资本的市场价值结构是指企业资本按现时市场价值基础计量反映的资本结构。当企业的资本具有现时市场价格时，可以按其市场价格计量反映资本结构。通常，上市公司发行的股票和债券具有现时的市场价格，因此，上市公司可以按市场价格计量反映其资本的现时市场价值结构。一般认为，它比较符合上市公司资本结构决策的要求。

3. 资本的目标价值结构

资本的目标价值结构是指企业资本按未来目标价值计量反映的资本结构。当一个公司能够比较准确地预计其资本的未来目标价值时，可以按其目标价值计量反映资本结构。一般认为，它更符合企业未来资本结构决策管理的要求，但资本的未来目标价值不易客观、准确地估计。

（四）资本结构的意义

企业的资本结构问题，主要是资本的权属结构的决策问题，即债务资本的比例安排问题。在企业的资本结构决策中，合理地利用债务筹资，科学地安排债务资本的比例，是企业筹资管理的一个核心问题。它对企业具有重要的意义。

（1）合理安排债务资本比例可以降低企业的综合资本成本率。由于债务利息率通常低于股票股利率，而且债务利息在所得税前利润中扣除，企业可享有所得税节税利益，从而债务资本成本率明显低于股权资本成本率。因此，在一定的限度内合理地提高债务资本的比例，可以降低企业的综合资本成本率。

（2）合理安排债务资本比例可以获得财务杠杆利益。由于债务利息通常是固定不变的，当息税前利润增大时，每1元利润所负担的固定利息会相应降低，从而可分配给股权资本的所有者的税后利润会相应增加。因此，在一定的限度内合理地利用债务资本，可以发挥财务杠杆的作用，给企业股权资本的所有者带来财务杠杆利益。

（3）合理安排债务资本比例可以增加公司的价值。一般而言，一个公司的现实价值等于其债务资本的市场价值与股权资本的市场价值之和，用公式表示为：

$$V = B + S \qquad (11-1)$$

其中，V 表示公司总价值，即公司总资本的市场价值；B 表示公司债务资本的市场价值；S 表示公司股权资本的市场价值。

该式清楚地表达了按资本的市场价值计量反映的资本权属结构与公司总价值的内在关系。公司的价值与公司的资本结构是紧密相关的，资本结构对公司的债务资本市场价值、股权资本市场价值及公司总资本的市场价值（即公司总价值）具有重要的影响。因此，合理安排资本结构有利于增加公司的市场价值。

二、资本结构的 MM 理论

现代资本结构理论是由莫迪格利安尼与米勒（简称 MM）基于完善资本市场的假设条件提出的，MM 的资本结构理论所依据的直接及隐含的假设条件如下：

（1）经营风险可以用息税前利润的方差来衡量，具有相同经营风险的公司称为风险同类。

（2）投资者等市场参与者对公司未来的收益与风险的预期是相同的。

（3）完善的资本市场，即在股票与债券进行交易的市场中没有交易成本，且个人与机构投资者的借款利率与公司相同。

（4）借债无风险，即公司或个人投资者的所有债务利率均为无风险利率，与债务数量无关。

（5）全部现金流是永续的，即所有公司预计是零增长率，所有债券也是永续的。

在上述假设的基础上，MM 的资本结构理论可以分为"无税理论"和"有税理论"。

无税 MM 理论（资本结构无关论）

在不考虑企业所得税的情况下，MM 理论研究了两个命题：

命题一：在没有企业所得税的情况下，有负债企业的价值与无负债企业的价值相等，即无论企业是否有负债，企业的资本结构都与企业价值无关。其表达式如下：

$$V = V_L = V_U = \frac{EBIT}{K_{WACC}} = \frac{EBIT}{K_{SU}} \quad (11-2)$$

其中，V 代表公司价值，V_L 代表有负债企业的价值，V_U 代表无负债企业的价值，EBIT 表示企业全部资产的预期收益（永续），K_{WACC} 表示有负债企业的加权资本成本，K_{SU} 表示无负债企业的普通股必要报酬率。

式（11-2）说明了无论企业是否有负债，加权平均资本成本将保持不变，企业价值仅由预期收益所决定，即全部预期收益（永续）按照与企业风险等级相同的必要报酬率所计算的现值如果有负债企业的价值等于无负债企业的价值，就说明了有负债企业的加权平均资本成本，无论债务多少，都与风险等级相同的无负债企业的权益资本成本相等；企业加权资本成本与其资本结构无关，仅取决于企业的经营风险。

命题二：有负债企业的权益资本成本随着财务杠杆的提高而增加。有负债企业权益资本成本等于无负债企业的权益资本成本加上风险溢价，而风险溢价的大小视负债程度而定，其表达式如下：

$$K_{SL} = K_{SU} + 风险溢价 = K_{SU} + (K_{SU} - K_d)\frac{D}{S} \quad (11-3)$$

其中，K_d 代表债务成本，D 代表企业债务市场价值，S 代表企业股权的市场价值。

式（11-3）认为，负债企业股东权益成本随着债务筹资额的增加而上升，低成本的负债带给企业的利益会被股东权益成本的上升所抵消，最后使负债企业的平均资本成本等于无负债企业的权益资本成本，结果是企业资本结构和资本成本的变化与企业价值无关。

1. 考虑公司所得税时的 MM 理论（资本结构有关论）

在存在企业所得税的情况下，MM 理论也研究两个基本命题。

修正后命题一：有负债企业的价值等于具有相同风险等级的无负债企业的价值加上负债利息节税利益的现值，负债越高，企业价值越大。企业的价值模型为：

$$V_L = V_U + PV(节税利益) = V_U + T_C \times D \tag{11-4}$$

其中，PV（节税利益）为债务利息节税利益的现值，等于债务金额与所得税税率的乘积（用债务利息率作为贴现率）；T_C 为企业所得税税率；D 表示企业的债务数量

修正后命题二：有负债企业的权益成本（K_{SL}）等于同一风险等级中无负债企业的权益成本（K_{SU}）加上一笔风险溢价，而风险溢价的大小视负债筹资程度与企业所得税而定。即：

$$K_{SL} = K_{SU} + 风险溢价 = K_{SU} + (K_{SU} - K_d)(1 - T_C)\frac{D}{S} \tag{11-5}$$

从式（11-5）可以看出，企业的股权成本会随财务杠杆扩大而增加，因为股东面临更大的财务风险，但由于（1-T）总是小于1，税负会使股权成本上升的幅度低于无税负时上升的幅度，正是这一特性产生了命题一的结论，即负债的增加提高了企业价值。

根据修正后的 MM 理论，企业负债越多，企业价值越大，加权平均资本成本越低。这显然是与实际情况相悖的。产生这个问题的原因是由于 MM 理论的些假设条件过于理想化，与事实不符。

2. 米勒模型

1976 年米勒教授在美国金融学会上所做的报告中，将个人所得税因素又加进了 MM 理论中，从而提出了米勒模型。该模型认为：修正的 MM 理论高估企业负债的好处，实际上，个人税在某种程度上抵销了企业利息支付减税的利益。米勒模型实质上是同时考虑企业所得税和个人所得税。其模型为：

$$V_L = V_U + \left[1 - \frac{(1-T_c)(1-T_S)}{1-T_d}\right] \times D \tag{11-6}$$

米勒模型指出，在同时考虑企业所得税率 T_c、股票收入的个人所得税率 T_S 和利息收入的个人所得税率 T_d 的情况下，有负债企业的价值等于无负债企业的价值再加上负债所带来的节税利益，而节税利益的多寡视 T_c、T_S 和 T_d 而定：

当 $T_c = T_S = T_d = 0$ 时，则 $V_L = V_U$；

当 $T_S = T_d$ 时，则 $V_L = V_U + T_c \times D$；

当 $T_S < T_d$ 时，则 $V_L < V_U + T_c \times D$；反之，相反；

当 $(1-T_c) \times (1-T_S) = (1-T_d)$ 时，则 $V_L = V_U$。

三、资本结构的其他理论

尽管 MM 理论以模型的方式探讨和证明了资本结构与企业价值的关系,但在实际理财活动中,公司财务经理对 MM 理论的有效性仍持怀疑态度,几乎没有一家公司采纳了 MM 的建议。学者们也认为,MM 理论中没有充分地考虑企业财务风险、经营风险、代理成本、不对称信息等因素对资本结构的影响。直到目前,资本结构问题和股利政策问题一样,仍被称为"公司理财之谜"。

(一)权衡理论

权衡理论认为,既要考虑负债带来的利益又要考虑负债带来的各种风险,并对它们进行适当平衡,从而确定企业价值。

未来现金流不稳定以及对经济冲击高度敏感的企业,如果使用过多的债务,会导致陷入财务困境,出现财务危机甚至破产。企业陷入财务困境后引发的成本分为直接成本与间接成本。直接成本是指企业因破产、进行清算或重组所发生的法律费用和管理费用等;间接成本是指财务困境所引发企业资信状况恶化以及持续经营能力下降而导致的企业价值损失。具体表现为企业客户、供应商、员工的流失,投资者的警觉与谨慎导致的筹资成本增加,被迫接受保全他人利益的交易条款等。因此,负债在为企业带来抵税收益的同时也给企业带来了陷入财务困境的成本。所谓权衡理论,就是强调在平衡债务利息的抵税收益与财务困境成本的基础上,实现企业价值最大化时的最佳资本结构。此时所确定的债务比率是债务抵税收益的边际价值等于增加的财务困境成本的现值。

基于修正的 MM 理论的命题,有负债企业的价值是无负债企业价值加上抵税收益的现值,再减去财务困境成本的现值。其表达式为:

$$V_L = V_U + PV(节税利益) - PV(财务困境成本) \qquad (11-7)$$

(二)代理理论

在资本结构的决策中,不完全契约、信息不对称以及经理、股东与债权人之间的利益冲突将影响投资项目的选择,特别是在企业陷入财务困境时,更容易引起过度投资问题与投资不足问题,导致发生债务代理成本。债务代理成本损害了债权人的利益,降低了企业价值,最终将由股东承担这种损失。

1. 过度投资问题

过度投资问题,是指因企业采用不盈利项目或高风险项目而产生的损害股东以及债权人的利益并降低企业价值的现象。发生过度投资问题的两种情形:一是当企业经理与股东之间存在利益冲突时，经理的自利行为产生的过度投资问题；二是当企业股东与债权人之间存在利益冲突时，经理代表股东利益采纳成功率低甚至净现值为负的高风险项目产生的过度投资问题。

当企业的所有权与控制权发生分离时，经理与股东之间的利益冲突会表现为经理的机会主义行为。具体表现形式为：如果企业的自由现金流相对富裕，即使在企业缺乏可以获利的投资项目和成长机会时，经理也会倾向于通过扩大企业规模来扩大自身对企业资源的管理控制权，表现为随意支配企业自由现金流量，投资于净现值甚至为负的投资项目，而不是向股东分配股利。有时经理也会过分乐观，并自信地认为其行为是有助于提升股东价值的，如果在并非真正意识到项目的投资风险与价值情况下进行投资，也会导致过度投资行为。企业经理这种随意支配自由现金流的行为是以损失股东利益为代价的，为抑制这种过度投资带来的对股东利益以致最终对企业价值的损害，通过提高债务筹资的比例，增加了债务利息固定性支出在自由现金流中的比例，实现对经理的自利性机会主义行为的制约。

当经理代表股东利益时，经理和股东倾向于选择高风险的投资项目，特别是当企业遇到财务困境时，即使投资项目的净现值为负，股东仍有动机投资于净现值为负的高风险项目。这是因为企业股东与债权人之间存在潜在的利益冲突，表现为在信息不对称条件下，股东可能会把资金投资于一个风险程度超过债权人对债务资金原有预期水平的项目上。如果这一高风险项目最终成功了，股东将获得全部剩余收益，但如果该项目失败了，由于股东只承担有限责任，主要损失将由债权人承担。显然，企业股东凭借选择高风险项目提高了债务资金的实际风险水平，降低了债务价值，这种通过高风险项目的过度投资实现把债权人的财富转移到股东手中的现象被称为"资产替代问题"。

2. 投资不足问题

投资不足问题，是指因企业放弃净现值为正的投资项目而使债权人利益受损并进而降低企业价值的现象。投资不足问题发生在企业陷入财务困境且有比例较高的债务时，如果用股东的资金去投资一个净现值为正的项目，可以在增加股东权益价值的同时，也增加债权人的债务价值。但是，当债务价值的增加超过权益价值的增加时，即从企业整体角度而言是净现值为正的新项目，而对股东而言则成为净现值为负的项目，投资新项目后将会发生财富从股东转移至债权人。因此，如果股东事先预见到投资新项目后的大部分收益将由债权人获得并导致自身价值下降时，就会拒绝为净现值为正的新项目投资。

3. 债务的代理收益

债务的代理成本既可以表现为因过度投资问题使经理和股东受益而发生债权人价值向股东的转移，也可以表现为因投资不足问题而发生股东为避免价值损失而放弃给债权人带来的价值增值。然而，债务在产生代理成本的同时，也会伴生相应的代理收益。债务的代理收益将有利于减少企业的价值损失或增加企业价值，具体表现为债权人保护条款引入、对经理提升企业业绩的激励措施以及对经理随意支配现金流浪费企业资源的约束等。

当债权人意识到发生债务代理成本可能产生对自身价值的损失时，会采取必要措施保护自身利益，通常是在债务合同中加入一些限制性条款，如提出较高的利率要求以及对资产担保能力的要求，此外，法律以及资本市场的相关规定也会出于保护债权人利益对发债公司作出一些限制性规定。这些保护债权人利益的措施有效地抑制了债务代理成本。如企业发生新债务时，理性的投资者会谨慎地关注企业的资信状况、盈利能力、财务政策、成长机会以及投资的预期收益与风险。新投资者与现有债权人与股东均会对新发生债务的预期收益以及对原有债务的影响作出合理判断，以避免发生企业价值受损的潜在风险。

债务利息支付的约束性特征有利于激励企业经理尽力实现营业现金流的稳定性，保证履行偿付义务，在此基础上，进一步提高企业创造现金流的能力，提高债权人与股东的价值，维护自身的职业声誉。与此同时，因经理与股东之间的潜在利益冲突，从资本结构的设计角度出发，通过适当增加债务，提高债务现金流的支付比率，约束经理随意支配企业自由现金流的浪费性投资与在职消费行为，抑制以损害股东利益为代价的机会主义行为所引发的企业价值下降。

4. 债务代理成本与收益的权衡

企业负债所引发的代理成本以及相应的代理收益，最终均反映在对企业价值产生的影响上，在考虑了企业债务的代理成本与代理收益后，资本结构的权衡理论模型可以扩展为如下形式：

$$V_L = V_U + PV(利息抵税) - PV(财务困境成本) - PV(债务的代理成本) + PV(债务的代理收益) \qquad (11-8)$$

代理理论为资本结构如何影响企业价值的主要因素以及内在逻辑关系提供了一个基本分析框架。但这些结论并非与企业的实际做法完全一致。如同投资等其他财务决策一样，资本结构决策通常是由经理人员在符合自身基本动机的基础上并综合考虑其他多种因素作出的。

（三）优序融资理论

优序融资理论是当企业存在融资需求时，首先选择内源融资，其次会选择债务融资，最后选择股权融资。优序融资理论解释了当企业内部现金流不足以满足净经营性长期资产总投资的资金需求时，更倾向于债务融资而不是股权融资。优序融资理论揭示了企业筹资时对不同筹资方式选择的顺序偏好。

优序融资理论是在信息不对称框架下研究资本结构的一个分析。这里的信息不对称，是指企业内部管理层通常要比外部投资者拥有更多更准的关于企业的信息。在这种情况下，企业管理层的许多决策，如筹资方式选择、股利分配等，不仅具有财务上的意义，而且向市场和外部投资者传递着信号。外部投资者只能通过管理层的这些决策所传递出的信息了解企业未来收益预期和投资风险，间接地评价企业价值。企业债务比例或资本结构就是一种把内部信息传递给市场的工具。

在信息不对称的情况下，如果外部投资者掌握的关于企业资产价值的信息比企业管理层掌握的少，那么，企业权益的市场价值就可能被错误地定价。当企业股票价值被低估时，管理层将避免增发新股，而采取其他融资方式筹集资金，如内源融资或发行债券；而在企业股票价值被高估时，管理层将尽量通过增发新股为新项目融资，让新的股东分担投资风险。

投资者担心企业在发行股票或债券时价值被高估，经理人员在筹资时为摆脱利用价值高估进行外部融资的嫌疑，要尽量以内源融资方式从留存收益中筹措项目资金。如果留存收益的资金不能满足项目资金需求，有必要进行外部融资时，在外部债务融资和股权融资之间总是优先考虑债务融资，这是因为投资者认为企业股票被高估的可能性超过了债券，因此，企业在筹集资本的过程中，遵循着先内源融资后外源融资的基本顺序。在需要外源融资时，按照风险程度的差异，优先考虑债务融资（先普通债券后可转换债券），不足时再考虑权益融资。

四、影响资本结构的因素

长期债务与权益资本的组合形成了企业的资本结构。债务筹资虽然可以实现抵税收益，但在增加债务的同时也会加大企业的风险，并最终要由股东承担风险的成本。因此，企业资本结构决策的主要内容是权衡债务的收益与风险，实现合理的目标资本结构，从而实现企业价值最大化。影响资本结构的因素较为复杂，大体可以分为企业的内部因素和外部因素，具体包括：

（一）企业财务目标的影响分析

企业组织类型不同，其财务目标也有所不同。对企业财务目标的认识主要有三种观点：利润最大化、股东财富最大化和公司价值最大化。企业财务目标对资本结构决策具有重要的影响。

1. 利润最大化目标的影响分析

利润最大化目标是指企业在财务活动中以获得尽可能多的利润作为总目标。利润是企业财务活动的一项综合性数量指标,企业的筹资和投资行为最终都会影响利润。企业利润有各种口径的利润额,如营业利润额、息税前利润额、所得税前利润额和所得税后利润额,还有各种口径的利润率,如总资产利润率(或总投资利润率)、净资产利润率(或股权资本利润率)以及每股收益,而作为企业财务目标的利润应当是企业的净利润额(即企业所得税后利润额)。

在以利润最大化为企业财务目标的情况下,企业的资本结构决策也应围绕利润最大化目标。这就要求企业应当在资本结构决策中,在财务风险适当的情况下合理地安排债务资本比例,尽可能地降低资本成本,以提高企业的净利润水平。一般而言,对于非股份制企业,由于其股权资本不具有市场价值,在资本结构决策中采用利润最大化目标是一种现实的选择。此外,利润最大化目标对公司资本结构决策也具有一定的意义。资本结构决策的资本成本比较法,实际上是以利润最大化为目标的。

2. 股东财富最大化目标的影响分析

股东财富最大化具体表现为股票价值最大化,股票价值最大化目标是指公司在财务活动中以最大限度地提高股票的市场价值作为总目标。它综合了利润最大化的影响,但主要适用于股份公司的资本结构决策。在公司资本结构决策中以股票价值最大化为目标,需要在财务风险适当的情况下合理安排公司债务资本比例,尽可能地降低综合资本成本,通过增加公司的净利润而使股票的市场价值上升。资本结构决策的每股收益分析法,在一定程度上体现了股票价值最大化的目标。

3. 公司价值最大化目标的影响分析

公司价值最大化目标是指公司在财务活动中以最大限度地提高公司的总价值作为总目标。它综合了利润最大化和股东财富最大化目标的影响,主要适用于公司的资本结构决策。通常情况下,公司的价值等于股权资本的价值加上债务资本的价值。公司的资本结构对于其股权资本和债务资本的价值都有影响。公司在资本结构决策中以公司价值最大化为目标,就应当在适度财务风险的条件下合理确定债务资本比例,尽可能地提高公司的总价值。资本结构决策中的公司价值比较法,就是直接以公司价值最大化为目标的。

(二)企业的财务状况和信用等级

企业财务状况良好,信用等级高,债权人愿意向企业提供信用,企业容易获得债务资本。相反,如果企业财务情况欠佳,信用等级不高,债权人投资风险大,这样会降低企业获得信用的能力,加大债务资本筹资的资本成本。

(三)企业资产结构

资产结构是企业筹集资本后进行资源配置和使用后的资金占用结构,包括长短期资产构成和比例，以及长短期资产内部的构成和比例。资产结构对企业资本结构的影响主要包括：拥有大量固定资产的企业主要通过长期负债和发行股票筹集资金；拥有较多流动资产的企业更多地依赖流动负债筹集资金；资产适用于抵押贷款的企业负债较多；以技术研发为主的企业则负债较少。

（四）企业投资人和管理当局的态度

从企业所有者的角度看，如果企业股权分散，企业可能更多地采用权益资本筹资以分散企业风险。如果企业为少数股东控制，股东通常重视企业控股权问题，为防止控股权稀释，企业一般尽量避免普通股筹资，而是采用优先股或债务资本筹资。从企业管理当局的角度看，高负债资本结构的财务风险高，一旦经营失败或出现财务危机，管理当局将面临市场接管的威胁或者被董事会解聘。因此，稳健的管理当局偏好于选择低负债比例的资本结构。

（五）行业特征和企业发展周期

大量研究表明，同一国家不同行业间的资本结构差异较大。产品市场稳定多的成熟产业经营风险低，因此可提高债务资本比重，发挥财务杠杆作用。高新技术企业的产品、技术、市场尚不成熟，经营风险高，因此可降低债务资本比重，控制财务杠杆风险。在同一企业不同发展阶段，资本结构安排不同。企业初创阶段，经营风险高，在资本结构安排上应控制负债比例；企业发展成熟阶段，产品产销业务量稳定和持续增长，经营风险低，可适度增加债务资本比重，发挥财务杠杆效应；企业收缩阶段，产品市场占有率下降，经营风险逐步加大，应逐步降低债务资本比重，保证经营现金流量能够偿付到期债务，保持企业持续经营能力，减少破产风险。

（六）经营环境和经济周期状况

当企业经营环境较好、宏观经济处于上升周期时，面临发展机会的企业会采纳更激进的融资政策，较多地使用负债。经济成长性好，企业预期收益稳定增长的概率大，企业发生财务危机的可能性小，企业经理人和股东的融资倾向高。反之，在企业经营环境不好和经济处于衰退周期时，企业应较少负债。

（七）税收政策和货币政策

政府调控经济的手段包括财政税收政策和货币金融政策，当所得税税率较高时，债务资本的抵税作用大，企业可以充分利用这种作用来提高企业价值。货币金融政策影响资本供给，从而影响利率水平的变动，当国家执行紧缩的货币政策时，市场利率较高，企业债务资本成本增大。需要强调的是，企业实际资本结构往往受企业自身状况与政策条件及市场环境多种因素的共同影响,并同时伴随着企业管理层的偏好与主观判断,从而使资本结构的决策难以形成统一的原则与模式。

五、资本结构的决策方法

不同的资本结构会给企业带来不同的后果。企业利用债务资本进行举债经营具有双重作用,既可以发挥财务杠杆效应,也可能带来财务风险。因此企业必须权衡财务风险和资本成本的关系,确定最佳的资本结构。评价企业资本结构最佳状态的标准应该是能够提高股权收益或降低资本成本,最终目的是提升企业价值。股权收益,表现为净资产收益率或普通股每股收益;资本成本,表现为企业的加权平均资本成本。根据资本结构理论,当企业加权平均资本成本最低时,企业价值最大。所谓最佳资本结构,是指在一定条件下使企业加权平均资本成本最低、企业价值最大的资本结构。资本结构优化的目标,是降低加权平均资本成本或提高普通股每股收益。从理论上讲,最佳资本结构是存在的,但由于企业内部条件和外部环境的经常性变化,使确定最佳资本结构十分困难。资本结构决策有不同的方法,常用的方法有三种:一是比较资本成本法;二是每股收益无差别点法;三是比较企业价值法。

(一) 比较资本成本法

(1) 比较资本成本法是指在适度财务风险的条件下,测算可供选择的不同资本结构或筹资组合方案的加权平均资本成本,确定加权平均资本成本最低的筹资组合为相对最优资本结构的方法。

【例 11-1】甲公司在初创时需要资本总额 5 000 万元,有如表 11-1 所示的三个筹资组合方案可供选择。

表 11-1　　　　　甲公司初始筹资组合方案资料测算　　　　　单位:万元

筹资方式	初始筹资额	筹资方案A资本成本率(%)	初始筹资额	筹资方案B资本成本率(%)	初始筹资额	筹资方案C资本成本率(%)
长期借款	400	6	500	6.5	800	7
长期债券	1 000	7	1 500	8	1 200	7.5
优先股	600	12	1 000	12	500	12
普通股	3 000	15	2 000	15	2 500	15
合计	5 000	—	5 000	—	5 000	—

假定甲公司的 A、B、C 三个筹资组合方案的财务风险相当,都是可以承受的。下

面分两步分别测算这三个筹资组合方案的综合资本成本率并比较其高低,以确定最佳筹资组合方案,即最佳资本结构。

第一步,测算各方案各种筹资方式的筹资额与筹资总额的比率及综合资本成本率,如表 11-2 所示。

表 11-2　　各方案各种筹资方式的筹资额与筹资总额的
比率及综合资本成本率

方案 A	各种筹资方式的筹资额与筹资总额的比率
长期借款	$400 \div 5\,000 = 0.08$
长期债券	$1\,000 \div 5\,000 = 0.20$
优先股	$600 \div 5\,000 = 0.12$
普通股	$3\,000 \div 5\,000 = 0.60$
综合资本成本率	$6\% \times 0.08 + 7\% \times 0.20 + 12\% \times 0.12 + 15\% \times 0.60 = 12.32\%$
方案 B	各种筹资方式的筹资额与筹资总额的比率
长期借款	$500 \div 5\,000 = 0.1$
长期债券	$1\,500 \div 5\,000 = 0.3$
优先股	$1\,000 \div 5\,000 = 0.2$
普通股	$2\,000 \div 5\,000 = 0.4$
综合资本成本率	$6.5\% \times 0.1 + 8\% \times 0.3 + 12\% \times 0.2 + 15\% \times 0.4 = 11.45\%$
方案 C	各种筹资方式的筹资额与筹资总额的比率
长期借款	$800 \div 5\,000 = 0.16$
长期债券	$1\,200 \div 5\,000 = 0.24$
优先股	$500 \div 5\,000 = 0.10$
普通股	$2\,500 \div 5\,000 = 0.50$
综合资本成本率	$7\% \times 0.16 + 7.5\% \times 0.24 + 12\% \times 0.10 + 15\% \times 0.50 = 11.62\%$

第二步,比较各个筹资组合方案的综合资本成本率并作出选择。筹资组合方案 ABC 的综合资本成本率分别为 12.32%、11.45% 和 11.62%。经比较,方案 B 的综合资本成本率最低,故在适度财务风险的条件下,应选择筹资组合方案 B 作为最佳筹资组合方案,由此形成的资本结构可确定为最佳资本结构。

(2) 资本成本比较法的优缺点。

资本成本比较法的测算原理容易理解,测算过程简单。但该法仅以资本成本率最低为决策标准,没有具体测算财务风险因素,其决策目标实质上是利润最大化而不是公司价值最大化。资本成本比较法一般适用于资本规模较小、资本结构较为简单的非股份制企业。

(二) 每股收益无差别点法

每股收益无差别点法是利用每股收益无差别点来进行资本结构决策的方法。每股收益无差别点是指两种或两种以上筹资方案下普通股每股收益相等时的息税前利润点，亦称息税前利润平衡点，有时亦称筹资无差别点。运用这种方法，根据每股收益无差别点，可以分析判断在什么情况下可利用债务筹资来安排及调整资本结构，进行资本结构决策。

每股收益无差别点为企业管理层解决在某一特定预期盈利水平下应该选择什么筹资方式问题提供了一个简单的分析方法，其测算公司为：

$$\frac{(\overline{EBIT} - I_1)(1 - T)}{N_1} = \frac{(\overline{EBIT} - I_2)(1 - T)}{N_2} \tag{11-9}$$

其中，$\overline{EBIT}$ 代表每股收益无差别点时的息税前利润，I_1、I_2 代表两种筹资方式下的长期债务年利息，N_1、N_2 代表两种筹资方式下的普通股股数。

每股收益无差别点法选择的关键是取决于企业预期的息税前利润，只有当预期息税前利润大于无差异点息税前利润 $\overline{EBIT}$ 时，才能选择财务杠杆效应高的筹资方案。

【例 11-2】乙企业原有资本 7 000 万元，其中债务资本 2 000 万元（每年负担的利息 240 万元），普通股资本 5 000 万元（发行普通股 100 万股，每股 50 元）。由于业务扩大需要，需追加筹资 3 000 万元，经测算有两种追加筹资方案：(1) 增加权益资本，发行普通股 60 万股，每股 50 元；(2) 增加负债，筹借长期债务 3 000 万元，利率为 12%，利息 360 万元。所得税率为 25%。要求：计算企业每股收益无差别点，并为企业作出筹资决策。

依题意可知增发普通股与增加长期债务两种方式下的每股收益无差别点为：

$$EPS_1 = \frac{(\overline{EBIT} - 200)(1 - 25\%)}{100 + 60}$$

$$EPS_2 = \frac{(\overline{EBIT} - 240 - 360)(1 - 25\%)}{100}$$

解得：$\overline{EBIT} = 1\,200$（万元），此时：$EPS_1 = EPS_2 = 4.5$（元）。

EBIT 为 1 200 万元的意义在于：当企业利用全部资本 10 000 万元预期实现息税前利润大于 1 200 万元时，增加债务筹资比增发普通股较为有利；当预期息税前利润小于 1 200 万元时，则不应再增加债务，而应增发股票，才对企业有利；当预期息税前利润等于 1 200 万元时，两种方案都可以选择。

(三) 比较企业价值法

1. 比较企业价值法的含义

比较企业价值法是在反映财务风险的条件下，以企业价值的大小为标准进行资本决策的方法。每股收益无差别点法以每股收益的高低作为衡量标准对筹资方式进行选择。这种方法的缺点在于没有考虑风险因素。从根本上讲，财务管理的目标在于追求企业价值的最大化或股价最大化。然而，只有在风险不变的情况下，每股收益的增长才会直接导致股价的上升，实际上经常是随着每股收益的增长，风险也会加大。如果每股收益的增长不足以补偿风险增加所需的报酬时，尽管每股收益增加，股价仍然会下降。所以公司的最佳资本结构应当是可使企业的总价值最高，而不一定是每股收益最大的资本结构。同时，在企业总价值最大的资本结构下，公司的资本成本也是最低的。

比较企业价值法充分考虑了公司的财务风险和资本成本等因素的影响，进行资本结构的决策以公司价值最大为标准，更符合公司价值最大化的财务目标；但其测算原理及测算过程较为复杂，通常用于资本规模较大的上市公司。

2. 公司价值的测算

一个公司的价值是指该公司目前值多少。关于公司价值的内容和测算基础及方法，主要有三种观点。

（1）公司价值等于其未来净收益（或现金流量，下同）。按照一定折现率折现的价值，即公司未来净收益的现值。用公式简要表示为：

$$V = \frac{EAT}{K} \qquad (11-10)$$

其中，V 表示公司的价值，即公司未来净收益的现值；EAT 表示公司未来的年净收益，即公司未来的年税后收益；K 表示公司未来净收益的折现率。

这种测算方法有其合理性，但不易确定的因素很多，主要有两个方面：一是公司未来的净收益不易确定，在上述公式中还有一个假定，即公司未来每年的净收益为年金，事实上未必都是如此；二是公司未来净收益的折现率不易确定。因此，这种测算方法尚难以在实践中加以应用。

（2）公司价值是其股票的现行市场价值。根据这种观点，公司股票的现行市场价值可按其现行市场价格来计算，故有其客观合理性，但还存在两个问题：一是公司股票受各种因素的影响，其市场价格处于经常性波动之中，每个交易日都有不同的价格，在这种现实条件下，公司的股票究竟按哪个交易日的市场价格来计算，这个问题尚未得到解决；二是公司价值的内容未必只包括股票的价值，可能还应包括长期债务的价值，而这两者之间又是相互影响的。如果公司的价值只包括股票的价值，就无须进行资本结构的决策，这种测算方法也就不能用于资本结构决策。

（3）公司价值等于其长期债务和股票的折现价值之和。与上述两种测算方法相比，这种测算方法比较合理，也比较现实。它至少有两个优点：第一从公司价值的内容来看，它不仅包括了公司股票的价值，还包括公司长期债务的价值；第二从公司净收益的

归属来看，它属于公司的所有者，即属于股东。因此，在测算公司价值时，这种测算方法可用公式表示为

$$V = B + S \tag{11-11}$$

其中，V 表示公司的总价值，即公司总的折现价值；B 表示公司长期债务的折现价值；S 表示公司股票的折现价值。

为简化测算起见，设长期债务（含长期借款和长期债券）的现值等于其面值（或本金）；股票的现值按公司未来净收益的折现值测算，其测算公式为：

$$S = \frac{(EBIT - I)(1 - T)}{K_S} \tag{11-12}$$

其中，S 表示公司股票的折现价值，EBIT 表示公司未来的年息税前利润；I 表示公司长期债务年利息，T 表示公司所得税税率，K_S 表示公司股票资本成本率。采用资本资产定价模型计算，此时，公司加权平均资本成本。

WACC = 税前债务资本成本 × (1 - T) × 债务市场价值比重
+ 权益资本成本 × 股票市场价值比重　　　　　　　　(11-13)

【例 11-3】丙公司现有全部长期资本均为普通股资本，无长期债务资本和优先股资本，账面价值 20 000 万元。公司认为这种资本结构不合理，没有发挥财务杠杆的作用，准备举借长期债务购回部分普通股予以调整。公司预计息税前利润为 5 000 万元，假定公司所得税税率为 25%。经测算，目前的长期债务年利率和普通股资本成本率如表 11-3 所示。

表 11-3　　　　丙公司在不同长期债务规模下的债务年利率和普通股资本成本率测算

B(万元)	K_B(%)	β	R_f(%)	R_m(%)	K_S(%)
0	—	1.20	10	14	14.8
2 000	10	1.25	10	14	15.0
4 000	10	1.30	10	14	15.2
6 000	12	1.40	10	14	15.6
8 000	14	1.55	10	14	16.2
10 000	16	2.10	10	14	18.4

在表 11-3 中，当 B = 2 000 万元，β = 1.25，R_f = 10%，R_m = 14% 时，有
K_S = 10% + 1.25 × (14% - 10%) = 15.0%

其余同理计算。

根据表 11 – 3 的资料，运用前述公司价值和公司资本成本率的测算方法，可以测算在不同长期债务规模下的公司价值和公司资本成本率，如表 11 – 4 所示，可据以比较确定公司的最佳资本结构。

表 11 – 4　　　　丙公司在不同长期债务规模下的公司
价值和资本成本率测算表

B(万元)	S(万元)	V(万元)	K_B(%)	K_S(%)	K_W(%)
0	25 337.84	25 337.84	0	14.8	14.80
2 000	24 000	26 000	10	15	14.42
4 000	22 697.37	26 697.37	10	15.2	14.05
6 000	20 576.92	26 576.92	12	15.6	14.11
8 000	17 962.96	25 962.96	14	16.2	14.44
10 000	13 858.7	23 858.7	16	18.4	15.72

在表 11 – 4 中，当 B = 4 000 万元，K_B = 10%，K_S = 15.2% 以及 EBTT = 5 000 万元时，则有

$$S = \frac{(5\,000 - 4\,000 \times 10\%) \times (1 - 25\%)}{15.20\%} = 22\,697.37(万元)$$

V = 4 000 + 22 697.37 = 26 697.37（万元）

此时 $K_W = 10\% \times \dfrac{4\,000}{26\,697.37} \times (1 - 25\%) + 15.2\% \times \dfrac{22\,697.37}{26\,697.37} = 14.05\%$

其余同理计算。

从表 11 – 4 中可以看到，在没有长期债务资本的情况下，丙公司的价值就是其原有普通股资本的价值，此时 V = S = 25337.84 万元。当丙公司开始利用长债务资本部分替换普通股资本时，公司的价值开始上升，同时公司资本成本率开始下降；直到长期债务资本达到 4 000 万元时，公司的价值最大（26 697.37 万元），同时公司的资本成本率最低（14.05%）；而当公司的长期债务资本超过 4 000 万元后，公司的价值开始下降，公司的资本成本率同时上升。因此可以确定，丙公司的长债务资本为 4 000 万元时的资本结构为最佳资本结构。此时，丙公司的长期资本值总额为 26 697.37 万元，其中普通股资本价值 22 697.37 万元，占公司总资本价的比例为 85%（22 637/269 737）；长期债务资本价值 4 000 万元，占公司资本价值的比例为 15%（4 000/26 697.37）。

本章练习

一、简答题

1. 早期资本结构理论有哪些？
2. 在最初开始资本结构理论研究时，MM 理论的基本假设包括哪些？
3. MM 理论无税时的命题一和有税时的命题二各为什么？
4. 什么是代理成本？
5. 简单对优序融资理论作出评价。
6. 影响企业资本结构的因素有哪些？
7. 确定企业最佳资本结构的方法有哪些？各自的基本原理和决策标准是什么？

二、单项选择题

1. 某企业的资本总额中，留存收益筹集的资本占20%，已知留存收益筹集的资本在100万元以下时其资本成本为7%，在100万元以上时其资本成本为9%，则该企业留存收益的筹资总额分界点是（　　）万元。

    A. 500　　　　　B. 480　　　　　C. 550　　　　　D. 425

2. 已知某企业目标资本结构中长期债务的比重为20%，债务资本的增加额在 0~10 000元范围内，其利率维持5%不变；超过10 000元时，其利率将上升至7%。则该企业与此相关的筹资总额分界点为（　　）元。

    A. 5 000　　　　B. 20 000　　　　C. 50 000　　　　D. 200 000

3. 下列各项中，运用普通股每股收益无差别点确定最佳资本结构时，需计算的指标是（　　）。

    A. 息税前利润　　B. 营业利润　　C. 净利润　　D. 利润总额

4. 下列资本结构调整的方法中，属于增量调整的是（　　）。

    A. 债转股　　　B. 发行新债　　C. 提前归还借款　　D. 增发新股偿还债务

5. 比较资本成本法是根据（　　）来确定资本结构。

    A. 加权平均资本成本的高低
    B. 占比重大的个别资本成本的高低
    C. 各个别资本成本代数之和的高低
    D. 负债资本各个别资本成本代数之和的高低

6. 采用每股收益无差别点法进行资本结构决策，所选择的方案是（　　）。

    A. 每股收益最大的方案
    B. 风险最小的方案
    C. 每股收益最大、风险最小的方案

D. 每股收益适中、风险适中的方案

三、多项选择题

1. 下列关于资本结构理论的说法中，正确的有（　　）。

A. 代理理论、权衡理论、有企业所得税条件下的 MM 理论，都认为企业价值与资本结构有关

B. 按照优序融资理论的观点，考虑信息不对称和逆向选择的影响，管理者偏好首选留存收益筹资，然后是发行新股筹资，最后是债务筹资

C. 权衡理论是对有企业所得税条件下的 MM 理论的扩展

D. 代理理论是对权衡理论的扩展

2. 下列资本结构的调整方法中，属于减量调整的有（　　）。

A. 将可转换债券转换为公司的普通股

B. 进行公司分立

C. 分配现金股利

D. 融资租赁

3. 下列因素中，（　　）会影响企业的资本结构。

A. 所得税税率的高低　　　　　　B. 企业的资产结构

C. 企业的信用等级　　　　　　　D. 企业产销情况

4. 下列各项中，可用于确定企业最优资本结构的方法有（　　）。

A. 高低点法　　　　　　　　　　B. 公司价值分析法

C. 比较资本成本法　　　　　　　D. 息税前利润—每股收益分析法

5. 最佳资本结构是指（　　）的资本结构。

A. 企业价值最大化　　　　　　　B. 加权平均资本成本最低

C. 每股收益最大　　　　　　　　D. 净资产值最大

四、判断题

1. 确定最佳资本结构的每股收益无差别点法，只考虑了资本结构对每股益的影响，并假定每股收益最大，股票价格也就最高。（　　）

2. 在确定企业的资本结构时，应考虑资产结构的影响。一般地，拥有大量定资产的企业主要是通过长期负债和发行股票筹集资本，而拥有较多流动资产的企业主要依赖流动负债筹集资本。（　　）

3. 某种筹资方式的筹资总额分界点是指确保该筹资方式个别资本成本不变的筹资总额的限额。（　　）

4. 最优资本结构是使企业筹资能力最强、财务风险最小的资本结构。（　　）

5. 企业最优资本结构是指在一定条件下使企业自有资本成本最低的资本结构。

（　　）

五、计算与案例分析

1. 美国某电子公司的首席执行官（CEO）Smith 先生十分关心公司的债务融资水平。该公司使用短期负债来为其暂时的营运资金融资，没有使用长期负债。其他电子公司的负债比率平均为 30%，Smith 先生对这种差异感到十分惊讶，并且好奇这会对股票价格产生哪些影响。为了加深对此事的了解，他提出了以下的问题，请你结合所学知识加以回答。

（1）《商业周刊》最近发表了一篇关于公司债务政策的文章，文章中数次提到了 Modigliani 和 Miller 的名字。Modigliani 和 Miller 是谁？MM 和 Miller 模型中隐含了什么样的假设？

（2）无公司税的 MM 理论、有公司税的 MM 理论和 Miller 模型对财务经理的资本结构决策作出了什么样的建议？实践中，公司遵循这些原则了吗？

（3）什么是财务危机成本和代理成本？这些成本的加入对 MM 和 Miller 的模型产生了什么样的影响？

2. 某公司原有资金 700 万元，其中债务资本 200 万元（每年负担利息 24 万元）普通股资本 500 万元（发行普通股 10 万股，每股面值 50 元）。由于业务需要需追加筹资 300 万元，其筹资方式有二：

A 方式：全部发行普通股。具体是增发 6 万股，每股面值 50 元；

B 方式：全部筹借长期债务。债务利率仍为 12%，利息 36 万元。公司的变动成本率为 60%，固定成本为 180 万，所得税率为 33%。

请确定每股利润的无差别点，并决定如何筹资。

3. 某公司目前拥有资金 2 000 万元，其中，长期借款 800 万元，年利率 10%；普通股 1 200 万元，上年支付的每股股得 2 元，预计股利增长率为 5%，发行价格 20 元，目前价格也为 20 元，该公司筹集资金 100 万元，企业所得税率为 33%，有两种筹资方案：

方案 A：增加长期借款 100 万元，借款利率上升到 12%，假设公司其他条件不变。

方案 B：增发普通股 40 000 股，普通股市价增加到每股 25 元。

要求：根据以上资料，

（1）计算该公司筹资前加权平均资金成本；

（2）用比较资金成本法确定该公司最佳的资金结构。

4. MC 公司 2017 年年初的负债及所有者权益总额为 9 000 万元，其中，公司债券为 1 000 万元（按面值发行，票面年利率为 8%，每年年末付息，三年后到期）；普通股股本为 4 000 万元（面值 1 元，4 000 万股）；资本公积为 2 000 万元；其余为留存收益。

2017 年该公司为扩大生产规模，需要再筹集 1 000 万元资金，有以下两个筹资方案可供选择：

方案一：增加发行普通股，预计每股发行价格为 5 元；

方案二，增加发行同类公司债券，按面值发行，票面年利率为8%。预计2017年可实现息税前利润2 000万元，适用的企业所得税税率为25%。

要求：

（1）计算增发股票方案的下列指标：

① 2017年增发普通股股份数；

② 2017年全年债券利息。

（2）计算增发公司债券方案下的2017年全年债券利息。

（3）计算每股利润的无差异点，并据此进行筹资决策。

5. A公司目前资本结构为：总资本3 500万元，其中债务资本1 400万元（年利息140万元）；普通股资本210万元（210万股，面值1元，市价5元），资本公积1 000万元，留存收益890万元，公司目前的息税前利润为300万元，企业由于扩大经营规模，需要追加筹资2 800万元，投资一个新项目，所得税税率25%，不考虑筹资费用因素。有三种筹资方案：

甲方案：增发普通股400万股，每股发行价6元；同时向银行借款400万元，利率保持原来的10%。

乙方案：增发普通股200万股，每股发行价6元；同时溢价发行1 600万元面值为1 000万元的公司债券，票面利率15%。

丙方案：不增发普通股，溢价发行2 500万元面值为2 300万元的公司债券，票面利率15%；由于受债券发行数额的限制，需要补充向银行借款300万元，利率10%。

要求：

（1）计算甲方案与乙方案的每股收益无差别点息税前利润；

（2）计算乙方案与丙方案的每股收益无差别点息税前利润；

（3）计算甲方案与丙方案的每股收益无差别点息税前利润；

（4）判断公司应如何筹资；

（5）若公司预计新项目每年可给公司带来新增的息税前利润为500万元时应如何筹资。

【注会真题汇编】

1. ［2017. 单选］在考虑企业所得税但不考虑个人所得税的情况下，下列关于资本结构有税MM理论的说法中，错误的是（　　）。

A. 财务杠杆越大，企业价值越大

B. 财务杠杆越大，企业利息抵税现值越大

C. 财务杠杆越大，企业权益资本成本越高

D. 财务杠杆越大，企业加权平均资本成本越高

2. ［2016.单选］根据有税的MM理论，下列各项中会影响企业价值的是（   ）。

A. 债务利息抵税　　　　　　　　B. 债务代理成本

C. 债务代理收益　　　　　　　　D. 财务困境成本

3. ［2012.单选］甲公司目前存在融资需求，如果采用优序融资理论，管理层应当选择的融资顺序是（   ）。

A. 内部留存收益、公开增发新股、发行公司债券、发行可转换债券

B. 内部留存收益、公开增发新股、发行可转换债券、发行公司债券

C. 内部留存收益、发行公司债券、发行可转换债券、公开增发新股

D. 内部留存收益、发行可转换债券、发行公司债券、公开增发新股

4. ［2012.单选］甲公司因扩大经营规模需要筹集长期资本，有发行长期债券、发行优先股、发行普通股三种筹资方式可供选择。经过测算，发行长期债券与发行普通股的每股收益无差别点为120万元，发行优先股与发行普通股的每股收益无差别点为180万元。如果采用每股收益无差别点法进行筹资方式决策，下列说法中，正确的是（   ）。

A. 当预期的息税前利润为100万元时，甲公司应当选择发行长期债券

B. 当预期的息税前利润为150万元时，甲公司应当选择发行普通股

C. 当预期的息税前利润为180万元时，甲公司可以选择发行普通股或发行优先股

D. 当预期的息税前利润为200万元时，甲公司应当选择发行长期债券

第十二章 杠杆理论

> **本章提要**
>
> 在筹资方式选择和资本结构调整方面,公司需要考虑是否和如何利用经营杠杆和财务杠杆的作用。公司经营杠杆是由与产品生产或提供劳务有关的固定性经营成本所引起的,而财务杠杆则是由债务利息等固定性融资成本所引起的。两种杠杆具有放大盈利波动性的作用,从而影响公司的风险与收益。

一、相关概念

(一)成本习性及分类

成本习性,是指成本总额与业务量之间在数量上的依存关系。成本按习性可划分为固定成本、变动成本和混合成本三类。

1. 固定成本

固定成本是指其总额在一定时期和一定业务量范围内不随业务量发生任何变动的那部分成本。包括直线折旧法计提的折旧费、保险费、广告费、培训费、办公费等,这些费用每年支出水平基本相同,即使产销业务量在一定范围内变动,它们也保持固定不变。但由于其成本固定不变,在产销量的变动下,分摊到每个产品中的成本却在变化,产量越大,每个产品承担的固定成本就越少。即单位固定成本随产量的增加而逐渐降低。

固定成本还可进一步区分为约束性固定成本和酌量性固定成本两类。约束性固定成本属于企业"经营能力"成本,是企业维持一定业务量所必须负担的最低成本,如厂房、设备的折旧费、管理人员工资。对这部分成本,管理者的决策行为不能改变其数额。否则,就会影响企业的经营活动。酌量性固定成本属于企业"经营方针"成本,管理者根据经营方针的需要通过决策可以改变其数额,如广告费、新产品研究开发费、职工培训费等。因此,要降低酌量性固定成本,必须在预算时精打细算,合理确定其开支数额。

2. 变动成本

变动成本是指其总额随着业务量成正比例变动的那部分成本,如直接材料、直接人工等都属于变动成本。但从产品单位成本来看,则恰好相反,产品单位成本中的直接材料、直接人工保持不变,即单位变动成本是不变的。

与固定成本相同,变动成本也存在相关范围,即只有在一定范围之内,业务量和成本才能完全成同比例变化,超过了一定的范围,这种关系就不存在。

3. 混合成本

在实际工作中,往往有一些成本虽然也随业务量的变动而变动,但不成同比例变动,这类成本称为混合成本。在实际运用时,需要对混合成本进行分解,即通过一定的方法,把混合成本分解为变动成本和固定成本。

4. 总成本习性模型

成本按习性可分为变动成本、固定成本和混合成本三类,但混合成本又可以按一定方法分解成变动部分和固定部分,那么,总成本习性模型可以表示为:

$$总成本 = 变动成本 + 固定成本 = 单位变动成本 \times 业务量 + 固定成本 \quad (12-1)$$

(二) 边际贡献及其计算

边际贡献,是指销售收入减去变动成本以后的差额,即:

$$边际贡献 = 销售收入 - 变动成本 \quad (12-2)$$

如果用单位产品表示:

$$单位边际贡献 = 单价 - 单位变动成本 \quad (12-3)$$

因此:

$$边际贡献 = 销售收入 - 变动成本 = (单价 - 单位变动成本) \times 业务量 \quad (12-4)$$

边际贡献是产品扣除自身变动成本后给企业所作的贡献。它首先用于收回企业的固定成本,如果还有剩余则成为利润,如果不足以收回固定成本则发生亏损。

边际贡献在销售收入中所占的百分率,称为边际贡献率。

$$边际贡献率 = \frac{边际贡献}{销售收入} \times 100\% = \frac{单位边际贡献}{单价} \times 100\% \quad (12-5)$$

边际贡献率可以理解为每 1 元销售收入中边际贡献所占的比重,它反映了产品给企业作出贡献的能力。

与边际贡献率相对应的概念是"变动成本率",即变动成本在销售收入中所占的百分率。

$$变动成本率 = \frac{变动成本}{销售收入} \times 100\% = \frac{单位变动成本}{单价} \times 100\% \qquad (12-6)$$

由于销售收入被分为变动成本和边际贡献两部分,前者是产品自身的耗费,后者是给企业作出的贡献,两者具有如下关系:

$$变动成本率 + 边际贡献率 = 1 \qquad (12-7)$$

(三) 息税前利润与每股收益

息税前利润,是指企业支付借款利息、交纳所得税以前的利润。息税前利润代表企业生产经营的全部收益,是企业经营成果最全面的体现。

$$\begin{aligned}息税前利润 &= 销售收入 - 变动成本 - 固定成本 \\ &= (单价 - 单位变动成本) \times 业务量 - 固定成本 \\ &= 边际贡献 - 固定成本\end{aligned} \qquad (12-8)$$

注意:上式的固定成本和变动成本中均不包括利息费用。

设 F 代表固定成本,EBIT 代表息税前利润,则式(12-8)可表示为:

$$EBIT = PQ - VQ - F = (P - V)Q - F = M - F \qquad (12-9)$$

每股收益是指属于普通股股东的每股收益,是企业在经营实现的息税前利润的基础上,向债权人支付利息、向国家纳税以及向优先股股东支付股利后,属于普通股股东的利润,并用每股的方式表示。

$$每股收益 = \frac{(息税前利润 - 利息) \times (1 - 所得税税率) - 优先股股利}{普通股股数} \qquad (12-10)$$

其中,I 代表利息费用,T 代表所得税率,D 代表优先股股息,N 代表普通股股数,EPS 代表普通股每股收益。则式(12-10)可表示为:

$$EPS = \frac{(EBIT - I) \times (1 - T) - D}{N} \qquad (12-11)$$

二、经营风险和经营杠杆

1. 经营风险

经营风险,是指企业未使用债务时经营的内在风险。影响企业经营风险的因素很多，主要有以下几个方面：

（1）产品需求。市场对企业产品的需求稳定，则经营风险小；反之，经营风险大。

（2）产品售价。产品售价稳定，则经营风险小；反之，经营风险大。

（3）产品成本。产品成本是收入的抵减，成本不稳定，会导致利润不稳定，因此，产品成本变动大，则经营风险大；反之经营风险小。

（4）调整价格的能力。当产品成本变动时，若企业具有较强的调整价格的能力，则经营风险小；反之，经营风险就大。

（5）固定成本的比重。在企业全部成本中，固定成本所占比重较大时，单位产品分摊的固定成本额较多，若产品数量发生变动则单位产品分摊的固定成本会随之变动，会最后导致利润更大的变动，经营风险就大；反之，经营风险就小。

2. 经营杠杆

为了反映经营杠杆的作用程度，估计经营杠杆利益的大小，评价经营风险的高低，一般可通过经营杠杆系数进行分析。经营杠杆系数越大，表明经营杠杆作用越大，经营风险也就越大；反之则越小。经营杠杆系数是指息税前利润变动率相当于业务量变动率的倍数，其定义表达式为：

$$\text{DOL} = \frac{\text{息税前利润变动率}}{\text{业务量变动率}} = \frac{\Delta \text{EBIT}/\text{EBIT}}{\Delta Q/Q} \tag{12-12}$$

其中，DOL 代表经营杠杆系数，ΔEBIT 代表息税前利润变动额，EBIT 代表变动前息税前利润，ΔQ 代表业务量变动额，Q 代表变动前业务量。

为了便于计算，上述定义公式可以推导出如下计算公式

$$\text{DOL} = \frac{Q(P-V)}{Q(P-V)-F} = \frac{M}{\text{EBIT}} = \frac{\text{EBIT}+F}{\text{EBIT}} \tag{12-13}$$

从推导出的公式可以看出，如果固定成本等于 0，则经营杠杆系数为 1，不存在经营杠杆效应；当固定成本不为 0 时；经营杠杆系数都是大于 1 的，即显现出经营杠杆效应。

在影响经营风险的诸多因素中，固定性经营成本的影响是一个基本因素。在一定的销售量范围内，固定成本总额是不变的，随着销售量的增加，单位固定成本就会降低，从而单位产品的利润提高，息税前利润的增长率将大于销售量的增长率；相反，销售量的下降会提高产品单位固定成本，从而单位产品的利润减少，息税前利润的下降率将大于销售量的下降率。如果企业不存在固定成本，则息税前利润的变动率将与销售量的变动率保持一致。这种在某一固定成本比重的作用下，由于销售量一定程度的变动引起息税前利润产生更大程度变动的现象被称为经营杠杆效应。固定成本是引发经营杠杆效应的根源，但企业销售量水平与盈亏平衡点的相对位置决定了经营杠杆的大小，即经营杠

杆的大小是由固定性经营成本和息税前利润共同决定的。

需要特别说明的是：经营杠杆系数本身并不是经营风险变化的来源，它只是衡量经营风险大小的量化指标。事实上，是销售和成本水平的变动，引起了息税前利润的变化，而经营杠杆系数只不过是放大了息税前利润的变化，也就是放大了公司的经营风险。因此，经营杠杆系数应当仅被看作是对"潜在风险"的衡量，这种潜在风险只有在销售和成本水平变动的条件下才会被"激活"。

经营杠杆有助于企业管理层在控制经营风险时，不是简单考虑固定成本的绝对量，而是关注固定成本与盈利水平的相对关系。企业一般可以通过增加业务量、降低单位变动成本、降低固定成本比重等措施使经营杠杆系数下降，降低经营风险，但这往往要受到条件的制约。

三、财务风险和财务杠杆

（一）财务风险

财务风险是指在未来息税前利润不确定情况下，企业因举债经营而导致的普通股股东收益波动的风险。财务风险包括可能丧失偿债能力的风险和每股收益变动性的增加。由于经营风险的存在，公司未来收益存在不确定性，而债务的利息是固定的，当公司在资本结构中增加债务比例时，固定的现金流出量就会增加，发生丧失偿债能力的概率也增加。另外，债权人固定的利息报酬使得其不承担公司的经营风险，经营风险集中到普通股股东身上，导致每股收益的变动性增加。

引起企业财务风险的主要原因是资产报酬的不利变化和资本成本的固定负担。当企业的息税前利润下降时，企业仍然需要支付固定的资本成本，导致普通股收益以更快的速度下降。

财务风险的种类主要有以下几种：

1. 现金性财务风险

它是指企业在特定时点上，现金流出量超出现金流入量，而产生的到期不能偿付债务本息的风险。可见，现金性财务风险是由于现金短缺，债务的期限结构与现金流入的期间结构不相配套引起的，它是一种支付风险。现金性财务风险具有以下特征：

（1）它是一种个别风险，表现为某一项债务不能及时偿还，或者是某一时点的债务不能及时偿还。也正由于此，这种风险对企业以后各期的筹资影响不是很大。

（2）它是一种支付风险，与企业收支是否盈余没有直接关系。因为企业的支出中有些是有付现的，而企业的收入中有些在当期也不能收现的，因此，即使收支相抵有盈余（即有利润），也并不等于企业有现金净流入。

（3）它是由于理财不当引起的，表现为现金预算与实际不符而出现支付的危机，或者是由于资本结构安排不当引起的，如在资产利润较低时而安排了较多的偿债，以及在债务的期限安排上不合理而引起某一时期的偿债高峰等。因此，作为一种暂时性的偿债风险，只要通过合理安排现金流量和现金预算即能回避，而对所有者收益的直接影响不大。

2. 收支性财务风险

它是指企业在收不抵支情况下出现的不能偿还到期债务本息的风险。按照"资产＝负债＋权益"公式，如果企业收不抵支即发生亏损，将减少企业净资产，从而减少作为偿债保障的资产总量。在负债不变下，亏损越大，以企业资产偿还债务的能力也就越低。它具有以下特征：

（1）收支性风险是一种整体风险，即对全部债务的偿还都产生不利的影响，与某一具体债务或某一时点的债务的偿还无关。

（2）收支性风险不仅仅是一种支付风险，而且意味着企业经营失败，即处于收不抵支的破产状态，因此，这种风险不仅源于理财不当，而且主要源于经营不当。

（3）收支性风险是一种终极风险，一旦出现收不抵支，企业的债权人的权益将很难得到保障，而作为企业所有者的股东，其承担的风险和压力更大。

（4）一旦出现此类风险，如果企业不加强管理，那么企业的再筹资将面临大的困难。

（二）财务杠杆

1. 财务杠杆的定义及对企业利润的影响

在影响财务风险的因素中，债务利息或优先股股息这类固定性资本成本是基本因素。在一定的息税前利润范围内，债务筹资的利息成本是不变的，随着息税前利润的增加，单位利润所负担的固定性利息费用就会相对减少，从而单位利润可供股东分配的部分会相应增加，普通股股东每股收益的增长率将大于息税前利润的增长率。反之，当息税前利润减少时，单位利润所负担的固定性利息费用就会相对增加，从而单位利润可供股东分配的部分会相应减少，普通股股东每股收益的下降率将大于息税前利润的下降率。如果不存在固定性筹资费用，则普通股股东每股收益的变动率与息税前利润的变动率保持一致。这种由于固定性资本成本的存在，导致每股收益变动率大于息税前利润变动率的杠杆效应被称为财务杠杆。

2. 财务杠杆系数

为了反映财务杠杆的影响程度，一般可通过财务杠杆系数进行分析，财务杠杆系数越大，表明财务杠杆作用越大，财务风险也就越大，反之则越小。财务杠杆系数是指普

通股每股收益变动率相当于息税前利润变动率的倍数,其定义表达式为:

$$DFL = \frac{普通股每股收益变动率}{息税前利润变动率} = \frac{\Delta EPS/EPS}{\Delta EBIT/EBIT} \qquad (12-14)$$

其中,DFL 代表财务杠杆系数,ΔEPS 代表普通股每股收益变动额,EPS 代表变动前普通股每股收益,ΔEBIT 代表息税前利润变动额,EBIT 代表变动前息税前利润。

为了便于计算,上述定义公式可以推导出如下计算公式:

$$DFL = \frac{EBIT}{EBIT - I - \frac{D}{1-T}} \qquad (12-15)$$

当公司无优先股时,财务杠杆系数计算公式可简化为:

$$DFL = \frac{EBIT}{EBIT - I} \qquad (12-16)$$

从式(12-16)可以看出,如果固定性资本成本债务利息和优先股股利等于 0,则财务杠杆系数为 1,即不存在财务杠杆效应。当债务利息成本和优先股股利不为 0 时,通常财务杠杆系数都是大于 1 的,即显现出财务杠杆效应。

财务杠杆的大小取决于企业固定性资本成本的多少,固定性资本成本越多,财务杠杆系数越大,反之则小。固定性资本成本是引发财务杠杆效应的根源,但在一定的固定性资本成本下,不同的息税前利润水平具有不同的财务杠杆程度。财务杠杆有助于企业管理层在控制财务风险时,不是简单考虑负债融资的绝对量,而是关注负债利息成本与盈利水平的相对关系。

3. 财务结构的确定因素

在实践中,财务经理所面临的问题是在未来的销售、价格、成本和利润都不确定的现实情况下选择财务战略(资本结构),因此,有必要了解财务杠杆在不确定性假设中的影响,增加利润和杠杆与风险之间的权衡关系。影响企业筹资政策的基本因素包括以下几点。

(1)收益分布。企业愿意接受财务杠杆的使用而增加的风险主要取决于收益的分布。在其他情况相同的条件下,负债杠杆的概率越低,使用财务杠杆的概率就越大。企业的营业利润率越高,就越能承受使用更高杠杆的风险,从而增加净收益。反之,当企业没有足够的营业利润作为基础时,财务杠杆的使用会是很危险的策略。

(2)销售和收益的稳定。确定企业负债规模的另一个重要因素是销售的稳定,这也影响着收益的稳定。收益越稳定,企业能支付固定费用和债务的可能性就越大。收益稳定的企业负债筹资的比例会高,这也反映了经营风险与财务风险密切相关,两者对公司资产结构和财务结构方面的决策非常关键。

(3) 破产风险。破产风险也许是使用财务杠杆的最大制约因素,这一风险的程度取决于流动性和收益分布的稳定性。破产风险与企业的销售和收益的稳定有很大的关系。一旦企业的收益高度不稳定就不会采用很高的杠杆,因为可以想象可能支付不起固定债务。仅一年的负收益一般不会使企业破产,但企业连续几年亏损会陷入严重的财务困难。显然,在销售和收益稳定的情况下,财务务杠杆越高,企业面临一系列亏损的概率越大,破产的风险也就越大。

破产风险不仅取决于收益的统计上的分布,还取决于企业的资产和借债能力。例如,有些企业可以容易地出售它们的资产来支付债务,这也提高了这种资产的抵押价值,因此也就提高了企业的借款能力。一般而言,企业所持有的现金资产或将其他资产转换成现金的变现能力越强,破产的可能性越小,就越愿意提高财务杠杆。在现实中,杠杆、利润、股利政策和股票价格是密切相关的。

(4) 股利政策。值得注意的是,大多数企业很看重保持稳定的股利政策,即没有不发股利或暂时减少的情况。如果削减股利,市场的反映对公司的股票价格是不利的,财务政策的这个目标是很明确的:股利率确定,在其他情况相同的条件下,财务杠杆高,企业不能用当前经营收益支付股利的可能性越大。因为财务杠杆增加了 EPS 的不确定性,较高的杠杆比例增加了企业不能用当前经营收入支付股利的可能性。

(5) 控制。为保持有效的控制,避免发行额外的有表决权的股票,管理者会采用比预期更高的债务比例。如果公司向公众发行额外的股票就会失去控制,尽管债务增加的风险超过了临界值,但是企业也会愿意使用额外的债务而不是股票。

(6) 代理成本。一般而言,企业的经理与企业的股东有明显的区分,企业的经理不一定做使股票价值最大化的决策。例如,股东认为 50% 的负债是最佳财务杠杆,但企业经理认为企业如有 2~3 年的负收益,会使他们失去工作。虽然 50% 可能会使企业的价值最大化,但是,经理们会选择较低的杠杆,如 30%。

另外,超高利润时支付给高层经理的奖金一般不及亏损时所受的处罚(会使高层经理丢掉工作),因此,相对于股东而言,高层管理者更愿意回避风险。

总裁和财务经理得到的回报与股东得到的回报并不一定一致。因此,高级管理层并不总是按股东的最佳利益来做决策。这样,当选择财务杠杆时,如果高层经理知道他们面临着更高的风险,就会选择较小的债务规模。

四、总风险和总杠杆

(一) 总风险

财务杠杆增加了收益的不确定性。因此,在建立财务战略时,公司面临的是它对所愿意承担风险程度的决策。从原则上讲,通过改变公司财务结构或改变资产结构,都可达到任一风险水平。固定资产所占的比例越高,它的经营杠杆越高,这样的企业会采用比较保守的财务杠杆比率。因此,公司可在总风险确定的情况下,确定经营风险和财务风险的比例关系。

(二) 总杠杆

经营杠杆和财务杠杆可以独自发挥作用,也可以综合发挥作用,总杠杆是用来反映两者之间共同作用结果的。由于固定性经营成本的存在,产生经营杠杆效应,导致业务量变动对息税前利润变动有放大作用;同样,由于固定性资本成本的存在,产生财务杠杆效应,导致息税前利润变动对普通股收益有放大作用。两种杠杆共同作用,将导致业务量的变动引起普通股每股收益更大的变动。这种由于固定经营成本和固定资本成本的存在,导致普通股每股收益变动率大于业务量变动率的杠杆效应称为总杠杆(又称复合杠杆)。

1. 总杠杆系数

只要公司同时存在固定性经营成本和固定性资本成本,就存在总杠杆效应。总杠杆效应的程度用总杠杆系数(DTL)表示。总杠杆系数越大,表明总杠杆作用越大,公司总风险也就越大,反之则越小。总杠杆系数是普通股每股收益变动率相当于业务量变动率的倍数,计算公式为

$$
\begin{aligned}
DTL &= \frac{普通股每股收益变动率}{业务量变动率} \\
&= \frac{普通股每股收益变动率}{息税前利润变动率} \times \frac{息税前利润变动率}{业务量变动率} \\
&= DFL \times DOL
\end{aligned}
\qquad (12-17)
$$

2. 总杠杆和公司风险

公司风险包括企业的经营风险和财务风险,经营杠杆用来衡量企业经营风险,财务杠杆用来衡量企业的财务风险,总杠杆可用来衡量公司的总体风险。公司可以通过经营杠杆与财务杠杆之间的相互关系,对经营风险与财务风险进行管理。

在总杠杆系数一定的情况下,经营杠杆系数与财务杠杆系数此消彼长。总杠杆效应的意义在于:第一,能够说明销售量变动对普通股收益的影响,据以预测未来的每股收益水平;第二,揭示了财务管理的风险管理策略,即要保持一定的风险状况水平,需要维持一定的总杠杆系数,经营杠杆和财务杠杆可以有不同的组合。

一般来说,固定资产比较重大的资本密集型企业,经营杠杆系数高,经营风险大,企业筹资主要依靠权益资本,以保持较小的财务杠杆系数和财务风险;变动成本比重较

大的劳动密集型企业，经营杠杆系数低，经营风险小，企业筹资主要依靠债务资本，保持较大的财务杠杆系数和财务风险。

在企业初创阶段，产品市场占有率低，业务量小，经营杠杆系数大，此时企业筹资主要依靠权益资本，在较低程度上使用财务杠杆；在企业扩张成熟期，产品市场占有率高，业务量大，经营杠杆系数小，此时，企业资本结构中可扩大债务资本，在较高程度上使用财务杠杆。

总杠杆作用是经营杠杆和财务杠杆的连锁作用。营业收入的任何变动都会放大每股收益。联合杠杆系数对公司管理层具有一定的意义：（1）使公司管理层在一定的成本结构与融资结构下，当营业收入变化时，能够对每股收益的影响程度作出判断，即能够估计出营业收入变动对每股收益造成的影响。如果一家公司的联合杠杆系数是3，则说明营业收入每增长（减少）1倍，就会造成每股收益增长（减少）3倍。（2）通过经营杠杆与财务杠杆之间的相互关系，有利于管理层对经营风险与财务风险进行管理，即为了控制某一联合杠杆系数，经营杠杆和财务杠杆可以有很多不同的组合。例如，经营杠杆系数较高的公司可以在较低的程度上使用财务杠杆；经营杠杆系数较低的公司可以在较高的程度上使用财务杠杆等等。这有待公司在考虑各相关具体因素之后作出选择。

【例12-1】 某公司本年度只一种产品，息税前利润总额为800万元，变动成本率为60%，债务筹资的利息为400万元，单位变动成本600元，销售数量为4万台。要求：计算该公司的经营杠杆系数、财务杠杆系数、总杠杆系数。

[解]：

单价 $P = \dfrac{600}{60\%} = 1\,000$（元）

固定成本 $F = (1\,000 - 600) \times 4 - 800 = 800$（万元）

边际贡献 = 息税前利润 + 固定成本 = $800 + 800 = 1\,600$（万元）

经营杠杆系数 = $\dfrac{1\,600}{800} = 2$

财务杠杆系数 = $\dfrac{800}{800 - 400} = 2$

总杠杆系数 = $2 \times 2 = 4$

在此例中，经营杠杆系数为2的意义在于：当企业营业收入增长10%时，息税前利润将增长20%；反之，当企业营业收入下降10%时，息税前利润将下降20%。前一种情形表现为经营杠杆利益，后一种情形则表现为经营风险。同理，财务杠杆系数为2的意义在于：当企业息税前利润增长10%时，普通股每股收益将增长20%；反之，当企业息税前利润下降10%时，普通股每股收益将下降20%。前一种情形表现为财务杠杆利益，后一种情形则表现为财务风险。而总杠杆系数为4的含义在于：当公司营业收入或销售数量增长 10% 时，普通股每股收益将增长 40%，具体反映公司的总杠杆利益；反之，当公司营业收入或销售数量下降 10% 时，普通股每股收益将下降 40%，具体反映公司的总杠杆风险。

本章练习

一、简答题

1. 试述经营风险的概念及其决定因素。
2. 试述财务风险的影响因素。
3. 简述财务风险的种类。
4. 试述现金性财务风险的特征。
5. 财务风险分析的基本原理是什么？
6. 试述财务杠杆度和经营杠杆度的含义。
7. 财务结构的决定因素有哪些？
8. 试述总杠杆的度量和含义。

二、单项选择题

1. 某公司的经营杠杆系数为 1.8，财务杠杆系数为 1.5，则该公司销售额每增长 1 倍，就会造成每股收益增加（　　）倍。

    A. 1.2　　　　B. 1.5　　　　C. 0.3　　　　D. 2.7

2. 某公司年营业收入为 500 万元，变动成本为 200 万元，经营杠杆系数为 1.5，财务杠杆系数为 2。如果固定成本增加 50 万元，那么，总杠杆系数将变为（　　）。

    A. 2.4　　　　B. 3　　　　C. 6　　　　D. 8

3. 关于总杠杆系数，下列说法正确的是（　　）。

    A. 等于经营杠杆系数和财务杠杆系数之和

    B. 该系数等于普通股每股收益变动率与息税前利润变动率之间的比率

    C. 该系数反映产销量变动对普通股每股收益的影响

    D. 总杠杆系数越大，企业风险越小

4. 某企业固定经营成本为 20 万元，全部资本中公司债券占 25%，则该企业（　　）。

    A. 只存在经营杠杆

    B. 只存在财务杠杆

    C. 存在经营杠杆和财务杠杆

    D. 经营杠杆和财务杠杆可以相互抵销

5. 如果企业的资本来源全部为自有资本，且没有优先股，则企业财务杠杆系数（　　）。

A. 等于 0　　　　B. 等于 1　　　　C. 大于 1　　　　D. 小于 1

6. 如果企业一定期间内的固定生产成本和固定财务费用均不为零，则由上述因素共同作用而导致的杠杆效应属于（　　）。

A. 经营杠杆效应　　　　　　　　B. 财务杠杆效应

C. 总杠杆效应　　　　　　　　　D. 风险杠杆效应

7. 一般而言，在其他因素不变情况下，固定成本越高，则（　　）。

A. 经营杠杆系数越小，经营风险越大

B. 经营杠杆系数越大，经营风险越小

C. 经营杠杆系数越小，经营风险越小

D. 经营杠杆系数越大，经营风险越大

8. 当财务杠杆系数为 1 时，下列表述正确的是（　　）。

A. 息税前利润增长率为 0　　　　B. 息税前利润为 0

C. 利息与优先股股息为 0　　　　D. 固定成本为 0

三、多项选择题

1. 企业想要提高边际贡献总额，可采取的措施有（　　）。

A. 降低固定成本　　　　　　　　B. 提高销售单价

C. 降低单位变动成本　　　　　　D. 扩大销售量

2. 下列措施中有利于降低企业总风险的有（　　）。

A. 提高产品市场占有率　　　　　B. 增加广告费用

C. 降低公司资产负债率　　　　　D. 降低单位产品材料成本

3. 某公司经营杠杆系数为 1.4，财务杠杆系数为 2.5，则下列说法正确的有（　　）。

A. 如果产销量增减变动 1%，则息税前营业利润将增减变动 1.4%

B. 如果息税前营业利润增减变动 1%，则每股收益将增减变动 2.5%

C. 如果产销量增减变动 1%，每股收益将增减变动 3.5%

D. 如果产销量增减变动 1%，每股收益将增减变动 4.5%

4. 下列项目中，同总杠杆系数成正比例变动的是（　　）。

A. 每股收益变动率　　　　　　　B. 产销量变动率

C. 经营杠杆系数　　　　　　　　D. 财务杠杆系数

5. 企业财务风险主要体现在（　　）。

A. 增加了企业产销量大幅度变动的机会

B. 增加了普通股利润大幅度变动的机会

C. 增加了企业资本结构大幅度变动的机会

D. 增加了企业的破产风险

四、判断题

1. 在各种资本来源中，凡是需支付固定性资本成本的资本都能产生财务杠杆作用。（　　）

2. 经营杠杆可以用边际贡献除以税前利润来计算，它说明了销售变动引起利润变化的幅度。（　　）

3. 财务杠杆系数是由企业资本结构决定的，财务杠杆系数越大，财务风险越大。（　　）

4. 当企业的经营杠杆系数等于1时，则企业的固定成本为零，此时企业没有经营风险。（　　）

5. 经营风险指企业未使用债务时经营的内在风险，它是企业投资决策的结果，表现在资产息税前利润率的变动上。（　　）

五、计算与案例分析

1. 某公司目前产品销售量为10 000件，销售单价为30元，单位变动成本为15元，生产产品的固定成本为100 000元。计算该公司的经营杠杆度。

2. 某公司的资本构成情况如下：发行债券20万元，年利率5%，公司在外流通的普通股为10万股（面值1元），公司的优先股500股，每股面值20元，年股利率6.25%。该公司的息税前利润为10万元，所得税税率为40%。计算该公司的财务杠杆度。

3. 某公司2016年的销售额是1 000万元，税后净利是120万元。若该公司的财务杠杆度为1.6，固定成本为48万元，所得税税率是40%，公司预期2017年的销售额为1 200万元。计算该公司每股收益增加的幅度。

4. 某企业生产A产品，年固定成本为60万元，变动成本率为40%。根据企业的预算，明年企业的销售额可能在100万~400万元，则：

（1）当企业销售额分别为400万元、200万元和100万元时，经营杠杆度如何？

（2）根据企业经营杠杆度，结合课本所学内容说明销售额变动与利润变动的关系。

（3）试述销售额大小与经营杠杆度大小的关系。

（4）该企业的盈亏临界点销售额如何？

（5）当企业销售额处于盈亏临界点销售额之前或之后，经营杠杆度与销售额的关系有何变化？企业销售额处于盈亏临界点销售额时，经营杠杆度又如何呢？

（6）企业有关经营杠杆度的知识对企业财务经理有什么用处？

5. 假设A、B两家公司有关财务指标如表12-1所示。

表 12 - 1　　　　　　A、B 两家公司有关财务指标情况　　　　　　单位：万元

项　　目	A 公司	B 公司
销售收入	2 000	2 000
成本		
固定成本	700	200
变动成本	1 000	1 500
成本总额	1 700	1 700
息前税前利润	300	300

根据上述资料，如果你是一家资金充裕的公司的财务经理，A、B 两家公司同时向你提出融资的意向，你将选择哪家公司呢？请全面阐述你的理由。

【注会真题汇编】

1. [2017. 单选] 甲公司 2016 年营业收入 1 000 万元，变动成本率 60%，固定成本 200 万元，利息费用 40 万元。假设不存在资本化利息且不考虑其他因素，该企业联合杠杆系数是（　　）。

　　A. 1.25　　　　　B. 2　　　　　C. 2.5　　　　　D. 3.75

2. [2016. 单选] 甲公司 2015 年每股收益 1 元，经营杠杆系数 1.2，财务杠杆系数 1.5，假设公司不进行股票分割。如果 2016 年每股收益达到 1.9 元，根据杠杆效应。其营业收入应比 2015 年增加（　　）。

　　A. 50%　　　　　B. 90%　　　　　C. 75%　　　　　D. 60%

3. [2013. 单选] 联合杠杆可以反映（　　）。

　　A. 营业收入变化对边际贡献的影响程度

　　B. 营业收入变化对息税前利润的影响程度

　　C. 营业收入变化对每股收益的影响程度

　　D. 息税前利润变化对每股收益的影响程度

4. [2012. 单选] 下列关于经营杠杆的说法中，错误的是（　　）。

　　A. 经营杠杆反映的是营业收入的变化对每股收益的影响程度

　　B. 如果没有固定性经营成本，则不存在经营杠杆效应

　　C. 经营杠杆的大小是由固定性经营成本和息税前利润共同决定的

　　D. 如果经营杠杆系数为 1，表示不存在经营杠杆效应

5. [2014. 单选] 甲公司只生产一种产品，产品单价为 6 元，单位变动成本为 4 元，产品销量为 10 万件/年，固定成本为 5 万元/年，利息支出为 3 万元/年，甲公司的财务杠杆为（　　）。

　　A. 1.18　　　　　B. 1.25　　　　　C. 1.33　　　　　D. 1.66

第十三章　股利政策

> **本章提要**
>
> 　　股利是股份制企业从公司利润中以现金、股票或其他形式支付给股东的报酬，是利润分配的一种形式。股利一般按季度、半年或一年一次以现金股利或股票股利的形式向股东分发，确定企业该采取何种股利政策对自身企业发展而言是非常重要的。本章将探讨股利政策与股价的关系以及股利对投资者的意义。

一、收益分配概述

（一）收益分配程序

　　收益分配就是对企业所实现的经营成果进行分割与派发的活动。企业收益分配的基础是净利润，即企业缴纳所得税后的利润，因此，收益分配也可以称为利润分配。利润分配既是对股东投资回报的一种形式，也是企业内部筹资的一种方式，对企业的财务状况会产生重要影响。利润分配必须依据法定程序进行，按照《中华人民共和国公司法》《企业财务通则》等法律法规的规定，股份有限公司实现的税前利润，应首先依法缴纳企业所得税，税后利润应当按照下列基本程序进行分配。

　　1. 弥补以前年度亏损

　　根据现行法律法规的规定，公司发生年度亏损，可以用下一年度的税前利润弥补，下一年度税前利润不足弥补时，可以在5年内延续弥补，5年内仍然未弥补完的亏损，可用税后利润弥补。

　　2. 提取法定公积金

　　公司在分配当年税后利润时，应当按税后利润的10%提取法定公积金，但当法定公积金累计额达到公司注册资本的50%时，可以不再提取。提取法定公积金的基数是抵减年初累积亏损后的本年净利润，它不一定是可供分配的利润，也不一定是本年的税后利润。只有不存在年初累计亏损时，才能按本年税后利润计算应提取数。

3. 提取任意公积金

公司从税后利润中提取法定公积金后，经股东大会决议，还可以从税后利润中提取任意公积金。法定公积金和任意公积金都是公司在从税后利润中提取的积累资本，是公司用于防范和抵御风险、提高经营能力的重要资本来源。盈余公积金和未分配利润都属于公司的留用利润，从性质上看属于股东权益。公积金可以用于弥补亏损、扩大生产经营或者转增公司股本，但转增股本后，所留存的法定公积金不得低于转增前公司注册资本的25%。

4. 向股东分配股利

公司在按照上述程序弥补亏损、提取公积金之后，所余当年利润与以前年度的未分配利润构成可供分配的利润，公司可根据股利政策向股东分配股利。

按照现行制度规定，股份有限公司依法回购后暂未转让或者注销的股份，不得参与利润分配；公司弥补以前年度亏损和提取公积金后，当年没有可供分配的利润时，一般不得向股东分配股利。

（二）收益分配的基本原则

1. 从法律角度

公司利润的分配由于涉及股东、债权人、职工、社会等各个利益主体的切身利益，因此，为维护社会秩序，充分发挥公司这一经济组织的优越性，平衡各方面的利益冲突，各国《公司法》均对其分配原则和分配顺序做出了严格的规定。我国《公司法》规定的公司税后利润的分配原则可以概括为以下几个方面。

（1）依法分配的原则。

收益分配涉及国家、企业和职工个人三者之间的利益关系，协调各方利益关系是收益分配管理的重要内容。为此企业要严格遵守国家颁布的相关法规，按法定的程序进行分配。

（2）资本保全原则。

资本保全是现代企业制度的基础性原则之一。企业在收益分配中不能侵蚀资本。收益分配是对经营中资本增值额的分配，不是对资本金的返还。按这一原则，在一般情况下，企业如果存在尚未弥补的亏损，应首先弥补亏损，再进行其他分配。根据公司法规定，股东会、股东大会或者董事会违反相关规定，在公司弥补亏损和提取法定公积金之前向股东分配利润的，股东必须将违反规定分配的利润退还公司。

（3）同股同权、同股同利原则。

同股同权、同股同利不仅是公开发行股份时应遵循的原则，也是公司向股东分配利润应遵守的原则。收益分配应体现谁投资谁受益，受益大小应与投资比例相适应，这是正确处理投资者利益关系的关键所在。

（4）公司持有的本公司股份不得分配利润。

如果公司因持有本公司股份参与利润分配，公司作为股东得到分配的利润后还是要将其再分配给自己的股东，这就相当于多了一道程序，最后的结果却一样。

2. 从公司角度

（1）最大限度地保证企业价值最大化原则。

收益分配政策必须与企业的财务管理目标相一致，即最大限度地保证企业价值最大化。满足理财目标的要求，是制定收益分配政策的前提条件和根本出发点，无论采取何种政策、方案，决策者都要预见它对企业价值的影响。例如，如果一家上市公司未来现金流入不稳定，则应采取较低水平的股利政策，否则，一旦因现金流入减少而削减股利，就会向投资者传递一种盈利能力下降的信息，导致股价下跌，企业价值下降。

（2）既要考虑股东眼前利益又要保障企业长远发展的原则。

收益分配实际上是要确定公司利润中留存收益的比例。就企业发展而言，提高留存收益比例有利于企业当前的财务运作，减少外部融资，降低融资成本。但提高留存收益比例即意味着减少股东的现时收益，从而影响企业形象和投资者信心，增大企业未来的融资成本和融资难度。因此，收益分配的基本任务之一是通过利润分配，平衡企业和股东面临的当前利益与未来利益、短期利益与长远利益、分配与增长的三大矛盾，有效地增强企业的发展后劲，促进企业的长远稳定发展。

（3）有利于改善资本结构的原则。

收益分配对企业资本结构有直接的影响，良好的收益分配政策有助于改善资本结构，使其趋于合理。如果企业的资产负债率过高，则应考虑提高留存收益的比例，以改善资本结构，增强其财务实力，降低财务风险；反之，如果资产负债率过低，则应向股东多分配利润，提高财务杠杆利益。另外，当企业预见到良好的投资机会时，在确定投资方案所需资金的问题上，应按照最佳的资本结构，相应确定留存收益的比例。

（4）有利于股价的合理定位原则。

对上市公司而言，其股利分配还应符合有利于股价合理定位的原则。股票在市场上的价格过高或过低都不利于企业的正常经营和稳定发展。股价过高会影响股票的流动性，并留下股价急剧下跌的隐患；股价过低必将影响企业声誉，不利于今后增资扩股或负债融资，还可能引发被收购和兼并的活动；股价时高时低，波动频繁剧烈，则会动摇投资者信心。所以合理并且稳定的股价对于企业的正常生产经营具有重要的意义。而股利政策对股票价格有着直接的影响，维持股票价格的合理定位就必然成为制定股利政策的一个原则。

（5）保持股利政策的连续性和稳定性原则。

该原则主要也是针对上市公司而言。一般来说，股利政策的重大调整会在两个方面给股东带来影响:一方面是股利政策的波动或不稳定,会给投资者带来企业经营不稳定的印象,从而导致股票价格的下跌;另一方面,股利收入是一部分股东的生产和消费资金来源,股利的突然减少会给他们的生活带来较大的影响。因此,这部分股东一般不愿意持有这种股票而将其抛售,导致股票价格的下跌。为了避免抬高股利后又将其削减所带来的波动,也为了有利于股东对其收入、支出的合理安排,企业应在确信未来能够维持新的股利水平时才宜提高股利。

二、股利的种类

股份有限公司分派股利的形式一般有现金股利、股票股利、财产股利和负债股利等。后两种形式应用较少,我国有关法律规定,股份有限公司只能采用现金股利和股票股利两种形式。下面主要介绍这两种股利形式。

第一,现金股利。现金股利是股份有限公司最常用的股利分配形式。

现金股利是以现金支付的股利,它是股利支付的主要方式。公司支付现金股利除了要有累计盈余(特殊情况下可用弥补亏损后的盈余公积金支付)外,还要有足够的现金,因此,公司在支付现金股利前需筹备充足的现金。同时,优先股通常有固定的股息率,在公司经营正常并有足够利润的情况下,优先股的年股利额是固定的。普通股没有固定的股息率,发放现金股利的次数和金额主要取决于公司的股利政策和经营业绩等因素。西方国家的许多公司按季度发放现金股利,一年发放4次。我国公司一般半年或一年发放一次现金股利。由于现金股利是从公司实现的净利润中支付给股东的,支付现金股利会减少公司的留用利润,因此发放现金股利并不会增加股东的财富总额。但是,不同的股东对现金股利的偏好是不同的,有的股东希望公司发放较多的现金股利,有的股东则不愿意公司发放过多的现金股利。现金股利的发放会对股票价格产生直接的影响,在除息日之后,一般来说股票价格会下跌。

第二,股票股利。股票股利是公司以增发的股票作为股利的支付方式。

在我国上市公司的股利分配实践中,股利支付方式是现金股利、股票股利或者是两种方式兼有的组合分配方式。部分上市公司在实施现金股利和股票股利的利润分配方案时,有时也会同时实施从资本公积转增股本的方案。股份有限公司发放股票股利,须经股东大会表决通过,根据股权登记日的股东持股比例将可供分配利润转为股本,并按持股比例无偿地向各个股东分派股票,增加股东的持股数量。发放股票股利不会改变公司的股东权益总额,也不影响股东的持股比例,只是公司的股东权益结构发生了变化,未分配利润转为股本,因此会增加公司的股本总额。处于高速成长阶段的公司可以利用分配股票股利的方式来进行股本扩张,以使股价保持在一个合理的水平,避免因股价过高而影响股票的流动性。

对于股份有限公司来说，分配股票股利不会增加其现金流出量，如果公司现金紧张或者需要大量的资本进行投资，可以考虑采用股票股利的形式。但应当注意的是，一直实行稳定的股利政策的公司，因发放股票股利而扩张了股本，如果以后继续维持原有的现金股利水平，势必会增加未来年度的现金股利支付。在公司净利润的增长速度低于股本扩张速度时，公司的每股利润就会下降，就可能导致股价下跌。对于股东来说，虽然分得股票股利没有得到现金，但是，如果发放股票股利之后，公司依然维持原有的现金股利水平，则股东在以后可以得到更多的股利收入，或者股票数量增加之后，股价走出了填权行情，股东的财富也会随之增长。

此外，公司还可以使用财产和负债支付方式支付股利。财产股利是以现金以外的资产支付的股利，主要是以公司所拥有的其他企业的有价证券，如债券、股票，作为股利支付给股东。负债股利是公司以负债支付的股利，通常以公司的应付票据支付给股东，在不得已的情况下也有发行公司债券抵付股利的。财产股利和负债股利实际上是现金股利的替代。这两种股利方式目前在我国公司实务中很少使用，但并非法律所禁止。

三、股利支付程序

股份有限公司分配股利必须遵循法定的程序，一般是先由董事会提出股利分配预案，然后提交股东大会决议通过才能进行分配。

（一）决策程序

上市公司股利分配的基本程序是首先由公司董事会根据公司盈利水平和股利政策，制订股利分派方案，提交股东大会审议，通过后方能生效。在经过上述决策程序之后，公司方可对外发布股利分配公告、具体实施分配方案。我国股利分配决策权属于股东大会。我国上市公司的现金分红一般是按年度进行，也可以进行中期现金分红。

（二）分配信息披露

根据有关规定，股份有限公司利润分配方案、公积金转增股本方案须经股东大会批准，董事会应当在股东大会召开后两个月内完成股利派发或股份转增事项。在此期间，董事会必须对外发布股利分配公告，以确定分配的具体程序与时间安排。

股利分配公告一般在股权登记前3个工作日发布。如果公司股东较少，股票交易又不活跃，公告日可以与股利支付日在同一天。公告内容包括：

（1）利润分配方案。

（2）股利分配对象，为股权登记日当天登记在册的全体股东。

(3) 股利发放方法。我国上市公司的股利分配程序应当按登记的证券交易所的具体规定进行。

此外，为提高上市公司现金分红的透明度，《关于修改上市公司现金分红若干规定的决定》要求上市公司在年度报告、半年度报告中分别披露利润分配预案，在报告期实施的利润分配方案执行情况的基础上，还要求在年度报告、半年度报告以及季度报告中分别披露现金分红政策在本报告期的执行情况。同时，要求上市公司以列表方式明确披露前三年现金分红的数额与净利润的比率。如果本报告期内盈利但公司年度报告中未提出现金利润分配预案，应详细说明未分红的原因、未用于分红的资金留存公司的用途。

(三) 分配程序

以深圳证券交易所的规定为例，对于流通股份，其现金股利由上市公司于股权登记日前划入深交所账户，再由深交所于登记日后第3个工作日划入各托管证券经营机构账户，托管证券经营机构于登记日后第5个工作日划入股东资金账户，红股则于股权登记日后第3个工作日直接划入股东的证券账户，并自即日起开始上市交易。

(四) 股利支付过程中的重要日期

(1) 股利宣告日，即公司董事会将股东大会通过本年度利润分配方案的情况以及股利支付情况予以公告的日期。公告中将宣布每股派发股利、股权登记日、除息日、股利支付日以及派发对象等事项。

(2) 股权登记日，即有权领取本期股利的股东资格登记截止日期。只有在股权登记日这一天登记在册的股东（即在此日及之前持有或买入股票的股东）才有资格领取本期股利，而在这一天之后登记在册的股东，即使是在股利支付日之前买入的股票，也无权领取本期分配的股利。此外，我国部分上市公司在进行利润分配时除了分派现金股利以外，还伴随着送股或转增股，在股权登记日这一天仍持有或买进该公司的股票的投资者是可以享有此次分红、送股或转增股的股东，这部分股东名册由证券登记公司统计在案，届时将所应支付的现金红利、应送的红股或转增股划到这部分股东的账上。

(3) 除息日，也称除权日，是指股利所有权与股票本身分离的日期，将股票中含有的股利分配权利予以解除，即在除息日当日及以后买入的股票不再享有本次股利分配的权利。我国上市公司的除息日通常是在登记日的下一个交易日。由于在除息日之前的股票价格中包含本次派发的股利，而自除息日起的股票价格中则不包含本次派发的股利，通常需要除权调整上市公司每股股票对应的股利价值，以便投资者对股价进行对比分析。

(4) 股利支付日，是公司确定的向股东正式发放股利的日期。公司通过资金清算系统或其他方式将股利支付给股东。

四、股利分配方案

企业的股利分配方案一般包括以下几个方面：

（1）股利支付形式。决定是以现金股利、股票股利还是其他某种形式支付股利。

（2）股利支付率。股利支付率是指股利与净利润的比率。按年度计算的股利支付率非常不可靠。由于累计的以前年度盈余也可以用于股利分配，有时股利支付率甚至会大于100%。作为一种财务政策，股利支付率应当是若干年度的平均值。

（3）股利政策的类型。决定采取固定股利政策，还是稳定增长股利政策，或是剩余股利政策等。

（4）股利支付程序。确定股利宣告日、股权登记日、除息日和股利支付日等具体事宜。

五、股利理论

股利分配的核心问题是如何权衡公司股利支付决策与未来长期增长之间的关系，以实现公司价值最大化的财务管理目标。围绕着公司股利政策是否影响公司价值这一问题，主要有两类不同的股利理论：股利无关论和股利相关论。

（一）股利无关论

股利无关论认为股利分配对公司的市场价值（或股票价格）不会产生影响。这一理论是米勒（Merton Miller）和莫迪格利安尼（Franco Modigliani）于1961年在下面列举的一些假设之上提出的：

（1）公司的投资政策已确定并且已经为投资者所理解；

（2）不存在股票的发行和交易费用；

（3）不存在个人或公司所得税；

（4）不存在信息不对称；

（5）经理与外部投资者之间不存在代理成本。

上述假设描述的是一种完美资本市场，因而股利无关论又被称为完全市场理论。

股利无关论认为：

（1）投资者并不关心公司股利的分配。若公司留存较多的利润用于再投资，会导致公司股票价格上升；此时尽管股利较低，但需用现金的投资者可以出售股票换取现金。若公司发放较多的股利，投资者又可以用现金再买入一些股票以扩大投资。也就是说，投资者对股利和资本利得并无偏好。

(2) 股利的支付比率不影响公司的价值。既然投资者不关心股利的分配，公司的价值就完全由其投资政策及其获利能力所决定，公司的盈余在股利和保留盈余之间的分配并不影响公司的价值，既不会使公司价值增加，也不会使公司价值降低（即使公司有理想的投资机会而又支付了高额股利，也可以募集新股，新投资者会认可公司的投资机会）。

（二）股利相关论

股利无关理论是在完美资本市场的一系列假设下提出的，如果放宽这些假设条件，股利政策就会显现出对公司价值（或股票价格）产生的影响。

1. "在手之鸟"理论

股东的投资收益来自当期股利和资本利得两个方面。当企业的当期股利支付率升高时，企业盈余用于未来发展的留存资金会减少，虽然股东在当期获得了较高的股利，但未来的资本利得则有可能降低；而当企业的股利支付率下降时，用于发展企业的留存资金会增加，未来股东的资本利得将有可能提高。

由于企业在经营过程中存在着诸多的不确定性因素，股东会认为现实的现金股利要比未来的资本利得更为可靠，会更偏好于确定的股利收益。因此，资本利得好像"林中之鸟"，虽然看上去很多，但却不一定抓得到。而现金股利则好像"在手之鸟"，是股东有把握按时、按量得到的现实收益。股东在对待股利分配政策态度上表现出来的这种宁愿现在取得确定的股利收益，而不愿将同等的资金放在未来价值不确定性投资上的态度偏好，就如英国的格言所说"一鸟在手，强于二鸟在林"。

根据"在手之鸟"理论所指出的收益与风险的选择偏好，股东更偏好于股利而非资本利得，倾向于选择股利支付率高的股票。当企业股利支付率提高时，股东承担的收益风险越小，其所要求的权益资本收益率也越低，权益资本也相应越低，则根据永续年金计算所得的企业权益价值（企业权益价值＝分红额/权益资本成本）将会上升；反之，随着股利支付率的下降，股东的权益资本成本升高，企业的权益价值将会下降。这说明股利政策会对股东价值产生影响，而"在手之鸟"理论所强调的是为了实现股东价值最大化，企业应实行高股利分配率的股利政策。

2. 信号传递理论

股利无关论得以成立的假设之一，是投资者和公司的管理人员对公司的未来发展和收益情况有相同的了解和预期。但实际上，投资者对公司的实际状况和未来前途的了解远不如公司管理人员清晰，在这两者之间存在着信息不对称的情况。

信号传递理论认为，在信息不对称的情况下，公司可以通过股利政策向市场传递有关公司未来盈利能力的信息。一般来说，高质量的公司往往愿意通过相对较高的股利支付率把自己同低质量的公司区别开来,以吸引更多的投资者。对市场上的投资者来说,股利政策的差异或许是反映公司质量差异的极有价值的信号。如果公司连续保持较为稳定的股利支付率,那么,投资者就可能对公司未来的盈利能力与现金流量抱有较为乐观的预期。

不过,公司以支付现金股利的方式向市场传递信息,通常也要付出较为高昂的代价。这些代价包括:(1)较高的所得税负担;(2)一旦公司因分派现金股利造成现金流量短缺,就有可能被迫重返资本市场发行新股,而这一方面会随之产生必不可少的交易成本,另一方面又会扩大股本,摊薄每股的税后盈利,对公司的市场价值产生不利影响;(3)如果公司因分派现金股利造成投资不足,并丧失有利的投资机会,还会产生一定的机会成本。尽管以派现方式向市场传递利好信号需要付出很高的成本,但为什么公司仍要选择派现作为公司股利支付的主要方式呢?这个难以破解的理论问题被布莱克(Black,1976)称为"股利分配之谜"。

围绕"股利分配之谜",经济学家们作出了各种各样的解释。其中,较有说服力的观点有四种:

(1)声誉激励理论。该理论认为,由于公司未来的现金流量具有很大的不确定性,因此,为了在将来能够以较为有利的条件在资本市场上融资,公司必须在事先建立起不剥夺股东利益的良好声誉。建立"善待股东"这一良好声誉的有效方式之一就是派现。

(2)逆向选择理论。该理论认为相对于现金股利而言,股票回购的主要缺陷在于,如果某些股东拥有关于公司实际价值的信息,那么,他们就可能在股票回购过程中,充分利用这一信息优势。当股票的实际价值超过公司的回购价格时,他们就会大量竞买价值被低估的股票;反之,当股票的实际价值低于公司的回购价格时,他们就会极力回避价值被高估的股票。于是,便产生了逆向选择问题,而派发现金股利则不存在这类问题。

(3)交易成本理论。该理论认为,市场上有相当一部分投资者出于消费等原因,希望从投资中定期获得稳定的现金流量。对于这类投资者来说,选择稳定派现的股票也许是达到上述目的最廉价的方式。这是因为:倘若投资者以出售所方式来套现,就可能因时机选择不当而蒙受损失。况且,选择在何时何种价位出售股票还需要投入许多时间和精力,这些交易成本的存在使投资者更加偏好现金股利。

(4)制度约束理论。该理论认为,公司之所以选择支付现金股利,是由于"谨慎人"所起的作用。所谓"谨慎人",是指信托基金、保险基金、养老基金等机构投资者出于降低风险的考虑,法律通常要求这些机构投资者只能持有支付现金股利的股票,并获得股利收入。如果公司不派现,那么这种股票就会被排除在机构投资者的投资对象之外。

虽然股利分配的信号传递理论已为人们广泛接受,但也有一些学者对此持不同看法。他们的主要观点是：第一，公司目前的股利分配并不能帮助投资者预测公司未来的盈利能力；第二，高派现的公司向市场传递的并不是公司具有较好前景的利好消息，反而是公司当前没有正净现值的投资项目，或公司缺乏较好投资机会的利空消息。不过，由于上述反对意见缺乏实证考察的支持，因此未引起人们过多的关注。

3. 税差理论

股利无关论中假设不存在税收，但在现实条件下，现金股利税与资本利得税，不仅是存在的，而且表现出差异性。税差理论强调了税收在股利分配中对股东财富的重要作用。一般来说，出于保护和鼓励资本市场投资的目的，会采用股利收益税率高于资本利得税率的差异税率制度，致使股东会偏好资本利得而不是派发现金股利。即使股利与资本利得具有相同的税率，股东在支付税金的时间上也是存在差异的。股利收益纳税是在收取股利时发生，而资本利得纳税只是在股票出售时才发生，显然继续持有股票来延迟资本利得的纳税时间，可以体现递延纳税的时间价值。

因此，税差理论认为，如果不考虑股票交易成本，企业应采取低现金股利比率的分配政策，以提高留存收益再投资的比率，使股东在实现未来的资本利得中享有税收节省。税差理论说明了当股利收益税率与资本利得税率存在差异时，将使股东在继续持有股票以期取得预期资本利得与立即实现股利收益之间进行权衡。如果存在股票的交易成本，甚至当资本利得税与交易成本之和大于股利收益税时，偏好取得定期现金股利收益的股东就自然会倾向于企业采用高现金股利支付率政策。

4. 客户效应理论

客户效应理论是对税差理论的进一步扩展，研究处于不同税收等级的投资者对待股利分配态度的差异，认为投资者不仅仅是对资本利得和股利收益有偏好，即使是投资者本身，因其所处不同等级的边际税率，对企业股利政策的偏好也是不同的。收入高的投资者因其边际税率较高表现出偏好低股利支付率的股票，希望少分现金股利或不分现金股利，以更多的留存收益进行再投资，从而提高所持有的股票价格。而收入低的投资者以及享有税收优惠的养老基金投资者表现出偏好高股利支付率的股票，希望支付较高而且稳定的现金股利。

投资者的边际税率差异性导致其对待股利政策态度的差异性。边际税率高的投资者会选择实施低股利支付率的股票，边际税率低的投资者则会选择实施高股利支付率的股票。这种投资者依据自身边际税率而显示出的对实施相应股利政策股票的选择偏好现象被称为"客户效应"，因此，客户效应理论认为，公司在制订或调整股利政策时，不应该忽视股东对股利政策的需求。

5. 代理理论

企业中的股东、债权人、经理人员等诸多利益相关者的目标并非完全一致，在追求自身利益最大化的过程中有可能会以牺牲另一方的利益为代价，这种利益冲突关系反映在公司股利分配决策过程中表现为不同形式的代理成本：反映两类投资者之间利益冲突的是股东与债权人之间的代理关系；反映股权分散情形下内部经理人员与外部分散投资者之间利益冲突的是经理人员与股东之间的代理关系；反映股权集中情形下控制性大股东与外部中小股东之间利益冲突的是控股股东与中小股东之间的代理关系。

（1）股东与债权人之间的代理冲突。企业股东在进行投资与融资决策时，有可能为增加自身的财富而选择了加大债权人风险的政策，如股东通过发行债务支付股利或为发放股利而拒绝净现值为正的投资项目。在股东与债权人之间存在代理冲突时，债权人为保护自身利益，希望企业采取低股利支付率，通过多留存少分配的股利政策以保证有较为充裕的现金留在企业，以防发生债务支付困难。因此，债权人在与企业签订借款合同时，习惯于制订约束性条款对企业发放股利的水平进行制约。

（2）经理人员与股东之间的代理冲突。当企业拥有较多的自由现金流时，企业经理人员有可能把资金投资于低回报项目，或为了取得个人私利而追求额外津贴及在职消费等，因此，实施高股利支付率的股利政策有利于降低因经理人员与股东之间的代理冲突而引发的这种自由现金流的代理成本。实施多分配少留存的股利政策，既有利于抑制经理人员随意支配自由现金流的代理成本，也有利于满足股东取得股利收益的愿望。

（3）控股股东与中小股东之间的代理冲突。现代企业股权结构的一个显著特征是所有权与控制权集中于一个或少数大股东手中，企业管理层通常由大股东直接出任或直接指派，管理层与大股东的利益趋于一致。由于所有权集中使控股股东有可能也有能力通过各种手段侵害中小股东的利益，控股股东为取得控制权私利而产生的与中小股东之间的代理冲突，使企业股利政策也呈现出明显的特征。当法律制度较为完善、外部投资者保护受到重视时，有效地降低了大股东的代理成本可以促使企业实施较为合理的股利分配政策。反之，当法律制度建设滞后，外部投资者保护程度较低时，如果控股股东通过利益侵占取得的控制权私利机会较多，就会使其忽视基于所有权的正常股利收益分配，甚至因过多的利益侵占而缺乏可供分配的现金。因此，处于外部投资者保护程度较弱环境的中小股东希望企业采用多分配少留存的股利政策，以防控股股东的利益侵害。正因为如此，有些企业为了向外部中小投资者表明自身盈利前景与企业治理良好的状况，则通过多分配少留存的股利政策向外界传递了声誉信息。

代理理论的分析视角为研究与解释处于特定治理环境中的企业股利分配行为提供了一个基本分析逻辑。如果在企业进行股利分配决策过程中，同时伴随着其他公司财务决策，并处于不同的公司治理机制条件下（如所有权结构、经理人员持股、董事会结构特征等），基于代理理论对股利分配政策选择的分析将是多种因素权衡的复杂过程。

六、股利政策的其他问题

在讨论实际的股利政策之前，还有四个问题尚需考察，因为它们可能会影响我们对上述三种理论的看法，这四个问题是：（1）信息内涵的假定；（2）股东构成的影响；（3）股利政策的分类；（4）股利政策的代理成本。

（一）信息内涵的假定

MM理论无关理论是以一系列假定为前提条件的，其中之一是所有的人，包括所有的投资者和管理者，对公司未来收益及股利分配的信息掌握相同。然而事实上，投资者对未来的股利发放水平及这种收入的不稳定持有不同的见解，而对信息的获得，管理者要比一般股东处于更为有利的地位。

通常，伴随着股利的增长，股价往往也会上涨；相反，股利的减少导致股价下跌。这可能使投资者对股利的偏好胜过资本收益。而MM理论持不同观点，它注意到了一个不容争辩的事实，那就是公司既不愿意减少股利，同样也不轻易增加股利，除非预测到未来收益高于目前的水平或至少与现在持平。因此，MM认为，对投资者来说，股利的异乎寻常的增加无非是一个信号，它表明公司的管理部门对将来收益情况持乐观态度；反之，股利减少，或虽有增加但其增加幅度却微乎其微，人们就会对公司的发展前景产生猜疑，因而MM断言，投资者对股利政策变化的反应并不一定表明投资者对股利的偏好甚于资本利得。在MM看来，股价随着股利的变化而变化这一现象的发生是由于股利分配方案本身包含一种重要信号的作用。

金融市场对公司采取的未来现金流量和公司价值产生潜在影响的每一行动都会做出一定的反应。当公司宣布改变股利政策时，实际上是向市场传递了信息，或向投资者发出了信号。这一信号既有其正面性，也有其负面性。

投资者一般对公司关于未来发展前景的宣布抱有十分怀疑的态度，因为公司经常夸大其辞，同样，金融市场也可能对一些拥有好项目的公司的价值会低估。公司怎样把信息可靠地传递给市场呢？根据信号传递原理，公司应该采取增加股利支付。这一行为表明，公司相信自己有能力在长期内创造出所需的现金流量，这个积极的信号会导致市场重新对公司价值的评估，从而使公司的股票上升。反之，股利的削减是一个消极的信号，市场会认为公司陷入了巨大的长期财务危机，其结果使股价下跌。这就是股利作为信号的正面性。

同样，提高股利也可能给金融市场传递负面的信号。如果一家公司过去从未支付过股利但发展迅速，并且投资项目的收益率很高，当公司开始发放股利时，股东们也会感到惊讶，就可能会把它作为公司投资项目前途不妙的信号来分析判断。

一般认为,提高股利都视为积极的信号。然而,公司对为何提高股利的解释必须十分谨慎。拥有好项目的公司可以把提高股利作为向金融市场传递信息的一种方式,若由此造成股东的赋税增加,那么它未必是最有效的方式。

如同股利政策的其他理论问题一样,这一论题的验证也未能达成一致的结论。诚然,股利分配方案本身确实含有一种信息,但要说清股价随股利的变化而变化这一现象到底是受单一的信号影响,还是受信号和股利偏好行为的混合影响是非常困难的,因为股利的这种变化往往包括股利发放率和股利发放量两者的变化。

(二)股东构成的影响

不同阶层的股东对股利发放率有不同的要求,比如说,某些股东如退休人员和基金组织通常比较关心本期收入,他们希望公司能将其收益的较高比重作为股利予以发放。他们通常处于低税甚至零税级,因而对纳税并不太重视。但是,有些股东却更愿意重新投资,他们并不需要本期投资收益用于消费。因此,所发股利交纳完所得税后,又重新投资。

假若公司不发放股利,而是将它们留存以用于再投资,这对那些希望获得本期收益的股东来说是不利的。它们能够获得资本利得,但同时他们又不得不卖掉一些股份以换取现金。此外,如果投资者是社会事业机构(或资产受托人),那么股票的出卖和"资产的挪用"是受限制的。但是,那些愿意将股利积蓄起来的股东则更欢迎低股利政策。因为,公司支付的股利越多,他们当年所要缴纳的税也越多。由此可知,那些需要本期收益的投资者应该拥有分配高股利的公司股票;相反,那些不急需本期收益的投资者就需持有分配低股利的公司股票。

在某种程度上,股东们可以在几个公司之间转移投资。公司可以制订一种有利于企业管理的股利政策,让不喜欢这种政策的股东可以将其拥有的股票转让给那些喜欢的人。但是,基于以下几个原因,这种转换也许是不划算的:(1)经纪费用的影响;(2)卖方缴纳资本利得税的必要性;(3)从总体上说,当公司推行新的股利政策时,其拥护者可能不多,因而管理者一般不愿意轻易变更股利政策。因为,一旦改变,也许会使现有的股东纷纷出售股票,导致股价下跌,这种下跌可能是暂时的,也可能是持久的;如果新股利政策受到欢迎,也可能吸引为数众多的股东,股价就会上涨。

(三)股利政策的分类

由于股利政策受多种因素的影响,因此,股利政策在不同企业、不同时期是各不相同的。各种股利政策分类如下:

(1)按股利支付比率的高低可分为全部发放股利的政策、高股利政策、低股利政策和不支付股利的政策等四种。这四种股利政策的区别仅在于股利数额的大小,除全部发放股利和不支付股利外，高股利和低股利的确定是相对的。即把一个公司的大部分盈余用于发放股利看作是一种高股利政策，而将较少的盈利用于发放股利看作是一种低股利政策。通常公司在现金较为充裕，又暂时无良好的投资机会时便考虑采取高股利政策，反之则用低股利政策，而全部支付股利或不支付股利的政策则较为罕见。

（2）按股利的稳定性可分为稳定的股利政策、变动的股利政策、阶梯式的股利政策与正常股利加额外股利的政策等四种。稳定的股利政策是指公司股利的发放，不因公司盈利多少而变化，一直维持一定数额的股利；变动的股利政策是指公司股利发放的数额视公司盈利的多寡而加以改变；阶梯式的股利政策则是介于上述两者之间的一种股利发放政策，其特点是分阶段采用稳定股利的方式，而在各阶段之间则采用变动股利的方式，股利数额可升可降；正常股利加额外股利的政策也是一种介于稳定股利与变动股利之间的一种股利政策，这一政策的特点是，确定一个较低数额的股利并保证每年发放，而在公司盈利大幅度增加时，则加付额外股利，详细情况后面将作介绍。

（四）股利政策的代理成本

有关股利政策的一个令人困惑的问题是为什么公司支付股利的同时还要发行新股。由于发行成本较高，除非公司没有较好的投资机会，公司不会分配股利，而是用公司所产生的收益进行再投资从而使公司的成本最低。第一个解释是前面所讨论的股利分配具有的信号作用，但很难算出信号作用所产生的价值会比发行新股的成本高多少。第二个解释是代理成本。前面我们讨论过股东与经理之间存在着代理冲突，作为企业的主人，股东要求经理们以股东财富最大化来经营，而经理们更多地会从自身利益出发考虑公司运营。由于这个潜在的代理冲突，股东需要支付代理成本来监督经理的行动。但对于公众持股的公司而言，要股东一起来监督经理是相当困难的。最有效的方式便是委托第三方，类似于代表债券持有人代表股东的受托人来对经理们进行有效的监督。

当企业经常进行外部融资时，监督的效果就会大幅度下降。当企业发行新股或新债时，负责承销的投资银行、评级机构的分析家，交易所的证券分析家和潜在的投资者会对企业的经营决策和财务决策进行审慎的分析，尽管企业现有的投资者可通过投票或拒绝购买新的证券。实际上，就监督经理们的行动而言，新的投资者比现有的投资者更为有效，从而企业需要不断地从外部获得资金以减轻代理成本。

在资本市场上的监督，股利政策的作用是显而易见的。投资规模一定，股利支付率越高，企业越要发行更多的证券。较高的支付率迫使企业要经受资本市场的检验，这个评估过程对代理问题会有所缓解。

七、现金股利政策的类型

现金股利分配政策是指企业管理层对与现金股利有关的事项所采取的方针策略。现金股利分配在公司制企业经营理财决策中始终占有重要地位。这是因为现金股利的发放,既关系到公司股东的经济利益,又关系到公司的未来发展。通常较高的现金股利,一方面可使股东获取可观的投资收益;另一方面还会引起公司股票市价上涨,从而使股东除股利收入外还获得了资本利得。但是过高的现金股利必将使公司留存收益大量减少,或者影响公司未来发展,或者大量举债,增加公司资本成本负担,最终影响公司未来收益,进而降低股东权益。而较低的现金股利,虽然使公司有较多的发展资金,但与公司股东的愿望相背离,股票市价可能下降,公司形象将受到损害。因而对公司管理当局而言,如何均衡股利发放与企业的未来发展,并使公司股票价格稳中有升,便成为企业经营管理层孜孜以求的目标。

现金股利分配政策的核心问题是确定支付现金股利与留用利润的比例,即股利支付率问题。目前企业财务管理中,常用的现金股利分配政策主要有以下几种类型。

(一) 剩余股利政策

剩余股利政策是在公司有良好投资机会时,根据公司设定的最佳资本结构,测算出最佳资本结构下投资所需的权益资本,先最大限度地使用留存收益来满足投资方案所需的权益资本,然后将剩余的收益作为股利发放给股东。所以这种股利政策的基本特点是企业如果有盈余,优先考虑投资的需要,如果满足投资需要后还有剩余,就用来发放现金股利,否则就不发放现金股利。"剩余"意味着,只能用收益"多余部分"来支付红利。

采用剩余股利政策时,应遵循五个步骤:(1)设定目标资本结构,即确定权益资本与债务资本的比率,在此资本结构下,加权平均资本成本将达到最低水平;(2)确定公司下一年度的资金需求量;(3)确定目标资本结构下投资所需的股东权益数额;(4)最大限度地使用保留盈余来满足投资方案所需的权益资本数额;(5)投资方案所需权益资本已经满足后若还有剩余盈余,再将其作为股利发放给股东。

剩余股利政策成立的基础是,大多数投资者认为,如果企业再投资的收益率高于投资者在同样风险下其他投资的收益率,他们宁愿把利润保留下来用于企业再投资,而不是用于支付股利。例如,企业有投资收益率达12%的再投资机会,而股东取得现金股利后再投资的收益率只有10%时,则股东们愿意选择利润保留于企业。股东取得现金股利再投资后10%的收益率,就是企业利润留存的成本。如果投资者能够找到其他投资机会,使得投资收益大于企业利用保留利润再投资的收益,则投资者更喜欢发放现金股利。这意味着投资者对于盈利的留存或发放现金股利毫无偏好，关键是企业投资项目的净现值必须大于零。

剩余股利政策的优点是：可以最大限度地满足企业对再投资的权益资金需要，保持理想的资本结构，并能使综合资本成本最低。而剩余股利政策的缺点是：首先，忽略了不同股东对资本利得与现金股利的偏好，损害那些偏好现金股利的股东利益，从而有可能影响股东对企业的信心；其次，企业采用剩余股利政策是以投资的未来收益为前提的，由于企业管理层与股东之间存在信息不对称，股东不一定了解企业投资未来收益水平，也会影响股东对企业的信心；最后，如果完全遵照执行剩余股利政策，现金股利发放额就会每年随投资机会和盈利水平的波动而波动。即使在盈利水平不变的情况下，现金股利也将与投资机会的多寡呈反方向变动：投资机会越多，股利越少；反之，投资机会越少，股利发放越多。而在投资机会维持不变的情况下，现金股利发放额将因公司每年盈利的波动而同方向波动。

剩余股利政策不利于投资者安排收入与支出，也不利于公司树立良好的形象，一般适用于公司初创阶段。

（二）固定股利政策

固定股利政策表现为每股现金股利支付额固定的形式。其基本特征是不论经济情况如何，也不论企业经营好坏，都将企业每年的每股现金股利支付额稳定在某一特定水平上保持不变，只有企业管理当局认为企业的盈利确已增加，而且未来的盈利足以支付更多的现金股利时，企业才会提高每股现金股利支付额。

这种股利政策的优点是：（1）稳定的现金股利向市场传递着公司正常发展的信息，有利于树立公司良好形象，增强投资者对公司的信心，稳定股票的价格。（2）稳定的现金股利有利于投资者安排股利收入和支出，特别是那些对现金股利有着很高依赖性的股东更是如此。而现金股利忽高忽低的股票，则不会受这些股东的欢迎，股票价格会因此而下降。（3）稳定的现金股利政策可能会不符合剩余股利政策理论，但考虑到股票市场会受到多种因素的影响，其中包括股东的心理状态和其他要求，因此使现金股利维持在稳定的水平上，即使推迟某些投资方案或者暂时偏离目标资本结构，也可能利大于弊。

该股利政策的缺点在于现金股利的支付与盈余相脱节。当盈余较低时仍要支付固定的现金股利，这可能导致资金短缺，财务状况恶化；同时不能像剩余股利政策那样保持较低的资本成本。这种股利政策适用于盈利稳定或处于成长期的企业。

（三）固定股利支付率政策

固定股利支付率政策，是将每年盈利的某一固定百分比作为现金股利分配给股东。

这一百分比通常称为股利支付率,股利支付率一经确定,一般不得随意变更。固定股利支付率越高,公司留存的净收益越少。在这一股利政策下,只要公司的税后利润一经计算确定,所派发的现金股利也就相应确定了。

这种股利政策的优点是:(1)采用固定股利支付率政策,现金股利与公司盈余紧密地配合,体现了多盈多分、少盈少分、无盈不分的股利分配原则。(2)由于公司的获利能力在年度间是经常变动的,因此,每年的现金股利也应当随着公司收益的变动而变动,并保持分配与留存收益间的一定比例关系。采用固定股利支付率政策,公司每年按固定的比例从税后利润中支付现金股利,从企业支付能力的角度看,这是一种稳定的股利政策。

固定股利支付率政策的主要缺点是:(1)传递的信息容易成为公司的不利因素。大多数公司每年的收益很难保持稳定不变,如果公司每年收益状况不同,固定支付率的股利政策将导致公司每年现金股利分配额的频繁变化。而现金股利通常被认为是公司未来前途的信号传递,那么波动的股利向市场传递的信息就是公司未来收益前景不明确、不可靠等,很容易给投资者带来公司经营状况不稳定、投资风险较大的不良印象。(2)容易使公司面临较大的财务压力。因为公司实现的盈利越多,一定支付比率下派发的现金股利就越多,但公司实现的盈利多,并不代表公司有充足的现金派发股利,只能表明公司盈利状况较好而已。如果公司的现金流量状况并不好,却还要按固定比率派发现金股利的话,就很容易给公司造成较大的财务压力。(3)缺乏财务弹性。股利支付率是公司股利政策的主要内容,模式的选择、政策的制定是公司的财务手段和方法。在不同阶段,根据财务状况制定不同的股利政策,会更有效地实现公司的财务目标。但在固定股利支付率政策下,公司丧失了利用股利政策实现特定目标的财务方法,缺乏财务弹性。(4)合适的固定股利支付率的确定难度大。如果固定股利支付率确定得较低,就不能满足投资者对投资收益的要求;而固定股利支付率确定得较高,没有足够的现金派发股利时会给公司带来巨大财务压力,另外,当公司发展需要大量资金时,也要受其制约。

由于公司每年面临的投资机会、筹资渠道都不同,而这些都可以影响到公司的股利分派,因此,一成不变地按一种固定比率发放现金股利的公司在实际中并不多见,固定股利支付率政策只是比较适用于那些处于稳定发展且财务状况也较稳定的公司。

(四)低正常股利加额外股利政策

低正常股利加额外股利政策介于固定股利与固定股利支付率之间的一种股利政策。其特征是:企业一般每年都支付较低的固定现金股利,当盈利增长较多时,再根据实际情况加付额外现金股利。即当企业盈余较低或现金投资较多时,可维持较低的固定现金股利,而当企业盈利有较大幅度增加时,则加付额外现金股利。

这种分配政策的优点是：（1）使公司具有较大的灵活性。当公司盈余较少或投资需用较多的资金时，可维持设定的较低但正常的股利，股东不会有股利跌落感；而当盈余有较大幅度增加时，则可适度增发股利，把经济繁荣的部分利益分配给股东，使他们增强对公司的信心，这有利于稳定股票的价格。（2）可使那些依靠股利度日的股东每年至少可以得到虽然较低但比较稳定的股利收入，从而吸引住这部分股东。

这种分配政策的主要缺点是：（1）公司在盈利较少或无盈利时，仍须支付正常的股利。尽管所付的正常股利数额可能不大，但毕竟股利的支付会增加公司资金的流出，这对于本来资金就很紧张的公司来说，无疑是"雪上加霜"。（2）如果公司经营状态良好，盈利较多，并持续地支付额外股利，这又很容易提高股东对股利的期望值，从而将额外股利视为"正常"股利，一旦公司盈利下降而减少额外股利时，便会招致股东极大的不满。

这种股利政策适用于盈利与现金流量波动不够稳定的企业，因而也被大多数企业所采用。

以上各种股利政策各有所长，公司在分配股利时应借鉴其基本决策思想，根据实际情况制订一套适合本公司的股利政策。

八、股利政策的影响因素

在现实生活中，公司的股利分配是在种种制约因素下进行的，公司必须认真审查这些影响因素，以便制订出适合本公司的股利政策。采取何种股利政策虽然是由管理层决定的，但是实际上在其决策过程中会受到诸多主观与客观因素的影响。影响股利分配政策的因素主要有以下几种因素。

（一）法律因素

为了保护投资者的利益，各国法律都会对公司的股利分配进行一定的限制。影响公司股利政策的法律因素主要有：

（1）资本保全的限制。资本保全是为了保护投资者的利益而做出的法律限制。规定公司不能用资本（包括股本和资本公积）发放股利，只能用当期利润或留用利润来分配股利。股利的支付不能减少法定资本，如果一个公司的资本已经减少或因支付股利而引起资本减少，则不能支付股利。这样的限制规定是为了保全公司的股权资本，以维护债权人的利益。

（2）企业积累的限制。为了制约公司支付股利的任意性，按照法律规定，公司税后利润必须先提取法定公积金。此外还鼓励公司提取任意公积金，只有当提取的法定公积金达到注册资本的 50% 时，才可以不再提取。提取法定公积金后的利润净额才可以用于支付股利。法律法规有关企业积累的规定有利于提高企业的生产经营能力，增强企业抵御风险的能力，维护了债权人的利益。

（3）净利润的限制。利润是发放股利的基础，公司可以用当年利润或以前年度利润发放股利。但是，在公司以前年度亏损没有全部弥补时，不能发放股利。即按照我国法律法规的规定，公司只有在年度累计净利润必须为正数时才可发放股利，以前年度亏损必须足额弥补。

（4）超额累积利润的限制。由于股东接受股利缴纳的所得税高于其进行股票交易的资本利得税，于是许多国家规定公司不得超额累积利润，一旦公司的保留盈余超过法律认可的水平，将被加征额外税额。

（5）无力偿付的限制。规定公司在分配股利时，必须保持充分的偿债能力。公司分配股利不能只看利润表上的净利润的数额，还必须考虑到公司的现金是否充足，出于对债权人的利益保护，如果一个公司已经无力偿付负债，或股利支付会导致公司失去偿债能力，则不能支付股利。

（二）股东因素

公司的股利政策最终由股东大会决定，因此，股东的要求不可忽视。股东从自身经济利益需要出发，对公司的股利分配往往产生这样一些影响。

（1）追求稳定的收入，有规避风险的需要。有的股东依赖于公司发放的现金股利维持生活，如一些退休者，他们往往要求公司能够定期支付稳定的现金股利，反对公司留用过多的利润，他们认为通过保留盈余引起股价上涨而获得资本利得是有风险的，若公司留存较多的利润，将受到这部分股东的反对。还有一些股东是"一鸟在手"理论的支持者，他们认为留用过多利润进行再投资，尽管可能会使股票价格上升，但是所带来的收益具有较大的不确定性，还是取得现实的现金股利比较稳妥，这样可以规避较大的风险，因此这些股东也倾向于多分配现金股利。

（2）担心控制权被稀释。公司支付较高的股利，就会导致留存盈余减少，这又意味着将来发行新股的可能性加大，而发行新股必然稀释公司的控制权，有的大股东持股比例较高，对公司拥有一定的控制权，他们出于对公司控制权可能被稀释的担心，往往倾向于公司少分配现金股利，多留用利润。如果公司发放大量的现金股利，就可能造成未来经营所需的现金紧缺，导致公司不得不通过发行新股来筹集资本，虽然公司的老股东有优先认股权，但必须拿出一笔数额可观的现金，否则其持股比例就会降低，其对公司的控制权就有被稀释的危险，因此，他们宁愿少分现金股利，也不愿看到自己的控制权被稀释，当他们拿不出足够的现金认购新股时，就会对分配现金股利的方案投反对票。

（3）规避所得税。多数国家的红利所得税税率都高于资本利得所得税税率，有的国家红利所得税采用累进税率，边际税率很高。这种税率的差异会使股东更愿意采取可避税的股利政策。高收入的股东为了避税往往反对公司发放过多的现金股利，而低收入的股东因个人税负较轻甚至免税，可能会欢迎公司多分现金股利。按照我国税法规定，股东从公司分得的红利应按20%的比例税率缴纳个人所得税（现按10%减半征收），而对股票交易获得的资本利得收益目前还没有开征个人所得税，因而对股东来说，股票价格上涨获得的收益比分得现金股利更具有避税功能。

（三）公司自身因素

公司自身因素的影响指的是公司的经营情况和经营能力等公司内部的各种因素及其面临的各种环境、机会对其股利政策产生的影响。

（1）盈余的稳定性。公司是否能获得长期稳定的盈余，是其股利决策的重要基础，公司的股利政策在很大程度上会受其盈利能力的影响。盈余相对稳定的公司，相对于盈余不稳定的公司而言具有较高的股利支付能力，因为盈余稳定的公司对保持较高股利支付率更有信心。收益稳定的公司面临的经营风险和财务风险较小，筹资能力较强，这些都是其股利支付能力的保证。

（2）资金的流动性。较多地支付现金股利会减少公司的现金持有量，使资金的流动性降低。这里资金流动性是指及时满足财务应付义务的能力；而资金保持一定的流动性，不仅是公司经营所必需的，也是在实施股利分配方案时需要权衡的。

（3）筹资能力。筹资能力是影响公司股利政策的一个重要因素。不同的企业在资本市场上的筹资能力会有一定的差异，公司在分配现金股利时，应当根据自身的筹资能力来确定股利支付水平。具有较强筹资能力（与公司资产的流动性相关）的公司因为能够及时地筹措到所需的现金，有可能采取高股利政策；而举债能力弱的公司则不得不多滞留盈余，因而往往采取低股利政策少发放现金股利，增加留用利润。

（4）投资机会。公司在制定股利政策时会考虑未来投资对资本的需求。有着良好投资机会的公司，需要有强大的资金支持，因而往往少发放股利，将大部分盈余用于投资，这样可以加速企业的发展，增加未来的收益，这种股利政策往往也易于为股东所接受。缺乏良好投资机会的公司，保留大量现金会造成资金的闲置，于是倾向于支付较高的股利。正因为如此，处于成长中的公司多采取低股利政策；处于经营收缩中的公司多采取高股利政策。

（5）资本成本。资本成本是企业选择筹资方式的基本依据。留用利润是企业内部筹资的一种重要方式，同发行新股或举借债务相比，其具有资本成本低的优点。如果公司一方面大量发放现金股利，另一方面又要通过资本市场发行新股筹集资本，由于存在交易费用和所得税，这样会增加公司的综合资本成本，也会减少股东财富。因此，在制订股利政策时，应当充分考虑到公司对资本的需求以及资本成本等问题。与此同时，与发行新股相比，保留盈余不需花费筹资费用，是一种比较经济的筹资渠道。所以从资本成本考虑，如果公司有扩大资金的需要，就应当采取低股利政策。

（6）债务需要。具有较高债务偿还的公司，可以通过举借新债、发行新股筹集资金偿还债务，也可直接用经营积累偿还债务。如果公司认为后者适当的话（例如，前者资本成本高或受其他限制难以进入资本市场），将会减少股利的支付。

（四）其他限制

除了上述的因素以外，还有其他一些因素也会影响公司的股利政策选择。

（1）债务合同约束。公司的债务合同，特别是长期债务合同，往往有限制公司现金支付程度的条款，这使公司只得采取低股利政策。

（2）通货膨胀。在通货膨胀的情况下，由于货币购买力下降，公司计提的折旧不能满足重置固定资产的需要，需要动用盈余补足重置固定资产的需要，因此在通货膨胀时期公司股利政策往往偏紧。

（3）行业因素。不同行业的股利支付率存在系统性差异。调查研究显示，成熟行业的股利支付率通常比新兴行业的高；公用事业的公司大多实行高股利支付率政策，而高科技行业的公司股利支付率通常较低。这说明股利政策具有明显的行业特征。可能的原因是：投资机会在行业内是相似的，在不同行业之间则存在差异。

九、股票分割与股票回购

（一）股票分割

1. 股票分割的概念

股票分割是指将面值较高的股票分割为几股面值较低的股票。例如，将原来每股面值为 20 元的普通股分割为 2 股面值为 10 元的普通股。通过股票分割公司股票面值降低，同时公司股票总数增加，股票的市场价格也会相应下降，因此，股票分割不会增加公司价值，也不会增加股东财富。

一般来说，公司进行股票分割主要有以下两种动机。

（1）通过股票分割使股票价格降低。有些公司股票价格过高，一些中小投资者由于资金量的限制不愿意购买高价股票，这样会使高价股的流动性受到影响。为了将股票价格降下来，公司就可以采用股票分割的办法。股票分割后，公司股票数量增加，股价降低，股票在市场上的交易会更加活跃。

（2）通过股票分割向投资者传递公司信息。与分配股利一样，股票分割也可以向投资者传递公司未来经营业绩变化的信息。一般来说，处于成长阶段的中小公司，由于业绩的快速增长,股价会不断上涨,此时公司进行股票分割,实际上表明公司未来的业绩仍然会保持良好的增长趋势,这种信息的传递也会引起股票价格上涨。

【例13-1】假定甲公司股票分割前的股东权益情况如表13-1所示,现该公司若按1股换成2股的比例进行股票分割,分割后的股东权益情况如表13-2所示。

表13-1　　　　　股票分割前甲公司的股东权益情况　　　　　单位:万元

项目	发放股票股利前
股本(普通股100 000万股,面额2元)	200 000
资本公积	400 000
未分配利润	1 000 000
股东权益合计	1 600 000

表13-2　　　　　股票分割后甲公司的股东权益情况　　　　　单位:万元

项目	发放股票股利前
股本(普通股200 000万股,面额1元)	200 000
资本公积	400 000
未分配利润	1 000 000
股东权益合计	1 600 000

从以上我们可以看出股票分割前后普通股股数和面额发生了变动,普通股股数由原来的100 000万股增加到200 000万股,股票面值则由原来的2元每股被分割成1元每股。至于股东权益总额及股东权益内部各项目的金额均未发生变动。

2. 股票分割与股票股利的比较

对于公司来说,进行股票分割与发放股票股利都属于股本扩张政策,两者都会使公司股票数量增加,股票价格降低,并且都不会增加公司价值和股东财富。从这些方面来看,股票分割与股票股利是十分相似的,但两者也存在以下差异。

(1) 股票分割降低了股票面值,而发放股票股利不会改变股票面值。这主要是因为股票分割是股本重新分拆,将原来的股本细分为更多的股份,因而每股面值会相应成比例降低,而股票股利是公司以股票的形式用实现的净利润向股东无偿分派股利,股票面值不会降低。

(2) 会计处理不同。股票分割不会影响到资产负债表中股东权益各项目金额的变化,只是股票面值降低,股票股数增加,因而股本的金额不会变化,资本公积金和留用利润的金额也不会变化。发放股票股利,公司应将股东权益中留用利润的金额按照发放股票股利面值总数转为股本，因而股本的金额相应增加，而留用利润相应减少。

我国股份公司发行的普通股一般面值为1元，所以通常不进行股票分割。在实践中，我国公司常采用资本公积转增股本和发放股票股利的方式进行股本扩张，基本能够与股票分割达到同样的目的。

3. 股票分割的意义

（1）降低公司股票价格。由于股票分割是在不增加股东权益的情况下增加流通中的股票数量，分割后每股股票所代表的股东权益的价值将降低，每股股票的市场价格也将相应降低。当股票的市场价格过高时，股票交易会因每手交易所需的资金量太大而受到影响，特别是许多小户、散户，因资金实力有限而难以进行交易，使这类股票的流通性降低，股东人数减少。因此，许多公司在其股价过高时采用股票分割的方法降低股票的交易价格，提高公司股票的流通性，使公司的股东更为广泛。

（2）传递远期良好信号。一般而言，股票分割往往是成长中的公司所为，因此，企业进行股票分割往往被视为一种利好消息而影响其股票价格，这样公司股东就能从股份数量和股票价格中获得相对收益。

（3）增加股东的现金股利。股票分割在有些情况下也会增加股东的现金股利。股票分割后各股东持有的股数增加，但持股比例不变，持有股票的总价值不变。但是，只要股票分割后每股现金股利的下降幅度小于股票分割幅度，股东就能多获现金股利。例如，假定某企业股票分割前每股现金股利2元，某股东持有100股，可分得现金股利200元。企业按1∶2的比例进行股票分割后，该股东股数增为200股，若现金股利降为每股1.2元，该股东可得现金股利240元，将大于其股票分割前所得的现金股利。

（4）有助于公司购并的实施。公司在购并另一个公司之前，首先将自己的股票分割，可以提高对被购并方股东的吸引力。

（5）为新股发行做准备。在新股发行之前利用股票分割降低股价，有利于提高股票的可转让性和促进市场交易活动，由此增加投资者对股票的兴趣，促进新发行股票的畅销。

尽管股票分割与发放股票股利都能达到降低企业股价的目的，但一般地讲，只有在企业股价暴涨且预期难以下降时，才采用股票分割的办法降低股价，而在企业股价上涨幅度不大时，往往通过发放股票股利将股价维持在理想的范围之内。

与股票分割相反，企业有时也进行反分割或股票合并操作，即将数股面额较低的股票合并为一股面额较高的股票。显然，反分割将减少流通在外的股票数量，提高每股股票的面值和其所代表的净资产的数额，进而提高股票的市场价格。反分割通常是在一些业绩不佳、股价过低的公司进行的，它们希望通过这种操作来提高股票价格，使之达到一个合理的交易价格水平。

十、股票回购

(一) 股票回购的概念

股票回购是指上市公司从股票市场上购回本公司一定数额发行在外股票的行为。公司在股票回购完成后可以将所回购的股票注销,但在绝大多数情况下,公司将回购的股份作为"库藏股"保留,仍属于发行在外的股份,但不参与每股收益的计算和收益分配。库藏股日后可移作他用(如雇员福利计划、发行可转换债券等),或在需要资金时将其出售。

股票回购常被看作对股东的一种特殊回报方式,但与发放现金股利还是存在差异的。公司通过股票回购减少了流通在外的普通股股数,从而使每股利润增加,股票价格也随之上涨,可为股东带来资本利得收益。如果不存在个人所得税和交易成本,股票回购和发放现金股利就对股东财富的影响并无差异,但是,通常情况下,资本利得所得税税率要低于股利所得税税率,这样公司回购股票可以为股东规避部分税负,为股东带来税收利益。但是,现金股利毕竟公司对股东一种长期稳定的回报方式,而股票回购不能经常采用,只在公司拥有大量闲置现金的情况下才能偶尔为之。

(二) 股票回购的动机

公司进行股票回购的主要动机在理论上有多种解释,信号理论、税差理论、代理理论和公司控制权市场理论等主流财务理论都对股票回购动机做出了各自的解释。

1. 传递股价被低估信号的动机

由于外部投资者与公司管理层之间存在信息不对称,两者对股票价值的认识可能会存在较大差异,当资本市场低迷时,公司的股价就有可能被低估。如果管理层认为本公司股票被严重低估,公司就可以通过股票回购行为来传递这种信号,从而促使公司股价上涨。实际上,公司的股票回购公告发布之后,通常会令股票价格上涨。

2. 为股东避税的动机

前已述及,由于资本利得与现金股利存在税率差异,现金股利的税率通常高于资本利得的税率,公司为了减少股东缴纳的个人所得税,可以用股票回购的方式代替发放现金股利,从而为股东带来税收利益。

3. 减少公司自由现金流量的动机

在公司存在过多的自由现金流量的情况下,公司可以通过股票回购的方式将现金分配给股东。股票回购可以使公司流通在外的股票数量减少,由于每股利润增加,在市盈率不变的情况下,股价会上涨,股东所持有的股票总市值会增加,这等于向股东分配了现金。此外,由于公司的自由现金流量减少,也降低了公司的代理成本。

4. 反收购的动机

当公司的股票被低估时,就有可能成为被收购的目标,从而对现有股东的控制权产生威胁。为了维护原有股东对公司的控制权,预防或抵制敌意收购,公司可以通过股票回购方式,减少流通在外的股票股数,提高股票价格。实证研究表明,公司成为被收购目标的风险越大,就越有可能回购股票。

(三)股票回购的方式

公司进行股票回购主要可以通过以下四种方式进行。

1. 公开市场回购

公开市场回购是指上市公司在证券市场上按照股票市场价格回购本公司的股票。通常公司回购股票时都会有一个最高限价,对回购股票的数量也有明确的限定。通过公开市场回购的方式回购股票,很容易导致股票价格上涨,从而增加了回购成本。一般来说,在公司回购股票的目标已经达到的情况下,就可以停止回购。根据我国证监会2005年发布的《上市公司回购社会公众股份管理办法(试行)》的规定,上市公司可以采用证券交易所集中竞价交易方式回购股票,但须履行信息披露义务。如在回购股份期间,应当在每个月的前3个交易日内公告截至上月末的回购进展情况,并且当回购股份占公司总股本的比例每增加1个百分点时,应当在两个交易日内进行公告。

2. 要约回购

要约回购是指公司通过公开向股东发出回购股票的要约来实现股票回购计划。要约回购价格一般高于市场价格。在公司公告要约回购之后的限定期限内,股东可自愿决定是否按要约价格将持有的股票出售给公司。如果股东愿意出售的股数多于公司计划回购的股数,公司可以自行决定购买部分或全部股票。通常,在公司回购股票的数量较大时,可采用要约回购方式。根据《上市公司回购社会公众股份管理办法(试行)》的规定,上市公司采用要约回购方式回购股票,其要约价格不得低于回购报告书公告前30个交易日股票每日加权平均价的算术平均值,并且要约期限不得少于30日,不得超过60日。

3. 协议回购

协议回购是指公司与特定的股东私下签订购买协议回购其持有的股票。协议回购方式通常作为公开市场回购方式的补充。采用这种方式,公司必须公开披露股票回购的目的、数量等信息,并保证回购价格公平,以避免公司向特定股东进行利益输送侵害其他股东利益。协议回购方式回购股票的价格通常低于当前市场价格,并且一次回购股票的数量较大，作为大宗交易在场外进行。

4. 转换回购

转换回购是指公司用债券或者优先股代替现金回购普通股的股票回购方式。采取转换回购方式，公司不必支付大量的现金，对于现金流量并不充足的公司而言，这是种可选的回购方式，而且采用这种回购方式还可以起到调整资本结构的作用。但是，由于债券或优先股的流动性比普通股要差，因而采用转换回购方式时，可能需要支付一定的溢价，因而提高了股票回购成本。

（四）股票回购的意义

对股东而言，股票回购的主要意义在于相比较于现金股利它通常能帮助股东获得少纳税的好处。股票回购后股东得到的资本利得与现金股利两者需缴纳的所得税税率有差异，资本利得的税率通常较低。股票回购使股东能够以较低的资本利得税取代现金股利必须缴纳的较高普通个人所得税。因此，股票回购可以被看成是公司向股东分配利润的一种重要形式，可用来替代现金股利，尤其是在避税效果显著时更是如此。

对公司而言，股票回购的意义有以下几个方面。

1. 反收购措施

股票回购在国外经常是一种重要的反收购措施，此举有助于公司管理者避开竞争对手企图收购的威胁，原因如下：（1）股票回购导致股价上升和公司流通在外的股票数量减少，从而使收购方要获得控制公司的法定股份比例变得更为困难。（2）股票回购后，公司流通在外的股份少了，可以防止浮动股票落入进攻企业手中。需要注意的是，由于回购的股票无表决权，回购后进攻企业持股比也会有所上升，因此公司需将回购股票再卖给稳定股东，才能起到反收购的作用。（3）在反收购战中，目标公司通常在股价已上升后实施股票回购，此举使得目标公司流动资金减少，财务状况恶化，减弱了公司被作为收购目标的吸引力。

2. 改善资本结构，追求财务杠杆利益

当企业管理当局认为，其权益资本在整个企业资本结构中所占的比例过大、资产负债率过小时，就有可能利用留存收益或通过对外举债来回购企业发行在外的普通股，实践证明，这是一种迅速提高资产负债率的很好方法。

无论是用现金回购还是负债回购股份，都会改变公司的资本结构，提高财务杠杆比率。在现金回购方式下，假定公司中长期负债规模不变，则伴随股票回购而来的是股权资本在公司资本结构中的比重下降，公司财务杠杆比率提高。在用增加债务回购股份的情况下，一方面是公司中长期负债增加，另一方面是股权资本比重下降，两方面共同作用使公司财务杠杆比率提高。公司资本结构中权益资本比重的下降和公司财务杠杆比率的提高，一般来说会导致两个相互联系的结果：一是公司加权平均资本成本的变化；二是公司财务风险可能随债务比重增大到一定点之后而增大。所以公司股票回购必须考虑优化其资本结构，合理发挥其财务杠杆效应。

3. 稳定公司股价

过低的股价，无疑将对公司经营造成严重影响，股价过低，使人们对公司的信心下降，使消费者对公司产品产生怀疑，削弱公司出售产品、开拓市场的能力。在这种情况下，公司回购本公司股票以支撑公司股价，有利于改善公司形象，股价在上升过程中，投资者又重新关注公司的运营情况，消费者对公司产品的信任增加，公司也有了进一步配股融资的可能。因此，在股价过低时回购股票，是维护公司形象的有力途径。在西方国家，股票回购也是政府稳定股市的重要手段之一。无论是美国1987年"黑色星期一"、1997年亚洲金融危机，还是"9·11"事件发生后，在市场暴跌出现恐慌时，监管部门为保持市场的稳定，一般都会放松管制，允许上市公司动用资金，甚至向上市公司提供低息优惠贷款购买自己的股票，以防止股市出现崩盘。

4. 分配公司超额现金

如果公司的现金超过其投资机会的需要量，但又没有较好的投资机会可以使用该笔现金时，公司需要考虑分配超额现金。此时，出于股东避税、控股等多种因素的考虑，公司可能通过股票回购而非现金股利的方式进行分配。

5. 作为实行股权激励计划的股票来源

如公司实施管理层或者员工股票期权计划，直接发行新股会稀释原有股东权益，而通过回购股份再将该股份赋予员工则既满足了员工的持股需求，又不影响原有股东的权益。

本章练习

一、简答题

1. 股利理论包括哪些？
2. 简述股利支付的程序的支付的形式。
3. 简述股利无关理论的主要内容。
4. 简述股利相关理论的主要内容。
5. 简述股利政策是如何分类的。
6. 实践中的股利政策各有什么利弊，合理的股利政策是什么？
7. 简述低正常股利加额外股利政策的基本原理。
8. 简述股利政策的影响因素。

9. 股票分割与股票股利有何异同之处？

10. 什么是股票回购？它有哪些积极的意义？

二、单项选择题

1. 以下现金股利分配政策中，有利于稳定股票价格，从而树立公司良好的形象，但股利的支付与盈余相脱节的是（   ）。

   A. 剩余股利政策   B. 固定股利政策

   C. 固定股利支付率政策   D. 低正常股利加额外股利的政策

2. 有关股份公司发放股票股利的表述，不正确的有（   ）。

   A. 可免付现金，有利于扩大经营

   B. 会使股东所持股票的市场价值总额增加

   C. 可能会使每股市价下跌

   D. 股票变现力强，易流通，股东乐于接受

3. 上市公司按照剩余股利政策发放股利的好处是（   ）。

   A. 有利于公司合理安排资金结构

   B. 有利于投资者安排收入与支出

   C. 有利于公司稳定股票的市场价格

   D. 有利于公司树立良好的形象

4. 在下列现金股利分配政策中，能保持股利与利润之间一定的比例关系，并体现风险投资与风险收益对等原则的是（   ）。

   A. 剩余股利政策   B. 固定股利政策

   C. 固定股利支付率政策   D. 正常股利加额外股利政策

5. 一般而言，适用固定股利政策的公司是（   ）。

   A. 负债率较高的公司   B. 盈利波动较大的公司会

   C. 盈利稳定或正处于成长期的公司   D. 盈利高且投资机会较多的公司

6. 与现金股利十分相似的是（   ）。

   A. 股票股利   B. 股票回购   C. 股票分割   D. 股票出售

7. 企业采用剩余股利政策进行收益分配的主要优点是（   ）。

   A. 有利于稳定股价   B. 获得财务杠杆利益

   C. 降低综合资本成本   D. 增强公众投资信心

8. 下列阐述正确的是（   ）。

   A. 剩余股利政策一般适用于经营比较稳定或正处于成长期、信誉一般的公司

   B. 固定股利政策一般适用于公司初创阶段

   C. 固定股利支付率政策只适用于处于稳定发展且财务状况也较稳定的公司

   D. 低正常股利加额外股利政策的依据是股利无关理论

9. 按照剩余股利政策，假定某公司目标资金结构为自有资金与借入资金之比为5∶3，该公司下一年度计划投资600万元，本年年末实现的净利润为1 000万元，则本年可用于股利分配的税后利润最多为（　　）万元。

　　A. 625　　　　　　B. 250　　　　　　C. 375　　　　　　D. 360

10. 法律对利润分配进行超额累积利润限制的主要原因是（　　）。

　　A. 避免损害少数股东权益　　　　B. 避免资本结构失调

　　C. 避免股东避税　　　　　　　　D. 避免经营者出现短期行为

三、多项选择题

1. 公司出于种种因素考虑制定现金股利分配政策，这些因素主要有（　　）。

　　A. 稳定收入　　　　　　　　　　B. 未来投资机会

　　C. 筹资成本　　　　　　　　　　D. 反收购

2. 若上市公司采用了合理的现金股利分配政策，则可获得的效果有（　　）。

　　A. 能为企业筹资创造良好条件　　B. 能处理好与投资者的关系

　　C. 促进销售　　　　　　　　　　D. 能增强投资者的信心

3. 上市公司发放股票股利可能导致的结果有（　　）。

　　A. 公司股东权益内部结构发生变化

　　B. 公司股东权益总额发生变化

　　C. 公司每股利润下降

　　D. 公司股份总数发生变化

4. 下列关于固定股利政策的说法中，正确的有（　　）。

　　A. 有利于稳定股票的价格

　　B. 能使股利与公司盈余紧密配合

　　C. 有利于投资者安排收入与支出

　　D. 有利于增强投资者对公司的信心

5. 关于现金股利分配政策，下列说法正确的是（　　）。

　　A. 剩余股利政策能充分利用筹资成本最低的资金资源，保持理想的资本结构

　　B. 固定股利支付率政策缺乏财务弹性

　　C. 固定股利支付率政策体现了多盈多分、少盈少分、无盈不分的股利分配原则

　　D. 剩余股利政策有利于股价的稳定和上涨

6. 企业的长期债务合同往往有限制企业现金支付程度的条款，以此来保债权人的利益。这些条款包括（　　）。

　　A. 未来的股利只能以过去的留存收益来发放

　　B. 利润的一部分应以偿债基金的形式留存下来

　　C. 营运资金低于某一特定金额时不得发放股利

D. 已获利息倍数低于一定水平时不得发放股利

四、判断题

1. 股票分割会使普通股股数增加，引起每股面值降低，并由此引起每股收益和每股市价下降。它对公司的资本结构和股东权益也会产生影响。（ ）

2. 企业筹集的资金按其来源渠道分为权益资金和负债资金，不管是权益资金还是负债资金，在分配报酬时，都是通过利润分配的形式进行的，属于税后分配。（ ）

3. 在企业的净利润与现金流量不够稳定时，采用剩余股利政策对企业和股东都是有利的。（ ）

4. 采用剩余股利政策的优点是有利于保持理想的资本结构，降低企业的综合资本成本。（ ）

5. 在除息日之前，股利权从属于股票；从除息日开始，新购入股票的人不能分享本次已宣告发放的股利。（ ）

6. 收益分配的资本保全原则是为了维护投资者的利益。（ ）

7. 负债资金较多、资本结构欠佳的企业在选择筹资渠道时，往往将留存收益作为首选的筹资方式。（ ）

8. 公司每股利润越高，则股东就可以从公司分得越高的股利。（ ）

五、计算与案例分析

1. 某公司本年税后净利为300万元，明年打算上一个新项目，需投资400万元，公司的目标资本结构为权益资本占60%，公司流通在外的普通股为1 000万股。公司采用剩余股利政策。则：

（1）公司本年可发放的股利额；

（2）股利支付率；

（3）每股股利。

2. 某公司本年实现税后利润200万元，公司年初未分配利润为40万元。下一个年度将面临一投资机会，需投资100万元。公司预期的最佳资本结构是权益负债比3∶2，公司发行在外的普通股为80万股。该公司计提公积金的比例为10%，计提公益金的比例为8%。公司拟采用剩余股利政策。则：

（1）应提取的盈余公积金和公益金数额；

（2）本年应发放的股利数额；

（3）年末未分配利润；

（4）每股收益和每股股利。

3. 某公司以50%的资产负债率作为目标资本结构，公司当年的税后利润为1 000万元，预计公司未来的总资产要达到2 400万元，现有的权益资本为500万元。则：

（1）若采用剩余股利政策，当年股利支付率为多少？

(2) 若股利支付率为100%，计算在市盈率为10，每股盈余为2元的条件下应增发的普通股股数。

4. 某公司年终利润分配前的股东权益项目如表13-3所示。

表13-3　　　　　某公司年终利润分配前的股东权益项目

股本—普通股	1 000万股
（每股面值2元）	2 000万元
资本公积	800万元
未分配利润	4 500万元
所有者权益合计	7 300万元

公司股票的每股现行市价为35元。如果公司按每10股送1股的方案发放股票股利，并按发放股票股利后的股数派发每股现金股利0.3元，股票股利的金额按现行市价计算。则股利分配后的股东权益各项数额为多少？

5. 公司2018年拟投资4 000万元购置一台生产设备以扩大生产能力，该公司目标资本结构负债与权益资金各占50%。该公司2017年度税前利润为4 000万元，所得税税率为25%。问：

（1）计算2017年度的净利润是多少？

（2）按照剩余股利政策计算企业分配的现金股利为多少？

（3）如果该企业采用固定股利支付率政策，固定的股利支付率是40%。在目标资本结构下，计算2018年度该公司为购置该设备需要从外部筹集自有资金的数额；

（4）如果该企业采用的是固定或稳定增长的股利政策，稳定的增长率为5%，2014年支付的股利为1 200万元。在目标资本结构下，计算2018年度该公司为购置该设备需要从外部筹集自有资金的数额；

（5）如果该企业采用的是低正常股利加额外股利政策，低正常股利为1 000万元，额外股利为净利润超过2 000万元的部分的10%，在目标资本结构下，计算2018年度该公司为购置该设备需要从外部筹集自有资金的数额。

【注会真题汇编】

1. [2017. 单选] 甲公司2016年年初未分配利润-100万元，2016年实现净利润1 200万元。公司计划2017年新增资本支出1 000万元，目标资本结构（债务：权益）为3：7。法律规定，公司须按净利润10%提取公积金。若该公司采取剩余股利政策。应发放现金股利（　　）万元。

　　A. 310　　　　　　B. 380　　　　　　C. 400　　　　　　D. 500

2. [2012.单选] 下列关于股利分配政策的说法中,错误的是（　　）。

A. 采用剩余股利分配政策,可以保持理想的资本结构,使加权平均资本成本最低

B. 采用固定股利支付率分配政策,可以使股利和公司盈余紧密配合,但不利于稳定股票价格

C. 采用固定股利分配政策,当盈余较低时,容易导致公司资金短缺,增加公司风险

D. 采用低正常股利加额外股利政策,股利和盈余不匹配,不利于增强股东对公司的信心

3. [2016.单选] 甲公司以所持有的乙公司股票作为股利支付给股东,这种股利属于（　　）。

A. 现金股利　　　B. 负债股利　　　C. 股票股利　　　D. 财产股利

4. [2017.单选] 实施股票分割和股票股利产生的效果相似,他们都会（　　）。

A. 降低股票每股面值　　　　　B. 减少股东权益总额

C. 降低股票每股价格　　　　　D. 改变股东权益结构

5. [2014.多选] 公司基于不同的考虑会采用不同的股利分配政策,利用剩余股利政策的公司更多地关注（　　）。

A. 盈余的稳定性　　　　　　　B. 公司的流动性

C. 投资机会　　　　　　　　　D. 资本成本

6. [2015.多选] 甲公司盈利稳定,有多余现金,拟进行股票回购用于将来奖励本公司职工,在其他条件不变的情况下,股票回购产生的影响有（　　）。

A. 每股面额下降　　　　　　　B. 资本结构变化

C. 每股收益提高　　　　　　　D. 自由现金流减少

第十四章 营运资本管理

> **本章提要**
>
> 短期资产管理政策主要解决短期资产的持有量问题,与之联系紧密的一个概念就是营运资本管理。营运资本管理对于企业而言至关重要,做好营运资本的管理工作,能够为企业的健康发展打下基础。本章讨论流动资产和流动负债之间的相互关系,目的在于将流动资金的存量配置与其相应资金来源联系起来,从总体上进行观察,并据以制订合理的"营运资金政策"。

一、营运资本管理的基本概念

(一)含义

营运资本是指是流动资产和流动负债的差额,是投入日常经营活动(营业活动)的资本。营运资本管理可以分为流动资产管理和流动负债管理两个方面,前者是对营运资本投资的管理,后者是对营运资本筹资的管理。营运资本有两个主要概念——净营运资本与总营运资本。

1. 净营运资本

是指流动资产与流动负债的金额之差,主要用来衡量公司避免发生流动性问题的程度。它的使用在财务管理中主要起到以下两个作用。

(1)作为偿债能力的指标。

如果流动资产大于流动负债,则净营运资本为正数,与它相对应的"净流动资产"要以长期负债或股东权益中的一定份额作为其资金来源。因此,要对净营运资本进行有效的管理,财务经理人员首先应该保证企业生产经营活动有充足的偿债能力。企业的偿债能力一般根据其履行到期债务责任的能力来衡量,流动比率、速动比率和净营运资本是衡量企业整体偿债能力的三个基本指标。其中,前两个指标比较适用于不同企业之间偿债能力的比较分析;如果企业的资产和财务结构在各期间内保持不变,则净营运资本这个指标更适用于同一企业不同时期的偿债能力的比较，而不适用于不同企业之间的比较。

（2）作为计量财务风险的指标。

一个企业的净营运资本状况，不仅对企业内部管理非常重要，而且也是一个被广泛用于计量企业财务风险的指标，财务风险在这里是指企业陷入无力偿还到期债务等财务困境的可能性。在其他因素相同的情况下，一个企业的净营运资本越多，它越能履行当期财务责任。由于净营运资本是一个重要的财务风险计量指标，因此，一个企业的净营运资本状况还会影响其负债筹资的能力。商业银行以及其他金融机构的许多贷款协议都含有要求企业保持某一最低净营运资本水平的限制性条款，同样，债务契约也经常包括类似的条款。

2. 总营运资本

是指公司所有的流动资产投资（如现金和可变现证券、应收账款、存货等）。对财务分析人员来说，当他们谈到营运资本时，是指流动资产，因此，他们关注的是总营运资产；对财务经理来说，在任何时候为企业提供适当数量的流动资产都至关重要。

作为总营运资本的流动资产可按以下标准分类：

（1）组成要素——比如现金、有价证券、应收账款和存货，各个要素的管理将在以后几章节进行阐述。

（2）时间——划分为永久性的和临时性的营运资本。

①永久性营运资本是指满足企业长期稳定发展最低需求的那部分流动资产。

永久性营运资本在两个重要方面与企业的固定资产相似：第一，尽管融资购得的资产被称为"流动"资产，但投资的金额是长期性的；第二，对一家处于成长过程中的企业来说，所需要的永久性营运资本水平会随时间而增长，正如固定资产水平也随时间而增长一样。然而，永久性营运资本在一个十分重要的方面不同于固定资产——它在不断变化，并不是指永久性停留原地的特定流动资产，而是不断轮换的永久性流动资产投资水平。

②临时性营运资本是指随季节性或周期性需求而变化的流动资产。如同永久性营运资本一样，临时性营运资本也由形式不断变化的流动资产组成。但是，由于在企业的总流动资产中，这部分流动资产的需求是季节性的，我们可以从其本身就是季节性的或临时性的来源融通这部分流动资产。

（二）营运资本管理的原则

对营运资本进行管理，既要保证有足够的资金满足企业生产经营的需要，又要保证企业能按时、足额地偿还各种到期债务。在营运资本管理过程中，企业要遵循以下原则。

1. 认真分析生产经营状况，合理确定营运资本的需要数量

企业营运资本的需要量取决于生产经营规模和营运资本的周转速度，同时也受到市

场及产、供、销情况的影响。企业应综合考虑各种因素，合理确定营运资本的需要量。

2. 在保证生产经营需要的前提下，节约使用资金

营运资本具有流动性强的特点，但是流动性越强的资产其收益性就越差。如果企业的资产全部都是现金，则不能带来收益（将现金存入银行而获得的利息收入对于企业而言算不上真正的投资收益）。如果企业持有的营运资本过多，就会降低企业的收益。因此，企业在保证生产经营需要的前提下，要控制流动资金的占用，使其纳入计划预算的良性范围，既要满足经营需要，又不能安排过量而造成浪费。

3. 加速营运资本的周转，提高资金的利用效率

当企业的生产经营规模一定时，短期资产的周转速度与流动资金的需要量呈反向变化。适度加快存货的周转，缩短应收账款的收款期，延长应付账款的付款期，可以减少营运资本的需要量，从而提高资金的利用效率。

4. 合理安排短期资产与短期负债的比例关系，保障企业有足够的短期偿债能力

企业的短期负债主要是用短期资产来偿付。当企业的短期资产相对短期负债过少时，一旦短期负债到期，而企业又无法通过其他途径筹措到短期资金，就容易出现到期无法偿债的情况。因此，企业要安排好两者的比例关系，从而保证有足够的资金偿还短期负债。

（三）营运资本管理的重要性和必要性

营运资本管理十分重要，原因如下：

第一，流动资产在一家典型的制造企业中占总资产的一半以上。对销售企业来讲，这一比例更高。过高的流动资产水平很容易使企业只能实现一个较低投资回报率，然而，如果企业的流动资产太少，又会给企业保持平稳经营造成困难和导致营运资本短缺。

第二，对小公司来说，流动负债是外部融资的主要来源。这些企业除了以建筑物获得抵押贷款以外，基本上不能利用较长期的资本市场；增长迅速而又规模较大的公司也利用流动负债进行融资。由于这些原因，财务经理和财务工作人员在营运资本上花费了他们大部分的时间。

第三，现金、有价证券、应收账款、应付账款、各类应计项目以及其他一些短期融资方式的管理都是财务经理的直接责任，只有存货管理不是。此外，这些管理责任要求进行日复一日、连续不断的监督。与股利和资本结构决策不一样，管理人员不能慢慢研究问题，将问题搁置几个月，仅仅从财务经理在营运资本管理上花费的大量时间就能看出它十分重要，然而更根本的是营运资本决策对公司风险、收益和股价的影响。

第四，有效的营运资本管理，要求企业以一定量的净营运资本为基础，正常地从事

生产经营活动。在其他因素相同的情况下，这一特定金额的大小，将因各企业所处的行业特性不同而异。净营运资本之所以被用来衡量企业的偿债能力，除了人们持有企业的净营运资本越多，其偿还到期债务的能力越强这一观念以外，更是因为，企业现金流量预测上的不准确性以及时间上的非同步性，促使净营运资本成为企业生产经营活动的不可或缺的组成部分。一般认为，在现代市场经济中，企业的材料采购和产品销售都广泛地以商业信用为媒介而实现，流动资产转化为现金，是现金流入之源；而以现金偿付流动负债，是现金流出之源。然而，每项流动资产和流动负债，其流动性程度不尽相同。概括地说，对偿付流动负债所形成的现金流出较易于预测，即企业较易事先知道债务何时发生、何时到期、何时偿付；但是，对流动资产转化为现金流入的预测就比较困难。而现金流入和流出量之间的适应程度，则制约着企业应保持的净营运资本的水平。也就是说，如果企业的现金流入与流出越具有不确定性，该企业也就越应保持较多的净营运资本，以备偿付当期的到期债务。由此可见，现金流量的难以预测性和非协调一致性，使企业保持一个适量的净营运资本水平成为必要。

（四）营运资本的盈利性和风险性问题

良好的营运资本管理要求企业从盈利性和风险性两个角度出发做出两类基本性的决策：流动资产的最佳投资水平及为维持这一流动资产水平而进行的短期筹资和长期筹资的适当组合。

1. 从盈利性的角度看

流动资产与固定资产盈利能力是有差别的，通常说来，固定资产的盈利能力要高于流动资产的盈利能力。如果能降低流动资产投资水平而又不影响企业的销售，将提高企业的总资产回报率。也就是说，流动资产在总资产中的比例越低，企业的获利能力越高。

而由于短期筹资方式与中长期筹资方式相比，直接成本较低，因此短期债务在总负债中的比例越大，企业的获利能力就越高。通常短期利率都要低些，当然从较长的一段时期来看，我们为长期负债支付的利息成本会高于不断续借的短期借款。此外，由于短期负债相对于较长期的负债来说，债款可以在不需要的时候立即偿还，并可取得更高的利润。

把两者结合起来考虑，与"净营运资本"相对应的"净流动资产"是以长期资金为其资金来源的。"净营运资本"越多，意味着企业是将更大份额的筹资成本较高的长期资金运用到盈利能力较低的流动资产上，从而使企业整体的盈利水平相应地降低；反之亦然。

2. 从风险性的角度看

在这里，风险主要是指企业陷入无力偿付到期债务而导致技术性无力清偿的可能性,通常用净营运资本的大小来衡量。企业的净营运资本越多,意味着流动资产与流动负债之间的差额越大,则陷入技术性无力清偿的可能性也就越小,但成本越高;反之亦然。

但是上述有关获利能力的假说,建议保持一个较低的流动资产水平和较高的流动负债比率,这种战略会导致一个较低的甚至为负的净营运资本水平。在这种战略下,获利能力的提高要以企业风险的增加为代价。

现代企业理财必须对流动资产、流动负债以及两者之间的变动所引起的盈利与风险之间的消涨关系进行全面的估量,正确地进行营运资金的结构性管理。

二、营运资本投资策略

(一) 适中型投资策略

在销售额不变情况下,企业安排较少的流动资产投资,可以缩短流动资产周转天数,节约投资成本。但是,投资不足可能会引发经营中断,增加短缺成本,给企业带来损失。企业为了减少经营中断的风险,在销售不变的情况下安排较多的营运资本投资,会延长流动资产周转天数。但是,投资过量会出现闲置的流动资产,白白浪费了投资,增加持有成本。因此,需要权衡得失,确定其最佳投资需要量,也就是短缺成本和持有成本之和最小化的投资额。这种投资政策要求短缺成本和持有成本大体相等称为适中型投资政策。

1. 短缺成本

短缺成本是指随着流动资产投资水平降低而增加的成本。例如,因投资不足发生现金短缺,需要出售有价证券并承担交易成本;出售有价证券不足以解决问题时,需要紧急借款并承担较高的利息;借不到足够的款项就要违约并承担违约成本,或者被迫紧急抛售存货并承担低价出售损失。

再如,因投资不足出现存货短缺,会打乱原有生产进程或停工待料,需要重新调整生产并承担生产准备成本,或者需要紧急订货并承担较高的交易成本;若不能及时补充存货就会失去销售机会,甚至失去客户。

2. 持有成本

投资过度需要承担额外的持有成本。流动资产持有成本是指随着流动资产投资上升而增加的成本。持有成本主要是与流动资产相关的机会成本。这些投资如果不用于流动资产,就可用于其他投资机会并赚取收益。这些失去的等风险投资的期望收益,就是流动资产投资的持有成本。它低于企业加权平均的资本成本,也低于总资产的平均报酬率,因为流动性越高的资产,其报酬率越低。一般情况,流动资产的流动性强,收益率就低,通常不会高于短期借款的利息。

3. 最优投资规模

流动资产最优的投资规模,取决于持有成本和短缺成本总计的最小化。企业持有成本随投资规模增加而增加,短缺成本随投资规模增加而减少,在两者相等时达到最佳的投资规模。

适中的流动资产投资政策,就是按照预期的流动资产周转天数、销售额及其增长,成本水平和通货膨胀等因素确定的最优投资规模,安排流动资产投资。

(二)保守型投资策略

如果上述影响流动资产投资的诸因素都是确定并已知的,我们不难计算出特定企业所需要的流动资产投资。这些流动资产可以满足经营活动的平稳进行,保证企业按时支付到期债务,及时供应生产用材料,准时向客户提供产品。

问题在于现实世界中的流动资产周转天数、销售额及其增长和成本水平都是不确定的。因此,流动资产的需求是不稳定的。

例如,预计今年的销售收入为1 000万元,假设存货与收入比为10%,计算出来的存货投资需求为100万元,企业据此储备了存货。如果实际销售额为800万元,有效的存货为80万元,过量存储20万元。假设等风险投资的资本成本为10%,则企业损失了2万元(20×10%)。如果实际市场需求为1 200万元,由于存货不足,实际销售额为1 000万元,丢失销售收入200万元。假设销售利润率为1%,则企业损失了2万元(200×1%)。

面对这种不确定性,企业应如何确定流动资产投资呢?是多投资一些还是少投资一些呢?这就需要权衡与之相关的收益和成本。流动资产投资管理的核心问题就是如何应对投资需求的不确定性。

保守型流动资产投资政策,就是企业持有较多的现金和有价证券,充足存货,提供给客户宽松的付款条件并保持较高的应收账款水平。保守型流动资产投资政策,表现为安排较高的流动资产与收入比。

这种政策需要较多的流动资产投资,承担较大的流动资产持有成本,主要是资金的机会成本,有时还包括其他的持有成本。但是,充足的现金、存货和宽松的信用条件,使企业中断经营的风险很小,其短缺成本较小。

(三)激进型投资策略

激进型流动资产投资政策,就是公司持有尽可能低的现金和小额的有价证券投资;在存货上作少量投资;采用严格的销售信用政策或者禁止赊销。紧缩的流动资产投资政策,表现为较低的流动资产/收入比率。

该政策可以节约流动资产的持有成本,如节约资金的机会成本。与此同时,公司要承担较大的风险,如经营中断和丢失销售收入等短缺成本。

三、营运资本筹资策略

营运资本筹资策略,是指在总体上如何为流动资产筹资,采用短期资金来源还是长期资金来源,或者兼而有之。制定营运资本筹资政策,就是确定流动资产所需资金中短期资金和长期资金的比例。营运资本的筹资政策通常用经营性流动资产中长期筹资来源的比重来衡量,该比率称为易变现率。

$$易变现率 = \frac{(股东权益 + 长期债务 + 经营性流动负债) - 长期资产}{经营性流动资产} \quad (14-1)$$

易变现率高,资金来源的持续性强,偿债压力小,管理起来比较容易,称为保守型的筹资政策。易变现率低,资金来源的持续性弱,偿债压力大,称为激进型筹资政策。从最保守型筹资政策到最激进型筹资政策之间,分布着一系列风险程度不同的筹资政策。它们大体上分为三类:适中型筹资政策、保守型筹资政策和激进型筹资政策。

(一) 适中型筹资策略

适中型筹资政策的特点是:尽可能贯彻筹资的匹配原则,即长期投资由长期资金支持,短期投资由短期资金支持。筹资的匹配原则,不仅适用于流动资金筹集,也适用于长期资本筹资,具有普遍适用性。

为什么要遵循匹配原则?因为按照投资持续时间结构去安排筹资的时间结构,有利于降低利率风险和偿债风险。

例如,一个粮食购销公司,其中有一个仓库(长期资产),专门用于收购、存储和销售小麦(流动资产)。仓库的使用期限为 10 年,在购买时可以用长期借款,也可以用短期借款筹资。假设利率相等,使用长期借款的好处有两个:一是锁定借款利率,规避未来 10 年的利率风险;二是保持资金的可持续性,通过折旧形式陆续收回现金,可用来分期偿还长期借款,避免公司卖掉仓库偿债的风险。储存小麦采用短期借款筹资,购入小麦时借款,售出时还款,流动资产和流动负债同步同量即营运资本为零,在小麦全部出售以后流动资产为零。用于小麦的投资不应使用长期资金支持,因为小麦存量有季节性变化,处于低谷时会出现多余现金,白白浪费了筹资的利息。因此,长期资产用长期资金支持,流动资产用短期资金支持,可以减少利率风险和偿债风险。

现实中,大多数企业流动资产不会为零,只要企业存在、企业还在营业,流动资产就存在。

为什么流动资产不会为零？其原因是：首先，流动资产是不断周转的，一些流动资产被出售并形成现金，与此同时，企业用现金购入另一些流动资产。流动资产的实物形态不断更新，投资却被长期占用。其次，正常的企业是不断成长的，长期上升的销售收入，需要在流动资产上进行不断投资，因此流动资产不会下降为零，而是不断增长。

流动资产按照投资需求的时间长短分为两部分：稳定性流动资产和波动性流动资产。稳定性流动资产是指那些即使在企业处于经营淡季也仍然需要保留的、用于满足企业长期、稳定运行的流动资产所需的资金。波动性流动资产是那些受季节性、周期性影响的流动资产需要的资金，如季节性存货、销售旺季的应收账款等。从投资需求上看，稳定性流动资产是长期需求，甚至可以说是永久需求，应当用长期资金支持。只有季节性变化引起的资金需求才是真正的短期需求，可以用短期资金来源支持。现实中的筹资匹配原则是长期占用的资金（包括稳定性流动资产投资）应由长期资金来源支持，短期占用的资金（只是临时性流动资产需求，不是全部流动资产）应由短期资金来源支持。

适中型筹资政策的特点是：对于波动性流动资产，用临时性负债筹集资金，也就是利用短期银行借款等短期金融负债工具取得资金；对于稳定性流动资产需求和长期资产，用权益资本、长期债务和经营性流动负债筹集。该政策可以用以下公式表示：

$$长期资产 + 稳定性流动资产 = 股东权益 + 长期债务 + 经营性流动负债 \quad (14-2)$$

$$波动性流动资产 = 短期金融负债 \quad (14-3)$$

适中型筹资政策如图 14-1 所示。

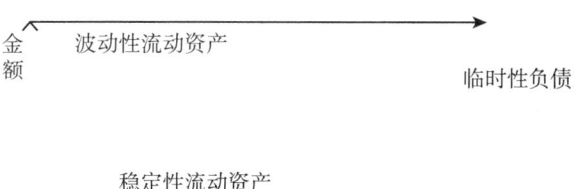

图 14-1 适中型筹资政策

适中型筹资政策要求企业的短期金融负债筹资计划严密，实现现金流动与预期安排相一致。企业应根据波动性流动资产需求时间和数量选择与之配合的短期金融负债。

(二) 保守型筹资策略

保守型筹资政策的特点是:短期金融负债只融通部分波动性流动资产的资金需要,另一部分波动性流动资产和全部稳定性流动资产,则由长期资金来源支持。极端保守的筹资政策完全不使用短期借款,全部资金都来自长期资金来源。

与适中型筹资政策相比,保守型筹资政策下短期金融负债占企业全部资金来源的比例较小,即易变现率较大。在这种做法下,一方面,由于短期金融负债所占比重较小,企业无法偿还到期债务的风险较低,同时蒙受短期利率变动损失的风险也较低;另一方面,却会因长期负债资本成本高于短期金融负债的资本成本,以及经营淡季时资金有剩余但仍需负担长期负债利息,从而降低企业的收益。所以保守型筹资政策是一种风险和收益均较低的营运资本筹资政策。

保守型筹资政策如图 14-2 所示。

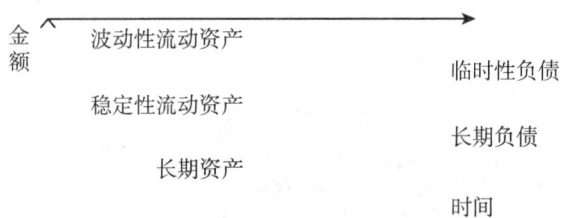

图 14-2 保守型筹资政策

从图 14-2 可以看出,与适中型筹资政策相比,保守型筹资政策下短期金融负债占企业全部资金来源的比例较小,且易变现率较大。

(三) 激进型筹资策略

激进型筹资政策的特点是:短期金融负债不但融通临时性流动资产的资金需要,还解决部分长期性资产的资金需要。极端激进的筹资政策是全部稳定性流动资产都采用短期借款。该筹资政策如图 14-3 所示。

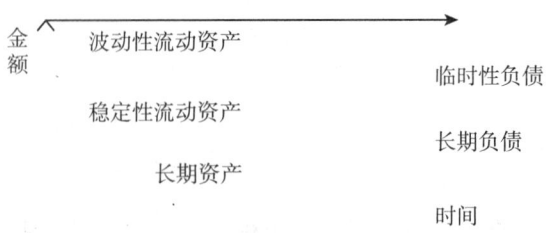

图 14-3 激进型筹资政策

从图14-3可以看出，激进型筹资政策下短期金融负债在企业全部资金来源中所占的比重大于适中型筹资政策。

激进型筹资政策下短期金融负债在企业全部资金来源中所占比重大于适中型筹资政策。一方面，由于短期金融负债的资本成本一般低于长期债务和权益资本的资本成本，而激进型筹资政策下短期金融负债所占比重较大，所以该政策下企业的资本成本较低；另一方面，为了满足长期性资产的长期资金需要，企业必然要在短期金融负债到期后重新举债或申请债务展期，这样企业便会更为经常地举债和还债，从而加大筹资困难和风险，还可能面临由于短期负债利率的变动而增加企业资本成本的风险，因此，激进型筹资政策是一种收益性和风险性均较高的营运资本筹资政策。

流动资金筹资政策的稳健程度，可以用易变现率的高低识别。在营业低谷期的易变现率为1，是适中的流动资金筹资政策，大于1时比较稳健，小于1则比较激进。营业高峰期的易变现率可以反映随营业额增加而不断增长的流动性风险，数值越小，风险越大。

四、宏观经济对企业营运资本管理的影响

有效的营运资本管理对于防止企业资金链断裂和预防债务危机起到了至关重要的作用。而企业营运资本管理作为宏微观领域协同共生的产物，不仅受筹资约束的影响，而且会在不同的经济周期下随宏观经济政策的波动进行动态调整。

研究表明，企业一般会存在目标营运资本需求，并且其受货币政策和财政政策的影响显著。在不同的经济周期下，公司的营运资本需求会向目标营运资本需求调整。经济周期与企业营运资本需求的调整速度负相关，即在经济周期上行期，调整速度较慢；在经济周期下行期，调整速度较快。与此类似，在不同的经济周期下，受不同筹资约束的企业，其营运资本需求会以不同的速度向目标营运资本需求调整。在经济周期上行期，无融资约束公司对营运资本的调整速度较慢，只进行微调，但有融资约束公司由于受到自身筹资约束的影响，仍然保持较快的调整速度。在经济下行期，非筹资约束公司营运资本需求的调整速度迅速加快，筹资约束公司对营运资本需求的调整速度变得更快。即筹资约束会促使企业在经济周期下行期更加积极地进行营运资本管理。

在不同的经济周期，企业的经营目标是不同的：在经济上行期，企业以追求企业价值最大化为目标，而在经济下行期，将转为流动性最大化。作为企业，应该重视宏观经济的影响，根据实际情况，做出正确的营运资本管理决策。

本章练习

一、简答题

1. 什么是营运资本？它由什么构成？
2. 如何认识营运资金管理的重要性和必要性？
3. 简述营运资本的投资策略。
4. 简述营运资本的筹资策略。
5. 简述宏观经济对企业营运资本管理的影响。

二、单项选择题

1. 企业在季节性经营的低谷仍有短期借款，其所采用的营运资本筹资策略属于（　　）。

    A. 中庸型　　　　B. 保守型　　　　C. 冒险型　　　　D. 中庸型或保守型

2. 下列关于流动资产投资策略的成本特点的说法中错误的是（　　）。

    A. 适中型流动资产投资策略是流动资产最优的投资规模

    B. 保守型流动资产投资策略承担较大的流动资产持有成本，短缺成本较大

    C. 激进型流动资产投资策略节约流动资产的持有成本，但公司要承担较大的短缺成本

    D. 在适中型流动资产投资策略下，流动资产的最优投资规模取决于持有成本和短缺成本总计的最小化

3. 下列关于流动资产的投资策略的说法，不正确的是（　　）。

    A. 保守型流动资产投资策略的流动资产投资规模最大

    B. 保守型流动资产投资策略的风险最小，但收益性最差

    C. 激进型流动资产投资策略的风险小，可望获取的收益也最大

    D. 适中的流动资产投资策略风险和收益适中

4. 企业预防性现金数额大小（　　）。

    A. 与企业现金流量的可预测性成正比

    B. 与企业借款能力成反比

    C. 与企业业务交易量成反比

    D. 与企业偿债能力成正比

5. 为满足投机性需要而特殊置存过多的现金，使用这种方式更多的是（　　）。

    A. 酒店　　　　　B. 企业　　　　　C. 农场　　　　　D. 投资公司

6. 企业如果采取激进型筹资政策，那么关于其收益、风险表述正确的是（　　）。

    A. 收益性较高，风险较低　　　　　　B. 收益性较低，风险较低

C. 收益性较高，风险较高　　　　　D. 收益性较低，风险较高

三、多项选择题

1. 下列关于流动资产的持有成本，说法正确的有（　　）。

A. 流动资产的持有成本是随着流动资产投资上升而增加的成本

B. 持有成本主要是与流动资产相关的实际成本

C. 流动资产的持有成本低于企业加权平均的资本成本，也低于总资产的平均收益率

D. 流动资产的持有成本与短缺成本呈反向变动

2. 企业流动资产投资策略有（　　）。

A. 适中的流动资产投资策略　　　　B. 保守型流动资产投资策略

C. 激进型流动资产投资策略　　　　D. 加速的流动资产投资策略

3. 下列关于营运资本筹资政策的说法正确的有（　　）。

A. 适中型筹资政策的波动性流动资产 = 短期金融负债

B. 激进型筹资政策的波动性流动资产 < 短期金融负债

C. 保守型筹资政策的波动性流动资产 > 短期金融负债

D. 激进型筹资政策的波动性流动资产 > 短期金融负债

4. 下列关于流动资产和流动负债的说法中正确的有（　　）。

A. 波动性流动资产是受季节性、周期性影响的流动资产

B. 稳定性流动资产是经营淡季也仍然需要保留的、用于满足企业长期、稳定运行需要的流动资产

C. 短期金融负债是金融性流动负债

D. 自发性流动负债是经营性流动负债

5. 与采用保守型营运资本筹资策略相比，企业采用激进型营运资本筹资策略（　　）。

A. 举债还债的频率较高

B. 蒙受短期利率变动损失的风险较高

C. 短期金融负债所占比例较小

D. 资本成本较低

6. 下列关于保守型营运资本筹资策略中，说法正确的有（　　）。

A. 在营业高峰期时，波动性流动资产大于临时性负债

B. 在营业高峰期时，波动性流动资产小于临时性负债

C. 在营业低谷时，保守型筹资策略易变现率小于1

D. 在营业低谷时，保守型筹资策略易变现率大于1

四、判断题

1. 流动资产最优的投资规模，取决于持有成本和短缺成本总计的最小化。（　　）

2. 在不同的经济周期下，公司的营运资本需求调整的调整是不同的。（   ）

3. 适中型筹资政策的特点是：短期金融负债只融通部分波动性流动资产的资金需要，另一部分波动性流动资产和全部稳定性流动资产，则由长期资金来源支持。（   ）

五、计算与案例分析

A 公司和 B 公司在 2017 年 12 月 31 日的资产负债表如表 14-1 所示。

表 14-1　　A 公司和 B 公司在 2017 年 12 月 31 日的资产负债表　　单位：元

	A 公司	B 公司
流动资产	1 000 000	800 000
固定资产（净值）	1 000 000	1 200 000
资产合计	2 000 000	2 000 000
流动负债	200 000	800 000
长期负债	800 000	200 000
普通股	500 000	500 000
留存收益	500 000	500 000
负债及所有者权益合计	2 000 000	2 000 000

两个公司的息税前收益（EBIT）为 30 万元，所得税率 25%。

（1）若流动负债的利率为 10%，长期负债的利率为 13%，则两家公司的净资产收益率分别是多少？

（2）假定短期利率上涨至 18%，新的长期贷款利率上涨至 16%，原来的长期贷款利率保持不变。此时，两家公司的净资产收益率分别是多少？

（3）哪家公司的风险更大？为什么？

【注会真题汇编】

1. [2017. 单选] 与激进型营运资本投资策略相比，适中型营运资本投资策略的（   ）。

　　A. 持有成本和短缺成本均较低

　　B. 持有成本较高，短缺成本较低

　　C. 持有成本和短缺成本均较高

　　D. 持有成本较低，短缺成本较高

2. [2013. 单选] 企业采用保守型流动资产投资策略时，流动资产的（   ）。

　　A. 持有成本较高　　　　　　　　B. 短缺成本较高

C. 管理成本较低　　　　　　　　D. 机会成本较低

3. ［2013．多选］甲公司的生产经营存在季节性，公司的稳定性流动资产为300万元，营业低谷时的易变现率为120%。下列各项说法中，正确的有（　　）。

A. 公司采用的激进型筹资策略

B. 波动性流动资产全部来源于短期资金

C. 稳定性流动资产全部来源于长期资金

D. 营业低谷时，公司有60万元的闲置资金

第十五章　现金管理

> **本章提要**
>
> 　　现金是可以立即投入流动的交换媒介。它的首要特点是普遍的可接受性，即可以立即用来购买商品、货物、劳务或偿还债务。因此，现金是企业中流动性最强的资产，属于现金内容的项目，包括企业的库存现金、各种形式的银行存款和银行本票、银行汇票。
> 　　有价证券是企业现金的一种转换形式。有价证券变现能力强，可以随时兑换成现金。企业有多余现金时，常将现金兑换成有价证券；现金流出量大于流入量需要补充现金时，再出让有价证券换回现金。在这种情况下，有价证券就成为现金的替代品。

一、现金管理相关概念

（一）现金管理的目标

　　企业置存现金的原因，主要是满足交易性需要、预防性需要和投机性需要。

　　交易性需要是指置存现金以用于日常业务的支付。企业经常得到收入，也经常发生支出，两者不可能同步同量。收入多于支出，形成现金置存；收入少于支出，需要借入现金。企业必须维持适当的现金余额，才能使业务活动正常地进行下去。

　　预防性需要是指置存现金以防发生意外支付。企业有时会出现意想不到的开支，现金流量的不确定性越大，预防性现金的数额也就应越大；反之，企业现金流量的可预测性强，预防性现金数额则可小些。此外，预防性现金数额还与企业的借款能力有关，如果企业能够很容易地随时借到短期资金，也可以减少预防性现金的数额；若非如此，则应扩大预防性现金数额。

　　投机性需要是指置存现金用于不寻常的购买机会，例如遇有廉价原材料或其他资产供应的机会，便可用手头现金大量购入；再如，在适当时机购入价格有利的股票和其他有价证券；等等。当然，除了金融和投资公司外，一般来讲，其他企业专为投机性需要而特殊置存现金的不多,遇到不寻常的购买机会也常设法临时筹集资金。但拥有相当数额的现金,确实为突然的大批采购提供了方便。

企业缺乏必要的现金,将不能应付业务开支,使企业蒙受损失。企业由此而造成的损失,称为短缺现金成本。短缺现金成本不考虑企业其他资产的变现能力,仅就不能以充足的现金支付购买费用而言,内容上大致包括:丧失购买机会(甚至会因缺乏现金不能及时购买原材料,而使生产中断造成停工损失)、造成信用损失和得不到折扣好处。其中失去信用而造成的损失难以准确计量,但其影响往往很大,甚至导致供货方拒绝或拖延供货,债权人要求清算等。但是,如果企业置存过量的现金,又会因这些资金不能投入周转无法取得盈利而遭受另一些损失。此外,在市场正常的情况下,一般来说,流动性强的资产,其收益性较低,这意味着企业应尽可能少地置存现金,即使不将其投入本企业的经营周转,也应尽可能多地投资于能产生高收益的其他资产,避免资金闲置或用于低收益资产而带来的损失。这样,企业便面临现金不足和现金过量两个方面的威胁。企业现金管理的目标,就是要在资产的流动性和盈利能力之间作出抉择,以获取最大的长期利润。

(二)现金管理的内容

现金管理的主要内容包括:编制现金收支计划,以便合理估计未来的现金需求;对日常的现金收支进行控制,力求加速收款,延缓付款;用特定的方法确定最佳现金余额,当企业实际的现金余额与最佳现金余额不一致时,采用短期筹资策略或采用归还借款和投资于有价证券等策略来达到理想状况。

(三)现金日常管理的方法

现金的日常管理是现金管理的一个经常而重要的内容,其主要目的是尽快收回现金,延迟支付现金,提高现金的周转速度和使用效率。加强现金日常管理对于企业的意义在于帮助企业在复杂多变的竞争环境中,对现金及其现金等价物进行有效控制,提高现金的配置效率。现金日常管理主要包括现金收入管理、现金支出管理和现金集中化管理三个方面。

1. 现金收入管理

企业在生产经营过程中,要尽可能加速现金回收,以提高现金的使用效率。一般来说,企业收到款项的时间主要包括票据邮寄时间、票据在企业的停留时间以及票据结算时间。为了加速现金的回收,就必须尽可能缩短收款的时间。因此,企业必须考虑如下三个问题:(1)如何减少客户付款的票据邮寄时间;(2)如何缩短票据停留在企业的时间;(3)如何加快现金存入企业的银行账户过程。

通常，企业加快收款速度可采用以下方法。

（1）集中银行法。集中银行法是指在收款比较集中的若干地区设立多个收款中心来代替通常只在公司总部设立的单一收款中心，并指定一个主要银行（通常是公司总部所在地的银行）作为集中银行，以加快账款回收速度的一种方法。采用集中银行法可以缩短收款时间，提高收款的效率。企业的客户只须将款项交到距其最近的收款中心即可，不必交到企业总部，各个收款中心的银行再将扣除补偿性余额后的多余现金汇入企业总部的集中银行账户。

采用集中银行法的主要优点是：①由各个收款中心向各地区客户寄发付款账单，客户付款直接邮寄到最近的收款中心，因此，可以大大缩短账单和货款的邮寄时间；②各个收款中心收到客户寄来的支票，可以直接存入当地的银行，这样可以缩短支票兑现的时间。

总之，采用集中银行法收取现金可以尽可能缩短收款的时间，加速现金回收，提高现金的使用效率。但是，这种方法也存在缺点，其主要缺点有：①收款中心的地方银行都要求有一定的补偿性余额，这样就增加了企业闲置的现金。设立的收款中心越多，补偿性余额也就越多，从而增加了现金的持有成本。②设立收款中心需要一定的管理费用。收款中心设立得越多，发生的管理费用就越多，从而增加了企业的成本开支。

（2）锁箱法。锁箱法也称邮政信箱法，是指企业在业务比较集中的地区租用专门的邮政信箱，并通知客户将款项直接寄到指定的邮政信箱，然后授权当地银行每天开启信箱，并及时进行票据结算的方法。由于客户直接将票据寄到当地指定的邮政信箱而不是企业总部，这样，就可以大大缩短票据的邮寄时间，加快款项回收速度。同时，也免除了企业办理收款及将款项存入银行等手续，缩短了票据停留在企业的时间。但是，采用锁箱法的成本较高，租用邮政信箱需要支付租金，授权当地银行开启邮政信箱，银行要收取额外的服务费用，同时，银行还要扣除一定数量的补偿性余额，这样，就增加了企业的费用支出。所以企业在采用锁箱法时，要充分考虑到其优缺点，权衡利弊，以便取得较好的资金使用效果。

随着科学技术的不断进步，一些企业已经开始转向所谓的"电子锁箱法"，并将其作为传统锁箱法的一种替代方法。在电子锁箱法下，顾客利用电话或者网络来控制他们的账户，即在一家银行的信用卡账户下，复核账单和签字支付都采用无纸化处理。显然，一个电子锁箱系统比传统的账单支付技术更加高效。

2. 现金支出管理

企业在加强现金收入管理的同时，还应当严格控制现金支出。与现金收入管理的加快收款速度相反，现金支出管理应当尽可能延迟现金支出的时间。在财务管理中，控制现金支出的方法主要有以下几种。

(1) 运用现金浮游量。

现金浮游量是指企业账户上的现金余额与银行账户上所示的企业存款余额之间的差额。出现现金浮游量是由于企业提高收款效率和延迟付款时间所产生的结果。如果企业本身办理收款的效率高于接受其支票的企业的收款效率就会产生现金浮游量，使企业账户上的现金余额小于其银行账户上所显示的存款余额。有时，企业账簿上的现金余额已经是零或者负数，而其银行账簿上企业的存款余额还有许多。这样，企业就可以充分利用这部分现金浮游量，大大地节约了现金，这就等于使用一笔无息贷款。一般来说，企业所能使用的现金浮游量的多少主要取决于两个因素：①企业收到客户交来票据后，加速收款的能力；②企业在开出票据后，延迟付款的能力。有效率的企业会尽可能加快票据的兑现，并在允许的情况下，尽可能延缓所开出的票据的兑现时间。

(2) 利用商业信用，控制付款时间。

企业在交易活动中要在不影响企业信誉的情况下尽可能利用商业信用，延迟支付货款的时间，这样可以最大限度地利用现金，提高现金使用效率，降低现金的成本。如企业在采购材料时，应当尽量争取最大的信用期限，并尽可能在折扣期限或者信用期限的最后一天支付货款。

(3) 改进工资支付模式。

企业可以为支付工资而专门设立一个工资账户，代替全部采用现金支付工资的方法。为了最大限度地减少工资账户的存款余额，企业要合理预测开出的支付工资的支票到银行兑现的具体时间。一般来说，总是有一定比例的职工并不是立刻到工资账户上兑现工资，而是要在几日之后才去兑现，这样企业就不必在发放工资的第一天就将全部工资款项都存入工资账户，而是陆续存入，以减少该款账的余额，达到充分利用现金的目的。例如，某企业每月的 15 日发放工资，根据以往经验，14 日、15 日、16 日、17 日以及 17 日以后兑现工资的比率分别为 10%、20%、30%、30% 和 10%。这样，该企业就可以按照这一比率逐日陆续将款项存入银行账户中，既可满足职工兑现工资的需要，又可减少工资账户的闲置现金，节约现金。

(4) 力争使现金流出与现金流入同步。

企业在安排现金支出时，应当考虑到现金流入的时间，尽量使现金流出与现金流入同步。这样，可以减少交易性现金余额，并能减少有价证券转换为现金的次数，提高了现金的使用效率，节约了转换成本。

3. 现金集中化管理

(1) 建立现金池。

通常企业会因业务和财务的需要而与多家银行合作，因此会开立多个账户。对于卜属企业很多的集团企业来说，其设立的账户之多、类型之广，使企业主体往往不能有效地掌控这些账户的信息。这就造成主体企业不能将各个账户里的现金进行有效的集中管理，资金较为分散。企业主体可以根据自己对现金管理的需要，通过银行对账户进行整理和简化，开设主要账户。这就是所说的现金集中管理。现金集中管理中最重要的一个概念就是现金池，指属于同一家集团企业的一个或多个成员单位的银行账户现金余额实际转移到一个真实的主账户中。主账户通常由集团总部控制，当成员单位用款时，需从主账户获取资金对外支付，而当成员单位收款时，资金也将转移进入主账户。这样企业总部便可以通过银企直联、网上银行系统，根据银行建立的账户体系对总部一级账户以及下属公司的次级账户的余额和交易情况进行远程掌握，对企业现金流入流出的信息与数据进行集中，达到随时了解各下属公司的现金头寸情况。同时，建立现金池的企业也可以在短期投资中获得一个更高的回报率。可见，通过建立现金池，实现现金集中化管理，企业就可以更大限度地简化现金管理。

（2）运用零余额账户。

在零余额账户系统下，企业在与其合作的银行中开设一个主账户和一系列的子账户。当一个子账户签发的支票必须支付时，需要的资金将从主账户中转移。例如，一家企业可以控制两个支付子账户，一个用于向供应商支付货款，另一个用于向员工支付薪酬。如果企业没有建立零余额账户，那么每一个支付账户都必须建立一个保险储备金以应对未预期的需求。而一旦企业运用了零余额账户系统，那么它就只需要在主账户中留存保险储备金，当子账户需要支付时再进行转账即可。这样，就可以减少用于缓冲的资金储备量，从而增加了企业资金的流动性。

（四）现金预算管理

现金预算管理是现金管理的核心环节和方法。

1. 现金预算的概念

现金预算就是在企业长期发展战略的基础上，以现金管理的目标为指导，充分调查和分析各种现金收支影响因素，运用一定的方法合理估测企业未来一定时期的现金收支状况，并对预期差异采取相应对策的活动。

现金预算可按月、周或日为基础进行编制，也可覆盖几个月至一年。这主要根据企业生产经营特点与管理要求而定。

2. 现金预算的作用

企业现金持有量不足或过多，都说明现金管理不力，所以对现金的流入和流出进行有效设计和管理，使现金持有量接近最优水平，就显得尤为重要。为了使企业能够实现并保持已确定的最佳现金持有量水平，需要对未来可能的现金收支数量和时间进行预测，编制现金预算。

现金预算在现金管理上的作用表现在：

（1）可以揭示现金过剩或现金短缺的时期，使资金管理部门能够将暂时过剩的现金转入投资或在短缺时期来临之前安排筹资，以避免不必要的资金闲置或不足，减少机会成本。

（2）可以在实际收支实现前了解经营计划的财务结果，预测未来时期企业对到期债务的直接偿付能力。

（3）可以对其他财务计划提出改进建议。

企业应当保持一定的现金来防止可能的现金短缺，但又不能把过多的现金置于这种没有收益的用途上。通过编制现金预算可以较为有效地预计未来现金流量，是现金收支动态管理的一种有效方法。

3. 现金预算的编制方法

现金预算编制的主要方法有两种：收支预算法和调整净收益法。

（1）收支预算法。又称直接法，是目前最为流行、应用最为广泛的现金预算编制方法。其基本原理是通过将预算期内可能发生的一切现金收支分类列入现金预算表内，从而确定收支差异并采取适当财务对策。它具有直观、简便、便于控制等特点。

在收支预算法下，现金预算主要分四个步骤进行：

①计算预算期内现金收入，即根据企业收入预算（包括销售收入预算、投资收入预算及其他收入预算）计算企业在预算期内所能获得的现金收入；

②计算预算期内现金支出，即根据企业现金支出计划（如采购原材料、支付工资、支付期间费用、支付税金等）计算企业在预算期内的现金支出；

③计算现金不足或结余，即根据下列公式估算企业在预算期内的现金余缺水平：

$$\text{预算期内现金结余} = \text{预算期初现金余额} + \text{预算期内现金流入} - \text{预算期内现金流出} - \text{预算期末现金余额} \quad (15-1)$$

④现金融通，即根据计算出的期末现金结余情况进行短期投融资。如果现金不足，则提前安排筹资（如向银行借款等）；若现金富余，则提前归还贷款或投资于有价证券，以增加收益。

（2）调整净收益法。又称间接法，是指将企业按权责发生制计算的会计净收益调整为按收付实现制计算的现金净收益，并在此基础上加减有关现金收支项目，使净收益与现金流量相互关联，从而确定预算期现金余缺并做出财务安排。

采用此方法编制现金预算，首先应编制预计利润表，求出预算期的净收益；其次逐笔处理影响损益及现金收支的各会计事项；最后计算出预算期现金余额。这个计算过程类似于从净利润入手编制现金流量表。

调整净收益法将权责发生制基础上计算的净收益与现金收付实现制基础上计算的净收益统一起来，克服了收益额与现金流量不相平衡的缺点，但是现金余额增加额不能直观明细地反映在生产过程中，一定程度上影响了对现金预算执行情况的分析和控制。

二、有价证券管理

有价证券是指根据有关法律法规签发或发行的，可以在证券市场上流通转让的信用凭证或金融工具。本章所介绍的有价证券是指作为现金替代品的短期有价证券，不包括企业进行长期证券投资的有价证券。

（一）持有有价证券的原因

一般来说，有价证券的收益率要低于现金以外的其他经营资产，但是，企业通常都会持有一定数量的有价证券，其原因主要有以下几方面。

1. 作为现金的替代品量

前面已经介绍，现金是一种非盈利性的资产，企业持有一定数量的现金主要是为了支付动机、预防动机和投机动机。但是，如果持有的现金过多，就会降低企业的收益。企业在生产经营中，由于现金流入与现金流出往往不是同步的，因此，当发生现金短缺时，需要及时地补充现金。为此，企业通常都会持有一定数量的有价证券，这样，既可以避免持有过量现金而造成的现金闲置，又可以适当地增加企业的收益。当企业的现金需要量超过现金流入量时，就可以及时地出售一部分有价证券以弥补现金的不足。因此，有价证券可视为现金的替代品，它具有预防性功能。许多企业都依赖银行信用来满足交易性的现金需求，但是，银行信用有时是不稳定的，办理的程序也是复杂的。所以大多数企业都会持有一定数量的变现能力较强的有价证券，以便在银行信用不能满足需要时可以及时地获得现金。

2. 作为短期投资

有时，企业会持有数量较多的有价证券，一般会超过其资产价值的2%。这时，持有有价证券不仅仅是作为现金的替代品，还可看作是一种短期的投资。企业进行短期有价证券投资通常有以下几种原因。

（1）由于季节性经营的需要。

从事季节性经营的企业，在1年内各个月份的现金收支是不平衡的，某些月份可能会出现大量的现金剩余。此时，企业可以购买一定数量的有价证券作为短期投资，在有些月份发生现金短缺时，再将有价证券出售转换为现金，以满足企业生产经营的需要。

（2）满足企业未来的融资需求。

如果企业预计在未来将会发生一笔现金支出，如兴建厂房或者偿还到期债务等，则企业现在就应当逐步地积累现金，以备将来之需。目前闲置的现金就要投资于有价证券，这样既可以获得一定的投资收益，也可以满足未来的融资需要。

（3）与筹集长期资金相配合。

成长或扩充中的企业一般每隔一段时间就会出售长期证券（股票或公司债券）。但出售长期证券所获得的资金一般并没有一次全部使用完毕，而是逐渐、分次使用。这样，暂时不用的资金可投资于有价证券，以获取一定收益，而当企业进行投资需要资金时，则可卖出有价证券，以获得现金。

（二）影响短期证券投资的因素

市场上有许许多多证券可供企业选择投资，企业应投资于哪些证券呢？这主要取决于下列这些因素。

1. 违约风险

证券发行人无法按期支付利息或偿还本金的风险，称为违约风险。政府发行的证券违约风险很小，可看作是无违约风险的证券。企业发行证券的违约风险大小，应根据企业的规模、财务状况、发展前景、市场利率等来作出判断。

2. 利息率风险

由于利息率的变动而引起的证券价格下跌，投资人由此而遭受损失的风险，称为利息率风险。证券的价格将随利息率的变动而变动。一般而言，银行利率下降，则证券价格上升；银行利率上升，则证券价格下跌。不同期限的证券，利息率风险不一样，期限越长，风险越小；反之，风险越大。

3. 购买力风险

由于通货膨胀而使证券到期或出售时所获现金的购买力减少的风险，称为购买力风险。在通货膨胀时，购买力风险对投资者有重要的影响，投资者必须予以重视。一般而言，随着通货膨胀的发生，变动收益证券比固定收入证券要好，因此，普通股股票被认为比公司债券和其他有固定收入的证券能更好地避免购买力风险。

4. 流动性风险

在投资者想出售证券获取现金时，而证券不能立即售出的风险，称为流动性风险。能在较短期内按市价大量出售的资产，属于流动性较强的资产，这种资产的流动性风险较小；反之，如果一种资产不能在短期内按市价大量出售，则属于流动性较弱的资产，这种资产的流动性风险较大。例如，购买不知名公司的债券，想立即出售比较困难，因而流动性风险较大；但若购买国库券，几乎可以立即出售，流动性风险较小。

5. 证券的投资报酬

从前面的论述中我们知道，证券的风险越高，报酬也就越高。这样，企业的财务人员与其他投资者一样，在进行有价证券投资时，必须在风险和报酬之间进行取舍。一般而言，进行短期有价证券投资主要考虑的是比较安全，有较强的流动性，财务人员一般都愿意牺牲较高的报酬而选用较安全的证券。因此，由政府或最强大的公司所发行的证券最受投资者或企业的欢迎。

（三）证券投资的决策程序

证券投资市场价格波动大，风险性高，特别是长期投资，一旦决策失误，就会严重影响企业的财务状况，因此必须按照特定的程序，进行科学的分析和决策。一般有以下几个步骤。

1. 确定投资政策

在证券投资中，由于收益和风险并存，在投资之前，首先要测定投资的金额和投资的目标。投资的金额决定了投资的范围，投资的目标决定了对投资的风险和预期收益的态度，两者决定于企业的财务能力、风险承受能力和投资者的决策态度。一般的投资决策有两种类型：一种是稳健性管理决策，另一种是激进性管理决策。在稳健性管理决策下，对投资风险考虑得多一些，宁愿降低一些投资的收益；而在激进性管理决策下，对投资风险则考虑得少一些，力争多增加一些投资收入，有时还实行负债投资。但是，无论进行哪一种投资，均应考虑收益和风险因素。

2. 对证券进行分析

证券市场情况复杂，种类繁多。在进行证券投资时，首先要分析投资环境和证券市场变化趋势，了解投资时机是否适宜。其次要在债券和股票之间进行选择。前者收益比较固定，风险比较小；后者收益可能高一些，但风险比较大，要根据不同的政治、经济环境和企业的投资政策作出决策。最后在股票或债券中选择收益高、风险小的品种，以求得最佳的投资收益。

常用的分析方法有三种：一是市场趋势分析，研究证券市场未来的发展方向和变动趋势；二是静态分析，研究发行公司的资金实力和偿债能力；三是分析收益情况，研究发行公司的净值报酬率、股票的市盈率、债券的收益率及其他有关资料，以确定当前的证券价格是否符合真实的价值。在证券行业中也有种种不同的分析资料和信息可作为投资参考的依据，要从各种比较分析中，选择投资的对象、时间和金额。

3. 证券投资组合的构成及修订

在证券投资中，为了分散风险，必须实行多样化的投资组合。要根据分析资料，选择既包括高收益、高风险，又包括低收益、低风险的证券，构成一定的投资组合，使其在不同的条件下，都能获得理想的效果。这种投资组合，主要是通过对各种类别的资产和不同证券品种进行分析，在可能的风险和预期收益的范围内，寻找一个比较合理的选择方案。

证券投资以后，可能由于风险与收益的变化，投资者需要确定一个新的投资组合，这就必须对投资组合进行调整和修订，即买进一些新的证券，卖出一些旧的证券，但在执行时需要考虑经纪人的佣金和买卖差价，尽量降低交易成本。为了分散风险并享受投资收益，有些信托机构建立了信托投资基金，专门进行不同种类证券的投资与管理。投资者也可以选择对基金进行投资，期望定期获取收益。有的是随时购买随时卖出或转让基金；有的是随时卖出或转让随时购买基金；有的是定额购买，到期赎回。这种基金的特点是集中资金，专家经营，分散风险，共同受益，因此资本增值效率很高。1997年10月，国务院证券委员会原则上通过了《证券投资基金管理暂行办法》，给投资者提供一条新的途径。

4. 经营成果的评价

对证券投资经营成果的评价有利于巩固成绩、克服缺点，是继续做好投资管理的重要方面。评价的方法主要有两个方面。

（1）考察证券资产平均收益率。

通过与证券的平均收益增长率或与典型组合的平均收益率比较，就可以衡量经营成果的好坏，平均收益率计算公式为：

$$平均收益率 = \frac{期末市场价值 - 期初市场价值}{期初市场价值} \times 100\% \qquad (15-2)$$

如果企业于期初和期末之间增加或减少了投入的货币量，可以按时间分段计算，然后转换为季度（或年度）收益率。

（2）对投资风险水平进行测定。

一般把证券的总风险水平用标准差进行测量。测量风险水平的方法比较复杂，测量结果也难以说明主观的努力程度，因此，测量时必须十分小心。

三、最佳现金持有量分析

现金的管理除了做好日常收支、加速现金流转速度外，还须控制好现金持有规模，即确定适当的现金持有量。下面是几种确定最佳现金持有量的方法。

（一）现金周转期模式

现金周转期模式是利用现金周转期求得最佳现金持有量。现金周转期是从现金投入生产经营开始,到最终转化为现金为止所经历的时间。它大致包括以下三个部分:一是存货周转期,即将原材料转化为产成品并出售所需要的时间;二是应收账款周转期,也叫收现期,即从产品销售形成应收账款到收回现金所需要的时间;三是应付账款周转期,即从收到尚未付款的原材料开始到实际支付价款时所用的时间。

现金周转期模式确定最佳现金持有量的步骤如下:

第一,计算现金周转期。其计算公式为

$$现金周转期 = 平均存货周转期 + 平均应收账款周转期 - 平均应付账款周转期$$
(15-3)

第二,计算现金周转率。现金周转率是指一定时期内现金的周转次数,若计算某一年的现金周转率。其计算公式如下

$$现金周转率 = 360/现金周转期 \quad (15-4)$$

第三,计算最佳现金持有量。某一年的最佳现金持有量就等于该年预计现金总需要量除以现金周转率。其计算公式如下:

$$某年最佳现金持有量 = 该年预计现金总需要量/现金周转率 \quad (15-5)$$

【例15-1】 甲企业的材料采购和产品销售都采用赊销的方式,其应收账款的周转期为50天,应付账款的周转期为40天,存货的周转期为50天。预计2018年的现金需求总量为1 800万元。要求采用现金周转模式确定该企业2018年的最佳现金持有量。

依题意可得:

现金周转期 = 50 - 40 + 50 = 60(天);

计算该企业的现金周转率 = 360 ÷ 60 = 6(次);

最后确定最佳现金持有量 = 1 800 ÷ 6 = 300(万元)。

现金周转模式确定最佳现金持有量方法简单明了。但是,要求企业的生产经营活动保持相对稳定,企业的生产和销售都比较平稳,并且要保持长期稳定的信用政策,否则,计算出的最佳现金持有量是不确定的。

(二) 成本分析模式

成本分析模式是通过分析持有现金的成本,寻找持有成本最低的现金持有量。企业持有的现金,将会有三种成本。

1. 机会成本

现金作为企业的一项资金占用,是有代价的,这种代价就是它的机会成本。现金资产的流动性极佳,但盈利性极差。持有现金则不能将其投入生产经营活动,失去因此而获得的收益。企业为了经营业务,有必要持有一定的现金以应付意外的现金需要。但现

金拥有量过多,机会成本代价大幅度上升,就不合算了。

2. 管理成本

企业拥有现金,会发生管理费用,如管理人员工资、安全措施费等。这些费用是现金的管理成本。管理成本是一种固定成本,与现金持有量之间无明显的比例关系。

3. 短缺成本

现金的短缺成本,是因缺乏必要的现金,不能应付业务开支所需而使企业蒙受损失或为此付出的转换成本等代价。现金的短缺成本随现金持有量的增加而下降,随现金持有量的减少而上升。

在成本分析模式下,最佳现金持有量是能使机会成本、管理成本和短缺成本的总和达到最小的持有量,如图 15-1 所示。其中,管理成本在现金持有量发生变动时保持不变,机会成本随持有量正相关变动,短缺成本随持有量负相关变动,三者总和即总成本达到最低时,所对应的现金持有量为最佳持有量。

上述三项成本之和最小的现金持有量,就是最佳现金持有量。最佳现金持有量的具体计算,可以先分别计算出各种方案的机会成本、管理成本、短缺成本之和,再从中选出总成本之和最低的现金持有量即最佳现金持有量。

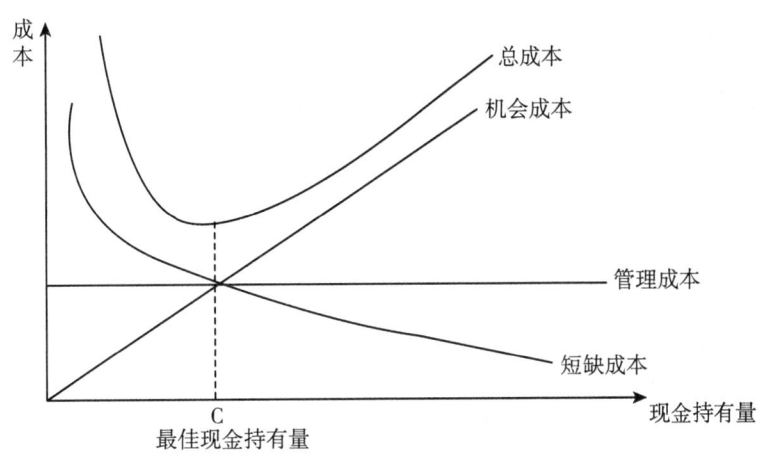

图 15-1　成本分析模式

4. 成本分析模式的计算步骤可简要概括为以下三点。

(1) 根据不同现金持有量测算各备选方案的有关成本数值;

(2) 按照不同现金持有量及其有关部门成本资料,计算各方案的机会成本和短缺成本之和,即总成本,并编制最佳现金持有量测算表;

(3) 在测算表中找出相关总成本最低时的现金持有量,即最佳现金持有量。

【例 15-2】乙公司现有 A、B、C、D 四种现金持有方案,有关成本资料如表 15-1 所示。

表 15 – 1　　　　　　　　甲公司的备选现金持有方案

项目	方案 A	方案 B	方案 C	方案 D
现金持有量（万元）	100	200	300	400
机会成本率（%）	12	12	12	12
短缺成本（万元）	50	30	10	0

根据表 15 – 1 计算的现金最佳持有量测算表如表 15 – 2 所示。

表 15 – 2　　　　　　　甲公司的现金最佳持有量测算表

方案	现金持有量	机会成本	短缺成本	相关总成本
A	100	100×12% = 12	50	12 + 50 = 62
B	200	200×12% = 24	30	24 + 30 = 54
C	300	300×12% = 36	10	36 + 10 = 46
D	400	400×12% = 48	0	48 + 0 = 48

根据分析，应该选择成本最低的方案 C。

(三) 存货模式

从前面的分析中我们已经知道，企业平时持有较多的现金，会降低现金的短缺成本，但也会增加现金占用的机会成本；而平时持有较少的现金，则会增加现金的短缺成本，却能减少现金占用的机会成本，如果企业平时只持有较少的现金，在有现金需要时（如手头的现金用尽），通过出售有价证券换回现金（或从银行借入现金），便能既满足现金的需要，避免短缺成本，又能减少机会成本。因此，适当的现金与有价证券之间的转换，是企业提高资金使用效率的有效途径。这与企业奉行的营运资金政策有关。采用保守型投资政策，保留较多的现金则转换次数少。如果经常进行大量的有价证券与现金的转换，则会加大转换交易成本，因此如何确定有价证券与现金的每次转换量，是一个需要研究的问题。这可以应用现金持有量的存货模式解决。

企业以有价证券转换回现金是要付出代价的（如支付经纪费用），这被称为现金的交易成本。现金的交易成本与现金转换次数、每次的转换量有关。假定现金每次的交易成本是固定的，在企业一定时期现金使用量确定的前提下，每次以有价证券转换回现金的金额越大，企业平时持有的现金量便越高，转换的次数便越少，现金的交易成本就越低；反之，每次转换回现金的金额越低，企业平时持有的现金量便越低，转换的次数会越多，现金的交易成本就越高，现金交易成本与持有量成反比。

设 Q 为现金持有量，T 为某个预算期间的现金总需要量，F 为每次出售有价证券以补充现金所发生的固定交易成本，K 为有价证券的投资报酬率即机会成本率，则持有现金的相关总成本（TC）为机会成本与变动转换成本两者的总和：

$$相关总成本 = 机会成本 + 变动转换成本 \tag{15-6}$$

用字母表示为：

$$TC = \frac{Q}{2} \times K + \frac{T}{Q} \times F \tag{15-7}$$

对前面公式中的 Q 求导，并令其等于零，即可求得最佳现金持有量 Q^*

$$Q^* = \sqrt{\frac{2TF}{K}} \tag{15-8}$$

将 Q^* 代入原公式即可求得最低相关总成本 TC^*

$$TC^* = \sqrt{2TFK} \tag{15-9}$$

持有现金总成本与机会成本、转换成本的关系如图 15-2 所示。

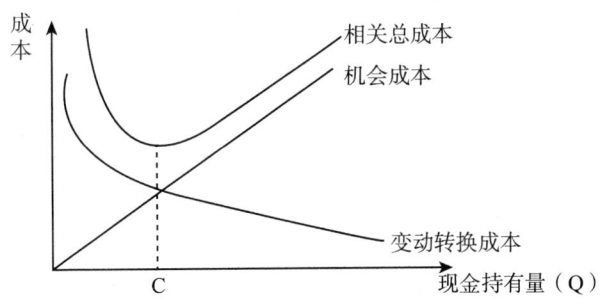

图 15-2 存货模式

【例 15-3】丙公司预计全年需要现金 150 000 元，现金与有价证券的转换成本为每次 200 元，有价证券的利息率为 15%。则丙公司的最佳现金余额为：

$$N = \sqrt{\frac{2 \times 150\,000 \times 200}{15\%}} = 20\,000（元）$$

最佳现金余额为 20 000 元，意味着公司从有价证券转换为现金的次数为 75 次（150 000/2 000），共需承担的机会成本和交易成本均为 1 500 元，总成本为 3 000 元。

存货模型描述了现金管理中基本的成本结构，可以精确地测算出最佳现金余额和变现次数，对于加强企业的现金管理具有积极意义。但这一模型也具有一定的局限性，例如，(1) 该模型假设现金收入只在期初或期末发生，而事实上多数企业在每个工作日都会发生现金收入；(2) 该模型假设现金支出均匀发生，但实际业务中的现金支出并不满足这一条件；(3) 没有考虑现金安全库存，由于现实经济中的企业无法确保在较短时间内实现有价证券的变现，因此适当的安全库存往往是必要的。

（四）随机模式

随机模式是在现金需求量难以预知的情况下进行现金持有量控制的方法。对企业来讲，现金需求量往往波动大且难以预知，但企业可以根据历史经验和现实需要，测算出一个现金持有量的控制范围，即制定出现金持有量的上限和下限，将现金量控制在上下限之内。当现金量达到控制上限时，用现金购入有价证券，使现金持有量下降；当现金量降到控制下限时，则抛售有价证券换回现金，使现金持有量回升。若现金量在控制的上下限之内，便不必进行现金与有价证券的转换，保持它们各自的现有存量。这种对现金持有量的控制，如图15-3所示。

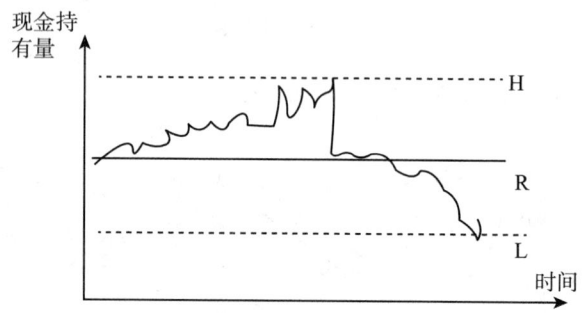

图15-3 现金持有量的随机模式图

在图15-1中，虚线H为现金存量的上限，虚线L为现金存量的下限，实线R为现金返回线。从图中可以看到，企业的现金存量（表现为现金每日余额）是随机波动的，当其达到A点时，即达到了现金控制的上限，企业应用现金购买有价证券，使现金持有量回落到现金返回线（R线）的水平；当现金存量降至B点时，即达到了现金控制的下限，企业则应转让有价证券换回现金，使其存量回升至现金返回线的水平。现金存量在上下限之间的波动属控制范围内的变化，是合理的，不予理会。以上关系中的上限H、现金返回线R可按下列公式计算：

$$R = \sqrt[3]{\frac{3b\sigma^2}{4r}} + L \qquad (15-10)$$

其中，b表示每次有价证券的固定转换成本；σ表示每日现金流量变动的标准差；r表示有价证券的日利息率；L表示现金持有下限，而下限L的确定，则要受到企业每日的最低现金需要、管理人员的风险承受倾向等因素的影响。

【例15-4】丁公司的日现金余额标准差为5 000元，每次证券交易的成本为500

元，有价证券的日收益率为 0.06%，公司每日最低现金需要量为 0，则丁公司的现金最佳持有量和持有量上限分别为多少？

$$R = \sqrt[3]{\frac{3b\sigma^2}{4r}} + L = \sqrt[3]{\frac{3 \times 500 \times 5\,000^2}{4 \times 0.06\%}} + 0 = 25\,000(元)$$

持有量上限为：

$$H = 3 \times \sqrt[3]{\frac{3b\sigma^2}{4r}} + L = 3 \times \sqrt[3]{\frac{3 \times 500 \times 5\,000^2}{4 \times 0.06\%}} + 0 = 75\,000(元)$$

四、现金的日常控制

有效的现金管理方法包括现金流动同步化、合理估计"浮存"、实行内部牵制制度、及时进行现金的清理等。

1. 现金流动同步化

企业的现金流入与流出一般来说是很难准确预测的，为了应对这种不确定性可能带来的问题，企业往往需要保留比最佳现金持有量多的现金余额。为了尽量减少企业持有现金带来的成本增加和盈利减少，企业财务人员需要提高预测和管理能力，使现金流入和流出能够合理匹配，实现同步化的理想效果。现金流动同步化的实现可以使企业的现金余额减少到最小，从而减少持有成本，提高企业的盈利水平。

2. 合理估计"浮存"

"浮存"，是指企业账簿中的现金余额与银行记录中的现金余额的差额。由于企业支付、收款与银行转账业务之间存在时滞，这会使本应显示同一余额的企业账簿和银行记录之间出现差异。为了保证企业的安全运转，财务人员必须对这个差异有清楚的了解，以正确判断企业的现金持有情况，避免出现高估或低估企业现金余额的错误。

3. 实行内部牵制制度

在现金管理中，要实行管钱的不管账、管账的不管钱，使出纳人员和会计人员互相牵制、互相监督。凡有库存现金收付，应坚持复核制度，以减少差错、堵塞漏洞。出纳人员调换时，必须办理交接手续，做到责任清楚。

4. 及时进行现金的清理

在现金管理中，要及时进行现金的清理。库存现金的收支应做到日清月结，确保库存现金的账面余额与实际库存额相互符合；银行存款账户余额与银行对账单余额相互符合；现金、银行存款日记账数额分别与现金、银行存款总账数额相互符合。

本章练习

一、简答题

1. 企业持有现金的动机是什么？
2. 现金管理方法包括哪些内容？
3. 确认目标现金持有量的模式有哪些？其基本原理如何？
4. 现金的日常控制方法有哪些？

二、单项选择题

1. 下列有关现金周转期表述正确的是（　　）。

    A. 现金周转期 = 存货周转期 + 应收账款周转期 + 应付账款周转期

    B. 现金周转期 = 存货周转期 − 应收账款周转期 + 应付账款周转期

    C. 现金周转期 = 存货周转期 + 应收账款周转期 − 应付账款周转期

    D. 现金周转期 = 存货周转期 − 应收账款周转期 − 应付账款周转期

2. 某公司最低现金控制线为 1 000 元，现金余额的最优返回线为 8 000 元。如果公司现有现金 20 000 元，根据现金持有量随机模型，此时应当投资于有价证券的金额是（　　）元。

    A. 18 500　　　　　　B. 12 000　　　　　　C. 6 500　　　　　　D. 0

3. 企业为满足预防动机而持有现金，不需考虑的因素有（　　）。

    A. 企业销售水平的高低

    B. 企业临时举债能力的强弱

    C. 企业对待风险态度

    D. 现金流量预测的可靠性

4. 持有过量现金可能导致的不利后果是（　　）。

    A. 财务风险过大　　　　　　　　B. 收益水平下降

    C. 偿债能力下降　　　　　　　　D. 资产流动性下降

5. 以下表述中属于企业为了满足预防动机而持有现金的是（　　）。

    A. 为满足日常生产经营需要购买原材料而持有现金

    B. 预期原材料价格上涨而持有现金

    C. 为适时购入廉价原材料而持有现金

    D. 为适时购入价格有利的股票而持有现金

6. 公司持有有价证券的年利率为 6%，公司的现金最低持有量为 2 500 元，现金余额的最优返回线为 9 000 元，如果公司现有现金 21 200 元，则根据随机模型应将其中的（　　）元投资于证券。

    A. 12 200　　　　　　B. 0　　　　　　C. 8 000　　　　　　D. 18 700

三、多项选择题

1. 企业持有现金的动机有（　　）。

A. 交易动机　　B. 预防动机　　C. 投机动机　　D. 获得现金折扣

2. 现金周转期是指从现金投入生产经营开始到最终转化为现金的时间。下列各项中能使现金周转期缩短的方式有（　　）。

A. 缩短存货周转期　　　　　　B. 缩短应收账款周转期

C. 缩短应付账款周转期　　　　D. 缩短预收账款周转期

3. 为了提高现金使用效率，企业应当（　　）。

A. 加速收款

B. 在不影响信誉的前提下推迟应付款的支付

C. 使用现金浮游量

D. 力争现金流入与现金流出同步

4. 下列有关随机模式的说法中不正确的有（　　）。

A. 随机模式是在现金需求量难以预知的情况下进行现金持有量控制的方法

B. 当现金量达到控制上限时，抛售有价证券换回现金，使现金持有量回升

C. 当现金量降到控制下限时，用现金购入有价证券，使现金持有量下降

D. 若现金量在控制的上下限内，则不必进行现金与有价证券的转换

5. 企业预防性现金数额大小，（　　）。

A 与企业现金流量的可预测性成反比　　B 与企业借款能力成反比

C 与企业业务交易量成反比　　　　　　D 与企业偿债能力成正比

四、判断题

1. 因为现金的管理成本是相对固定的，所以在确定最佳现金持有量时，可以不考虑它的影响。（　　）

2 企业现金持有量过多会降低企业的收益水平。（　　）

3. 现金持有量存货模式假定现金的流出量波动大且难以预知。（　　）

五、计算与案例分析

1. A 公司的材料采购和产品销售都采用赊销方式，本年销售收入 4 800 万元，销售成本 2 200 万元；应收账款年初余额为 200 万元，年末余额为 400 万元；存货年初余额为 320 万元，年末余额为 120 万元，应付账款的周转期为 28 天。预计该公司 20×7 年的现金需求总量为 3 075 万元。要求：采用现金周转模式确定该公司 20×4 年的最佳现金持有量。

2. ABC 公司根据预测，全年的现金需求总量为 90 万元，目前有价证券的年利率为 12%，现金与有价证券的转换成本为每次 60 元。要求：利用存货模式确定最佳现金持有量。

3. A 公司在建设银行开立了新的支票账户，计划每天开出的支票额为 10 万元，并在开票的业务发生时刻从账户记录进行扣除。平均而言，银行在支票开出之后的第 3 天下午 5 点收到并处理该支票。例如，星期一所开具的支票将在星期四下午处理。公司和银行之间的协议是要求保留 5 万元的平均补偿性余额，开立账户时公司存入 5 万元。

（1）假定公司每天下午 4 点将钱存入银行（银行汇总该天的业务）。公司在第 1 天开出的支票额为 10 万元，以后每天都是如此，计算第 1 天、第 2 天、第 3 天以及以后每天的必要存款额。

（2）A 公司持有浮游量的天数是多少？

（3）为了达到稳定状态，公司在银行记录和公司记录中所持有的日余额分别是多少？

4. 史密斯体育用品公司的现金管理。

资料：

雷·史密斯是一名退休图书馆管理员，最近开立了一家名为史密斯体育用品公司（SSP）的运动商店。成立一家户外运动商店是史密斯的梦想。他在 62 岁时决定不准备待在家里享受悠闲的生活，他的朋友也一直鼓励他这么做。由于史密斯的教育背景是文学而不是商业，因此他雇用你为理财顾问，帮助他从事商店的现金管理。史密斯非常好学，所以他经常请你回答很多关于现金管理的问题。他现在请你回答以下问题：

（1）现金管理的目标是什么？

（2）公司为什么要持有现金？

（3）公司如何使现金流量同步？这样做有什么好处？

（4）你已经仔细查阅了商店的账簿和银行账户余额。其中，你发现 SSP 公司平均每天开出的支票额为 10 000 美元，支票的结算时间大约为 5 天。另外，公司每天收到的支票额为 10 000 美元，但是将支票存入银行并进行结算需要耽搁 4 天时间。公司的支付浮游量、收款浮游量和净浮游量分别是多少？

（5）公司如何加快收款速度以及放慢支付速度？

（6）为什么公司要持有有价证券？

（7）在建立有价证券的投资组合时公司必须考虑哪些因素？

【注会真题汇编】

1. ［2017. 单选］甲公司采用存货模式确定最佳现金持有量，在现金需求量保持不变的情况下，当有价证券转换为现金的交易费用从每次 100 元下降至 50 元、有价证券投资报酬率从 4% 上涨至 8% 时，甲公司现金管理应采取的措施是（　　）。

A. 最佳现金持有量保持不变　　　　B. 将最佳现金持有量降低 50%

C. 将最佳现金持有量提高 50%　　　　D. 将最佳现金持有量提高 100%

2. ［2014. 多选］甲公司采用随机模式确定最佳现金持有量，最优现金返回线水平为 7 000 元，现金存量下限为 2 000 元，公司财务人员的下列做法中，正确的有（　　）。

A. 当持有的现金余额为 1 000 元时，转让 6 000 元的有价证券

B. 当持有的现金余额为 5 000 元时，转让 2 000 元的有价证券

C. 当持有的现金余额为 12 000 元时，购买 5 000 元的有价证券

D. 当持有的现金余额为 18 000 元时，购买 11 000 元的有价证券

第十六章 存货管理

> **本章提要**
>
> 存货是指企业在生产经营过程中为生产或销售而储备的物质,包括原材料、在产品、半成品、产成品等。存货是联系产品的生产和销售的重要环节,存货控制或管理效率的高低,直接反映并决定着企业收益、风险、流动性的综合水平,而且对大多数企业来说,存货在营运资金中往往占有较大的比重。因此,存货管理是企业财务管理的一项重要内容。

一、存货概述

(一)存货的种类

存货作为企业流动资产的重要组成部分,在流动资产中所占的比重较大。企业的存货数量和种类很多,对存货进行科学的分类,有利于存货的管理。存货可以按照不同的标准进行分类,主要有以下几种。

1. 按照经济用途分类

存货按照其经济用途不同,通常可以分为销售用存货、生产用存货和其他存货三类。

(1)销售用存货是指为了销售的目的而储存的货物,主要包括产成品、库存商品等。这部分存货数量反映了企业的经营能力:如果销售用存货过多,造成存货积压,就说明企业的产品销售不畅,会影响企业的资金周转,应当大力加强市场销售工作;如果企业库存的销售用存货短缺,也会影响到销售,可能是企业的生产能力不足,应当加强生产管理,挖掘生产潜力。

(2)生产用存货是指为了生产耗用而储存的货物,主要包括原材料、各种辅助材料、在产品、修理备用件、半成品等。这部分存货数量反映了企业的生产能力大小,也能反映企业的生产管理水平和生产效率的高低。如果存货资金在生产过程中占用的数量过多，占用的时间过长，就说明企业的生产效率不高，应当加强生产管理，提高生产效率。

（3）其他存货是指以上存货之外的、供企业一般性耗用的物品，如职工福利用品、劳保用品等。这部分存货一般所占比重较小。

2. 按照来源分类

存货按照来源不同，可以分为外购存货和自制存货两种。外购存货是指企业从外部购买的存货，如工业企业的外购原材料、外购低值易耗品以及商业企业的外购商品等，外购存货可能是为了销售，也可能是为了耗用。自制存货是指由企业自己生产制造出的存货，如工业企业的产成品、自制材料等。

3. 按照存放地点分类

存货按照其存放的地点不同，可以分为库存存货、在途存货、委托加工存货和委托代销存货等。库存存货是指已经运到企业并已验收入库的存货。在途存货是指正在运输途中的存货，包括运入在途存货和运出在途存货。委托加工存货是指企业委托外单位加工但尚未加工完工的各种存货，如委托加工材料等。委托代销存货是指企业委托外单位代销，但尚未办理代销货款结算的存货。

（二）存货的功能

存货的功能是指存货在生产经营过程中的作用，具体表现在以下几点。

1. 保证生产经营活动正常开展

生产过程中所需要的原材料，是生产中必需的物质资料。企业为了保证生产顺利进行，需要适当储备一些生产所需的原材料这样的存货，从而能有效防止停工待料事件的发生，维持生产的连续性。

2. 适应市场需求变化

由于市场的需求处于变化之中，一旦市场需求下降，会导致企业的库存积压，而市场需求上升，则会导致存货不足，企业白白丧失获利的机会。适当储备存货能增强企业在生产和销售方面的机动性以及适应市场变化的能力。

3. 便于均衡组织生产

对于企业所生产的季节性产品，其生产所需的材料往往具有季节性，供应量和价格在不同季节波动很大。因此，企业为了实现均衡生产，降低生产成本，就必须适当储备一定的原材料存货。

4. 可以降低进货成本

很多企业为扩大销售规模而提供商业折扣，即客户购货达到一定数量时，企业便在价格上给予其相应的折扣优惠。为了获得商业折扣，企业往往需要批量集中进货，由此增加了企业的存货。这反过来看，便是存货可以降低进货成本。此外，在采购总量不变的前提下，增加每次购货数量会减少购货次数，可以降低采购费用支出，同时带来存货的增加，这也体现出存货可以降低进货成本的功能。

（三）存货管理的目标

企业持有充足的存货，不仅有利于生产过程的顺利进行，节约采购费用与生产时间，而且能够适应市场变化迅速满足客户的各种订货要求，从而为企业的生产和销售提供较大的机动性，避免因为存货不足带来的机会损失。但存货的增加必然要占用更多的资金，这会使企业付出更大的持有成本或机会成本，而且存货的储存成本也会增加，影响企业获利能力的提高。因此，存货管理需要权衡存货所带来的收益和增加的成本，其目标是要在充分发挥存货功能的基础上，合理控制存货水平，提高资金流动性，降低存货成本。

二、存货成本

存货的成本主要包括以下几方面。

1. 采购成本

采购成本是指存货本身的价值，即购买存货所支付的代价，包括存货的买价和运杂费等。采购成本的多少取决于企业在一定时期内需要的数量和单价。在单价不随采购数量变动时，用不变的单价去乘以可预计的年采购数量所得到的年采购成本就是一个不变的数字，即此时采购成本是固定成本，与采购批量没有关系，是采购批量决策的无关成本。如果供应商提供商业折扣，在采购批量达到折扣起点时，采购单价将发生变动，年采购成本也将随着单价的变动而发生相应的变动，此时采购成本与采购批量的决策相关，是一个相关成本。

2. 订货成本

订货成本是指企业在组织货源的过程中支付的费用。一般包括采购部门的日常经营费用，如采购人员的工资、折旧费、入库搬运费和水电费等，还包括专门为订购存货发生的业务费用，如差旅费、邮电资等支出。订购成本按其发生额与订货次数的关系，可以分解成变动订货成本和固定订货成本。变动订货成本与订货次数成正比，单位变动订货成本即每次订货费用则保持不变。当存货采购批量发生变动时，订货次数会随之反向变动，由此导致订货成本也发生变动，因此变动订货成本受采购批量的影响，是采购批量决策的相关成本。固定订货成本固定不变，不受采购批量变动的影响，是采购批量决策的无关成本。

3. 储存成本

储存成本是企业为持有存货而发生的费用。包括存货占用资金的机会成本、仓储费用、保险费用、存货残损霉变损失等。储存成本按其发生额与平均储存量的关系可以划分成变动储存成本和固定储存成本。那些与存货储存水平高低无关而保持不变的储存成本是固定储存成本，那些随储存量的变化而正比例变化的储存成本则为变动储存成本。采购批量的变动会带来储存量的同向变动，并导致变动储存成本的同向变动。显然，变动储存成本是采购批量决策的相关成本。固定储存成本固定不变，不受采购批量变动的影响，是采购批量决策的无关成本。

4. 缺货成本

缺货成本是因存货供应中断而给企业造成的损失，包括由于材料供应造成的停工损失、成品供应中断导致延误发货的信誉损失及丧失销售机会的损失等。如果企业为完成订单任务，紧急采购代用材料解决库存材料中断之急，那么紧急采购超过正常采购的额外支出也是一种缺货成本。缺货成本能否作为决策的相关成本，应视企业是否允许出现存货短缺的不同情形而定。若允许缺货，则缺货成本便与存货数量反向相关，即属于决策相关成本；反之，若企业不允许发生缺货情形，则此时缺货成本为零，也就无须加以考虑。

三、目标存货持有量的确定

存货决策除了决定进货项目、选择供货商之外，还要决定合理的进货时间。

进货批量，以使存货相关总成本达到最低。这种能使存货相关总成本达到最低的进货批量称为经济订货量或经济批量。

（一）经济订货量基本模型

经济订货量基本模型是建立在一系列严格假设的基础上的，这些假设包括：（1）存货总需求量确定；（2）采购的物资集中到货一次性入库，然后被均匀消耗；（3）供应商不提供商业折扣，供应充足，采购单价不变；（4）企业资金充足，能够及时补充存货，不允许缺货现象存在。

由于模型假设中不允许缺货现象的存在，因此不存在缺货成本。又由于存货采购单价不变，全年存货总需求量确定，因此两者的乘积即采购成本保持不变，不受采购批量变化的影响，是一项无关成本，可以不用考虑。此外，固定储存成本和固定订货成本固定不变，是无关成本也不需要考虑。于是，在存货的成本中，该模型只须考虑变动储存成本和变动订货成本，相关总成本为两者之和：

$$相关总成本 = 变动储存成本 + 变动订货成本 \quad (16-1)$$

设 Q 代表采购批量，A 代表某种存货年度计划进货总量，P 代表平均每次订货费用，C 代表单位存货年均储存成本，N 代表进货次数，则相关总成本（TC）可以表示为：

$$TC = \frac{Q}{2} \times C + \frac{A}{Q} \times P \quad (16-2)$$

能使总成本达到最小的采购批量为最优采购批量，即经济订货量，记为 Q^*。利用数学知识可求得：

$$Q^* = \sqrt{\frac{2AP}{C}} \quad (16-3)$$

当采购批量为经济订货量时，存货的相关成本达到最低，记为 TC^*。将 Q^* 表达式代入相关总成本 TC 的表达式，可得：

$$N^* = \frac{A}{Q^*} = \sqrt{\frac{AC}{2P}} \quad (16-4)$$

【例 16-1】 A 公司全年需要甲零件 1 200 件，每次订货的成本为 400 元，每件存货的年存储成本为 6 元。计算 A 公司的经济批量。

经济批量 $Q^* = \sqrt{\dfrac{2 \times 1\,200 \times 400}{6}} = 400$（件）

经济批数 $\left(\dfrac{A}{Q}\right) = \sqrt{\dfrac{1\,200 \times 6}{2 \times 400}} = 3$（批）

总成本（T）$= \sqrt{2 \times 1\,200 \times 400 \times 6} = 2\,400$（元）

（二）基本模型的扩展

放宽经济订货量基本模型的假设，可以扩展模型，扩大其适用范围。

1. 再订货点

一般情况下，订货需要一定的交货时间，即从发出订单到货物验收入库所经历的时间。因此，为了避免停工待料使生产停顿，企业不能等到存货用完再去订货，而需要在没有用完时提前订货。企业提前订货，在其发出订单时尚有的存货库存量称为再订货点。再订货点要能满足交货时间内企业生产的需要量。若不考虑保险储备量，再订货点就等于交货时间和每日平均需要量的乘积。用 R 表示再订货点，用 L 表示交货时间，用 d 表示每日平均需要量，则：

$$R = L \times d \qquad (16-5)$$

2. 存货陆续入库模型

在建立基本模型时,是假设存货一次性到货入库的。但事实上,各批存货可能是陆续入库,使库存量陆续增加。尤其是产成品入库和在产品的转移,几乎总是陆续供应和陆续耗用的。这种情况下,需要对基本模型作一些变更。

假设采购批量为 Q,每日送货量为 b,则该批存货全部送达所需日数即送货期为 Q/b,由于存货边送边用,因此当每一批送达完毕时,最高库存量为:

$$最高库存量 = Q - \frac{Q}{b} \times d = Q \times \left(1 - \frac{d}{b}\right) \qquad (16-6)$$

平均储存量为:

$$平均储存量 = \frac{最高库存量 + 最低库存量}{2} = \frac{Q}{2} \times \left(1 - \frac{d}{b}\right) \qquad (16-7)$$

这样与批量有关的总成本为:

$$TC = \frac{Q}{2} \times \left(1 - \frac{d}{b}\right) + \frac{A}{Q} \times P \qquad (16-8)$$

由此推导出能使相关总成本达到最低的经济订货量为:

$$Q^* = \sqrt{\frac{2AP}{C \times \left(1 - \frac{d}{b}\right)}} \qquad (16-9)$$

此时的最低相关总成本为:

$$TC^* = \sqrt{2APC\left(1 - \frac{d}{b}\right)} \qquad (16-10)$$

3. 考虑数量折扣

在实际经济活动中,供货商为争取顾客多订购材料,加速资金周转,往往采取数量折扣的供应方式,即当顾客每次订购材料超过一定数目时,便予以价格上的优惠。购货企业接受数量折扣条件,有利于降低材料购买价格,从而降低采购成本,而且由于每次购买数量越大,其采购次数越少,从而可降低订货成本。但是,由于每次订货数量加大,导致存货平均储存量增加,势必提高储存成本。此时进货企业对经济订货量的确定,除了考虑订货成本和储存成本外,还应考虑存货的采购成本,即在有数量折扣的条件下,能使采购成本、订货成本和储存成本之和达到最小的采购批量为经济订货量。

4. 保险储备

前面讨论的经济订货量是以耗用均匀为前提的,实际上企业对存货的耗用水平可能发生变化,交货时间也可能延误。交货期间如果企业的耗用量增大或交货时间延误,就会发生缺货,保险储备是为防止这种现象的产生而多储备的一些存货,它也叫安全存量。在有保险储备的情况下,企业的再订货点等于交货时间的正常需要量加上保险储备量。

保险储备的存在,可以减少供应短缺而造成的损失,但过多储备,势必造成资金的积压,增加储存费用。企业应找出合理的保险储备水平,使缺货成本和保险储备成本之和达到最小。此时考虑是存货相关总成本为:

$$相关总成本 = 保险储备成本 + 缺货成本 \qquad (16-11)$$

其中,

$$缺货成本 = 单位缺货成本 \times 每年订货次数 \times 每次订货的缺货量 \qquad (16-12)$$

$$保险储备成本 = 保险储备量 \times 单位年均储存成本 \qquad (16-13)$$

每次订货的缺货量可根据概率计算,主要取决于需求量的变化和供应量的变化。

四、存货日常管理

存货日常管理是营运资金管理的一个重要方面,搞好存货日常管理,对于改善企业生产经营活动,提高流动资金利用效果具有重要的意义。

(一) ABC 管理

ABC 管理法又称重点管理法由意大利经济学家巴雷特于 19 世纪首创,是一种实际应用较多的方法。经过不断发展和完善,ABC 法广泛用于存货管理、成本管理和生产管理。它是根据一定的标准对事物进行分类,分清重点和一般,区别对待实施管理的一种管理方法。其基本原理,可概括为"区别主次,分类管理"。存货 ABC 管理是将企业各种存货按重要性程度分为 A、B、C 三类,分别实行按品种重点管理、按类别一般控制和按总额灵活掌握。

进行存货分类的标准有两个:一是金额标准;二是数量标准。其中,金额标准是主要的,数量标准只作为参考。A 类存货的特点是金额大,品种数量少;B 类存货的特点是金额和数量水平一般;C 类存货的特点是金额小,但品种数量繁多。一般而言,三类存货的金额比重大致为 A:B:C = 7:2:1;品种数量比重大致为 A:B:C = 1:2:7。

运用 ABC 管理方法一般有如下几个步骤:

(1) 计算每一种存货在一定时间内(一般为一年)的资金占用额;

(2) 计算每一种存货资金占用额占全部资金占用额的百分比,并按大小顺序排列,编成表格；

（3）根据事先测定好的标准，把最重要的存货划为 A 类，把一般存货划为 B 类，把不重要的存货划为 C 类，并画图表示出来；

（4）对 A 类存货进行重点规划和控制，对 B 类存货进行次重点管理，对 C 类存货只进行一般管理。

对 A 类存货，企业应按每一个品种进行管理，严格控制，经常检查库存，认真确定其消耗定额、经济订货量等指标。对 C 类存货，企业可以采用简化的控制方式进行管理，一般只要把握一个总金额就可以了。对 B 类存货的控制介于 A 类存货和 C 类存货之间，企业可以通过划分类别的方式进行管理。

（二）零库存管理（JIT）

零库存管理也叫适时制库存控制或看板管理。零存货管理在 20 世纪 70 年代由日本丰田汽车公司提出并用于实践。在这种管理系统下，企业要事先和供应商协调好，让供应商将必要的原材料和零部件，以必要的数量和完美的质量，在必要的时间，送往必要的地点。并且和客户协调好，在产品完工后不在企业停留立即送往客户手中。这样，企业的存货持有水平就可以大大下降，企业的供应生产和销售形成连续的流畅的运动过程。显然，实施零库存管理需要稳定、标准的生产程序以及诚信的供应商，否则极易导致企业生产的停顿。目前，已经有越来越多的企业采用零库存管理减少甚至消除对存货的需求。零库存管理的思想被进一步发展应用于整个生产经营过程——集开发、生产、库存和分销于一体，大大提高了企业运营管理效率。

零库存管理的成功取决于以下几个因素：

（1）计划要求。JIT 要求具备一份对于整个企业而言协调、完整的计划。通过仔细计划与规划，实施 JIT 可以使企业不必持有保险储备存货，从而节约成本。同时 JIT 完备的运行环境也可以在其他方面产生极大的节约，如缩短存货在途时间、降低仓储成本等。当然，高度的协调和计划对于某些企业是很难实现的，那时 JIT 也就无法发挥作用。

（2）与供应商的关系。为了使 JIT 有效运行，企业应与其供应商紧密合作。选货计划、数量、质量和及时联系都是制度的组成部分。该制度要求按所需的数额和订单的要求频繁送货，而且要求仔细标记每项货物（通常采用条形码的形式）。因此，JIT 的实行要求企业必须和供应商保持良好的关系。

（3）准备成本。通过降低生产周期的长度，重新设计的生产过程更加灵活。在生产中，每一批产品生产前总存在固定的准备成本，生产的最优批量受准备成本的影响（就像存货的订货成本受固定的订货成本影响一样）。通过降低准备成本，企业可以采用更短的生产周期，因而获得更大的灵活性。

（4）其他的成本因素。因为JIT要求严格管理和控制，所以采用JIT的企业常常为了降低成本而限制供应商的数目。为了达到JIT的要求，供应商必须提高质量、经常送货、花费更多成本，所以很多企业在采用JIT降低其存货储存成本的同时，必须承担更高的采购价格。不过，对于很多采用JIT的企业来说，获得的利益远远大于采购价格提高带来的消极影响。

（5）信息化。没有信息化，JIT就不能实施，因为在从采购到生产再到销售的过程中，许多环节都是用电子系统处理的。

（三）存货的归口分级控制

存货的归口分级控制，是加强存货日常管理的一种重要方法。这一管理方法包括以下三项内容。

（1）在企业管理层领导下，财务部门对存货资金实行统一管理。企业必须加强对存货资金的集中、统一管理，促进供、产、销互相协调，实现资金使用的综合平衡，加快资金周转的速度。财务部门的统一管理主要包括以下几个方面工作：①根据国家财务制度和企业具体情况，制定企业资金管理的各种制度。②认真测算各种资金占用数额，汇总编制存货资金计划。③把有关计划指标进行分解，落实到有关单位和个人。④对各单位的资金使用情况进行检查和分析，统一考核资金的使用情况。

（2）实行资金的归口管理，根据使用资金和管理资金相结合、物资管理和资金管理相结合的原则，每项资金由哪个部门使用，就归哪个部门管理。各项资金归口管理的分工为：①原材料、燃料、包装物等资金归供应部门管理；②在产品和自制半成品占用的资金归生产部门管理；③产成品资金归销售部门管理；④工具用具占用的资金归工具部门管理；⑤修理用备件占用的资金归设备动力部门的管理。

（3）实行资金的分级管理。各归口的管理部门要根据具体情况将资金计划指标进行分解，分配给所单位或个人，层层落实，实行分级管理。具体分解过程为：①原材料资金计划指标可分配给供应计划、材料采购、仓库保管、整理准备各业务组管理；②在产品资金计划指标可分配给各车间、半成品库管理；③成品资金计划指标可分配给销售、仓库保管、成品发运各业务组管理。

本章练习

一、简答题

1. 存货管理的目标是什么？
2. 存货成本的构成及其含义是什么？
3. 如何确定目标存货持有量？

4. 存货日常管理办法有哪些?

二、单项选择题

1. 在对存货实行 ABC 分类管理的情况下，ABC 三类存货的品种数量比重大致为（   ）。

   A. 0.7：0.2：0.1　　　　　　　　B. 0.1：0.2：0.7
   C. 0.5：0.3：0.2　　　　　　　　D. 0.2：0.3：0.5

2. 某企业全年需用 A 材料 2 400 吨，每次的订货费用为 400 元，每吨材料年均储备成本为 12 元，则每年最佳订货次数为（   ）。

   A. 12 次　　　　B. 6 次　　　　C. 3 次　　　　D. 4 次

3. 在不考虑缺货条件下，考虑数量折扣的经济订货量决策相关成本包括（   ）。

   A. 订货成本和储存成本
   B. 订货成本、采购成本和储存成本
   C. 采购成本和储存成本
   D. 订货成本、储存成本和缺货成本

4. 某企业每年耗用丙材料 7 200 千克，单位存储成本为 2 元，一次订货成本 50 元。则丙材料每年最佳订货次数和最佳订货周期分别为（   ）。

   A. 12 次，1 个月　　　　　　　　B. 3 次，4 个月
   C. 6 次，2 个月　　　　　　　　D. 2 次，6 个月

5. 假设某企业每月需要甲材料 1 000 千克，每千克月储存成本为 5 元，一次订货成本为 100 元，则相邻两次订货最佳的订货间隔期为（   ）天（一个月按 30 天计算）。

   A. 5　　　　　B. 6　　　　　C. 7　　　　　D. 8

6. 下列各项中，与再订货点无关的因素是（   ）。

   A. 经济订货量　　B. 日耗用量　　C. 交货天数　　D. 保险储备量

三、多项选择题

1. 下列各项中，属于建立存货经济订货量基本模型假设前提的有（   ）。

   A. 企业能够及时补充存货　　　　B. 允许出现缺货
   C. 存货总需求量确定　　　　　　D. 所需存货市场供应充足

2. 存货在企业生产经营过程中所具有的作用主要有（   ）。

   A. 适应市场需求变化　　　　　　B. 保证生产经营活动正常开展
   C. 降低进货成本　　　　　　　　D. 便于均衡组织生产

3. 在存货经济订货量基本模型假设前提下确定经济订货批量，下列表述中正确的有（   ）。

   A. 随每次采购批量的变动，相关订货成本和相关储存成本两者的变动方向相反

B. 相关储存成本的高低与每次采购批量成正比

C. 相关订货成本的高低与每次采购批量成反比

D. 年相关储存成本与年相关订货成本相等时的采购批量，即为经济订货量

4. 在存货陆续供应和使用的过程中，导致经济订货量增加的因素有（　　）。

A. 存货年需用量增加　　　　　　B. 每次采购的订货费用增加

C. 每日耗用量增加　　　　　　　D. 单位存货年均储存成本增加

5. 确定建立保险储备量时的再订货点，需要考虑的因素有（　　）。

A. 交货时间　　　　　　　　　　B. 平均日需求量

C. 保险储备量　　　　　　　　　D. 平均库存量

6. 下列（　　）属于存货的储存变动成本。

A. 存货占用资金的应计利息　　　B. 紧急额外购入成本

C. 存货的破损变质损失　　　　　D. 存货的保险费用

四、判断题

1. 在存货模式下，持有现金的机会成本与变动转换成本相等时，此时的现金持有量为最佳现金持有量。（　　）

2. 在存货的 ABC 分类管理法下，应当重点管理的是虽然品种数量较少，但金额较大的存货。（　　）

3. 印花税与转换金额成正比，是一种变动成本，所以是存货模式下现金最佳持有量决策的相关成本。（　　）

4. 根据存货经济订货量基本模型，经济订货量是能使订货总成本与储存成本相等时的订货批量。（　　）

五、计算与案例分析

1. A 面包公司每年要购买 26 万蒲式耳小麦，每蒲式耳 5 元。每次订购量必须为 500 蒲式耳的倍数，订购成本为每次 5 000 元，年存储成本为采购价格的 2%，订货至到货的时间为 6 个星期。

（1）计算最佳订购批量。

（2）再订货点是多少？

（3）总存货成本是多少？

2. B 公司为一计算机公司，每年必须订购大量磁盘，订购单位为打。根据所提供的信息，完成表 16-1 并确定该公司的最佳订购批量。

年需求量：260 000 打；

每次订购成本：300 元；

持有成本：20%；

每打价格：7.80 元。

表 16-1　　　　　　　　　　B 公司订货信息

订购量（打）	2 500	5 000	10 000	20 000	130 000	260 000
订购次数（次）						
平均存货量（打）						
持有成本（元）						
订货成本（元）						
总成本（元）						

【注会真题汇编】

1. ［2015. 单选］甲公司生产产品所需某种原料的需求量不稳定，为保障产品生产的原料供应，需要设置保险储备，确定合理保险储备量的判断依据是（　　）。

　　A. 缺货成本与保险储备成本之差最大

　　B. 边际保险储备成本大于边际缺货成本

　　C. 缺货成本与保险储备成本之和最小

　　D. 边际保险储备成本小于边际缺货成本

2. ［2017. 多选］根据存货经济批量模型，下列各项中，导致存货经济订货批量增加的情况有（　　）。

　　A. 单位储存成本增加

　　B. 存货年需求量增加

　　C. 订货固定成本增加

　　D. 单位订货变动成本增加

3. ［2014］甲公司是一家设备制造企业，常年大量使用某种零部件，该零部件既可以外购，也可以自制，如果外购，零部件单价为 100 元/件，每次订货的变动成本为 20 元，订货的固定成本较小，可以忽略不计。如果自制，有关资料如下：

（1）需要购买一套价值为 100 000 元的加工设备，该设备可以使用 5 年，使用期满无残值。

（2）需要额外聘用 4 名操作设备的工人，工人采用固定年薪制，每个工人的年薪为 25 000 元。

（3）每次生产准备成本为 400 元，每日产量为 15 件。

（4）生产该零部件需要使用加工其他产品剩下的一种边角料，每个零部件耗用边角料为 0.1 千克，公司每年生产该种边角料 1 000 千克，如果对外销售，单价为 100 元/

千克。

(5) 除上述成本外,自制零部件还需发生单位变动成本 50 元。

该零部件的全年需求量为 3 600 件,每年按 360 天计算,公司的资金成本为 10%,除资金成本外不考虑其他储存成本。

要求:

(1) 计算甲公司外购零部件的经济订货量、与批量有关的总成本、外购零部件的全年总成本。

(2) 计算甲公司自制零部件的经济生产批量、与批量有关的总成本、自制零部件的全年总成本(提示:加工设备在设备使用期限内按平均年成本法分摊设备成本)。

(3) 判断甲公司应该选择外购方案还是自制方案,并说明原因。

4. [2013] 甲公司是一家机械加工企业,产品生产需要某种材料,年需求量为 720 吨(一年按 360 天计算)。该公司材料采购实行供应商招标制度,年初选定供应商并确定材料价格,供应商根据甲公司指令发货,运输费由甲公司承担。目前有两个供应商方案可供选择,相关资料如下:

方案一:选择 A 供应商,材料价格为每吨 3 000 元。每吨运费 100 元,每次订货还需支付返空、路桥等固定运费 500 元。材料集中到货,正常情况下从订货至到货需要 10 天,正常到货的概率为 50%,延迟 1 天到货的概率为 30%,延迟 2 天到货的概率为 20%,当材料缺货时,每吨缺货成本为 50 元。如果设置保险储备,以一天的材料消耗量为最小单位。材料单位储存成本为 200 元/年。

方案二:选择当地 B 供应商,材料价格为每吨 3 300 元,每吨运费 20 元,每次订货需要支付固定运费 100 元。材料在甲公司指令发出当天即可送达,但每日最大送货量为 10 吨。材料单位储存成本为 200 元/年。

要求:

(1) 计算方案一的经济订货量;分别计算不同保险储备量的相关总成本,并确定最合理的保险储备量,计算方案一的总成本。

(2) 计算方案二的经济订货量和总成本。

(3) 从成本角度分析,甲公司应选择哪个方案?

第十七章　应收账款和信用政策

> **本章提要**
>
> 　　应收款项指的是因对外销售产品、材料、供应劳务及其他原因，应向购货单位或接受劳务的单位及其他单位收取的款项，包括应收账款、其他应收款、应收票据等。以下以应收账款为例，讲述应收款项管理。

一、应收账款的产生原因

发生应收账款的原因，主要有以下两种。

1. 商业竞争

这是发生应收账款的主要原因。在社会主义市场经济的条件下，存在着激烈的商业竞争。竞争机制的作用迫使企业以各种手段扩大销售。除了依靠产品质量、价格、售后服务、广告等外，赊销也是扩大销售的手段之一。对于同等的产品价格、类似的质量水平、一样的售后服务，实行赊销的产品或商品的销售额将大于现金销售的产品或商品的销售额，这是因为顾客将从赊销中得到好处。出于扩大销售的竞争需要，企业不得不以赊销或其他优惠方式招揽顾客，于是就产生了应收账款。由竞争引起的应收账款，是一种商业信用。

2. 销售和收款的时间差距

商品成交的时间和收到货款的时间经常不一致，这也导致了应收账款。当然，现实生活中现金销售是很普遍的，特别是在零售企业中更常见。不过就一般批发和大量生产企业来讲，发货的时间和收到货款的时间往往不同。这是因为货款结算需要时间的缘故。结算手段越是落后，结算所需时间就越长，销售企业只能承认这种现实并承担由此引起的资金垫支。由于销售和收款的时间差而造成的应收账款，不属于商业信用，也不是应收账款的主要内容，本章不再对它进行深入讨论，而只论述属于商业信用的应收账款的管理。

应收账款是企业的一项资金投放，是为了扩大销售和盈利而进行的投资，而投资肯定要发生成本（包括承担风险），这就需要在应收账款信用政策所增加的盈利和这种政策的成本之间作出权衡。只有当应收账款所增加的盈利超过所增加的成本时，才应当实施应收账款赊销。

二、应收账款的成本

应收账款的成本主要包括机会成本、管理成本和坏账成本。

（一）机会成本

应收账款的机会成本是指因资金投放在应收账款上而丧失的其他投资收益，应收账款会占用企业一定量的资金，而企业如果不把这部分资金投放于应收账款，便可以用于其他投资并可能获得收益，如可以投资债券获得利息收入。应收账款的机会成本并不是实际发生的成本。应收账款的机会成本可按以下公式计算：

$$应收账款机会成本 = 维持赊销业务所需要的资金 \times 资本成本 \qquad (17-1)$$

维持赊销业务所需要的资金计算公式为：

$$维持赊销业务所需要的资金 = 应收账款平均余额 \times 变动成本率 \qquad (17-2)$$

其中：

$$应收账款平均余额 = \frac{年赊销额}{360} \times 平均收现期 \qquad (17-3)$$

（二）管理成本

应收账款的管理成本是指企业为管理应收账款而发生的开支，是从应收账发生到收回期间所有与应收账款管理系统运行有关的费用。主要包括调查客户信用状况的费用、收集信用信息的费用、应收账款簿记费用、收账费用和相关管理人员成本。当应收账款的规模属于某个特定范围时，其管理成本一般比较稳定，可视为固定成本。当应收账款的规模脱离某个特定范围后，其管理成本将跳跃到一个新的水平再继续保持一种固定成本的属性。

（三）坏账成本

应收账款的坏账成本是指由于应收账款因故不能收回而给企业带来的损失。坏账成本的高低与客户的信用状况有直接关系，且与企业的管理水平相关。企业管理水平越高，对客户信用状况的调查越全面、仔细，对客户的监督和催讨越有力，则坏账损失发生额就越低。坏账成本的测算一般是通过坏账损失率与赊销收入相乘得到。即

坏账成本 = 年赊销额 × 坏账损失率　　　　　　　　　　(17-4)

【例17-1】 为了加快收款速度，E公司正考虑将其信用条件由"2/15，n/30"改为"3/10，n/30"。目前，E公司的40%的客户享有2%的折扣，根据新的条件，预计折扣客户将上升至50%。应收账款平均收账期预计将由27天下降为22.5天，信用条件的放宽并不代表放宽信用标准，因此，预计坏账损失仍维持2%的水平，收账费用不变。但是，预计宽松的现金折扣条件将会使年销售额从200万元上升至260万元。该公司的销售利润率为25%，该公司的变动成本率为75%，投资于应收账款的资金利率为9%，所得税率为25%。

(1) 计算变更前后的折扣成本：

变更前的折扣成本 = 200 × 40% × 2% = 1.6(万元)

变更后的折扣成本 = 260 × 50% × 3% = 3.9(万元)

(2) 计算变更前后持有应收账款的机会成本：

变更前持有应收账款的机会成本 = 200 ÷ 360 × 27 × 75% × 9% = 1.0125(万元)

变更后持有应收账款的机会成本 = 260 ÷ 360 × 22.5 × 75% × 9% = 1.095(万元)

(3) 计算变更前后的坏账损失：

变更前的坏账损失 = 200 × 2% = 4(万元)

变更后的坏账损失 = 260 × 2% = 5.2(万元)

(4) 信用条件的变更可使利润增加多少？E公司是否应该改变信用条件？

变更导致收益的增加额 = (260 - 200) × (1 - 75%) = 15(万元)

变更导致费用的增加额 = (3.9 + 1.095 + 5.2) - (1.6 + 1.0125 + 4) = 3.5825(万元)

变更导致净利润的增加额 = (15 - 3.5825) × (1 - 25%) = 8.56(万元)。

信用条件的变更将导致净利润的增加，公司应该改变信用条件。

三、信用政策

应收账款赊销的效果好坏，依赖于企业的信用政策。信用政策是指企业在采用赊销方式时，为了对应收账款投资进行规划和控制而确定的基本原则与行为规范，通常包括信用标准、信用条件和收账政策三个方面。

(一) 信用标准

信用标准是信用申请者获得企业所提供的信用必须达到的基本条件，通常以坏账损失率作为判定的依据。如果客户达不到企业的信用标准，就不能享受企业所提供的信用或只能享受较低的信用优惠。信用标准宽，可以扩大销售额，但会相应增加坏账损失和应收账款的机会成本。信用标准严,可以减少坏账损失,减少应收账款的机会成本,但不利于扩大销售额,甚至会减少销售额。因此,对信用标准的管理,就是对信用标准宽严度的把握,要在增加的收益与增加的应收账款成本之间进行权衡。

影响信用标准的因素包括以下几个方面:(1)同行业竞争对手的情况。在产品品种、质量、价格等因素基本相同情况下,如果对手实力更强,就须采取较宽松的信用标准;反之,信用标准可以严格一些。(2)企业承担违约风险能力。当企业具有较强的违约风险承受能力时,信用标准可以宽松一些,以提高竞争力,争取客户,扩大销售,反之,如果企业承担违约风险的能力比较脆弱,就应该选择较严格的信用标准以降低违约风险。(3)客户的资信程度。客户的资信程度越高,信用标准可以越宽松;客户的资信程度越低,则信用标准应该越严格。

企业在设定顾客的信用标准时,往往要先评估其赖账的可能性,这可以通过"五C"系统来完成。"五C"是指评估顾客信用品质的五个方面:品质(character)、能力(capacity)、资本(capital)、抵押(collateral)和条件(conditions)。

1. 品质

品质指顾客履约或赖账的可能性,这是决定是否给予客户信用的首要因素,主要通过了解顾客以往的付款履约纪录进行评价。

2. 能力

能力指顾客的偿债能力,取决于顾客资产特别是流动资产数量、质量以及与流动负债的比率关系。一般来说,企业流动资产的数量越多,流动比率越大,表明其偿付债务的物资保证越雄厚;反之,则偿债能力越差。同时,还应注意顾客流动资产的质量,看是否有存货过多、过时、质量下降,影响其变现能力和支付能力的情况。

3. 资本

资本指顾客的经济实力和财务状况,是偿付债务的最终保证,一般从财务报中获得。

4. 抵押

抵押指顾客提供的可作为资信安全保证的资产。这对于不知底细或信用状况有争议的顾客尤为重要。一旦收不到这些顾客的款项,便以抵押品抵补。如果这些顾客能够提供足够的抵押,就可以考虑向他们提供相应的信用。

5. 条件

条件指可能影响顾客付款能力的经济环境。例如,万一出现经济不景气,会对顾客的付款能力产生什么样的影响,顾客会如何做等,这需要了解顾客在过去困难时期的付款历史。

上述各方面的信息主要通过以下渠道得到：顾客的财务报表资料、银行核查、信用评估机构的报告、与某一顾客过往的交易记录等。

（二）信用条件

信用条件是指企业要求客户支付赊销款项的条件，包括信用期限、折扣期限和现金折扣。如"2/10，n/30"是一项信用条件，它表示如果在发票开出后10天内付款，可享受2%的折扣；如果放弃折扣，则全部货款必须在30天内付清。这里信用期是30天，折扣期是10天，现金折扣为2%。为客户提供优惠的信用条件能增加企业的销售收入，但也会增加成本。因此，确定信用条件需要考虑成本与收益的关系。如果某项信用条件的改变增加的收益大于增加的成本，则这种改变是可行的。

1. 信用期限

信用期限是指企业为客户规定的最长付款期限。信用期限的长短，与销售收入、应收账款、坏账损失都密切相关。信用期限越长，表明企业给予客户的信用条件越优惠，它促使企业销售收入增长，同时也使应收账款的成本和坏账损失随之增加。因此，必须比较改变信用期限带来的边际收益和边际成本，才能决定是否改变信用期限。

2. 现金折扣与折扣期限

折扣条件包括现金折扣和折扣期限。现金折扣是企业对顾客在商品价格上的扣减，折扣期限是指企业规定的客户可享受现金折扣的最迟付款时间。企业给出折扣条件，其目的在于吸引顾客为享受现金折扣优惠而提前付款，从而加速企业应收账款的回收。

（三）收账政策

收账政策是指信用条件被违反、客户拖欠甚至拒付账款时企业所采取的收账策略与措施。正常情况下，客户应该按照信用条件中的规定期限及时付款，履行其购货时承诺的义务。但现实生活中，有的客户由于种种原因在信用期满后仍不能支付账款。此时，企业应采取一定的收账方式来收回账款。企业可以采用信函、电话、面谈等方式自行收账；如果无效，可以进一步考虑委托商账追收公司收账；最后还可以考虑提出法律诉讼追讨债款。

企业如果采取积极的收账政策，就可以减少应收账款的占用，并减少应收账款的机会成本和坏账损失，但会导致收账成本的增加。如果采用消极的收账政策，则收账成本较低，但会增加应收账款的占用，并增加应收账款的机会成本和坏账损失。企业需要对增减变动的应收账款成本进行权衡，以评价收账政策是否可行。

四、应收账款的日常管理

应收账款管理难度较大,需要在平时做好客户信用调查、客户信用评估及日常追踪等工作。

(一)客户的信用调查

信用调查是指收集和整理反映客户信用状况的有关资料的工作,它是正确评价客户信用的前提条件,是企业应收账款日常的基础。客户的信用调查一般有以下途径。

1. 直接调查

直接调查是指调查人员通过与被调查单位进行直接接触,通过当面采访、询问、观看等方式获取信用资料的方法。直接调查有利于企业快速、直接地获取所需要的信息,但直接调查获得的资料基本上是感性的资料,而且被调查单位有可能抵触调查或隐瞒对自己不利的信息。

2. 间接调查

间接调查是以被调查单位及其他单位保存的有关原始记录和核算资料为基础,通过加工整理获得被调查单位信用资料的一种方法。这些资料主要来自以下几个方面。

(1)财务报表。通过财务报表分析,可以基本掌握一个企业的财务状况和信用状况。

(2)信用评估机构。因为评估方法先进、评估调查细致、评估程序合理,所以专门的信用评估部门可信度较高。在我国,目前的信用评估机构有三种形式:第一种是独立的社会评级机构,它们根据自身的业务需要吸收有关专家参加,不受行政干预和集团利益的牵制,独立自主地开办信用评估业务;第二种是政策性银行、政策性保险公司负责组织的评估机构,一般由政策性银行、政策性保险公司的有关人员和各部门专家进行评估;第三种是由商业银行、商业性保险公司组织的评估机构,由商业性银行、商业性保险公司组织专家对其客户进行评估。

(3)银行。银行是信用资料的一个重要来源,许多银行都设有信用部,为其顾客服务,并负责对其顾客信用状况进行记录、评估。但银行的资料一般仅愿意在内部及同行间进行交流,而不愿向其他单位提供。

(4)其他途径。如财税部门、工商管理部门、消费者协会等机构都可能提供相关的信用状况资料。

(二)评估客户信用

收集好客户信用资料以后,就需要对这些资料进行分析、评价。企业一般采用

"5C"系统来评价，并对客户信用进行等级划分。在信用等级方面，目前主要有两种：一种是三类九等，即将企业的信用状况分为 A、B、C 三类，以及 AAA、AA、A、BBB、BB、B、CCC、CC、C 九等，其中 AAA 为信用最优等级，C 为信用最低等级。另一种是三级制，即分为 AAA、AA、A 三个信用等级。

（三）应收账款追踪分析

为了按期足额收回应收账款，企业有必要对该应收账款进行追踪分析。

1. 应收账款账龄分析

企业已发生的应收账款时间有长有短，有的尚未超过收款期，有的则超过了收款期。一般来讲，拖欠时间越长，款项收回的可能性越小，形成坏账的可能性越大。对此，企业应实施严密的监督，随时掌握回收情况。实施对应收账款回收情况的监督，可以通过账龄分析来进行。应收账款的账龄分析是对应收账款账龄结构的分析，是指企业在某一时刻，将所发生在外各笔应收账款按照开票日期进行归类，计算出不同账龄的应收账占总额的比重。

2. 应收账款收现保证率分析

应收账款收现保证率是为了适应企业现金收支匹配关系的需要，确定出的有效收现的账款应占全部应收账款的百分比，是两者应当保持的最低比例。其计算公式为：

$$某期应收账款收现保证率 = \frac{当期必要现金支付总额 - 当期其他稳定可靠的现金流入总额}{当期应收账款总额} \qquad (17-5)$$

应收账款收现保证率指标反映了企业既定会计期间预期现金支付总额扣除各种可靠、稳定的现金来源后，需要通过应收账款有效收现予以弥补的最低保证程度，是企业控制应收账款收现水平的基本依据。

（四）应收账款保理

保理又称托收保付，是指卖方（供应商或出口商）与保理商间存在的一种契约关系。根据契约，卖方将其现在或将来的基于其与买方（债务人）订立的货物销售（服务）合同所产生的应收账款转让给保理商，由保理商提供下列服务中的至少两项：贸易融资、销售账户管理、应收账款的催收、信用风险控制与坏账担保。可见，保理是一项综合性的金融服务方式，其同单纯的融资或收账管理有较大的区别。

应收账款保理是企业将赊销形成的未到期应收账款，在满足一定条件的情况下转让给保理商，以获得流动资金，加快资金的周转。保理可以分为有追索权保理（非买断型）和无追索权保理（买断型）、明保理和暗保理、折扣保理和到期保理。

有追索权保理是指供应商将债权转让给保理商，供应商向保理商融通货币资金后，如果购货商拒绝付款或无力付款，保理商就有权向供应商要求偿还预付的货币资金，如购货商破产或无力支付，只要有关款项到期未能收回，保理商都有权向供应商进行追索，因而保理商具有全部"追索权"，这种保理方式在我国采用较多。无追索权保理是指保理商将销售合同完全买断，并承担全部的收款风险。

明保理是指保理商和供应商需要将销售合同被转让的情况通知购货商，并签订保理商、供应商、购货商之间的三方合同。暗保理是指供应商为了避免让客户知道自己因流动资金不足而转让应收账款，并不将债权转让情况通知客户。

折扣保理又称为融资保理，即在销售合同到期前，保理商将剩余未收款部分先预付给销售商，一般不超过全部合同额的70%~90%。到期保理是指保理商并不提供预付账款融资，而是在赊销到期时才支付，届时不管货款是否收到，保理商都必须向销售商支付货款。

应收账款保理对于企业而言，其财务管理作用主要体现在：（1）融资功能。应收账款保理，其实质是利用未到期应收账款这种流动资产作为抵押进行融资。对于规模小、销售业务少的企业来说，利用保理业务进行融资是一种较便利的选择。（2）减轻应收账款的管理负担。面对市场的激烈竞争，企业可以选择把应收账款转让给专门的保理商进行管理，使企业从应收账款的管理之中解脱出来。（3）减少坏账损失、降低经营风险。企业可以利用买断型保理，将全部的收款风险转由保理商承担，有效地减少坏账损失。（4）增强销售能力。由于企业有能力利用应收账款保理融资，企业会对采购商的付款期限作出较大让步，从而大大增加了销售合同成功签订的可能性，拓宽了企业的销售渠道。

本章练习

一、简答题

1. 什么是应收账款？应收账款形成的原因是什么？
2. 应收账款成本的构成及含义是什么？
3. 什么是信用政策，信用政策包括哪些内容？
4. 如何对企业的信用政策进行评估？
5. 应收账款管理常见的方法有哪些？

二、单项选择题

1. 下列各项中，不属于信用条件构成要素是的（   ）。

   A. 信用期限　　　　B. 现金折扣　　　　C. 现金折扣期　　　　D. 商业折扣

2. 某企业年赊销额600万元（一年按360天计算），应收账款周转次数为9次，变动成本率为 70%，资本成本为 10%，则应收账款的机会成本为（   ）。

A. 3.89 万元   B. 4.67 万元   C. 2.62 万元   D. 4.28 万元

3. 下列各项中，属于应收账款机会成本的是（   ）。

A. 应收账款占用资金的应计利息   B. 客户资信调查费用

C. 坏账损失   D. 收账费用

4. 某公司预计 2015 年应收账款的总计金额为 3 000 万元，必要的现金支付为 2 100 万元，应收账款收现以外的其他稳定可靠的现金流入总额为 600 万元，则该公司 2015 年的应收账款收现保证率为（   ）。

A. 70%   B. 20.75%   C. 50%   D. 28.57%

5. 不适当地延长信用期限，会给企业带来的不良后果是（   ）。

A. 机会成本增加   B. 坏账损失减少

C. 收账费用减少   D. 存货占用资金增加

6. 企业评价客户等级，决定给予或拒绝客户信用的依据是（   ）。

A. 信用条件   B. 收账政策   C. 信用标准   D. 信用政策

三、多项选择题

1. 影响应收账款机会成本的因素有（   ）。

A. 平均收现期   B. 变动成本率

C. 年赊销额   D. 资本成本

2. 信用标准过高可能导致的结果有（   ）。

A. 丧失销售机会   B. 降低违约风险

C. 扩大市场占有率   D. 减少坏账费用

3. 以下各项中，属于发生应收账款的原因有（   ）。

A. 商业竞争   B. 商业折扣

C. 现金折扣   D. 销售和收款的时间差距

4. 下列有关信用期限的表述中，正确的有（   ）。

A. 缩短信用期限可能增加当期现金流量

B. 延长信用期限会扩大销售

C. 降低信用标准意味着将延长信用期限

D. 延长信用期限将增加应收账款的机会成本

5. 缩短应收账款周转天数，则有利于（   ）。

A. 提高流动比率   B. 缩短营业周期

C. 企业减少资金占用   D. 企业扩大销售规模

四、判断题

1. 收账费用与坏账损失呈反向变化关系，收账费用发生得越多，坏账损失就越小，

因此，企业应不断加大收账费用，以便将坏账损失降到最低。　　　　　　（　　）

2. 企业的信用标准严格，给予客户的信用期很短，会使应收账款周转率很高，这将有利于增加企业的利润。　　　　　　　　　　　　　　　　　　　　（　　）

3. 赊销是扩大销售的有力手段之一，企业应尽可能放宽信用条件，增加赊销量。
　　　　　　　　　　　　　　　　　　　　　　　　　　　　　　　　（　　）

4. 信用条件是信用申请者获得企业所提供的信用必须达到的基本条件，通常以坏账损失率表示。　　　　　　　　　　　　　　　　　　　　　　　　　　（　　）

五、计算与案例分析

1. A 公司年赊销销售净额为 45 万元，信用条件为 "2/10，n/30"，平均收账期为 24 天。

（1）应收账款平均占用额为多少？

（2）若该公司紧缩信用政策，平均收账期缩短为 20 天，则应收账款平均占用额如何变化？

2. B 公司估计在目前的营运政策下，今年销售额将达到 180 万元。该公司销售的销售利润率为 20%，资金成本为 16%。目前的信用政策为 n/25，即无现金折扣。由于部分客户经常拖欠货款，平均收账期为 30 天，坏账损失率为 1%。

该公司的财务主管拟改变信用政策，信用条件为 n/40。预期影响如下：销售额增加 60 万元，增加部分的坏账损失比率为 4%，全部销售的平均收账期为 45 天。

（1）计算改变信用政策预期资金变动额；

（2）计算改变信用政策预期利润变动额。

3. C 企业只生产销售一种产品，每年赊销额为 240 万元。该企业产品销售利润率为 20%，资金利润率为 25%。企业现有 A、B 两种收账政策可供选择，有关资料如表 17-1 所示。

表 17-1　　　　　C 企业关于 A、B 两种收账政策

项目	A 政策	B 政策
平均收账期（天）	60	45
坏账损失率（%）	3	2
应收账款平均余额（万元）		
收账成本：		
应收账款机会成本（万元）		
坏账损失（万元）		
年收账费用（万元）	1.8	3.2
收账成本合计		

（1）计算填列表中的空白部分（一年按 360 天计算）；

(2) 对上述收账政策进行决策。

4. D 公司根据当前的经营政策，预期今年的销售额为 1 000 万元，销售利润率为 40%，短期资金成本为 15%。当前，D 公司的赊销政策为 n/25，信用期内付款无现金折扣。应收账款平均收账期为 30 天，坏账损失比例为 2%。D 公司因收回坏账每年要花费 5 万元，所得税率为 40%。

该公司的财务主管正在考虑改变信用政策。有两种备选方案。

方案一：将信用期限从 n/25 延长至 n/30。收账费用保持不变。根据该方案，预期销售额每年将增加 100 万元，预计坏账损失占总销售额的比例上升至 3%，同时，预计平均收账期从 30 天延长至 45 天。

方案二：将信用期限从 n/25 缩短至 n/20。收账费用保持不变。若采用该方案，预期销售额每年将下降 100 万元，预计平均收账期从 30 天缩短至 22 天，坏账损失占总销售额的比例将下降 1%。

要求：计算得出该公司是否必须变更信用政策。

【注会真题汇编】

1. [2017. 单选] 应用"5C"系统评估顾客信用标准时，客户"能力"是指（   ）。
   A. 偿债能力　　　B. 盈利能力　　　C. 营运能力　　　D. 发展能力

2. [2012. 单选] 甲公司全年销售额为 30 000 元（一年按 300 天计算），信用政策是"1/20、n/30"，平均有 40% 的顾客（按销售额计算）享受现金折扣优惠，没有顾客逾期付款。甲公司应收账款的年平均余额是（   ）元。
   A. 2 000　　　　B. 2 400　　　　C. 2 600　　　　D. 3 000

3. [2013] 甲公司生产并销售某种产品，目前采用现金销售政策，年销售量 180 000 件，产品单价 10 元，单位变动成本 6 元，年平均存货周转次数（按销售成本计算）为 3 次，为了扩大销售量，甲公司拟将目前的现销政策改为赊销并提供一定的现金折扣，信用政策为 2/10、n/30，改变信用政策后，年销售量预计提高 12%，预计 50% 的客户（按销售量计算，下同）会享受现金折扣优惠，40% 的客户在 30 天内付款，10% 的客户平均在信用期满后 20 天付款，收回逾期应收账款发生的收账费用为逾期金额的 3%，存货周转次数保持不变，应付账款年平均余额将由目前的 90 000 元增加至 110 000 元。

等风险投资的必要报酬率为 15%，一年按 360 天计算。

要求：(1) 计算改变信用政策引起的以下项目的变动额：边际贡献、现金折扣成本、应收账款占用资金的应计利息、收账款费、存货占用资金的应计利息、应付账款占用资金的应计利息。

(2) 计算改变信用政策引起的税前损益变化，并说明该信用政策改变是否可行。

附录

附表一

1元复利现值表

期数	1%	2%	3%	4%	5%	6%	7%	8%	9%	10%	11%	12%	13%	14%	15%	16%	17%	18%	19%	20%
1	0.9901	0.9804	0.9709	0.9615	0.9524	0.9434	0.9346	0.9259	0.9174	0.9091	0.9009	0.8929	0.8850	0.8772	0.8696	0.8621	0.8547	0.8475	0.8403	0.8333
2	0.9803	0.9612	0.9426	0.9246	0.9070	0.8900	0.8734	0.8573	0.8417	0.8264	0.8116	0.7972	0.7831	0.7695	0.7561	0.7432	0.7305	0.7182	0.7062	0.6944
3	0.9706	0.9423	0.9151	0.8890	0.8638	0.8396	0.8163	0.7938	0.7722	0.7513	0.7312	0.7118	0.6931	0.6750	0.6575	0.6407	0.6244	0.6086	0.5934	0.5787
4	0.9610	0.9238	0.8885	0.8548	0.8227	0.7921	0.7629	0.7350	0.7084	0.6830	0.6587	0.6355	0.6133	0.5921	0.5718	0.5523	0.5337	0.5158	0.4987	0.4823
5	0.9515	0.9057	0.8626	0.8219	0.7835	0.7473	0.7130	0.6806	0.6499	0.6209	0.5935	0.5674	0.5428	0.5194	0.4972	0.4761	0.4561	0.4371	0.4190	0.4019
6	0.9420	0.8880	0.8375	0.7903	0.7462	0.7050	0.6663	0.6302	0.5963	0.5645	0.5346	0.5066	0.4803	0.4556	0.4323	0.4104	0.3898	0.3704	0.3521	0.3349
7	0.9327	0.8706	0.8131	0.7599	0.7107	0.6651	0.6227	0.5835	0.5470	0.5132	0.4817	0.4523	0.4251	0.3996	0.3759	0.3538	0.3332	0.3139	0.2959	0.2791
8	0.9235	0.8535	0.7894	0.7307	0.6768	0.6274	0.5820	0.5403	0.5019	0.4665	0.4339	0.4039	0.3762	0.3506	0.3269	0.3050	0.2848	0.2660	0.2487	0.2326
9	0.9143	0.8368	0.7664	0.7026	0.6446	0.5919	0.5439	0.5002	0.4604	0.4241	0.3909	0.3606	0.3329	0.3075	0.2843	0.2630	0.2434	0.2255	0.2090	0.1938
10	0.9053	0.8203	0.7441	0.6756	0.6139	0.5584	0.5083	0.4632	0.4224	0.3855	0.3522	0.3220	0.2946	0.2697	0.2472	0.2267	0.2080	0.1911	0.1756	0.1615
11	0.8963	0.8043	0.7224	0.6496	0.5847	0.5268	0.4751	0.4289	0.3875	0.3505	0.3173	0.2875	0.2607	0.2366	0.2149	0.1954	0.1778	0.1619	0.1476	0.1346
12	0.8874	0.7885	0.7014	0.6246	0.5568	0.4970	0.4440	0.3971	0.3555	0.3186	0.2858	0.2567	0.2307	0.2076	0.1869	0.1685	0.1520	0.1372	0.1240	0.1122
13	0.8787	0.7730	0.6810	0.6006	0.5303	0.4688	0.4150	0.3677	0.3262	0.2897	0.2575	0.2292	0.2042	0.1821	0.1625	0.1452	0.1299	0.1163	0.1042	0.0935
14	0.8700	0.7579	0.6611	0.5775	0.5051	0.4423	0.3878	0.3405	0.2992	0.2633	0.2320	0.2046	0.1807	0.1597	0.1413	0.1252	0.1110	0.0985	0.0876	0.0779
15	0.8613	0.7430	0.6419	0.5553	0.4810	0.4173	0.3624	0.3152	0.2745	0.2394	0.2090	0.1827	0.1599	0.1401	0.1229	0.1079	0.0949	0.0835	0.0736	0.0649
16	0.8528	0.7284	0.6232	0.5339	0.4581	0.3936	0.3387	0.2919	0.2519	0.2176	0.1883	0.1631	0.1415	0.1229	0.1069	0.0930	0.0811	0.0708	0.0618	0.0541
17	0.8444	0.7142	0.6050	0.5134	0.4363	0.3714	0.3166	0.2703	0.2311	0.1978	0.1696	0.1456	0.1252	0.1078	0.0929	0.0802	0.0693	0.0600	0.0520	0.0451
18	0.8360	0.7002	0.5874	0.4936	0.4155	0.3503	0.2959	0.2502	0.2120	0.1799	0.1528	0.1300	0.1108	0.0946	0.0808	0.0691	0.0592	0.0508	0.0437	0.0376
19	0.8277	0.6864	0.5703	0.4746	0.3957	0.3305	0.2765	0.2317	0.1945	0.1635	0.1377	0.1161	0.0981	0.0829	0.0703	0.0596	0.0506	0.0431	0.0367	0.0313
20	0.8195	0.6730	0.5537	0.4564	0.3769	0.3118	0.2584	0.2145	0.1784	0.1486	0.1240	0.1037	0.0868	0.0728	0.0611	0.0514	0.0433	0.0365	0.0308	0.0261

续表

期数	1%	2%	3%	4%	5%	6%	7%	8%	9%	10%	11%	12%	13%	14%	15%	16%	17%	18%	19%	20%
21	0.8114	0.6598	0.5375	0.4388	0.3589	0.2942	0.2415	0.1987	0.1637	0.1351	0.1117	0.0926	0.0768	0.0638	0.0531	0.0443	0.0370	0.0309	0.0259	0.0217
22	0.8034	0.6468	0.5219	0.4220	0.3418	0.2775	0.2257	0.1839	0.1502	0.1228	0.1007	0.0826	0.0680	0.0560	0.0462	0.0382	0.0316	0.0262	0.0218	0.0181
23	0.7954	0.6342	0.5067	0.4057	0.3256	0.2618	0.2109	0.1703	0.1378	0.1117	0.0907	0.0738	0.0601	0.0491	0.0402	0.0329	0.0270	0.0222	0.0183	0.0151
24	0.7876	0.6217	0.4919	0.3901	0.3101	0.2470	0.1971	0.1577	0.1264	0.1015	0.0817	0.0659	0.0532	0.0431	0.0349	0.0284	0.0231	0.0188	0.0154	0.0126
25	0.7798	0.6095	0.4776	0.3751	0.2953	0.2330	0.1842	0.1460	0.1160	0.0923	0.0736	0.0588	0.0471	0.0378	0.0304	0.0245	0.0197	0.0160	0.0129	0.0105
26	0.7720	0.5976	0.4637	0.3607	0.2812	0.2198	0.1722	0.1352	0.1064	0.0839	0.0663	0.0525	0.0417	0.0331	0.0264	0.0211	0.0169	0.0135	0.0109	0.0087
27	0.7644	0.5859	0.4502	0.3468	0.2678	0.2074	0.1609	0.1252	0.0976	0.0763	0.0597	0.0469	0.0369	0.0291	0.0230	0.0182	0.0144	0.0115	0.0091	0.0073
28	0.7568	0.5744	0.4371	0.3335	0.2551	0.1956	0.1504	0.1159	0.0895	0.0693	0.0538	0.0419	0.0326	0.0255	0.0200	0.0157	0.0123	0.0097	0.0077	0.0061
29	0.7493	0.5631	0.4243	0.3207	0.2429	0.1846	0.1406	0.1073	0.0822	0.0630	0.0485	0.0374	0.0289	0.0224	0.0174	0.0135	0.0105	0.0082	0.0064	0.0051
30	0.7419	0.5521	0.4120	0.3083	0.2314	0.1741	0.1314	0.0994	0.0754	0.0573	0.0437	0.0334	0.0256	0.0196	0.0151	0.0116	0.0090	0.0070	0.0054	0.0042

附表二　1元复利终值表

期数	1%	2%	3%	4%	5%	6%	7%	8%	9%	10%	11%	12%	13%	14%	15%	16%	17%	18%	19%	20%
1	1.0100	1.0200	1.0300	1.0400	1.0500	1.0600	1.0700	1.0800	1.0900	1.1	1.1100	1.1200	1.1300	1.1400	1.1500	1.1600	1.1700	1.1800	1.1900	1.2000
2	1.0201	1.0404	1.0609	1.0816	1.1025	1.1236	1.1449	1.1664	1.1881	1.2100	1.2321	1.2544	1.2769	1.2996	1.3225	1.3456	1.3689	1.3924	1.4161	1.4400
3	1.0303	1.0612	1.0927	1.1249	1.1576	1.1910	1.2250	1.2597	1.2950	1.3310	1.3676	1.4049	1.4429	1.4815	1.5209	1.5609	1.6016	1.6430	1.6852	1.7280
4	1.0406	1.0824	1.1255	1.1699	1.2155	1.2625	1.3108	1.3605	1.4116	1.4641	1.5181	1.5735	1.6305	1.6890	1.7490	1.8106	1.8739	1.9388	2.0053	2.0736
5	1.0510	1.1041	1.1593	1.2167	1.2763	1.3382	1.4026	1.4693	1.5386	1.6105	1.6851	1.7623	1.8424	1.9254	2.0114	2.1003	2.1924	2.2878	2.3864	2.4883
6	1.0615	1.1262	1.1941	1.2653	1.3401	1.4185	1.5007	1.5869	1.6771	1.7716	1.8704	1.9738	2.0820	2.1950	2.3131	2.4364	2.5652	2.6996	2.8398	2.9860
7	1.0721	1.1487	1.2299	1.3159	1.4071	1.5036	1.6058	1.7138	1.8280	1.9487	2.0762	2.2107	2.3526	2.5023	2.6600	2.8262	3.0012	3.1855	3.3793	3.5832
8	1.0829	1.1717	1.2668	1.3686	1.4775	1.5938	1.7182	1.8509	1.9926	2.1436	2.3045	2.4760	2.6584	2.8526	3.0590	3.2784	3.5115	3.7589	4.0214	4.2998
9	1.0937	1.1951	1.3048	1.4233	1.5513	1.6895	1.8385	1.9990	2.1719	2.3579	2.5580	2.7731	3.0040	3.2519	3.5179	3.8030	4.1084	4.4355	4.7854	5.1598
10	1.1046	1.2190	1.3439	1.4802	1.6289	1.7908	1.9672	2.1589	2.3674	2.5937	2.8394	3.1058	3.3946	3.7072	4.0456	4.4114	4.8068	5.2338	5.6947	6.1917
11	1.1157	1.2434	1.3842	1.5395	1.7103	1.8983	2.1049	2.3316	2.5804	2.8531	3.1518	3.4786	3.8359	4.2262	4.6524	5.1173	5.6240	6.1759	6.7767	7.4301
12	1.1268	1.2682	1.4258	1.6010	1.7959	2.0122	2.2522	2.5182	2.8127	3.1384	3.4985	3.8960	4.3345	4.8179	5.3503	5.9360	6.5801	7.2876	8.0642	8.9161
13	1.1381	1.2936	1.4685	1.6651	1.8856	2.1329	2.4098	2.7196	3.0658	3.4523	3.8833	4.3635	4.8980	5.4924	6.1528	6.8858	7.6987	8.5994	9.5964	10.6993
14	1.1495	1.3195	1.5126	1.7317	1.9799	2.2609	2.5785	2.9372	3.3417	3.7975	4.3104	4.8871	5.5348	6.2613	7.0757	7.9875	9.0075	10.1472	11.4198	12.8392
15	1.1610	1.3459	1.5580	1.8009	2.0789	2.3966	2.7590	3.1722	3.6425	4.1772	4.7846	5.4736	6.2543	7.1379	8.1371	9.2655	10.5387	11.9737	13.5895	15.4070
16	1.1726	1.3728	1.6047	1.8730	2.1829	2.5404	2.9522	3.4259	3.9703	4.5950	5.3109	6.1304	7.0673	8.1372	9.3576	10.7480	12.3303	14.1290	16.1715	18.4884
17	1.1843	1.4002	1.6528	1.9479	2.2920	2.6928	3.1588	3.7000	4.3276	5.0545	5.8951	6.8660	7.9861	9.2765	10.7613	12.4677	14.4265	16.6722	19.2441	22.1861
18	1.1961	1.4282	1.7024	2.0258	2.4066	2.8543	3.3799	3.9960	4.7171	5.5599	6.5436	7.6900	9.0243	10.5752	12.3755	14.4625	16.8790	19.6733	22.9005	26.6233
19	1.2081	1.4568	1.7535	2.1068	2.5270	3.0256	3.6165	4.3157	5.1417	6.1159	7.2633	8.6128	10.1974	12.0557	14.2318	16.7765	19.7484	23.2144	27.2516	31.9480
20	1.2202	1.4859	1.8061	2.1911	2.6533	3.2071	3.8697	4.6610	5.6044	6.7275	8.0623	9.6463	11.5231	13.7435	16.3665	19.4608	23.1056	27.3930	32.4294	38.3376
21	1.2324	1.5157	1.8603	2.2788	2.7860	3.3996	4.1406	5.0338	6.1088	7.4002	8.9492	10.8038	13.0211	15.6676	18.8215	22.5745	27.0336	32.3238	38.5910	46.0051
22	1.2447	1.5460	1.9161	2.3699	2.9253	3.6035	4.4304	5.4365	6.6586	8.1403	9.9336	12.1003	14.7138	17.8610	21.6447	26.1864	31.6293	38.1421	45.9233	55.2061
23	1.2572	1.5769	1.9736	2.4647	3.0715	3.8197	4.7405	5.8715	7.2579	8.9543	11.0263	13.5523	16.6266	20.3616	24.8915	30.3762	37.0062	45.0076	54.6487	66.2474

续表

期数	1%	2%	3%	4%	5%	6%	7%	8%	9%	10%	11%	12%	13%	14%	15%	16%	17%	18%	19%	20%
24	1.2697	1.6084	2.0328	2.5633	3.2251	4.0489	5.0724	6.3412	7.9111	9.8497	12.2392	15.1786	18.7881	23.2122	28.6252	35.2364	43.2973	53.1090	65.0320	79.4968
25	1.2824	1.6406	2.0938	2.6658	3.3864	4.2919	5.4274	6.8485	8.6231	10.8347	13.5855	17.0001	21.2305	26.4619	32.9190	40.8742	50.6578	62.6686	77.3881	95.3962
26	1.2953	1.6734	2.1566	2.7725	3.5557	4.5494	5.8074	7.3964	9.3992	11.9182	15.0799	19.0401	23.9905	30.1666	37.8568	47.4141	59.2697	73.9490	92.0918	114.4755
27	1.3082	1.7069	2.2213	2.8834	3.7335	4.8223	6.2139	7.9881	10.2451	13.1100	16.7387	21.3249	27.1093	34.3899	43.5353	55.0004	69.3455	87.2598	109.5893	137.3706
28	1.3213	1.7410	2.2879	2.9987	3.9201	5.1117	6.6488	8.6271	11.1671	14.4210	18.5799	23.8839	30.6335	39.2045	50.0656	63.8004	81.1342	102.9666	130.4112	164.8447
29	1.3345	1.7758	2.3566	3.1187	4.1161	5.4184	7.1143	9.3173	12.1722	15.8631	20.6237	26.7499	34.6158	44.6931	57.5755	74.0085	94.9271	121.5005	155.1893	197.8136
30	1.3478	1.8114	2.4273	3.2434	4.3219	5.7435	7.6123	10.0627	13.2677	17.4494	22.8923	29.9599	39.1159	50.9502	66.2118	85.8499	111.0647	143.3706	184.6753	237.3763

附表三

1 元年金现值系数表

期数	1%	2%	3%	4%	5%	6%	7%	8%	9%	10%	11%	12%	13%	14%	15%	16%	17%	18%	19%	20%
1	0.9901	0.9804	0.9709	0.9615	0.9524	0.9434	0.9346	0.9259	0.9174	0.9091	0.9009	0.8929	0.8850	0.8772	0.8696	0.8621	0.8547	0.8475	0.8403	0.8333
2	1.9704	1.9416	1.9135	1.8861	1.8594	1.8334	1.8080	1.7833	1.7591	1.7355	1.7125	1.6901	1.6681	1.6467	1.6257	1.6052	1.5852	1.5656	1.5465	1.5278
3	2.9410	2.8839	2.8286	2.7751	2.7232	2.6730	2.6243	2.5771	2.5313	2.4869	2.4437	2.4018	2.3612	2.3216	2.2832	2.2459	2.2096	2.1743	2.1399	2.1065
4	3.9020	3.8077	3.7171	3.6299	3.5460	3.4651	3.3872	3.3121	3.2397	3.1699	3.1024	3.0373	2.9745	2.9137	2.8550	2.7982	2.7432	2.6901	2.6386	2.5887
5	4.8534	4.7135	4.5797	4.4518	4.3295	4.2124	4.1002	3.9927	3.8897	3.7908	3.6959	3.6048	3.5172	3.4331	3.3522	3.2743	3.1993	3.1272	3.0576	2.9906
6	5.7955	5.6014	5.4172	5.2421	5.0757	4.9173	4.7665	4.6229	4.4859	4.3553	4.2305	4.1114	3.9975	3.8887	3.7845	3.6847	3.5892	3.4976	3.4098	3.3255
7	6.7282	6.4720	6.2303	6.0021	5.7864	5.5824	5.3893	5.2064	5.0330	4.8684	4.7122	4.5638	4.4226	4.2883	4.1604	4.0386	3.9224	3.8115	3.7057	3.6046
8	7.6517	7.3255	7.0197	6.7327	6.4632	6.2098	5.9713	5.7466	5.5348	5.3349	5.1461	4.9676	4.7988	4.6389	4.4873	4.3436	4.2072	4.0776	3.9544	3.8372
9	8.5660	8.1622	7.7861	7.4353	7.1078	6.8017	6.5152	6.2469	5.9952	5.7590	5.5370	5.3282	5.1317	4.9464	4.7716	4.6065	4.4506	4.3030	4.1633	4.0310
10	9.4713	8.9826	8.5302	8.1109	7.7217	7.3601	7.0236	6.7101	6.4177	6.1446	5.8892	5.6502	5.4262	5.2161	5.0188	4.8332	4.6586	4.4941	4.3389	4.1925
11	10.3676	9.7868	9.2526	8.7605	8.3064	7.8869	7.4987	7.1390	6.8052	6.4951	6.2065	5.9377	5.6869	5.4527	5.2337	5.0286	4.8364	4.6560	4.4865	4.3271
12	11.2551	10.5753	9.9540	9.3851	8.8633	8.3838	7.9427	7.5361	7.1607	6.8137	6.4924	6.1944	5.9176	5.6603	5.4206	5.1971	4.9884	4.7932	4.6105	4.4392
13	12.1337	11.3484	10.6350	9.9856	9.3936	8.8527	8.3577	7.9038	7.4869	7.1034	6.7499	6.4235	6.1218	5.8424	5.5831	5.3423	5.1183	4.9095	4.7147	4.5327
14	13.0037	12.1062	11.2961	10.5631	9.8986	9.2950	8.7455	8.2442	7.7862	7.3667	6.9819	6.6282	6.3025	6.0021	5.7245	5.4675	5.2293	5.0081	4.8023	4.6106
15	13.8651	12.8493	11.9379	11.1184	10.3797	9.7122	9.1079	8.5595	8.0607	7.6061	7.1909	6.8109	6.4624	6.1422	5.8474	5.5755	5.3242	5.0916	4.8759	4.6755
16	14.7179	13.5777	12.5611	11.6523	10.8378	10.1059	9.4466	8.8514	8.3126	7.8237	7.3792	6.9740	6.6039	6.2651	5.9542	5.6685	5.4053	5.1624	4.9377	4.7296
17	15.5623	14.2919	13.1661	12.1657	11.2741	10.4773	9.7632	9.1216	8.5436	8.0216	7.5488	7.1196	6.7291	6.3729	6.0472	5.7487	5.4746	5.2223	4.9897	4.7746
18	16.3983	14.9920	13.7535	12.6593	11.6896	10.8276	10.0591	9.3719	8.7556	8.2014	7.7016	7.2497	6.8399	6.4674	6.1280	5.8178	5.5339	5.2732	5.0333	4.8122
19	17.2260	15.6785	14.3238	13.1339	12.0853	11.1581	10.3356	9.6036	8.9501	8.3649	7.8393	7.3658	6.9380	6.5504	6.1982	5.8775	5.5845	5.3162	5.0700	4.8435
20	18.0456	16.3514	14.8775	13.5903	12.4622	11.4699	10.5940	9.8181	9.1285	8.5136	7.9633	7.4694	7.0248	6.6231	6.2593	5.9288	5.6278	5.3527	5.1009	4.8696
21	18.8570	17.0112	15.4150	14.0292	12.8212	11.7641	10.8355	10.0168	9.2922	8.6487	8.0751	7.5620	7.1016	6.6870	6.3125	5.9731	5.6648	5.3837	5.1268	4.8913
22	19.6604	17.6580	15.9369	14.4511	13.1630	12.0416	11.0612	10.2007	9.4424	8.7715	8.1757	7.6446	7.1695	6.7429	6.3587	6.0113	5.6964	5.4099	5.1486	4.9094
23	20.4558	18.2922	16.4436	14.8568	13.4886	12.3034	11.2722	10.3711	9.5802	8.8832	8.2664	7.7184	7.2297	6.7921	6.3988	6.0442	5.7234	5.4321	5.1668	4.9245

续表

期数	1%	2%	3%	4%	5%	6%	7%	8%	9%	10%	11%	12%	13%	14%	15%	16%	17%	18%	19%	20%
24	21.2434	18.9139	16.9355	15.2470	13.7986	12.5504	11.4693	10.5288	9.7066	8.9847	8.3481	7.7843	7.2829	6.8351	6.4338	6.0726	5.7465	5.4509	5.1822	4.9371
25	22.0232	19.5235	17.4131	15.6221	14.0939	12.7834	11.6536	10.6748	9.8226	9.0770	8.4217	7.8431	7.3300	6.8729	6.4641	6.0971	5.7662	5.4669	5.1951	4.9476
26	22.7952	20.1210	17.8768	15.9828	14.3752	13.0032	11.8258	10.8100	9.9290	9.1609	8.4881	7.8957	7.3717	6.9061	6.4906	6.1182	5.7831	5.4804	5.2060	4.9563
27	23.5596	20.7069	18.3270	16.3296	14.6430	13.2105	11.9867	10.9352	10.0266	9.2372	8.5478	7.9426	7.4086	6.9352	6.5135	6.1364	5.7975	5.4919	5.2151	4.9636
28	24.3164	21.2813	18.7641	16.6631	14.8981	13.4062	12.1371	11.0511	10.1161	9.3066	8.6016	7.9844	7.4412	6.9607	6.5335	6.1520	5.8099	5.5016	5.2228	4.9697
29	25.0658	21.8444	19.1885	16.9837	15.1411	13.5907	12.2777	11.1584	10.1983	9.3696	8.6501	8.0218	7.4701	6.9830	6.5509	6.1656	5.8204	5.5098	5.2292	4.9747
30	25.8077	22.3965	19.6004	17.2920	15.3725	13.7648	12.4090	11.2578	10.2737	9.4269	8.6938	8.0552	7.4957	7.0027	6.5660	6.1772	5.8294	5.5168	5.2347	4.9789

附表四

1 元年金终值表

期数	1%	2%	3%	4%	5%	6%	7%	8%	9%	10%	11%	12%	13%	14%	15%	16%	17%	18%	19%	20%
1	1.0000	1.0000	1.0000	1.0000	1.0000	1.0000	1.0000	1.0000	1.0000	1.0000	1.0000	1.0000	1.0000	1.0000	1.0000	1.0000	1.0000	1.0000	1.0000	1.0000
2	2.0100	2.0200	2.0300	2.0400	2.0500	2.0600	2.0700	2.0800	2.0900	2.1000	2.1100	2.1200	2.1300	2.1400	2.1500	2.1600	2.1700	2.1800	2.1900	2.2000
3	3.0301	3.0604	3.0909	3.1216	3.1525	3.1836	3.2149	3.2464	3.2781	3.3100	3.3421	3.3744	3.4069	3.4396	3.4725	3.5056	3.5389	3.5724	3.6061	3.6400
4	4.0604	4.1216	4.1836	4.2465	4.3101	4.3746	4.4399	4.5061	4.5731	4.6410	4.7097	4.7793	4.8498	4.9211	4.9934	5.0665	5.1405	5.2154	5.2913	5.3680
5	5.1010	5.2040	5.3091	5.4163	5.5256	5.6371	5.7507	5.8666	5.9847	6.1051	6.2278	6.3528	6.4803	6.6101	6.7424	6.8771	7.0144	7.1542	7.2966	7.4416
6	6.1520	6.3081	6.4684	6.6330	6.8019	6.9753	7.1533	7.3359	7.5233	7.7156	7.9129	8.1152	8.3227	8.5355	8.7537	8.9775	9.2068	9.4420	9.6830	9.9299
7	7.2135	7.4343	7.6625	7.8983	8.1420	8.3938	8.6540	8.9228	9.2004	9.4872	9.7833	10.0890	10.4047	10.7305	11.0668	11.4139	11.7720	12.1415	12.5227	12.9159
8	8.2857	8.5830	8.8923	9.2142	9.5491	9.8975	10.2598	10.6366	11.0285	11.4359	11.8594	12.2997	12.7573	13.2328	13.7268	14.2401	14.7733	15.3270	15.9020	16.4991
9	9.3685	9.7546	10.1591	10.5828	11.0266	11.4913	11.9780	12.4876	13.0210	13.5795	14.1640	14.7757	15.4157	16.0853	16.7858	17.5185	18.2847	19.0859	19.9234	20.7989
10	10.4622	10.9497	11.4639	12.0061	12.5779	13.1808	13.8164	14.4866	15.1929	15.9374	16.7220	17.5487	18.4197	19.3373	20.3037	21.3215	22.3931	23.5213	24.7089	25.9587
11	11.5668	12.1687	12.8078	13.4864	14.2068	14.9716	15.7836	16.6455	17.5603	18.5312	19.5614	20.6546	21.8143	23.0445	24.3493	25.7329	27.1999	28.7551	30.4035	32.1504
12	12.6825	13.4121	14.1920	15.0258	15.9171	16.8699	17.8885	18.9771	20.1407	21.3843	22.7132	24.1331	25.6502	27.2707	29.0017	30.8502	32.8239	34.9311	37.1802	39.5805
13	13.8093	14.6803	15.6178	16.6268	17.7130	18.8821	20.1406	21.4953	22.9534	24.5227	26.2116	28.0291	29.9847	32.0887	34.3519	36.7862	39.4040	42.2187	45.2445	48.4966
14	14.9474	15.9739	17.0863	18.2919	19.5986	21.0151	22.5505	24.2149	26.0192	27.9750	30.0949	32.3926	34.8827	37.5811	40.5047	43.6720	47.1027	50.8180	54.8409	59.1959
15	16.0969	17.2934	18.5989	20.0236	21.5786	23.2760	25.1290	27.1521	29.3609	31.7725	34.4054	37.2797	40.4175	43.8424	47.5804	51.6595	56.1101	60.9653	66.2607	72.0351
16	17.2579	18.6393	20.1569	21.8245	23.6575	25.6725	27.8881	30.3243	33.0034	35.9497	39.1899	42.7533	46.6717	50.9804	55.7175	60.9250	66.6488	72.9390	79.8502	87.4421
17	18.4304	20.0121	21.7616	23.6975	25.8404	28.2129	30.8402	33.7502	36.9737	40.5447	44.5008	48.8837	53.7391	59.1176	65.0751	71.6730	78.9792	87.0680	96.0218	105.9306
18	19.6147	21.4123	23.4144	25.6454	28.1324	30.9057	33.9990	37.4502	41.3013	45.5992	50.3959	55.7497	61.7251	68.3941	75.8364	84.1407	93.4056	103.7403	115.2659	128.1167
19	20.8109	22.8406	25.1169	27.6712	30.5390	33.7600	37.3790	41.4463	46.0185	51.1591	56.9395	63.4397	70.7494	78.9692	88.2118	98.6032	110.2846	123.4135	138.1664	154.7400
20	22.0190	24.2974	26.8704	29.7781	33.0660	36.7856	40.9955	45.7620	51.1601	57.2750	64.2028	72.0524	80.9468	91.0249	102.4436	115.3797	130.0329	146.6280	165.4180	186.6880
21	23.2392	25.7833	28.6765	31.9692	35.7193	39.9927	44.8652	50.4229	56.7645	64.0025	72.2651	81.6987	92.4699	104.7684	118.8101	134.8405	153.1385	174.0210	197.8474	225.0256
22	24.4716	27.2990	30.5368	34.2480	38.5052	43.3923	49.0057	55.4568	62.8733	71.4027	81.2143	92.5026	105.4910	120.4360	137.6316	157.4150	180.1721	206.3448	236.4385	271.0307
23	25.7163	28.8450	32.4529	36.6179	41.4305	46.9958	53.4361	60.8933	69.5319	79.5430	91.1479	104.6029	120.2048	138.2970	159.2764	183.6014	211.8013	244.4868	282.3618	326.2369
24	26.9735	30.4219	34.4265	39.0826	44.5020	50.8156	58.1767	66.7648	76.7898	88.4973	102.1742	118.1552	136.8315	158.6586	184.1678	213.9776	248.8076	289.4945	337.0105	392.4842

续表

期数	1%	2%	3%	4%	5%	6%	7%	8%	9%	10%	11%	12%	13%	14%	15%	16%	17%	18%	19%	20%
25	28.2432	32.0303	36.4593	41.6459	47.7271	54.8645	63.2490	73.1059	84.7009	98.3471	114.4133	133.3339	155.6196	181.8708	212.7930	249.2140	292.1049	342.6035	402.0425	471.9811
26	29.5256	33.6709	38.5530	44.3117	51.1135	59.1564	68.6765	79.9544	93.3240	109.1818	127.9988	150.3339	176.8501	208.3327	245.7120	290.0883	342.7627	405.2721	479.4306	567.3773
27	30.8209	35.3443	40.7096	47.0842	54.6691	63.7058	74.4838	87.3508	102.7231	121.0999	143.0786	169.3740	200.8406	238.4993	283.5688	337.5024	402.0323	479.2211	571.5224	681.8528
28	32.1291	37.0512	42.9309	49.9676	58.4026	68.5281	80.6977	95.3388	112.9682	134.2099	159.8173	190.6989	227.9499	272.8892	327.1041	392.5028	471.3778	566.4809	681.1116	819.2233
29	33.4504	38.7922	45.2189	52.9663	62.3227	73.6398	87.3465	103.9659	124.1354	148.6309	178.3972	214.5828	258.5834	312.0937	377.1697	456.3032	552.5121	669.4475	811.5228	984.0680
30	34.7849	40.5681	47.5754	56.0849	66.4388	79.0582	94.4608	113.2832	136.3075	164.4940	199.0209	241.3327	293.1992	356.7868	434.7451	530.3117	647.4391	790.9480	966.7122	1181.8816

习 题 解 析

第一章　公司财务管理基础和理论概述

一、简答题

答案：略

二、单项选择题

1. 答案：D

解析：净增效益原则应用领域之一是差额分析法，另一个应用是沉没成本概念。

2. 答案：B

解析：每股收益最大化的优点是反映了创造利润与投资资本之间的关系，但没有考虑风险因素，也不能避免企业的短期行为。

3. 答案：D

解析：企业为了实现自身的财务目标，就必须协调好股东、经营者和债权人这三者之间的利害关系，因此，他们之间的关系就成了企业最重要的财务关系。

4. 答案：D

解析：企业与投资者之间的财务关系主要是指企业的投资者向企业投入资金，企业向其投资者支付投资报酬所形成的经济关系。

5. 答案：A

解析：甲公司购买乙公司发行的债券，则乙公司是甲公司的债务人，所以A形成的是"本企业与债务人之间财务关系"；选项B、C、D形成的是企业与债权人之间的财务关系。

6. 答案：A

解析：为协调所有者与债权人之间矛盾，通常采用的方式是：限制性借债、收回借款或停止借款。

三、多项选择题

1. 答案：CD

解析：金融市场按交易的性质可分为发行市场与流通市场

2. 答案：ABC

解析：存在税收的情况下，一些交易表现为非零和博弈，所以 D 项不正确。

3. 答案：ABC

解析："风险—报酬权衡原则"属于财务交易原则。

4. 答案：AB

解析：股价可以综合反映公司的业绩，因此有些公司用关联方交易、资产置换等手段制造虚假账面利润，妄图欺骗投资者。如果资本市场是有效的，购买或出售金融工具的交易的净现值就为零。财务管理目标是股东财富最大化不是基于市场有效原则得出的结论。

5. 答案：ABD

解析：利润最大化理财目标的缺点包括：（1）片面追求利润最大化，可能导致企业短期行为；（2）不利于不同资本规模的企业或同一企业的不同期间之间的比较；（3）没有考虑资金时间价值和风险因素。优点是：能够反映企业创造剩余产品和社会贡献的大小。

6. 答案：AB

解析：企业的营运资金管理是为了保证企业的日常经营而发生的资金流动，采购原材料、销售商品属于资金的营运活动，而购买国库券是属于企业的投资活动；支付利息属于企业的筹资活动。

7. 答案：AC

解析：投资者向企业提供权益资金，体现了企业与投资者之间的财务关系；企业通过举债获得资金，即债权人借款给企业，体现的是企业与债权人之间的财务关系。因此，选项 A、C 正确。企业向债务人提供资金或进行股权投资，属于投资活动，所以选项 B、D 不正确。

8. 答案：ABC

解析：影响财务管理的经济环境因素主要包括：经济周期、经济发展水平、宏观经济政策。金融市场属于金融环境范畴。

四、判断题

1. 答案：对

解析：经营者和所有者的主要矛盾就是经营者希望在提高企业价值和股东财富的同时，能更多地增加享受成本；而所有者和股东则希望以较小的享受成本支出带来更高的企业价值或股东财富。

2. 答案：对

解析：企业的资金运动从表面上看是钱和物的增减变动，其钱和物的增减变动都离不开人与人之间的经济利益关系。

3. 答案：错

解析：股东从公司取得股利，体现的是企业与所有者之间的财务关系；企业向税务部门上缴税金，体现了企业与政府之间的财务关系。

4. 答案：错

解析：财务管理环境又称理财环境，是指对企业财务活动和财务管理产生影响作用的企业内外部各种条件的统称。

5. 答案：错

解析：民营企业与政府之间的财务关系体现为一种强制无偿的分配关系。

6. 答案：错。

解析：指当所有办法都失败时，寻找一个可以信赖的榜样作为自己的引导。引导原则不会帮你找到最好的方案，却常常可以使你避免采取最差的行动，它是一个次优化原则。

五、计算与案例分析

1. （1）根据林先生指定的选择企业组织形式要达到的目标，荣盛商店应该采用有限责任公司制的企业组织形式。原因如下：公司制的企业属于以营利为目的，依法登记成立的社团法人；公司制可以满足林先生要求的子孙持股情况；有限责任公司以其全部财产对其债务承担责任，不会涉及所有者的个人财产；公司的生命具有永续性，除非发生破产清算和自动解散的情况，它不会因为所有者生命的终止而终止；公司股东可以雇佣有能力和经济头脑的人来对公司进行经营。

（2）企业组织形式的差异会导致财务管理形式的差异。在合伙企业中，企业的所有权和经营权合二为一，企业的所有者同时也是企业的经营者，他们享有财务管理的所有权利，并与其所享有的财务管理权利相适应承担一切财务风险的责任。公司制企业中，所有权和经营权主体发生分离，这时，公司的财务管理权也相应分属于所有者和经营者两个方面，重大的财务决策由所有者做出，经营者则是对企业的日常生产经营活动做出决策。

2. 以利润最大化作为企业财务目标的缺点有：

（1）以企业利润最大化作为财务目标容易给人们一个模糊的概念，人们不知道是指短期还是长期的企业利润或利润率，是指资产利润报酬率还是股东权益报酬率。

（2）通常利润最大化注重的是企业损益表上的利润，一般仅反映短期（1年）的经营成果，没有考虑企业的可持续发展。

（3）没有考虑货币的时间价值、资金成本以及盈利能力和财务风险的关系。

（4）没有考虑利润与现金的关系，即所谓企业利润中含有应计项目，这些应计项目（如应收账款）未必都能如数收到现金。

3. （1）赵勇坚持企业长远发展目标，恰是股东财富最大化目标的具体体现。

（2）拥有控制权的股东王力，张伟与供应商和分销商等利益相关者之间的利益取向不同，可以通过股权转让或协商的方式解决。

（3）所有权与经营权合二为一，虽然在一定程度上可以避免股东与管理层之间的委托代理冲突，但从企业的长远发展来看，不利于公司治理结构的完善，制约公司规模的扩大。

（4）重要的利益相关者可能会对企业的控制权产生一定影响，只有当企业以股东财富最大化为目标，增加企业的整体财富，利益相关者的利益才会得到有效满足。反之，利益相关者则会为维护自身利益而对控股股东施加影响，从而可能导致企业的控制权发生变更。

【注会真题汇编】

1. 答案：C

解析：在股东投资资本不变的情况下，股价上升可以反映股东财富的增加，股价下跌可以反映股东财富的减损。因此，每股股价最大化能够体现股东财富最大化这一财务管理目标。

2. 答案：BCD

解析：股东为了防止经营者背离股东目标，采用下列两种制度性措施：（1）监督；（2）激励。选项B、D属于监督，选项C属于激励。

3. 答案：ABCD

解析：选项A，提高股利支付率，减少了可以用来归还借款和利息的现金流；选项B、C，加大为其他企业提供的担保、提高资产负债率，增加了企业的财务风险，可能损害债权人的利益；选项D加大高风险投资比例，增加了亏损的可能性，导致借款企业还本付息的压力增大，损害债权人的利益。

4. 答案：AD

解析：管理者不能通过改变会计方法提升股票价值；管理者不能通过金融投机获利。在资本市场上，有许多个人投资者和金融机构从事投机，例如从事利率、外汇或衍生金融工具的投机交易。所以选项B、C不正确。

5. 答案：AC

解析：在半强式有效资本市场中，历史信息和公开信息已反映于股票价格，不能通过对历史信息和公开信息的分析获得超额收益；在强式有效资本市场中，对投资人来说，不能从历史信息、公开和非公开的信息分析中获得超额收益，所以选项B、D错误。

第二章 货币时间价值及其应用

一、简答题

答案：略

二、单项选择题

1. 答案：B

解析：

$P = A \times [(P/A,10\%,8) - (P/A,10\%,4)] = 1\,000 \times (5.3349 - 3.1699) = 2\,165(元)$

2. 答案：A

解析：即付年金终值 = 年金额 × 即付年金终值系数（普通年金终值系数表期数加 1 系数减 1）= $(F/A,10\%,11) - 1 = 18.531 - 1 = 17.531$。

3. 答案：A

解析：这是关于复利终值的计算，设本金为 P，则复利终值为 2P，期数为 4 年，要求计算年利率。计算过程为：$F = P(1+i)^n$，则：$2P = P(1+i/2)^8$；$i = 18.10\%$。

4. 答案：B

解析：当计息期短于 1 年时，表明其复利次数超过一次，所以其实际利率大于名义利率。

5. 答案：C

解析：偿债基金系数和年金终值系数互为倒数，偿债基金系数 = $1/4.641 = 0.215$。

6. 答案：A

解析：每年末等额偿还，相当于一个 10 年期普通年金，其现值为 50 000 元；根据普通年金现值公式：$P = A(P/A, 12\%, 10)$，可计算出 A 等于 $50\,000/5.6502 = 8\,849$ 元。

三、多项选择题

1. 答案：AB

解析：递延年金现值的计算

①递延年金现值 $= A \times (P/A,i,n-s) \times (P/F,i,s)$

$\qquad\qquad\qquad = A \times [(P/A,i,n) - (P/A,i,s)]$

②现值的计算（如遇到期初问题一定转化为期末）

该题的年金从第 7 年年初开始，即第 6 年年末开始，所以，递延期为 5 期；另截至第 16 年年初，即第 15 年年末，所以，总期数为 15 期。

2. 答案：BCD

解析：零存整取储蓄存款的整取额相当于年金的终值。

3. 答案：ACD

4. 答案：AB

解析：偿债基金＝年金终值×偿债基金系数＝年金终值/年金终值系数，所以选项A正确；先付年金终值＝普通年金终值×(1＋i)＝年金×普通年金终值系数×(1＋i)，所以选项B正确。选项C的计算与普通年金终值系数无关，永续年金不存在终值。

5. 答案：ABCD

解析：根据有关公式及其关系可计算得之，关键在于掌握各个系数的基本计算公式，尤其是$(F/P,i,n)=(1+i)^n$。

四、判断题

1. 答案：错

解析：等量资金在不同时点上的价值不相等，根本的原因是资金时间价值的存在，即使不存在通货膨胀，由于资金时间价值的存在，也会使资金在不同的时点价值不相等。

2. 答案：错

解析：从量的规定性来看，资金时间价值是没有风险和没有通货膨胀条件下的社会平均资金利润率。国库券是一种几乎没有风险的有价证券，在没有通货膨胀的前提下，其利率可以代表资金时间价值。

3. 答案：错

解析：年金是指等额、定期的系列收支，只要间隔期相等，不一定间隔是一年。

4. 答案：对

解析：因为复利现值 $P=F(1+i)^{-n}$，现值与期限、利率都是反方向变动的。

5. 答案：对

解析：本题是递延年金现值计算的问题。本题总的期限为8年，由于后5年每年年初有流量，即在第4到8年的每年年初也就是第3到7年的每年年末有流量，与普通年金相比，少了第1年年末和第2年年末的两期A，所以递延期为2，因此现值＝500×(P/A,10%,5)×(P/F,10%,2)＝500×3.791×0.826＝1 565.68。

五、计算与案例分析

1. 实际利率＝$(1+8\%÷4)^4-1$＝8.24%

2. 由(F/P,5%,5)＝1.2763，则知$(1+5\%)^5$＝1.2763，代入(A/P,5%,5)计算公式即可求得结果为0.2310。

3. 本题是计算永续年金现值：p＝A/i＝50 000÷8%＝625 000(元)。

4. 本题考查的是年金终值的计算方法。

30年后的金额＝2 000×(F/A,5%,30)＝2 000×66.43885＝132 877.7(美元)。

5. P＝F×(P/F,i,n)＝200 000×(P/F,6%,4)＝200 000×0.792＝158 400(元)。

6. (1) 应选择实际利率较高的银行。

F 银行实际利率为 9%,

S 银行实际利率为:$\left(1+\dfrac{8\%}{4}\right)^4 -1 = 1.0824 - 1 = 8.24\%$

因此选择 F 银行。

(2) 有影响,应选择 S 银行。例如,如果十个月以后提款,在 F 银行你将一无所获,但在 S 银行可得 $(1+2\%)^3 -1 = 6.12\%$ 的利息。

7. (1) 其中现值 2 000 美元,利率 3.9% ÷ 12 = 0.325%,期数为 36,则每月支付金额 = 589.59(美元)。

(2) 要在这两种购车方式中进行选择,就要计算两种方式花费金额的现值,现值较大的那种也就是使你的实际花费较多的,应该排除。

因为目前的银行利率为 8%,折算为月利率即 8% ÷ 12 = 0.6667%,期限为 36,每月支付额为 579.72 美元。再按 8% 运用年金计算公式,可得采用从宝马公司借款再分期付款的方式付出金额的现值为 18 814.89 美元,这笔金额大于现在直接支付 18 500 美元。因此,从银行借款取得现金折扣更合算。

(3) 同样是已知现值,求年金的计算问题。月利率为 0.6667%,期数为 36,现值为 18 500 美元,则计算可得每月支付额为 579.72 美元。可以看出,从银行借款比从宝马公司借款每月便宜 10 美元,总现值为 314.89 美元。

8. (1) A 债券的价值 = 100 × (1 + 5 × 10%) × (P/F,12%,3) = 150 × 0.7118 = 106.77(元)

因此,A 债券的价值被市场低估。

(2) B 债券的价值 = 100 × 10% × (P/A,12%,3) + 100 × (P/F,12%,3)

= 10 × 2.4018 + 100 × 0.7118 = 95.20(元)

B 债券的价值与市场价格相差较大,说明资本市场并不完全有效。

(3) 设到期收益率为 K

122 = 100 × (1 + 5 × 10%) × (P/F,K,2)

(P/F,K,2) = 0.8133

到期收益率 = $\dfrac{0.8133 - 0.8264}{0.7972 - 0.8264} \times 2\% + 10\% = 10.88\%$

(4) 102 = 100 × 10% × (P/A,K,2) + 100 × (P/F,K,2)

K = 10%   债券价值 V = 100

K = 8%   债券价值 V = 10 × 1.7833 + 100 × 0.8573 = 103.56

到期收益率 = $\dfrac{102 - 103.56}{100 - 103.56} \times 2\% + 8\% = 8.88\%$

(5) 债券价值 = $\dfrac{10 + 10 \times (P/A, 12\%, 2) + 100 \times (P/F, 12\%, 2)}{(1 + 12\%)^{\frac{3}{4}}}$

= $106.66 \times \left(P/F, 12\%, \dfrac{3}{4}\right)$ = 106.66×0.9197 = 98.06(元)

【注会真题汇编】

1. 答案：B

解析：预付年金终值系数和普通年金终值系数相比，期数加1，系数减1。

2. 答案：C

解析：对于平价发行、分期付息、到期一次偿还本金债券来讲，该债券的有效年利率 = $(1 + 5\%)^2 - 1 = 10.25\%$。

第三章　债券与股票价值评估

一、简答题

1. 答案：略

二、单项选择题

1. 答案：A

解析：市场利率变动与债券价格波动是反方向的，而且债券到期时间越长，债券价格的波动幅度越大。

2. 答案：B

解析：对于分期付息的折价债券，随着时间的推移，债券价值将相应增加。对于分期付息的溢价债券，随着时间的推移，债券价值将减少，本题市场利率小于票面利率，属于溢价发行债券。

3. 答案：D

解析：到期收益率是指购进债券后，一直持有该债券至到期日可获得的收益率。平价购入的债券，其到期收益率等于票面利率。

4. 答案：A

解析：对于折价发行，每年付息的债券，其到期收益率高于票面利率；对于溢价发行，每年付息的债券，其到期收益率小于票面利率；对于平价发行每年付息的债券，其到期收益率等于票面利率。

5. 答案：A

解析：股票价值 = 股利投资人要求必要报酬率股票预期报酬率 = 股利/股票市价，所以当股票市价低于股票价值时，预期报酬率高于投资人要求的最低报酬率。

6. 答案：A

解析：只要是平价发行债券，其到期收益率与票面利率就相同。

三、多项选择题

1. 答案：ABCD

解析：债券价值与要求的投资收益率及票面利率的关系。市场利率即投资人要求的收益率大于票面利率，市场价值低于票面价值，反之，则相反。对于平息债券，债券越接近到期日，市场价值向其面值回归。

2. 答案：BCD

解析：只有"分期付息"的溢价债券价值才会逐渐下降，若到期一次还本付息的债券价值会逐渐上升，所以选项 A 错误；如果 g 大于 R，根据固定增长的股票价值模型，其股票价值将是负数没有实际意义，所以选项 B 正确；债券的利率风险是指由于利率变动而使投资者遭受损失的风险。债券到期时间越长，债券的利率风险越大，所以选项 C 正确；当市场利率一直保持至到期日不变的情况下，对于折价发行的债券，随着到期时间的缩短，债券价值逐渐提高，所以选项 D 正确。

3. 答案：ACD

解析：对于平息债券，折价债券，债券付息期越短，债券价值越低；溢价债券，债券付息期越短，债券价值越高。

4. 答案：ABCD

解析：即使票面利率相同的两种债券，由于付息方式不同（每年付息一次，到期一次还本付息），投资人的实际经济利益亦有差别。在不考虑风险问题时，债券价值大于市价，买进债券是合算的影响债券发行方式的因素很多，但主要取决于市场利率和票面利率的一致程度，当票面利率高于市场利率时，溢价发行；当票面利率低于市场利率时，折价发行；当票面利率等于市场利率时，平价发行。债券到期收益率是能使未来现金流入现值等于现金流出的折现率，债券投资的现金流出即为买入价格。

5. 答案：ABD

解析：市场利率不会影响债券本身的到期收益率。

四、判断题

1. 答案：错

解析：成为上市公司容易使得原有股东控制权的稀释。

2. 答案：错

解析：零息债券采用折价发行，在债券到期以前，公司不必支付任何利息或本金。

3. 答案：对

解析：该债券的价值 = $100 \times (P/F, 8\%, 5) = 100 \times 0.6806 = 68.06$（元）

五、计算与案例分析

1. （1）计算 M、N 公司股票价值：

M 公司股票价值 $= 0.15 \times (1 + 6\%) \div (8\% - 6\%) = 7.95$（元）。

N 公司股票价值 $= 0.6 \div 8\% = 7.5$（元）。

（2）分析与决策：由于 M 公司股票现行市价为 9 元，高于其投资价值 7.95 元，故 M 公司股票目前不宜投资购买。

N 公司股票现行市价为 7 元，低于其投资价值 7.5 元，故 N 公司股票值得投资，甲企业应购买 N 公司股票。

2. 债券的投资价值为：

$100 \times 6\% \times (P/A, 8\%, 15) + 100 \times (P/F, 8\%, 15) = 6 \times 8.5595 + 100 \times 0.315 = 82.88$（元）。

因为债券的投资价值为 82.88 元，大于债券的市场价值 80 元，所以愿意投资。

设实际投资收益率为 i，则有：$80 = 100 \times 6\% \times (P/A, i, 15) + 100 \times (P/F, i, 15)$

$i = 8\%$，则价格 $P = 82.88$；$i = 9\%$，则价格 $P = 75.81$，用内插法，求得 $i = 8.41\%$。

3. （1）前三年是零成长股利，从第四年开始是固定成长股利。可以分别根据相应的股利估价模型进行估价。

计算前三年股利现值之和（零成长股利）：

前三年的股利现值之和 $= 20 \times (p/A, 20\%, 3) = 20 \times 2.1065 = 42.13$（元）。

第四年以后各年股利的现值（固定成长的股利）：

第四年以后各年股利的现值 $= 20 \times (1 + 10\%)/(20\% - 10\%) \times (P/F, 20\%, 3) = 220 \times 0.5787 = 127.31$（元）。

某股东持有的股票价值 $= 100 \times (42.13 + 127.31) = 100 \times 169.44 = 16\,944$（元）。

（2）第一步，计算网景公司的未来现金股利。最近一年的现金股利是 0.75 美元，那么根据题意，从第一年到第四年的增长率均为 25%，从而计算出第一年、第二年、第三年和第四年的现金股利分别为 0.938 美元、1.172 美元、1.465 美元和 1.831 美元。第四年到以后的现金股利增长率增均为 5%，从而可以计算出第五年的现金股利为 1.923 美元，第六年的现金股利为 2.019 美元。

第二步，计算未来时点股票的公平价格。我们可以在股利增长率变得永远固定后选定一个时点，我们可以将第五期期初作为我们未来的出售点。股票的卖价 P_5 取决于下期股利 D_5，根据固定成长率模型计算股票价值。

$P_5 = D_5 \div (r - g) = 1.923 \div (0.22 - 0.05) = 11.312$（美元）。

第三步，计算预期未来的现值，再加上从现在到第五期的所有预期现金股利的现值。

可得现值 $P_0 = \dfrac{0.938}{1.22} + \dfrac{1.172}{1.22^2} + \dfrac{1.465}{1.22^3} + \dfrac{1.831}{1.22^4} + 11.312 \times (P/F, 22\%, 5) = 7.355$（美元）。

4. (1) A 债券的价值为：

80×(P/A,6%,5)+1 000×(P/F,6%,5)=1 084.29 元。

因为目前市价为 1 105 元，大于 A 债券的价值，所以不应购买。

(2) 1 000=1 200÷(1+i)²,

$(1+i)^2=1 200÷1 000$,

i=9.54%。

投资 B 公司债券的收益率为 9.54%。

(3) C 债券的价值=1 000×(P/F,6%,5)=747(元),

600=1 000×(P/F,i,5),

(P/F,i,5)=0.6。

i=10%,(P/F,i,5)=0.6209;i=12%,(P/F,i,5)=0.5674,

内插法：债券到期收益率=10.78%。故应购买。

【注会真题汇编】

1. 答案：B

解析：溢价发行的平息债券发行后债券价值随着到期日的临近是波动下降的，因为溢价债券在发行日和付息时点债券的价值都是高于面值的，而在两个付息日之间债券的价值又是上升的，所以至到期日之前债券的价值会一直高于债券面值。

2. 答案：D

解析：股票价格=[0.75×(1+4%)÷(10%−4%)]×(1+4%)=13.52(元)。

3. 答案：B

解析：假设资本市场有效，在股利稳定增长的情况下，股票的资本利得收益率即股价增长率，等于该股票的股利增长率，即在资本市场有效的前提下，股价与股利同比例增长。

4. 答案：ABCD

解析：本题考查优先股表决权。

5. 答案：AC

解析：优先股有如下特殊性：(1) 优先分配利润。优先于普通股股东分配公司利润；(2) 优先分配剩余财产。公司因解散、破产等原因进行清算时，公司财产在按照公司法和破产法有关规定进行清偿后的剩余财产，应当优先向优先股股东支付未派发的股息和公司章程约定的清算金额。(3) 表决权限制。所以，选项 A、C 正确。

6. (1) 设投资乙国债的到期收益率为 R_d，则 1 020=1 000×(1+4%×5)×(P/F, R_d,3)(P/F,R_d,3)=0.85。

当 R_d=5% 时，(P/F,5%,3)=0.8638。

当 $R_d = 6\%$ 时，$(P/F,6\%,3) = 0.8396$

$(R_d - 5\%) \div (6\% - 5\%) = (0.85 - 0.8638) \div (0.8396 - 0.8638)$

$R_d = 5.57\%$

银行借款的年有效到期收益率 $= (1 + 6\% \div 2)^2 - 1 = 6.09\%$

投资乙国债的到期收益率 5.57% < 借款的到期收益率，所以投资国债不合适，小 W 应选择提前偿还银行借款。

(2) 当前每期还款额 $= 300\,000 \div (P/A,3\%,10) = 35\,169.16$(元)

设还款后每期还款额为 X 元，则：

$35\,169.16 \times (P/A,3\%,4) + 60\,000 \times (P/F,3\%,4) + X \times (P/A,3\%,6) \times (P/F,3\%,4) = 300\,000$

$X = 24\,092.73$(元)。

第四章 风险与收益分析

一、简答题

答案：略

二、单项选择题

1. 答案：A

解析：在期望值不同的情况下，标准离差率越大，风险越大。

2. 答案：C

解析：本题的测试点是 β 系数的含义。β 系数大于 1，表明该股票的市场风险大于整个市场股票的风险；β 系数小于 1，表明该股票的市场风险小于整个市场股票的风险；若某股票的 β 系数等于 1，表明该股票的市场风险等于整个市场股票的风险。

3. 答案：C

解析：证券投资组合的非系统风险是公司特有风险，它是由影响个别公司的特有事件引起的，能够通过证券投资组合来分散。而选项 ABD 均属于系统风险。

4. 答案：C

5. 答案：D

解析：标准离差仅适用于期望值相同的情况，在期望值相同的情况下，标准离差越大，风险越大；标准离差率适用于期望值相同或不同的情况，在期望值不同的情况下，标准离差率越大，风险越大。

6. 答案：C

解析：风险的一个衡量标准就是标准离差率，标准离差率 = 标准离差/期望值；如果两个投资项目预期收益的标准离差相同，而期望值不同，则这两个项目标准离差率不同，即风险不同；由于预期收益率＝无风险收益率＋风险收益率，所以这两个项目的预期收益率不同。

7. 答案：D

解析：证券市场线能够清晰地反映个别资产或投资组合的必要收益率与其所承担的系统风险 β 系数之间的线性关系。

8. 答案：A

解析：协方差＝相关系数×一项资产的标准差×另一项资产的标准差
$$= 0.5 \times 0.2 \times 0.4 = 0.04$$

9. 答案：B

解析：相关系数＝协方差÷（一项资产的标准差×另一项资产的标准差），由于标准差不可能是负数，因此，如果协方差大于 0，则相关系数一定大于 0，选项 A 的说法正确。相关系数为 1 时，表示一种证券报酬率的增长总是与另一种证券报酬率的增长成比例，因此，选项 B 的说法不正确。对于风险资产的投资组合而言，只要组合的标准差小于组合中各资产标准差的加权平均数，则就意味着分散了风险，相关系数为 0 时，组合的标准差小于组合中各资产标准差的加权平均数，所以组合能够分散风险。或者说，相关系数越小，风险分散效应越强，只有当相关系数为 1 时，才不能分散风险，相关系数为 0 时，风险分散效应强于相关系数大于 0 的情况，但是小于相关系数小于 0 的情况。因此，选项 C 的说法正确。协方差＝相关系数×一项资产的标准差×另一项资产的标准差，证券与其自身的相关系数为 1，因此，证券与其自身的协方差＝1×该项资产的标准差×该项资产的标准差＝该项资产的方差，选项 D 的说法正确。

三、多项选择题

1. 答案：ABD

解析：在进行两个投资方案比较时，投资者完全可以接受的方案应该是收益相同、风险较小的方案，或收益较大、风险较小的方案，或风险相同、收益较大的方案。

2. 答案：ABD

解析：根据投资组合方差的计算公式得出答案。

3. 答案：BCD

解析：市场平均收益率 R_m ＝无风险收益率＋市场风险溢价，无风险收益率 R_f 变大，R_m 也会相应变大，也就是说市场风险溢价（$R_m - R_f$）是不变的。

$R = R_f + \beta (R_m - R_f)$，β 系数（β）和市场风险溢价（$R_m - R_f$）都是不变的，所以 R 与 R_f 的提高数量相同，因此所有资产 R 提高的数量相同，都等于无风险收益率增加的数量。

4. 答案：ABCD

解析：按照资本资产定价模型，证券投资组合必要收益率＝无风险收益率＋证券投资组合的β系数×（市场收益率－无风险收益率），而投资组合中各证券的β系数和各种证券在证券组合中的比重决定了证券投资组合的β系数，从而影响证券投资组合必要收益率。

5. 答案：AC

解析：风险收益是超过无风险收益的额外收益，而无风险收益率等于资金时间价值加上通货膨胀补贴率，所以选项 B 错；期望的投资报酬率由无风险报酬率和风险报酬率两部分组成，所以选项 D 是错误的。

6. 答案：BD

解析：β值只反映系统风险（也叫市场风险），而标准差反映的是企业的整体风险，它既包括系统风险又包括非系统风险（也叫特有风险），所以选项 A 的说法错误，选项 B、D 的说法正确；财务风险和经营风险中既可能有系统风险又可能有非系统风险，所以选项 C 的说法错误。

四、判断题

1. 答案：错

解析：风险报酬就是投资者因冒风险进行投资而实际获得的超过无风险报酬率（包括资金时间价值和通货膨胀附加率），而不是资金时间价值的那部分额外报酬。

2. 答案：错

解析：无风险收益率＝资金时间价值率＋通货膨胀率＝14%

3. 答案：对

解析：在等比例投资的情况下，如果两种证券的相关系数为1，该组合的标准差为各自标准差的简单算术平均数，（12%＋8%）÷2＝10%，如果二种证券的相关系数为－1，组合标准差 $=\sqrt{(12\%\times50\%)^2+(8\%\times50\%)^2+2\times(12\%\times50\%)\times(8\%\times50\%)\times(-1)}=2\%$

4. 答案：错

解析：通过分散投资，只能抵销非系统性风险而不能抵销系统风险，所以包括全部股票投资的组合风险是系统风险而不是为零。

5. 答案：错

解析：不论投资组合中两项资产之间的相关系数如何，只要投资比例不变，各项资产的期望收益率不变，则该投资组合的期望收益率就不变，但在不同的相关系数条件下，投资组合收益率的标准离差却随之发生变化。

6. 答案：错

解析：组合投资只能达到分散非系统性风险的目的，而系统性风险是不能通过风险的分散来消除的。

7. 答案：错

解析：只有证券之间的收益变动不具有完全正相关关系时，证券投资才会降低风险。

五、计算与案例分析

1. 股票的风险收益率 = β × (市场上所有股票的平均收益率 – 无风险利率)
$$= 0.5 \times (12\% - 10\%) = 1\%。$$

2. 该投资组合的标准差
$$= \sqrt{0.5 \times 0.5 \times 0.12 \times 0.12 + 2 \times 0.5 \times 0.5 \times (-1) \times 0.12 \times 0.08 + 0.5 \times 0.5 \times 0.08 \times 0.08}$$
$$= 0.02$$

3. (1)(2) ①甲公司证券组合的 β 系数 = 50% × 2 + 30% × 1 + 20% × 0.5 = 1.4;

②甲公司证券组合的风险收益率(R_p) = 1.4 × (15% – 10%) = 7%;

③甲公司证券组合的必要投资收益率(K) = 10% + 7% = 17%;

或:

甲公司证券组合的必要投资收益率(K) = 10% + 1.4 × (15% – 10%) = 17%;

④投资 A 股票的必要投资收益率 = 10% + 2 × (15% – 10%) = 20%。

1.2 × (1 + 8%) ÷ (20% – 8%) = 10.8(元),

A 股票当前市价 12 元大于其股票价值,因此出售 A 股票对甲公司有利。

4. (1) 计算 A、B 公司股票的当前价值,利用资本定价模型:

K_A = 8% + 2 × (12% – 8%) = 16%,

K_B = 8% + 1.5 × (12% – 8%) = 14%,

A 的股票价值 = 5 × (P/A, 16%, 5) + [5 × (1 + 6%)] ÷ (16% – 6%) × (P/F, 16%, 5) = 5 × 3.2743 + 53 × 0.4762 = 41.61(元),

B 的股票价值 = [2 × (1 + 4%)] ÷ (14% – 4%) = 20.8(元),

因为 A、B 公司的股票价值均高于其市价,因此,应该购买。

(2) 综合 β 系数 = [(100 × 40) ÷ (100 × 40 + 100 × 20)] × 2 + [(100 × 20) ÷ (100 × 40 + 100 × 20)] × 1.5 = 1.33 + 0.5 = 1.83,

组合必要报酬率 = 8% + 1.83 × (12% – 8%) = 15.32%。

5. (1) 算各方案的预期收益率、方差、标准差、标准离差率。

①预期收益率:

$R_A = K_1P_1 + K_2P_2 + K_3P_3 = 10\% \times 0.2 + 10\% \times 0.6 + 10\% \times 0.2 = 10\%$

$R_B = K_1P_1 + K_2P_2 + K_3P_3 = 6\% \times 0.2 + 11\% \times 0.6 + 31\% \times 0.2 = 14\%$

$R_C = K_1P_1 + K_2P_2 + K_3P_3 = 22\% \times 0.2 + 14\% \times 0.6 + (-0.4\%) \times 0.2 = 12\%$

$R_D = K_1P_1 + K_2P_2 + K_3P_3 = 5\% \times 0.2 + 15\% \times 0.6 + 25\% \times 0.2 = 15\%$

②方差 = 标准差^2

方案 A 的标准差为:

$SD(A) = \sqrt{Var(A)} = \sqrt{(10\% - 10\%)^2 \times 0.2 + (10\% - 10\%)^2 \times 0.6 + (10\% - 10\%)^2 \times 0.2} = 0$

方案 B 的标准差为：

$$SD(B) = \sqrt{Var(A)} = \sqrt{(6\% - 14\%)^2 \times 0.2 + (11\% - 14\%)^2 \times 0.6 + (31\% - 14\%)^2 \times 0.2}$$
$$= 8.72\%$$

方案 C 的标准差为：

$$SD(C) = \sqrt{Var(A)} = \sqrt{(22\% - 12\%)^2 \times 0.2 + (14\% - 12\%)^2 \times 0.6 + (-4\% - 12\%)^2 \times 0.2}$$
$$= 8.58\%$$

方案 D 的标准差为：

$$SD(D) = \sqrt{Var(A)} = \sqrt{(5\% - 15\%)^2 \times 0.2 + (15\% - 15\%)^2 \times 0.6 + (25\% - 15\%)^2 \times 0.2}$$
$$= 6.32\%$$

③标准离差率（变异系数）

方案 A 的标准离差率（变异系数）为：CV(A) = 0%/10% = 0%

方案 B 的标准离差率（变异系数）为：CV(B) = 8.72%/14% = 62.29%

方案 C 的标准离差率（变异系数）为：CV(C) = 8.58%/12% = 71.5%

方案 D 的标准离差率（变异系数）为：CV(D) = 6.32%/15% = 42.13%

（2）方案 A 无风险，方案 D 的预期收益率较高，且风险较小，所以方案 A 和方案 D 一般来说是不能淘汰；对方案 B 和方案 C 来说，K(B) > K(C)，SD(B) > SD(C)；但 CV(B) < CV(C)，仅从前两个指标很难判断，但通过 CV，可知方案 C 的相对风险很大，若淘汰一个方案，则应淘汰方案 C。

（3）由上可看出，方案 A 为无风险投资，故只需计算方案 B 和方案 C 的 β 系数即可。

①先计算其协方差：方案 B：(8% + 16% + 30%)/3 = 18%

方案 C：(15% + 4% - 2%)/3 = 5.67%

协方差 COV(B,C)

= [8% - 18%)(15% - 5.67%) + (16% - 18%)(4% - 5.67%) + (30% - 18%)(-2% - 5.67%)]/3 = -0.0182

②再求其相关系数：(B,C) = -0.0182/(7.1% × 5.5%) = -4.66

③最后算各方案的 β 系数：β(B) = -0.0182/0.00304 = -5.986

β(C) = -0.0182/0.005056 = -3.5997

评价：A、D 方案的预期收益率等于必要收益率；B 方案的预期收益率（17.2%）低于必要收益率（20.29%）；C 方案的预期收益率（5%）高于必要收益率（2.38%）。从市场分析的角度看，应选择方案 C，但就总风险来说，方案 C 仍是风险最大的方案，并且是所有备选方案中唯一可能亏损的方案。在市场分析中，之所以要选择 C 方案，是因为它是一项相对市场呈负相关的投资，它具有减少投资组合风险的能力，对投资者很有价值。

【注会真题汇编】

1. 答案：C

解析：机会集曲线上的点包括有效组合和无效组合，所以，选项 A 错误；对于两种证券组合的机会集曲线，曲线上报酬率最低点可能不是最小方差组合点，最小方差组合点可能比组合中报酬率较低的那项资产的标准差还要小，所以，选项 B 错误；两种证券报酬率的相关系数越大，机会集曲线弯曲程度越小，所以，选项 C 正确；机会集曲线的弯曲程度主要取决于两种证券报酬率的相关系数，而不取决于两种证券报酬率的标准差的差异程度，所以，选项 D 错误。

2. 答案：D

解析：如果存在无风险证券，新的有效边界是从无风险资产的报酬率开始并和机会集有效边界相切的直线，该直线称为资本市场线。切点是市场均衡点，它代表唯一最有效的风险资产组合，它是所有证券以各自的总市场价值为权数的加权平均组合。

3. 答案：A

解析：总的期望报酬率 = 16% × 140/100 + (1 − 140/100) × 6% = 20%。

4. 答案：ABC

解析：当相关系数为 1 时，两种证券的投资组合的风险等于二者的加权平均数。

5. 答案：ABC

解析：资本市场线中，市场均衡点的确定独立于投资者的风险偏好，取决于各种可能风险组合的期望报酬率和标准差，而无风险报酬率会影响期望报酬率，所以选项 A、B、C 正确，选项 D 错误。

6. 答案：ABD

解析：方差、标准差、变异系数度量投资的总风险（包括系统风险和非系统风险），β 系数度量投资的系统风险，选项 C 错误。

7. 答案：ACD

解析：选项 B 是资本市场线的特点，不是证券市场线的特点。资本市场线描述了由风险资产和无风险资产构成的投资组合的有效边界。

第五章 长期债务筹资

一、简答题

答案：略

二、单项选择题

1. 答案：D

解析：借款有还本付息的义务，筹资风险较高。但其所要办理的手续较为简单，筹资迅速。而且，其利息可以税前列支，故筹资成本较低。长期借款不会改变股权结构以至于分散经营控制权。

2. 答案：C

解析：

$$实际利率 = \frac{20 \times 10\%}{20 \times (1-15\%)} \times 100\% = 11.76\%$$

3. 答案：A

解析：

$$实际利率 = \frac{100 \times 6\%}{100 \times (1-6\%)} \times 100\% = 6.38\%$$

4. 答案：C

解析：特殊性保护条款是针对某些特殊情况而出现在部分借款合同中的条款，只有在特殊情况下才能生效，主要包括：要求公司的主要领导人购买人身险；借款的用途不得改变；违约惩罚条款等。

5. 答案：C

解析：需支付的承诺费 = (800 - 500) × 0.5% + 500 × 0.5% × 2 ÷ 12 = 1.92(万元)

三、多项选择题

1. 答案：BC

解析：与其他长期负债筹资相比，长期借款的优点有：筹资速度快，借款弹性好；缺点有：财务风险较大；限制条款较多。所以选项B、C为本题答案。

2. 答案：AB

解析：加息法和贴现法的付息方法均会导致实际利率高于名义利率，而收款法不会。因此，借款企业希望采用收款法支付利息，而银行希望采用加息法或贴现法收取利息。

3. 答案：ABCD

解析：影响债券发行价格的因素有债券面值、票面利率、市场利率、债券期限等。

4. 答案：ACD

解析：银行借款的筹资特点包括：（1）筹资速度快；（2）资本成本较低；（3）筹资弹性较大；（4）限制条款多；（5）筹资数额有限。

四、判断题

1. 答案：错

解析：银行不可能满足企业"任何用途"的借款要求。

2. 答案：对

解析：加息法下贷款分期均衡偿还，借款企业实际上只平均使用了贷款本金的半数，却支付全额利息。这样，企业所负担的实际利率便大约是名义利率的 2 倍。

3. 答案：对

解析：相对于银行借款筹资而言，发行债券的利息负担和筹资费用都比较高。同时债券不能像银行借款一样进行债务展期，加上大额的本金和较高的利息，在固定的到期日，将会对公司的现金流产生巨大的财务压力，所以，筹资风险大。

4. 答案：错

解析：周转信贷协议是银行从法律上承诺向企业提供不超过某一最高限额的贷款协定。

五、计算与案例分析

1.（1）甲方案债券发行价格 = 面值的现值 + 利息的现值

= 1 000 × 0.6209 + 1 000 × 14% × 3.7907 = 620.9 + 530.7 = 1 151.6（元/张）。

（2）不考虑时间价值

甲方案：每张债券公司可得现金 = 1 151.60 − 51.60 = 1 100（元），

发行债券的张数 = 990 万元 ÷ 1 100 元/张 = 9 000 张，

总成本 = 还本数额 + 利息数额 = 9 000 × 1 000 × (1 + 14% × 5) = 1 530（万元）。

乙方案：借款总额 = 990 ÷ (1 − 10%) = 1 100（万元），

借款本金与利息 = 1 100 × (1 + 10% × 5) = 1 650（万元）。

因此，甲方案的成本较低。

（3）考虑时间价值

甲方案：每年付息现金流出 = 900 × 14% = 126（万元），

利息流出的总现值 = 126 × 3.7907 = 477.63（万元），

5 年年末还本流出现值 = 900 × 0.6209 = 558.81（万元），

利息与本金流出总现值 = 558.81 + 477.63 = 1 036.44（万元）。

乙方案：5 年年末本金和利息流出 = 1 100 × (1 + 10% × 5) = 1 650（万元），

5 年年末本金和利息流出的现值 = 1 650 × 0.6209 = 1 024.49（万元）。

因此，乙方案的成本较低。

2.（1）债券发行价格 P = 2 000 × (P/F,10%,6) + 2 000 × 9% × (P/A,10%,6) = 1 913（元），所以，公司应发行债券数量为 50 000 000 ÷ 1 913 = 26 137（张）。

（2）2 000 × (P/F,i,6) + 2 000 × 9% × (P/A,i,6) = 2 295，

查表得：当市场利率 i = 6% 时，发行价格为 2 295 元。

3.（1）贷款利率即为 15%。

(2) 贷款实际利率 = 12% ÷ (1 - 10%) = 13.33%。

(3) 实际利率 = 12 000 × 11% ÷ (12 000 - 12 000 × 11% - 12 000 × 10%) = 13.92%。

(4) 实际利率 = 12 000 × 9% ÷ (12 000 ÷ 2) = 18%。

所以贷款方案（2）最有效。

4. （1）普通股票筹资的优点：

①股票筹资没有固定的股利负担。公司有盈利，并认为适于分配股利，可以分给股东；公司盈利较少，或虽有盈利但资本短缺或有更有利的投资机会，也可以少支付或者不支付股利。而债券或借款的利息无论企业是否盈利及盈利多少，都必须予以支付。

②普通股股本没有规定的到期日，无须偿还，它是公司的"永久性资本"，除非公司清算时才予以清偿。这对于保证公司对资本的最低需要，促进公司长期持续稳定经营具有重要作用。

③利用普通股票筹资的风险小。由于普通股股本没有固定的到期日，一般也不用支付固定的股利，不存在还本付息的风险。

④发行普通股票筹集股权资本能增强公司的信誉。普通股股本以及由此产生的资本公积金和盈余公积金等，是公司筹措债务资本的基础。有了较多的股权资本，有利于提高公司的信用价值，同时也为利用更多的债务筹资提供强有力支持。

普通股票筹资的缺点：

①资本成本较高。一般而言，普通股票筹资的成本要高于债务资本。这主要是由于投资于普通股票风险较高，相应要求较高的报酬，并且股利应从所得税后利润中支付，而债务筹资其债权人风险较低，支付利息允许在税前扣除。此外，普通股票发行成本也较高，一般来说发行证券费用最高的是普通股票，其次是优先股，再次是公司债券，最后是长期借款。

②利用普通股票筹资，出售新股票，增加新股东，可能会分散公司的控制权；另一方面，新股东对公司已积累的盈余具有分享权，会降低普通股的每股收益，从而可能引起普通股市价的下跌。

③如果以后增发普通股，可能引起股票价格的波动。

（2）①比较切合公司实际情况。投资银行分析出投资者对公司相关机票打折策略和现役服役机龄老化等现实问题，认为公司原先提出的发行股票价位太高不切实际。所以投资银行对发行股票拟定的较低价位，符合公司的实际情况。具有可实施性。

②成效有限。通过资料中增发股票前后的数据比对，可以看出：该方案的融资效果很不是很理想。增发前，公司的负债率很高，在增发股票后很高，没有明显效果。并不能从根本上改善公司的财务困境。

③筹资方式过于单一。投资银行的咨询建议只有最常见的融资方式——普通股票，而没有综合地运用其他筹资方式，不能达到最好的筹资效果。

(3) 因为公司目前负债率高、现金流紧张的财务现状，所以主要建议公司采取以股权性的筹资方式为主，其他各种具体筹资方法为辅。

公司可通过发行优先股的方式筹集资金。因为①优先股一般没有固定的到期日，不用偿付本金。②优先股的股利既有固定性，又有一定的灵活性。一般而言，优先股都采用固定股利，但对固定股利的支付并不构成公司的法定义务。如果公司财务状况不佳，可以暂时不支付主优先股股利，即使如此，优先股持有者也不能像公司债权人那样迫使公司破产。③保持普通股股东对公司的控制权。当公司既想向社会增加筹集股权资本，又想保持原有普通股股东的控制权时，利用优先股筹资尤为恰当。④从法律上讲，优先股股本属于股权资本，发行优先股筹资能够增强公司的股权资本基础，提高公司的借款举债能力。

5. 分析两种筹资方案的优缺点如下：

方案一：采用增发股票筹资方式的优缺点

(1) 优点：

①公司不必偿还本金和固定的利息。

②可以降低公司资产负债率。以 2017 年 8 月 31 日的财务数据为基础，资产负债率将由现在的 50% 降低至 42.45% [(27×50%)÷(27+4.8)]。

(2) 缺点：

①公司现金股利支付压力增大。增发股票会使公司普通股增加 6 000 万股，由于公司股利分配采用固定股利率政策（即每股支付 0.60 元），所以，公司以后每年需要为此支出现金流量 3 600 万元（6 000×0.60），比在发行公司债券方式下每年支付的利息多支付现金 1 640 万元（3 600－1 960），现金支付压力较大。

②采用增发股票方式还会使公司每股收益和净资产收益率下降，从而影响盈利能力指标。

③采用增发股票方式，公司无法享有发行公司债券所带来的利息费用的纳税利益。

④容易分散公司控制权。

方案二：采用发行公司债券筹资方式的优缺点

(1) 优点：

①可以相对减轻公司现金支付压力。由于公司当务之急是解决当前的资金紧张问题，而在近期，发行公司债券相对于增发股票可以少支出现金，其每年支付利息的现金支出仅为 1 960 万元，每年比增发股票方式少支出 1 640 万元，从而可以减轻公司的支付压力。

②因发行公司债券所承担的利息费用还可以为公司带来纳税利益。如果考虑这一因素，公司发行公司债券的实际资金成本将低于票面利率 4%。工厂投产后每年因此而实际支付的净现金流量很可能要小于 1 960 万元。

③保证普通股股东的控制权。

④可以发挥财务杠杆作用。

(2) 缺点：

发行公司债券会使公司资产负债率上升。以 2017 年 8 月 31 日的财务数据为基础，资产负债率将由现在的 50% 上升至 57.86%〔(27 × 50% + 4.9) ÷ (27 + 4.8)〕，导致公司财务风险增加。但是，57.86% 的资产负债率水平符合公司长期借款合同的要求。

筹资建议：将上述两种筹资方案进行权衡，公司采用发行公司债券的方式较佳。

【注会真题汇编】

1. 答案：B

解析：债券筹资的优点：(1) 筹资规模大；(2) 具有长期性和稳定性；(3) 有利于资源优化配置。

2. 答案：CD

解析：一般性保护条款应用于大多数借款合同，但根据具体情况会有不同内容，主要包括：(1) 对借款企业流动资金保持量的规定，其目的在于保持借款企业资金的流动性和偿债能力；(2) 对支付现金股利和再购入股票的限制，其目的在于限制现金外流；(3) 对净经营性长期资产投资规模的限制，其目的在于减小企业日后不得不变卖固定资产以偿还贷款的可能性，仍着眼于保持借款企业资金的流动性；(4) 限制其他长期债务，其目的在于防止其他贷款人取得对企业资产的优先求偿权；(5) 借款企业定期向银行提交财务报表，其目的在于及时掌握企业的财务情况；(6) 不准在正常情况下出售较多资产，以保持企业正常的生产经营能力；(7) 如期缴纳税费和清偿其他到期债务，以防被罚款而造成现金流失；(8) 不准以任何资产作为其他承诺的担保或抵押，以避免企业负担过重；(9) 不准贴现应收票据或出售应收账款，以避免或有负债；(10) 限制租赁固定资产的规模，其目的在于防止企业负担巨额租金以致削弱其偿债能力，还在于防止企业以租赁固定资产的办法摆脱对其净经营性长期资产总投资和负债的约束。

特殊性保护条款是针对某些特殊情况而出现在部分借款合同中的。主要包括：(1) 贷款专款专用；(2) 不准企业投资于短期内不能收回资金的项目；(3) 限制企业高级职员的薪金和奖金总额；(4) 要求企业主要领导人在合同有效期间担任领导职务；(5) 要求企业主要领导人购买人身保险；等等。选项 B 属于特殊性保护条款的内容。

第六章　权益性筹资

一、简答题

答案：略

二、单项选择题

1. 答案：C

解析：企业筹集的资金，按资金性质的不同可分为权益资金和债务资金。

2. 答案：C

解析：资本成本较高和不便于产权交易是吸收直接投资的缺点。

3. 答案：A

解析：权益筹资方式包括吸收直接投资、发行股票和利用留存收益，但利用留存收益属内部筹资，不会引起所有者权益的变化。

4. 答案：D

解析：优先股的特点包括：（1）优先分配股息且相对固定；（2）优先分配剩余财产；（3）表决权限制。优先认购权是普通股股东拥有的权利。

5. 答案：B

解析：优先股属于股权资本，其股利不能在税前扣除。

三、多项选择题

1. 答案：AB

解析：筹资渠道是指客观存在的资金的来源方向与通道，包括银行信贷资金和居民个人资金在内，融资租赁和吸收直接投资则属于筹资方式。

2. 答案：AC

解析：企业筹资活动按是否通过金融机构，可以划分为直接筹资和间接筹资两类。企业筹集的资金，若按资金性质的不同则可分为权益资金和债务资金两类。

3. 答案：CD

解析：吸收直接投资与发行普通股所筹集的资金为权益资金，不用还本付息，财务风险小，所筹资金在使用上不受投资者的直接干预，没有使用约束，但资本成本比较高。

4. 答案：AB

解析：优先股是公司发行的相对于普通股具有一定优先权的股票，其优先权利主要表现在股利分配优先权和分取剩余财产优先权上。

5. 答案：CD

解析：限制条件多和财务风险大是债务筹资方式所共有的缺点。

四、判断题

1. 答案：对

解析：债务资金到期必须偿还，因而其偿债压力大，财务风险大；债务资金的利息可以税前列支，而权益资金的报酬则必须税后支付；权益投资风险比较大，投资者所期望的投资报酬相应较高，也导致权益资本成本加大。因此，权益资金的成本相对较高。

2. 答案：错

解析：与股票筹资相比，吸收直接投资方式所履行的法律程序相对简单，从而筹资速度相对较快。

3. 答案：错

解析：我国《公司法》规定，公司向发起人、国家授权投资机构、法人发行的股票，为记名股票；向社会公众发行的股票，可以为记名股票，也可以为无记名股票。

4. 答案：错

解析：由于普通股筹资会分散控股权，为了保持原有股东的持股比例，普通股股东在公司增发新股时具有优先认股权。

5. 答案：错

解析：我国《公司法》规定，股票发行价格可以按票面金额，也可以超过票面金额，但不得低于票面金额。

五、计算与案例分析

1. 新发普通股 $= 1\,000 \times (1-60\%) - 600 \times (1-40\%) = 40$（万元）；

   借款额 $= 1\,000 \times 60\% = 600$（万元）。

2. 普通股的预期收益率 $= 1.8 \div 25 + 11.2\% = 18.4\%$。

3. （1）发行价格 $= 0.4 \times 15 = 6$（元/股）。

   （2）股权资本 $= 6 \times (1-30\%) = 4.2$（亿元），

   筹集股权资金 $= 4.2 - 1.2 = 3$（亿元），

   社会公众股数 $= 3 \div 5 = 0.6$（亿股），

   每股盈余 $= 0.9 \div (0.6 + 1.2) = 0.5$（元/股），

   市盈率 $= 5 \div 0.5 = 10$。

【注会真题汇编】

1. 答案：C

解析：配股一般采取网上定价发行的方式，配股价格由主承销商和发行人协商确定。所以，选项A错误；配股价格低于市场价格，只能表明配股权是实值期权，并不能判断老股东财富是否发生增减变动，要判断是否引起老股东财富的增减变动需要根据配股后市场价格与配股除权股票价格的比较，以及老股东是否参与配股综合分析来得出,所以选项 B 错误;拥有配股权的股东有权选择配股或不配股,因此,配股权是一种看涨期权,其执行价格就是配股价格,选项 C 正确;配股权价值=(配股后股票价格-配股价格)/购买一股新股所需的认股权数,所以选项 D 错误。

【补充资料】网上定价和网上竞价的不同:

(1) 发行价格的确定方式不同:竞价发行方式事先确定发行底价,由发行时竞价决定发行价;定价发行方式事先确定价格;

(2) 认购成功者的确认方式不同:竞价发行方式按价格优先、同等价位时间优先原则确定;网上定价发行方式按抽签决定。

2. 答案:ABC

解析:不公开直接发行,是指不公开对外发行股票,只向少数特定的对象直接发行,因而不需经中介机构承销。这种发行方式灵活性较大,发行成本低,但是发行范围小,股票变现性差,所以选项 A、B、C 正确,选项 D 错误。

第七章 现金流量分析

一、简答题
答案:略

二、单项选择题

1. 答案:A

解析:投资项目从投资建设开始到最终清理或出售整个过程的时间,称之为项目计算期。

2. 答案:B

解析:某年流动资金投资额=本年流动资金需用数-上年流动资金需用数,本年流动资金需用数=该年流动资产需用数-该年流动负债可用额。本题中上年流动资金需用数为零,因此,该年的流动资金投资额=1 000-400=600 万元。

3. 答案:A

解析:已投入的资金 60 万元是沉没成本,与未来决策无关。

4. 答案:C

解析:相关现金流量=500-(1 500-1 200)×(1-25%)=275(万元)。

5. 答案:C

解析:在投资项目评价时,影响股东预期收益率的是项目的系统风险。

6. 答案:B

解析:设备最终报废由于残值带来的现金流入量=最终残值+残值净损失抵税=5 000+1 000×25%=5 250。

三、多项选择题

1. 答案：ABD

解析：原始投资通常发生在建设期，不会发生在终结点。

2. 答案：ABC

解析：会计营业成本既包括付现成本，也包括非付现成本，而财务管理中金流量是以收付实现制为基础确定的，所扣除的成本中不包括非付现成本。

3. 答案：ABC

解析：2014 年支付的 5 万元咨询费为沉没成本，与决策不相关。

4. 答案：AD

解析：在实体现金流量法，投资人包括债权人和所有者，所以利息、归还借款的本金不属于投资项目现金流出量。

四、判断题

1. 答案：错

解析：折旧越多，抵税作用越大，在其他条件不变的情况下，的确会增加企业的现金流量。但是，折旧是投资额的分摊，折旧大，其前提必然是投资额大，因此，净现值未必会增加。

2. 答案：错

解析：折旧之所以对投资决策产生影响是因为所得税的存在引起的，折旧是非付现成本，因此不作为现金流出考虑，但折旧可以起到减少税负的作用，折旧抵税可作为现金流入来考虑。

3. 答案：对

解析：营业收入 = 750 ÷ (1 − 25%) = 1 000(万元)

付现成本 = 375 ÷ (1 − 25%) = 500(万元)

(1 000 − 500 − 非付现成本) × (1 − 25%) = 225(万元)

折旧 = 200(万元)

现金流量 = 净利润 + 非付现成本 = 225 + 200 = 425(万元)

五、计算与案例分析

1. (1) 债券资金成本率 = [1 500 × 8% × (1 − 33%)] ÷ [1 500 × (1 − 2%)] = 5.47%。

(2) 每年折旧额 = 1 500 ÷ 3 = 500(万元)。

(3) 2019 年：(1 200 − 400 − 500 − 1 500 × 8%) × (1 − 33%) = 120.6(万元)；

2020 年：(2 000 − 1 000 − 500 − 1 500 × 8%) × (1 − 33%) = 254.6(万元)；

2021 年：(1 500 − 600 − 500 − 1 500 × 8%) × (1 − 33%) = 187.6(万元)。

(4) 2019 年净现金流量 = 120.6 + 500 + 1 500 × 8% = 740.6(万元)；

2020 年净现金流量 = 254.6 + 500 + 1 500 × 8% = 874.6(万元)；

2021 年净现金流量 = 187.6 + 500 + 1 500 × 8% = 807.6(万元)。

2.

营业现金流量   单位：万元

项目	第 1 年	第 2 至 4 年	第 5 年
收入	3 × 6 + 4 × 6 = 42	4 × 12 = 48	48
成本	42 × 60% = 25.2	48 × 60% = 28.8	28.8
付现费用	0.8 × 12 = 9.6	0.8 × 12 = 9.6	9.6
折旧	20 × 90% ÷ 4 = 4.5	4.5	2
摊销	4 ÷ 2.5 = 1.6	1.6	1.6
利润	1.1	3.5	6
所得税	0.33	1.05	1.8
净利	0.77	2.45	4.2
非付现费用	6.1	6.1	3.6
收回流动资金			2
现金净流量	6.87	8.55	9.8

3. (1) 由于购买新机器而发生的净营业现金流量计算：

收入的变化为 0，费用的变化为 -1.5 百万美元。购买了新机器每年将增加折旧 500 000 美元，同时因为出售旧机器在今后 5 年中每年将减少折旧 200 000 美元。

因此，0 年的净现金流量变化额

$= -5 - 0.6 + 0.25 × 0.6 + 1 × 0.4 + 0.03 - 0.01 = -5.03$（百万美元）；

1 ~ 5 年的净现金流量变化额

$= (1 - 0.4) × [0 - (-1\ 500\ 000)] + 0.4 × 300\ 000 = 1\ 020\ 000$（美元）；

6 ~ 10 年的净现金流量变化额

$= (1 - 0.4) × [0 - (-1\ 500\ 000)] + 0.4 × 500\ 000 = 1\ 100\ 000$（美元）；

净残值 $= 0.6 × 300\ 000 + 0.4 × 500\ 000 - 0.6 × 40\ 000 + (30\ 000 - 10\ 000) = 376\ 000$（美元）。

该项目的税后净增现金流量如下表：

单位：百万美元

年	0	1	2	3	4	5
现金流量	-5.03	1.02	1.02	1.02	1.02	1.02
年	6	7	8	9	10	
现金流量	1.1	1.1	1.1	1.1	1.1	

(2) 本问考察的是项目净现值的计算，即根据第一问中算出的每年的现金流量，以及项目的资本成本进行折算。

现金流量 = 1.02，r = 12%，n = 5，FV = 0，计算可得现值为 3.677 百万美元；

现金流量 = 1.1，r = 12%，n = 9，FV = 0，计算可得现值为 5.861 百万美元；

现金流量 = 1.1，r = 12%，n = 5，FV = 0，计算可得现值为 3.965 百万美元；

5.861 - 3.965 = 1.896（百万美元），

现金流量 = 1.476，r = 12%，n = 10，FV = 0，计算可得现值为 0.475 百万美元；

以上三项的值相加再减去初始支出额得 1.018 百万美元，即：3.677 + 1.896 + 0.475 - 5.03 = 1.018（百万美元）。

(3) 因为净现值为正，所以应该接受这个项目。

【注会真题汇编】

1. 答案：AD

解析：实体现金流量 = 营业现金毛流量 - 经营营运资本增加 - 资本支出 =（税后经营净利润 + 折旧与摊销）- 经营营运资本增加 -（净经营长期资产增加 + 折旧与摊销）= 税后经营净利润 -（经营营运资本增加 + 净经营长期资产增加）= 税后经营净利润 - 净经营性资产增加。

2.（1）2017 年乙公司税后经营净利润 = 6 000 ×（1 + 5%）×（1 - 60%）×（1 - 25%）= 1 890（万元）

税后利息 = 4 000 × 1 ÷ 2 × 8% ×（1 - 25%）= 120（万元）

净利润 = 1 890 - 120 = 1 770（万元）

实体现金流量 = 1 890 - 4 000 × 5% = 1 690（万元）

股权现金流量 = 1 770 - 4 000 × 1 ÷ 2 × 5% = 1 670（万元）

(2) 股权资本成本 = 8% ×（1 - 25%）+ 5% = 11%

股权价值 = 1 670 ÷（11% - 5%）= 27 833.33（万元）

每股价值 = 27 833.33 ÷ 1 000 = 27.83（元）

每股价值高于每股市价 22 元，股价被低估。

第八章　资本预算（投资）决策

一、简答题

答案：略

二、单项选择题

1. 答案：A

解析：乙方案的获利指数小于1，不具有财务可行性；丁方案的内含报酬率10%小于12%，也不具有财务可行性；甲方案与丙方案的项目计算期不同且为互斥方案，应采用年等额净回收额进行决策。甲方案的年等额净回收额为176.98万元[1 000÷(P/A, 12%, 10)]，大于丙方案的年等额净回收额，因此甲方案最优。

2. 答案：B

解析：静态投资回收期是指投资引起的现金流入累计到与投资额相等所需的时间，即累计净现金流量为零的年限。

3. 答案：C

解析：$\dfrac{IRR - 10\%}{12\% - 10\%} = \dfrac{0 - 50}{-4 - 50}$ IRR = 11.85%

4. 答案：C

解析：在全部投资均于建设起点一次投入，建设期为零，投产后每年净现金流量相等的情况下，计算内含报酬率的年金现值系数 = 原始投资/年净现金流量，而原始投资/年净现金流量即为投资回收期。

5. 答案：B

解析：(400 + NPV)÷400 = 1.35
NPV = 400×(1.35 - 1) = 140(万元)

6. 答案：C

解析：由于A方案的现金流量递增，而B方案的现金流量递减，考虑资金时间价值，B方案的净现值一定大于A方案的净现值，所以，B方案优于A方案。

7. 答案：A

解析：贴现率与净现值呈反向变化，所以，当贴现率为10%时，某项目的净现值为500元（大于零），要想使净现值向零趋近（此时的贴现率为内含报酬率）即降低净现值，需进一步提高贴现率，故知该项目的内含报酬率高于10%。

8. 答案：D

解析：净现值法的缺点在于不能直接反映项目实际收益率水平。

9. 答案：D

解析：内含报酬率是使方案获利指数等于1的贴现率。

10. 答案：C

解析：固定资产平均年成本，是未来使用年限内现金流出总现值除以年金现值系数，而资本回收系数是年金现值系数的倒数。

三、多项选择题

1. 答案：AC

解析：静态投资回收期是非贴现指标，与贴现率无关；内含报酬率的计算本身也与贴现率无关。

2. 答案：CD

解析：净现值为负数，即表明该投资项目的内含报酬率小于要求的投资报酬率，方案不可行。但并不表明该方案一定为亏损项目或内含报酬率小于0。

3. 答案：AB

解析：内含报酬率大小不受贴现率高低的影响。

4. 答案：BCD

解析：当投资项目的风险与企业当前资产的平均风险相同，公司继续采用相同的资本结构为新项目筹资，可以用当前的资本成本作为贴现率。

5. 答案：BD

解析：获利指数是未来现金流入现值与现金流出现值的比率，选项A错误；无论动态投资回收期还是静态投资回收期都没有考虑回收期满后的现金流量，所以不能衡量盈利性，选项B正确；内含报酬率的高低不受折现率的变化而变化，但会随投资项目预期现金流量、期限的变化而变化，选项C错误；对于互斥项目应当以净现值法优先，因为净现值大可以给股东带来的财富就越大，股东需要的是实实在在的报酬而不是报酬比率，选项D正确。

6. 答案：CD

解析：由于项目寿命期不同，所以不能用净现值或内含报酬率法选优。

7. 答案：BD

解析：动态投资回收期，一旦折现率提高其未来现金流入现值会变小，其回收期会变长；内含报酬率指标是方案本身的投资报酬率，其数值大小不受折现率高低的影响。

8. 答案：ABC

解析：当净现值为负数时，项目收益不足以偿还本息，并不能说明收入小于成本

四、判断题

1. 答案：对

解析：净现值法所依据的原理是：假设预计的现金流入在年末肯定可以实现，把原始投资看成是按预定贴现率借入的。当净现值为正时，偿还本息后还有剩余的收益。净现值的经济意义是投资方案贴现后的净收益。

2. 答案：错

解析：投资回收期指标不仅没有考虑资金的时间价值，而且没有考虑回收期满后的现金流量状况。

3. 答案：错

解析：内含报酬率是投资方案本身的投资报酬率，判断一个投资方案是否可行需要将其内含报酬率与事先设定的贴现率（即投资项目的资本成本或要求的最低报酬率）进行比较才能进行决策。

4. 答案：错

解析：利用内含报酬率指标对投资项目进行评价时，要将内含报酬率与该项目应该达到的投资报酬率（必要报酬率）比较。投资项目应该达到的投资报酬率为无风险报酬率加风险报酬率。

5. 答案：对

解析：净现值法在理论上比其他方法更完善。对于互斥投资项目，可以直接根据净现值作出评价。

6. 答案：对

解析：独立方案间的优劣排序，应以获利指数高低为基准来选择；对于互斥投资项目，可以直接根据净现值法作出评价。

五、计算与案例分析

1. (1) Δ 年折旧 = 18 000(元)；

Δ 投资 = 150 000 - 60 000 = 90 000(元)；

Δ 年 NCF = (Δ 收入 - Δ 经营成本 - Δ 折旧)(1 - 33%) + Δ 折旧
= [16 000 - (-9 000) - 18 000] × (1 - 33%) + 18 000
= 22 690(元)。

(2) (P/A, ΔIRR, 5) = 90 000 ÷ 22 690 = 3.967,

已知：I = 8%, (p/A, 8%, 5) = 3.791,

求得 ΔIRR = 8.26%。

(3) 若折现率为8%时，ΔIRR 大于8%，应以新设备替换旧设备；

若折现率为10%时，ΔIRR 小于10%，应继续使用旧设备。

2. (1) 甲方案：

项目计算期 = 5(年)；

固定资产原值 = 100(万元)；

建设起点 NCF = -150(万元)；

经营期第 1~5 年年 NCF = (90 - 60) × (1 - 33%) + 19 = 39.1(万元)；

终结点回收额 = 55(万元)；

净现值 = 39.1 × 3.791 + 55 × 0.621 - 150 = 32.38(万元)。

乙方案：

项目计算期 = 7（年）；

固定资产原值 =120（万元）；

固定资产年折旧 =22.4（万元）；

无形资产摊销 =5（万元）；

建设起点 NCF = -210（万元）；

经营期年总成本 =107.4（万元）；

经营期年营业利润 =62.6（万元）；

经营期年净利润 =41.942（元）；

经营期第 3~7 年年 NCF =（170 - 80 - 22.4 - 5）×（1 - 33%）+22.4 + 5 = 69.342（万元）；

终结点回收额 =73（万元）；

净现值 =69.342 ×（4.8684 - 1.7355）+73 ×0.5132 - 210 = 44.71（万元）。

甲、乙两方案的净现值均大于 0，两方案均可行。

（2）甲方案年回收额 =32.38 ÷3.791 =8.54（万元）；

乙方案年回收额 =44.71 ÷4.8684 =9.18（万元）；

乙方案年回收额大于甲方案年回收额，因此，该企业应选择乙方案。

3.（1）B 公司的权益 β 系数 =1.1，

B 公司的资产 β 系数 =1.1 ÷[1 ÷（1 - 30%）] =0.77。

B 公司的资产 β 系数即是参照，可作为 A 公司的资产 β 系数。接下来按照 β 值进行计算。

A 公司的权益 β 系数 =0.77 ×[1 ÷（1 - 50%）] =1.54，

按照资本资产定价模型，A 公司项目的权益成本率 =4.3% +1.54 ×（9.3% - 4.3%）=12%。

评价项目使用的折现率应该是项目的加权平均资本成本，A 公司项目的加权平均资本成本（即折现率）=50% ×8% +50% ×12% =10%。

（2）第 0 年现金流量 = -（750 +250）= -1 000（万元）。

由于不考虑所得税，所以就不存在折旧的抵税效应，故营业现金流量就是收入减去付现成本，即第 1~4 年现金流量 =250 ×4 - 180 ×4 - 40 =240（万元），第 5 年现金流量 =240 +50 +250 =540（万元）。

净现值 =240 ×（P/A,10%,4）+540 ×（P/F,10%,5）- 1 000 =96.06（万元）。

（3）售价 =250 ×（1 - 10%）=225（万元），

变动成本 =180 ×（1 +10%）=198（万元），

固定成本 =40 ×（1 +10%）=44（万元），

残值收入 =50 ×（1 - 10%）=45（万元），

营运资本 =250 ×（1 +10%）=275（万元），

第 0 年现金流量 = -(750+275) = -1 025(万元),

第 1~4 年现金流量 = 225×4 - 198×4 - 44 = 64(万元),

第 5 年现金流量 = 64 + 45 + 275 = 384(万元),

净现值 = 64×(P/A,10%,4) + 384×(P/F,10%,5) - 1 025 = -583.71(万元)。

(4) 设利润为 0 的产销量为 x_1,则(250-180)×x_1 - 40 - 140 = 0,解得:x_1 = 2.57(万件)。

设现金流量为 0 的产销量为 x_2,则(250-180)×x_2 - 40 = 0,解得:x_2 = 0.57(万件)。

设净现值为 0 的产销量为 x_3,则 -1 000 + [(250-180)×x_3 - 40]×(P/A,10%,5) + (250+50)×(P/F,10%,5) = 0,解得:x_3 = 3.64(万件)。

4. (1) 项目计算期 = 1 + 10 = 11(年)

建设期资本化利息 = 100(万元)

固定资产原值 = 1 000 + 100 = 1 100(万元)

年折旧 = 经营期第 2~4 年每年总成本增加额 = 付现成本 + 折旧 + 利息

= 1 000×60% + 123.75 + 100 = 823.75(万元)

经营期第 5~6 年每年总成本增加额 = 付现成本 + 折旧 = 1 000×60% + 123.75 = 723.75(万元)

经营期第 7~9 年每年总成本增加额 = 800×60% + 123.75 = 603.75(万元)

经营期第 10 年总成本增加额 = 付现成本 = 800×60% = 480(万元)

终结点第 11 年总成本增加额 = 付现成本 + 处理固定资产净损失 = 480 + 1 100×10% = 590(万元)

经营期第 2~4 年每年净利润增加额 = (收入 - 总成本)×(1 - 所得税率) = (1 000 - 823.75)×(1 - 30%) = 123.375(万元)

经营期第 5~6 年每年净利润增加额 = (1 000 - 723.75)×(1 - 30%) = 193.375(万元)

经营期第 7~9 年每年净利润增加额 = (800 - 603.75)×(1 - 30%) = 137.375(万元)

经营期第 10 年净利润增加额 = (800 - 480)×(1 - 30%) = 224(万元)

终结点第 11 年净利润增加额 = (800 - 590)×(1 - 30%) = 147(万元)

(2) 各年现金净流量的计算如下:

NCF_0 = -1 000(万元)

NCF_1 = -200(万元)

NCF_{2-4} = 净利润 + 折旧 + 利息 = 123.375 + 123.75 + 100 = 347.125(万元)

NCF_{5-6} = 净利润 + 折旧 = 193.375 + 123.75 = 317.125(万元)

NCF_{7-9} = 净利润 + 折旧 = 137.375 + 123.75 = 261.125(万元)

NCF_{10} = 净利润 = 224(万元)

NCF_{10} = 净利润 + 回收垫支流动资金 + 残值损失 = 147 + 200 + 110 = 475(万元)

（3）项目净现值为：

NPV = -1000 + (-200)(P\F,10%,1) + 347.125(P\F,10%,2) + 347.125(P\F,10%,3) + 347.125(P\F,10%,4) + 317.125(P\F,10%,5) + 347.125(P\F,10%,6) + 261.125(P\F,10%,7) + 261.125(P\F,10%,8) + 261.125(P\F,10%,9) + 224(P\F,10%,10) + 475(P\F,10%,11) = 591.948（万元）。

项目的净现值为正，因此建设新的生产线是可行的。

【注会真题汇编】

1. 答案：B

解析：对于使用年限不同的互斥方案，决策标准应当选用平均年成本法，所以选项B正确。

2. 答案：ABD

解析：因为净现值大于0，因此未来现金净流量总现值补偿了原始投资额现值后还有剩余，即折现回收期小于项目投资期5年，所以选项C错误。

3. 答案：CD

解析：动态投资回收期法的主要缺点有：（1）没有考虑回收期以后的现金流，也就是没有衡量盈利性；（2）促使公司接受短期项目，放弃有战略意义的长期项目。

4.（1）无风险报酬率应当选择上市交易的10年期长期政府债券的到期收益率作为代替。

设10年期长期政府债券的到期收益率为i，则有：

NPV = 1000 × 6% × (P/A,i,10) - 1000 × (P/F,i,10) - 1120

当i=4%时，NPV = 60 × 8.1109 + 1000 × 0.6756 - 1120 = 42.25（元）

当i=5%时，NPV = 60 × 7.7217 + 1000 × 0.6139 - 1120 = -42.80（元）

根据内插法：(i - 4%) ÷ (5% - 4%) = (0 - 42.25) ÷ (-42.80 - 42.25)

求得：到期收益率 i = 4.50%

（2）乙公司卸载财务杠杆的 $\beta_{资产}$ = 1.5 ÷ [1 + 40 ÷ 60 × (1 - 25%)] = 1

丙公司卸载财务杠杆的 $\beta_{资产}$ = 1.54 ÷ [1 + 50 ÷ 50 × (1 - 25%)] = 0.88

锂电池行业代表企业的平均 $\beta_{资产}$ = (1 + 0.88) ÷ 2 = 0.94

该锂电池项目的 $\beta_{权益}$ = 0.94 × [1 + 30 ÷ 70 × (1 - 25%)] = 1.24

该锂电池项目的权益资本成本 = 4.5% + 1.24 × 7% = 13.18%。

（3）该锂电池项目的加权平均资本成本 = 9% × (1 - 25%) × 30% + 13.18% × 70% = 11.25%。

第九章　资本预算中的风险分析与最佳资本预算的确定

一、简答题

答案：略

二、单项选择题

1. 答案：C

解析：在投资项目评价时，影响股东预期收益率的是项目的系统风险。

2. 答案：A

解析：利用肯定当量系数，可以把不肯定的现金流量折算成肯定的现金流量，或者说去掉了现金流量中有风险的部分。去掉部分包含了全部风险，既有特别风险也有系统风险，既有经营风险也有财务风险，剩下的是无风险现金流量。

3. 答案：B

解析：项目特有风险的衡量和处置方法主要有敏感性分析、情景分析、临界点和模拟分析等。投资项目的敏感性分析，是假定其他变量不变的情况下，测定某一变量发生特定变化时对净现值或内含报酬率的影响。

4. 答案：A

解析：选项 B 没有考虑到相同资本结构假设；选项 C 没有考虑增加债务会使股东要求的报酬率由于财务风险增加而提高；选项 D 说反了，应该是股东要求的报酬率去折现股权现金流量。

5. 答案：D

解析：模拟分析法的主要局限性在于基本变量的概率信息难以取得。

三、多项选择题

1. 答案：ACD

解析：情景分析法允许多个变量同时变动，敏感分析指允许一个因素变动，但不知道有几种情景即发生的概率。蒙特卡罗模拟是敏感分析和概率分布原理结合的产物，模拟分析比情景分析考虑了无限多的情景。因此正确选项是 ACD。

2. 答案：BD

解析：变化系数是用来反映项目风险程度的指标，变化系数越大，风险越大，肯定程度越低，肯定当量系数越小，因此，选项 C 不正确，选项 D 正确；变化系数为 0，表示风险为 0，所以，肯定当量系数为 1，选项 B 正确；从理论上来说，如果变化系数无穷大，即风险无限大，肯定当量系数才可能为 0，因此，选项 A 不正确。

3. 答案：ABCD

解析：任何投资项目都是有风险的。项目风险可以从三个层次来看待：特有风险、公司风险和市场风险。通常，项目特有风险不宜作为资本预算时风险的度量。唯一影响股东预期收益的是项目的系统风险。

四、判断题

1. 答案：对

解析：肯定当量法可以根据各年不同风险程度，分别采用不同的肯定当量系数，对每年的现金流量直接进行调整，将时间和风险因素分开，克服了风险调整贴现率法夸大远期风险的缺点。

2. 答案：错

解析：如果公司股东同时拥有几家公司的股票，而且公司同时进行多个项目的投资时，公司股东的投资所具有的风险就是市场风险。

3. 答案：对

解析：任何投资项目都有风险，未来的现金流量总会具有某种程度的不确定性。公司在制定资本预算时，相关风险的大小和在设计项目时尽可能减少不确定性都应考虑在内。

五、计算与案例分析

1. （1） $\beta(资产) = (6 \times 725 - 72 \times 60) \div (6 \times 874 - 722) = 0.5$，

$\beta(权益) = 0.5 \times (1 + 0.4) = 0.7$。

（2） $\beta(权益) = 0.5 \times (1 + 0.6) = 0.8$。

2. （1）采用肯定当量系数调整各年的现金流量。

①计算各年现金流入的期望值：

$E_1 = 3\,000 \times 0.25 + 2\,000 \times 0.50 + 1\,000 \times 0.25 = 2\,000$（元）；

$E_2 = 4\,000 \times 0.20 + 3\,000 \times 0.60 + 2\,000 \times 0.20 = 3\,000$（元）；

$E_3 = 2\,500 \times 0.30 + 2\,000 \times 0.40 + 1\,500 \times 0.30 = 2\,000$（元）。

②计算各年现金流入的标准差：

$d_1 = \sqrt{(3\,000 - 2\,000)^2 \times 0.25 + (2\,000 - 2\,000)^2 \times 0.50 + (1\,000 - 2\,000)^2 \times 0.25} = 707.10$（元）

$d_2 = \sqrt{(4\,000 - 3\,000)^2 \times 0.20 + (3\,000 - 3\,000)^2 \times 0.60 + (2\,000 - 3\,000)^2 \times 0.20} = 632.50$（元）

$d_3 = \sqrt{(2\,500 - 2\,000)^2 \times 0.30 + (2\,000 - 2\,000)^2 \times 0.40 + (1\,500 - 2\,000)^2 \times 0.30} = 387.30$（元）

③计算各年现金流入的变化系数：

$q_1 = d_1/E_1 = 707.10/2\,000 = 0.35$；

$q_2 = d_2/E_2 = 632.50/3\,000 = 0.21$；

$q_3 = d_3/E_3 = 387.30/2\,000 = 0.19$。

④查"变化系数与肯定当量系数经验关系表"求得肯定当量系数：

$a_1 = 0.6, a_2 = 0.8, a_3 = 0.8$。

⑤用肯定当量系数调整各年的现金流量（调整为无风险的现金流量）：

$CFAT_1 = 2\,000 \times 0.6 = 1\,200$（元）；

$CFAT_2 = 3\,000 \times 0.8 = 2\,400$（元）；

$CFAT_3 = 2\,000 \times 0.8 = 1\,600$（元）。

(2) 以调整后的现金流量计算内含报酬率（采用逐步测试法）：

令 $i = 12\%$，

$NPV = 1\,200 \times 0.8929 + 2\,400 \times 0.7972 + 1\,600 \times 0.7118 - 4\,000 = 123.64$（元）；

令 $i = 14\%$，

$NPV = 1\,200 \times 0.8772 + 2\,400 \times 0.7695 + 1\,600 \times 0.6750 - 4\,000 = -20.56$（元）。

采用插值法计算内含报酬率：

内含报酬率 $= 12\% + (14\% - 12\%) \times (0 - 123.64)/(-20.56 - 123.64) = 13.71\%$。

(3) 由于A方案的内含报酬率为13.71%，大于无风险的最低报酬率10%，故该方案应当采用。

【注会真题汇编】

(1) 到期收益率法：

$1\,000 \times 6\% \times (P/A, i, 5) + 1\,000 \times (P/F, i, 5) - 960 \times (1 - 2\%) = 0$

内插法求 i：

当 $i = 7\%$ 时，$1\,000 \times 6\% \times (P/A, 7\%, 5) + 1\,000 \times (P/F, 7\%, 5) - 960 \times (1 - 2\%) = 18.21$

当 $i = 8\%$ 时，$1\,000 \times 6\% \times (P/A, 8\%, 5) + 1\,000 \times (P/F, 8\%, 5) - 960 \times (1 - 2\%) = -20.64$

$(i - 7\%) \div (8\% - 7\%) = (0 - 18.21) \div (-20.64 - 18.21)$

解得：$i = 7.47\%$

税后债务资本成本 $= 7.47\% \times (1 - 25\%) = 5.60\%$

$\beta_{资产} = 1.5 \div [1 + (1 - 25\%) \times 2/3] = 1$，$\beta_{权益} = 1 \times [1 + (1 - 25\%) \times 1/1] = 1.75$

股权资本成本 $= 3.4\% + 1.75 \times (7.4\% - 3.4\%) = 10.40\%$

加权平均资本成本 $= 5.6\% \times 50\% + 10.4\% \times 50\% = 8\%$

(2) 年折旧额 $= 4\,000 \times (1 - 5\%) \div 4 = 950$（万元）

项目终结点生产线的账面价值 $= 4\,000 - 950 \times 3 = 1\,150$（万元）

习题解析

单位：万元

	2016 年年末	2017 年年末	2018 年年末	2019 年年末	2020 年年末
设备购置支出	-4 000				
税后收入			12 000×0.5×(1-25%)=4 500	4 725	4 961.25
税后付现营业费用：					
税后变动制造成本			-12 000×0.3×(1-25%)=-2 700	-2 835	-2 976.75
税后付现销售和管理费用			-4 500×10%=-450	-472.5	-496.13
税后付现固定成本			-200×(1-25%)=-150	-250×(1-25%)=-187.5	-300×(1-25%)=-225
折旧抵税			950×25%=237.5	237.5	237.5
变现价值					1 800
变现利得纳税					-(1 800-1 150)×25%=-162.5
营运资本		-12 000×0.5×20%=-1 200	-1 200×(1+5%)=-1 260	-1 260×(1+5%)=-1 323	
营运资本垫支		-1 200	-60	-63	
营运资本收回					1 323
丧失税后租金收入	-60×(1-25%)=-45	-45	-45	-45	
现金净流量	-4 045	-1 245	1 332.5	1 359.5	4 461.37
折现系数8%	1	0.9259	0.8573	0.7938	0.7350
现金流量现值	-4 045	-1 152.75	1 142.35	1 079.17	3 279.11
净现值	302.88				

项目净现值大于零，所以项目可行。

(3) 设增加的购置成本为 X 万元

增加的折旧：$X \times (1 - 5\%) \div 4 = 0.2375X$

增加的折旧抵税 $= 0.059375X$

增加的账面价值 $= X - 0.2375X \times 3 = 0.2875X$

增加的清理损失抵税 $= 0.2875X \times 25\% = 0.071875X$

$-X + 0.059375X \times (P/A,8\%,3) \times (P/F,8\%,1) + 0.071875X \times (P/F,8\%,4) = -302.88$

解得：$X = 376.02$

能够接受的最高购置价格 $= 4\,000 + 376.02 = 4376.02$（万元）。

第十章　资本成本

一、简答题

答案：略

二、单项选择题

1. 答案：A

解析：股东权益资本成本 $= 4\% + 1.41 \times 9.2\% = 16.97\%$

　　　负债的资本成本 $= 10\% \times (1 - 25\%) = 7.5\%$

　　　加权平均资本成本 $= \dfrac{4\,000}{6\,000 + 4\,000} \times 7.5\% + \dfrac{6\,000}{6\,000 + 4\,000} \times 16.97\% = 13.18\%$

2. 答案：A

解析：留存收益的资本成本 $= 2 \times (1 + 2\%)/25 + 2\% = 10.16\%$

3. 答案：C

解析：债券筹资的资本成本 $= \dfrac{1\,000 \times 6\% \times (1 - 25\%)}{1\,010 \times (1 - 2\%)} = 4.55\%$

4. 答案：C

解析：股票筹资的资本成本 $= 6\% + 1.25 \times 8\% = 16\%$

5. 答案：A

解析：股票筹资的资本成本 $= \dfrac{0.8 \times (1 + 4\%)}{10 \times (1 - 5\%)} + 4\% = 12.76\%$

6. 答案：B

解析：边际资本成本是指资金每增加一个单位而增加的成本。

三、多项选择题

1. 答案：AB

解析：资本占用费是指资金在使用过程中支付的费用，如向股东支付的股利、向债权人支付的利息。

2. 答案：AB

解析：由于债务筹资的利息在税前列支可以抵税，而股权资本的股利不允许在税前列支，不能抵税。

3. 答案：ABC

解析：留存收益属于内部筹资，没有筹资费用。

4. 答案：AB

解析：加权平均资本成本是以各种资本占全部资本的比重为权数，对个别资本成本进行加权平均确定的。

四、判断题

1. 答案：对

解析：在计算加权平均资本成本时，可以账面价值、市场价值或目标价值权数。

2. 答案：错

解析：资本的边际成本需要采用加权平均法计算，其最理想的权数应为目价值权数，其次是市场价值权数，最后才是账面价值权数。

3. 答案：对

解析：边际资本成本是企业进行追加筹资的决策依据。筹资方案组合时，边际资本成本的权数采用目标价值权数。

五、计算与案例分析

1. 该贷款的实际利率 = 8% ÷ (1 - 25%) = 10.67%。

2. 综合资金成本率
= 6% × 300 ÷ 1 000 + 11% × 100 ÷ 1 000 + 12% × 500 ÷ 1 000 + 15% × 100 ÷ 1 000
= 10.4%。

3. （1）根据题意，可以用简单公式计算出该债券的资本成本率，即：

债券资本成本率 = [(1 000 × 12%) × (1 - 33%)] ÷ [1 200 × (1 - 3%)] = 6.91%

（2）如果所得税率下降到20%，将会使得该债券的成本率上升，新所得税率下的债券成本率可计算为：

债券成本率 = [(1 000 × 12%) × (1 - 20%)] ÷ [1 200 × (1 - 3%)] = 8.25%

4. （1）债券发行价格 = 150 × 5.019 + 1 000 × 0.247 = 999.85(元)。

（2）债券成本率 = 15% × (1 - 34%) ÷ (1 - 1%) = 10%，

优先股成本率 = 19.4% ÷ (1 - 3%) = 20%，

项目综合资金成本率
= 10% × [(1 600 × 1 000) ÷ 2 000 000] + 20% × [(2 000 000 - 1 600 × 1 000) ÷ 2 000 000]
= 12%。

5. ①计算目前资金结构下的综合资金成本：

长期债券比重 = 200 ÷ 800 × 100% = 25%,

优先股比重 = 100 ÷ 800 × 100% = 12.5%,

普通股比重 = 500 ÷ 800 × 100% = 62.5%,

长期债券成本 = 8% × (1 − 33%) ÷ (1 − 0) = 5.36%,

优先股成本 = 6% ÷ (1 − 0) = 6%,

普通股成本 = 24 ÷ 200 + 4% = 16%,

综合资金成本 = 25% × 5.36% + 12.5% × 6% + 62.5% × 16% = 12.09%。

②计算甲方案的综合资金成本:

原债券比重 = 200 ÷ 1 000 × 100% = 20%,

新债券比重 = 200 ÷ 1 000 × 100% = 20%,

优先股比重 = 100 ÷ 1 000 × 100% = 10%,

普通股比重 = 500 ÷ 1 000 × 100% = 50%,

原债券资本成本 = 5.36%,

新债券资本成本 = 10% × (1 − 33%) ÷ (1 − 0) = 6.7%,

优先股成本 = 6%,

普通股成本 = 26 ÷ 180 + 5% = 19.44%,

甲方案资金成本 = 20% × 5.36% + 20% × 6.7% + 10% × 6% + 50% × 19.44% = 12.73%。

③计算乙方案的综合资金成本:

原债券比重 = 200 ÷ 1 000 × 100% = 20%,

新债券比重 = 100 ÷ 1 000 × 100% = 10%,

优先股比重 = 100 ÷ 1 000 × 100% = 10%,

普通股比重 = 600 ÷ 1 000 × 100% = 60%,

原债券资本成本 = 5.36%,

新债券资本成本 = 10% × (1 − 33%) ÷ (1 − 0) = 6.7%,

优先股成本 = 6%,

普通股成本 = 26 ÷ 230 + 4% = 15.3%,

综合资金成本 = 20% × 5.36% + 10% × 6.7% + 10% × 6% + 60% × 15.3% = 11.52%。

应选择乙方案,其综合资金成本不仅低于甲方案,而且低于目前的综合资金成本。

【注会真题汇编】

1. 答案:B

解析:因为存在违约风险,债务投资组合的期望收益低于合同规定的收益。对于筹资人来说,债权人的期望收益是其债务的真实成本。

2. 答案:B

解析：采用风险调整法估计债务资本成本，在选择若干已上市公司债券以确定本公司的信用风险补偿率时，应当选择信用级别与本公司相同的上市公司债券。

3. 答案：ABC

解析：资本成本是指投资资本的机会成本，这种成本不是实际支付的成本，而是一种失去的收益，也称为必要报酬率、投资项目的取舍率、最低接受的报酬率。选项 D，项目的内含报酬率是真实的报酬率，不是资本成本。

4. 答案：ABD

解析：如果不考虑所得税和发行成本的影响，债务资本成本等于债权人的期望收益率，所以，选项 A 正确（这是中注协公布的答案，其实该选项的题干不严谨，因为发行成本会造成二者的差异）；当不存在违约风险时，债务资本成本等于债务的承诺收益率，所以，选项 B 正确；估计债务资本成本时，应使用未来债务的加权平均债务资本成本，所以，选项 C 错误；计算加权平均债务资本成本时，只需考虑长期债务，通常不需要考虑短期债务，原因是短期债务筹集的是营运资本，所以，选项 D 正确。

5. 答案：CD

解析：估计无风险报酬率时，应该选择上市交易的政府长期债券的到期收益率，而非票面利率，所以，选项 A 错误；估计 β 值时，较长的期限可以提供较多的数据，但是如果公司风险特征发生重大变化，应使用变化后的年份作为预测长度，所以，选项 B 错误；估计市场风险溢价时，使用较长年限数据计算出的权益市场平均收益率，其中既包括经济繁荣时期，也包括经济衰退时期，要比使用较短年限数据计算出的结果更具有代表性，所以，选项 C 正确；如果公司未来的业务将发生重大变化，即 β 值的驱动因素发生重大变化，则不能用企业的历史 β 值来估计未来的权益资本成本，所以，选项 D 正确。

6. （1）假设计息期债务资本成本为 R_d：

$1\,000 \times 8\% \div 2 \times (P/A, R_d, 8) + 1\,000 \times (P/F, R_d, 8) = 935.33$

当 $R_d = 5\%$，$1\,000 \times 8\% \div 2 \times (P/A, 5\%, 8) + 1\,000 \times (P/F, 5\%, 8) = 40 \times 6.4632 + 1\,000 \times 0.6768 = 935.33$

所以：$R_d = 5\%$

长期债券税前资本成本 $= (1 + 5\%)^2 - 1 = 10.25\%$

（2）普通股资本成本 $= 6\% + 1.4 \times (11\% - 6\%) = 13\%$

（3）加权平均资本成本 $= 10.25\% \times (1 - 25\%) \times 1 \times 935.33 \div (1 \times 935.33 + 600 \times 10) + 13\% \times 600 \times 10 \div (1 \times 935.33 + 600 \times 10) = 12.28\%$

（4）计算公司的加权平均资本成本，有三种权重依据可供选择，即账面价值权重、实际市场价值权重和目标资本结构权重。

①账面价值权重：是指根据企业资产负债表上显示的会计价值来衡量每种资本的比例。资产负债表提供了负债和权益的金额，计算时很方便。但是，账面结构反映的是历史的结构，不一定符合未来的状态；账面价值权重会歪曲资本成本，因为账面价值与市场价值有极大的差异。

②实际市场价值权重：是根据当前负债和权益的市场价值比例衡量每种资本的比例。由于市场价值不断变动，负债和权益的比例也随之变动，计算出的加权平均资本成本数额也是经常变化的。

③目标资本结构权重：是根据按市场价值计量的目标资本结构衡量每种资本要素的比例。

公司的目标资本结构，代表未来将如何筹资的最佳估计。如果公司向目标资本结构发展，目标资本结构权重更为合适。这种权重可以选用平均市场价格，回避证券市场价格变动频繁的不便；可以适用于公司评价未来的资本结构，而账面价值权重和实际市场价值权重仅反映过去和现在的资本结构。

7.（1）①使用风险调整法估计债务成本时，应选择若干信用级别与本公司相同的已上市公司债券；小 w 选择的是同行业公司发行的已上市债券。

②计算债券平均风险补偿率时，应选择到期日与已上市公司债券相同或相近的政府债券；小 w 选择的是发行期限相同的政府债券。

③计算债券平均风险补偿率时，应使用已上市公司债券的到期收益率和同期政府债券的到期收益率；小 w 使用的是票面利率。

④估计无风险报酬率时，应按与拟发行债券到期日相同或相近的政府债券（即 5 年期政府债券）的到期收益率估计；小 w 使用的是与拟发行债券发行期限相同的政府债券的票面利率。

⑤确定票面利率时应使用税前债务成本；小 w 使用的是税后债务成本。

⑥拟发行债券每半年付息一次，应首先计算出半年的有效利率，与计息期次数相乘后得出票面利率；小 w 直接使用了年利率。

（2）票面利率 = ($\sqrt{1+8.16\%}-1$) × 2 = 8%

每期（半年）付息额 = 1 000 × 8% ÷ 2 = 40（元）。

第十一章　资本结构理论

一、简答题

答案：略

二、单项选择题

1. 答案：A

解析：该企业留存收益的筹资总额分界点 = 100÷20% = 500（万元）。

2. 答案：C

解析：筹资总额分界点 = 第 i 种筹资方式的成本分界点/目标资本结构中第 i 种筹资方式所占的比例 = 10 000÷20% = 50 000。

3. 答案：A

解析：每股收益无差别点法就是利用预计的息税前利润与每股收益无差别点的息税前利润的关系进行资本结构决策。

4. 答案：B

解析：AD 属于存量调整；C 属于减量调整。

5. 答案：A

解析：资本结构是根据企业的加权平均资本成本的高低来确定的。

6. 答案：A

解析：每股收益无差别点法认为每股收益最高的方案即为最优方案。

三、多项选择题

1. 答案：ACD

解析：按照有企业所得税条件下的 MM 理论，有负债企业的价值 = 无负债企业的价值 + 债务利息抵税收益的现值，随着企业负债比例的提高，企业价值也随之提高，在理论上，全部融资来源于负债时，企业价值达到最大；按照权衡理论的观点，有负债企业的价值 = 无负债企业的价值 + 利息抵税的现值 − 财务困境成本的现值；按照代理理论的观点，有负债企业的价值 = 无负债企业的价值 + 解息抵税的现值 − 财务困境成本的现值 − 债务的代理成本现值 + 债务的代理收益现值，由此可知，权衡理论是有企业所得税条件下的 MM 理论的扩展，而代理理论又是权衡理论的扩展，所以，选项 A、C、D 的说法正确。优序融资理论的观点是，考虑信息不对称和逆向选择的影响，管理者偏好首选留存收益筹资，然后是债务筹资（先普通债券后可转换债券），而将发行新股作为最后的选择。故选项 B 的说法不正确。

2. 答案：BC

解析：进行公司分立和分配现金股利均导致公司资产总额减少，属于资本结构的减量调整方式；将可转换债券转换为公司的普通股属于资本结构的存量调整方式；融资租赁属于资本结构的增量调整方式。

3. 答案：ABCD

解析：影响企业资本结构的因素包括：（1）企业产销情况；（2）企业财务状况；（3）企业资产结构；（4）企业控制权；（5）企业的信用等级；（6）企业所处行业；

(7)政府的税收政策。

  4. 答案：BCD

  解析：比较资本成本法、息税前利润—每股收益分析法、公司价值分析法均可确定最优资本结构。

  5. 答案：AB

  解析：最佳资本结构，是指在一定条件下使企业加权平均资本成本率最低、企业价值最大的资本结构。

四、判断题

  1. 答案：对

  解析：每股收益无差别点法假定每股收益最大，股票价格也就最高，因此该方法只考虑了资本结构对每股收益的影响，并未考虑相关的风险。

  2. 答案：对

  解析：因为固定资产的变现能力较差，资本主要来源于长期负债和股票筹资；流动资产的变现能力一般较强，可选择流动负债与之相匹配。

  3. 答案：对

  解析：依据筹资总额分界点的定义。

  4. 答案：错

  解析：最优资本结构是指在一定条件下使企业加权平均资本成本最低、企业价值最大的资本结构。

  5. 答案：错

  解析：同第 4 题。

五、计算与案例分析

  1. (1) Modigliani 和 Miller 是著名的理财学专家，1958 年两人合作在《美国经济评论》上发表了《资本成本、公司理财和投资理论》一文，同年 9 月在《美国经济评论》上再度发表了《资本成本、公司理财和投资理论：答读者问》，1963 年又在《美国经济评论》上发表《税收和资本成本：校正》一文。这三篇文章，首次以科学的、严谨的方法研究资本结构和企业价值的关系，形成了著名的"MM 资本结构理论"，为现代财务管理理论的发展做出了重要贡献。

  MM 理论包括无公司税的 MM 理论和有公司税的 MM 理论，有五点基本假设条件，后来这些条件得到了放宽。Miller 模型保持了 MM 理论的所有假设，又加上了一条个人所得税假设。

  (2) 无公司税的 MM 理论认为，低成本的举债利益正好被股本成本的上升所抵消，所以增加负债不会增加或降低企业的加权平均资本成本，也不会改变企业的价值。有公司税的 MM 理论认为，在有公司税的情况下，通过提高负债—权益比，企业可以降低其税负，降低资本成本，从而提高企业价值。Miller 模型考虑了个人所得税，得出的结论基本与 MM 理论相似。实践中的公司并未遵守这些建议。

（3）当财务危机产生时，公司即使不破产，同样会产生大量的直接成本和间接成本，这些便是财务危机成本。财务危机成本可以分为直接成本和间接成本，直接成本包括清算和重组的法律成本和管理成本，与此相对应的经营方面受到的影响则为间接成本。

在现代股份制企业中，股东和债权人均把资金交给企业的管理人员，由其代为经营管理，创造收益，于是，企业经理与股东和债权人之间就形成所谓的代理关系。经理往往是由股东聘任的，因此经理人员在管理中首先考虑的是股东利益，其次才是债权人的利益。在企业拥有债务时，股东和债权人之间出现利益冲突，此时股东必然被引导去寻求利己的策略，债权人会限制股东利己的策略，这样给企业带来了代理成本。

在负债达到一定的规模以前，负债的减税利益起完全的支配作用，一旦超过一定的规模，财务危机成本和代理成本的作用会显著增强，抵消部分减税利益。随着负债规模的继续增大，危机成本和代理成本将起主导作用，损失将会超过减税收益，企业价值呈现下降趋势。

2. （1）将数据代入条件公式：

$$\frac{(S-0.6S-180-24)\times(1-33\%)}{10+6}=\frac{(S-0.6S-180-24-36)\times(1-33\%)}{10}$$

$S=750$（元）

此时的每股收益为：

$$\frac{(750-750\times0.6-180-24)\times(1-33\%)}{16}=4.02(元)$$

（2）当销售额高于 750 万元（每股收益的无差别点销售额）时，运用负债筹资可获得较高的每股收益。当销售额低于 750 万元时，运用权益筹资可获得较高的每股收益。

3. （1）方案 1 的加权平均资金成本 K_1：

原有长期借款资金成本 $=10\%\times(1-33\%)=6.7\%$

新增长期借款资金成本 $=12\%\times(1-33\%)=8.04\%$

原普通股资金成本 $=[2\times(1+5\%)]\div20+5\%=15.5\%$

$K_1=6.7\%\times800\div2\,100+8.04\%\times100\div2\,100+15.5\%\times1\,200\div2\,100=11.79\%$

方案 2 的加权平均资金成本 K_2：

增发股票后普通股资金成本 $=[2\times(1+5\%)]\div25+5\%=13.4\%$

$K_2=6.7\%\times800\div2\,100+13.4\%\times(1\,200+100)\div2\,100=10.85\%$

（2）经比较，方案 2 的加权平均资金成本较低，为优选方案。

4. (1) 增发股票方案下:

2017 年增发股份数 = 1 000 ÷ 5 = 2 000(万股)

2017 年全年债券利息 = 1 000 × 8% = 80(万元)

(2) 增发公司债券方案下:

2017 年全年债券利息 = 2 000 × 8% = 160 万元

(3) [(EBIT - 80) × (1 - 33%)] ÷ 4 000 + 200 = [(EBIT - 160) × (1 - 33%)] ÷ 4 000,

解得:EBIT = 1 760 万元

因为预计 2017 年实现的息税前利润 2 000 万元 > 每股利润无差别点的息税前利润 1 760万元,所以应采用方案二,负债筹资。

5. (1) 计算甲方案与乙方案的每股收益无差别点息税前利润

$$\frac{(EBIT - 140 - 400 \times 10\%) \times (1 - 25\%)}{210 + 400} = \frac{(EBIT - 140 - 1\,000 \times 15\%) \times (1 - 25\%)}{210 + 200}$$

EBIT = 515.5(万元)。

(2) 计算乙方案与丙方案的每股收益无差别点息税前利润

$$\frac{(EBIT - 140 - 1\,000 \times 15\%) \times (1 - 25\%)}{210 + 200} = \frac{(EBIT - 140 - 2\,300 \times 15\% - 300 \times 10\%) \times (1 - 25\%)}{210}$$

EBIT = 751.25(万元)。

(3) 计算甲方案与丙方案的每股收益无差别点息税前利润

$$\frac{(EBIT - 140 - 400 \times 10\%) \times (1 - 25\%)}{210 + 400} = \frac{(EBIT - 140 - 2\,300 \times 15\% - 300 \times 10\%) \times (1 - 25\%)}{210}$$

EBIT = 690.875(万元)。

(4) 当企业预计的息税前利润小于 515.5 万元的时候应采用甲方案,当企业预计的息税前利润大于 515.5 万元但小于 751.25 万元时应采用乙方案,当企业预计的息税前利润大于 751.25 万元时应采用丙方案。

(5) 公司预计总的息税前利润 = 300 + 500 = 800(万元)

$EPS_甲 = (800 - 140 - 400 \times 10\%) \times (1 - 25\%) ÷ (210 + 400) = 0.76$

$EPS_乙 = (800 - 140 - 1\,000 \times 15\%) \times (1 - 25\%) ÷ (210 + 200) = 0.93$

$EPS_丙 = (800 - 140 - 2\,300 \times 15\% - 300 \times 10\%) \times (1 - 25\%) ÷ 210 = 1.02$

应采用丙筹资方案。

【注会真题汇编】

1. 答案:D

解析:在考虑企业所得税的条件下,有负债企业的加权平均资本成本随着债务筹资比例的增加而降低。选项 D 错误。

2. 答案:A

解析：有税 MM 理论下，有负债企业价值 = 无负债企业价值 + 债务利息抵税收益现值。所以选项 A 正确。

3. 答案：C

解析：按照优序融资理论，当企业存在融资需求时，首先选择内源融资，其次会选择债务融资（先普通债券后可转换债券），最后选择股权融资。所以，选项 C 正确。

4. 答案：D

解析：发行长期债券、发行优先股和发行普通股三种筹资方式存在两个每股收益无差别点，即发行长期债券与发行普通股的每股收益无差别点和发行优先股与发行普通股的每股收益无差别点，发行长期债券与发行优先股不存在每股收益无差别点，原因是发行长期债券的每股收益直线与发行优先股的每股收益直线是平行的，发行长期债券的每股收益永远大于发行优先股的每股收益，因此，在决策时只需要考虑发行长期债券与发行普通股的每股收益无差别点 120 万元，当预期追加筹资后的息税前利润大于 120 万元时，甲公司应当选择发行长期债券；当预期追加筹资后的息税前利润小于 120 万元时，甲公司应当选择发行普通股。

第十二章 杠杆理论

一、简答题

答案：略

二、单项选择题

1. 答案：D

解析：总杠杆的作用程度，可用总杠杆系数表示，它是经营杠杆系数和财务杠杆系数的乘积，因为 $DTL = DOL \times DFL = 1.8 \times 1.5 = 2.7$，$\Delta X / X = 1$，则 $\Delta EPS / EPS = 2.7$。

2. 答案：C

解析：经营杠杆系数 $DOL = \dfrac{M}{EBIT} = \dfrac{EBIT + a}{EBIT} = \dfrac{M}{M - a}$

财务杠杆系数 $DFL = \dfrac{EBIT}{EBIT - I}$

总杠杆系数 $DTL = DOL \times DFL = \dfrac{M}{EBIT - I}$

因为 $DOL = 1.5 = \dfrac{500 - 200}{500 - 200 - a}$

所以 $a = 100$（万元）

又因为 $DFL = 2 = \dfrac{500 - 200 - a}{(500 - 200 - a) - I}$

将 a = 100 万元代入 所以 I = 100 万元

当固定成本增加 50 万元时：

$$DOL = \frac{500-200}{500-200-150} = 2$$

$$DFL = \frac{500-200-150}{(500-200-150)-100} = 3$$

故

总杠杆系数 $DTL = DOL \times DFL = 6$

3. 答案：C

解析：总杠杆系数是经营杠杆系数和财务杠杆系数的乘积，其计算公式为

$$DTL = DOL \times DFL = \frac{普通股每股收益变动率}{产销量变动率}$$

4. 答案：C

解析：有固定经营成本，说明存在经营杠杆；有公司债券，说明存在财务杠杆；所以存在经营杠杆和财务杠杆。

5. 答案：B

解析：只要在企业的筹资方式中有固定支出的债务或优先股，就存在财务杠杆的作用。所以，如果企业的资本来源全部为自有资本，且没有优先股，则企业财务杠杆系数就等于1。

6. 答案：C

解析：如果企业一定期间内的固定生产成本和固定财务费用均不为零，则说明该企业既存在经营杠杆效应，又存在财务杠杆效应，两者共同作用而导致的杠杆效应属于总杠杆效应。

7. 答案：D

解析：在其他因素不变的情况下，固定成本与经营杠杆系数同方向变动；经营杠杆系数反映经营风险程度，经营杠杆系数越大，经营风险越大。

8. 答案：C

解析：根据财务杠杆系数的简化计算公式可知，当没有负债和优先股筹资的情况下，财务杠杆系数为1。

三、多项选择题

1. 答案：BCD

边际贡献 =（单价 – 单位变动成本）× 销售量

2. 答案：ACD

解析：由于：总杠杆系数 = 经营杠杆系数 × 财务杠杆系数，所以，凡是引起经营杠杆系数和财务杠杆系数降低的措施均会有利于降低企业总风险。提高产品市场占有率和

降低单位产品材料成本均会引起经营杠杆系数降低；而降低公司资产负债率会引起财务杠杆系数降低。增加广告费用，即增加固定经营成本，会引起经营杠杆系数的提高。

3. 答案：ABC

解析：总杠杆系数 = 经营杠杆系数 × 财务杠杆系数 = 3.5，根据三个杠杆系数的计算公式可知。

4. 答案：ACD

解析：由总杠杆系数的计算公式以及它与经营杠杆系数、财务杠杆系数的关系可知。

5. 答案：BD

解析：财务风险大，意味着普通股每股收益的变动幅度就大，不能偿还到期债务的风险就大，增加了企业的破产风险。只要有负债，即存在财务风险，所以，即使负债率（资本结构）不变，也存在财务风险。因此不能说财务风险增加了资本结构大幅度变动的机会，财务风险并不意味着资本结构一定会变动。

四、判断题

1. 答案：对

解析：在各种资本来源中，负债资本和优先股都有固定的用资费用，即固定的利息或优先股息负担，因而均会产生财务杠杆作用。

2. 答案：错

解析：企业经营风险的大小常常使用经营杠杆来衡量，经营杠杆的大小一般用经营杠杆系数表示，它是息前税前利润变动率与销售变动率之间的比率。其计算公式为

$$DOL = (\Delta EPS/EPS)/(\Delta X/X) = 边际贡献/息税前利润。$$

3. 答案：对

解析：财务杠杆系数是由企业资本结构决定的，如果资本结构中存在负债，则必然存在财务杠杆效应，此时，财务杠杆系数越大，财务风险越大。

4. 答案：错

解析：当企业的经营杠杆系数等于1时，则企业的固定成本为零，此时企业没有经营杠杆效应，但并不意味着企业没有经营风险。因为经营风险反映息税前利润的变动程度，即使没有固定成本，息税前利润受市场因素的影响，它的变动也是客观存在的。

5. 答案：对

解析：经营风险是指仅限于经营活动（广义的经营活动还包括企业内部对固定资产投资活动）本身，而不考虑筹资活动，即企业未使用债务时经营的内在风险，它是企业投资决策的结果（即息税前营业利润），表现在资产息税前利润率达变动（或息税前营业利润的变动）上。

五、计算与案例分析

1. 该公司的销售收入 = 10 000 × 30 = 300 000（元）；

变动成本 = 10 000 × 15 = 150 000（元）；

边际贡献 = 300 000 – 150 000 = 150 000（元）；

营业利润 = 边际贡献 – 固定成本 = 150 000 – 100 000 = 50 000（元）；

经营杠杆度 = 边际贡献/营业利润 = 150 000 ÷ 50 000 = 3。

2. 该公司的债务利息 = 200 000 × 5% = 10 000（元）；

优先股股利 = 500 × 20 × 6.25% = 625（元）；

公司的财务杠杆系数 = $\dfrac{100\ 000}{100\ 000 - 1\ 000 - \dfrac{625}{1-40\%}}$ = 1.12

3. 设利息费用为 I，该公司税前利润 = 120 ÷（1 – 40%）= 200（万元），则：

财务杠杆系数 = EBIT ÷（EBIT – I）=（200 + I）÷ 200 = 1.6，求得 I = 120（万元），则 EBIT = 200 + 120 = 320（万元）。

经营杠杆系数 = 1 + 48 ÷ 320 = 1.15，总杠杆系数 = 1.6 × 1.15 = 1.84，所以每股收益的变动幅度 =［(1 200 000 – 1 000 000) ÷ 1 000 000］× 100% × 1.84 = 36.8%。

4.（1）当企业的销售额分别为 400 万元、200 万元和 100 万元时，经营杠杆系数分别为：

经营杠杆系数(400 万元) =（400 – 400 × 40%）÷（400 – 400 × 40% – 60）= 1.33，

经营杠杆系数(200 万元) =（200 – 200 × 40%）÷（200 – 200 × 40% – 60）= 2，

经营杠杆系数(100 万元) =（100 – 100 × 40%）÷（100 – 100 × 40% – 60）→ ∞。

（2）在固定成本不变的情况下，经营杠杆系数说明了销售额增长或减少所引起利润增长或减少的幅度，例如经营杠杆系数 1.33 说明企业在销售额为 400 万元时，销售额的增长或减少会引起利润 1.33 倍的增长或减少，而经营杠杆系数 2 则说明在销售额为 200 万元时，销售额的增长或减少将引起利润 2 倍的增长或减少。

（3）在固定成本不变的情况下，销售额越大，经营杠杆系数越小，经营风险也就越小；反之，销售额越小，经营杠杆系数越大，经营风险也就越大。

（4）设盈亏临界点的销售额为 S，则有：S – S × 40% – 60 = 0，计算得出盈亏临界点该企业的销售额为 100 万元。

（5）假定在其他因素不变的情况下，在盈亏临界点以前，销售额越大则经营杠杆系数越大；超过盈亏临界点以后，销售额越大则经营杠杆系数越小；在盈亏临界点上，经营杠杆系数趋于无穷。

（6）企业的财务经理在理解了经营杠杆系数的计算及其含义之后，可以采取一系列措施使经营杠杆系数降低，从而降低企业的经营风险。这些措施包括增加销售额，降低产品单位变动成本，降低固定成本比重等。

5. 根据已知资料计算两家公司的经营杠杆系数：

A 公司的经营杠杆系数 = (2 000 - 1 000) ÷ 300 = 3.33,

B 公司的经营杠杆系数 = (2 000 - 1 500) ÷ 300 = 1.67。

也就是说在 A、B 两家公司目前的销售水平上,A 公司销售额变动能够引起利润的变动比 B 公司要大,A 公司所面临的经营风险要大于 B 公司,所以在投资时应选择 B 公司。

【注会真题汇编】

1. 答案:C

解析:边际贡献 = 营业收入 × (1 - 变动成本率) = 1 000 × (1 - 60%) = 400(万元)

税前利润 = 边际贡献 - 固定成本 - 利息费用 = 400 - 200 - 40 = 160(万元)

联合杠杆系数 = 边际贡献 ÷ 税前利润 = 400 ÷ 160 = 2.5。

2. 答案:A

解析:联合杠杆系数 = 每股收益变动百分比 ÷ 营业收入变动百分比 = 经营杠杆系数 × 财务杠杆系数 = 1.2 × 1.5 = 1.8。2016 年每股收益增长率 = (1.9 - 1) ÷ 1 = 90%,营业收入增长比 = 90% ÷ 1.8 = 50%。

3. 答案:C

解析:根据经营杠杆、财务杠杆和联合杠杆的计算公式可知,经营杠杆反映营业收入变化对息税前利润的影响程度,财务杠杆反映息税前利润变化对每股收益的影响程度,联合杠杆反映营业收入变化对每股收益的影响程度。

4. 答案:A

解析:经营杠杆反映的是营业收入变化对息税前利润的影响程度,所以,选项 A 错误;经营杠杆系数 = (息税前利润 + 固定性经营成本)/息税前利润,由此可以看出,选项 C 正确;如果没有固定性经营成本,则经营杠杆系数为 1,此时不存在经营杠杆效应。所以,选项 B、D 正确。

5. 答案:B

解析:财务杠杆系数 = 息税前利润 ÷ (息税前利润 - 利息)
= [(6 - 4) × 10 - 5] ÷ [(6 - 4) × 10 - 5 - 3] = 1.25。

第十三章　股利政策

一、简答题

答案:略

二、单项选择题

1. 答案：B

2. 答案：B

解析：发放股票股利后股东所持股份比例并未改变，每位股东所持股票的市场价值总额仍然保持不变。

3. 答案：A

解析：剩余股利政策不利于投资者安排收入和支出，不利于公司树立良好的形象。

4. 答案：C

解析：采用固定股利支付率政策，要求公司每年按固定比例从净利润中支付股利。由于公司的盈利能力在年度间是经常变动的，因此每年的股利也应随公司的收益的变动而变动，保持股利与利润间的一定比例关系，体现风险投资与风险收益的对等。

5. 答案：C

解析：盈利稳定或正处于成长期的公司适用固定股利政策。

6. 答案：B

解析：股票回购使股价上涨所得的资本利得可替代股利收入，类似给投资者的现金股利。

7. 答案：C

解析：采用剩余股利政策首先保证目标资金结构的需要，如有剩余才发放股利，其根本理由在于优化资金结构，使综合资本成本最低。

8. 答案：C

9. 答案：A

解析：因为自有资金与借入资金之比为5∶3，则资产负债率3/8，满足下一年度计划投资600万元中所需自有资金为 $600 \times (1 - 3/8) = 375$ 万元，按照剩余股利政策，当年可用于股利分配的税后净利最多为 $1\,000 - 375 = 625$ 万元。

10. 答案：C

解析：对于股份公司而言，由于投资者接受股利缴纳的所得税要高于进行股票交易的资本利得所交纳的税金，因此许多公司可以通过积累利润使股价上涨的方式来帮助股东避税。

三、多项选择题

1. 答案：BCD

解析：公司出于种种因素考虑制定现金股利分配政策，这些因素主要有：未来投资机会、筹资成本、反收购、举债能力、盈余稳定状况、资产流动状况等。

2. 答案：ABD

解析：如果企业分配政策得当，则能直接增加企业积累能力，在利润一定的条件下，增加留存比例，实质上是增加企业筹资量，另外分配得当能增强投资者信心，能与投资者维持较好的关系。

3. 答案：ACD

解析：上市公司发放股票股利，减少未分配利润项目金额的同时，增加公司股本额，它们之间是此消彼长，股东权益总额不发生变化。

4. 答案：ACD

解析：固定股利政策使公司股利支付与公司盈利相脱节。

5. 答案：ABC

解析：剩余股利政策的缺点是不利于投资者安排收入和支出，也不利于公司树立良好的形象，因而不利于股价的稳定和上涨。

6. 答案：BCD

解析：确定收益分配政策应考虑的因素之一——债务合同限制。企业的债务合同，特别是长期债务合同，往往有限制企业现金支付程度的条款，其中未来的股利只能以签订合同之后的收益来发放。

四、判断题

1. 答案：错

解析：股票分割对公司的资本结构和股东权益不会产生任何影响，一般只会发行在外的股票总数增加，每股面值降低，并由此引起每股收益和每股市价下跌。

2. 答案：错

解析：负债资金，支付利息属于税前利润分配。

3. 答案：错

解析：在企业的净利润与现金流量不够稳定时，应采用正常股利加额外政策，这样对企业和股东都是有利的。

4. 答案：对

解析：剩余股利政策的优点就是能充分利用筹资成本最低的资金来源，保持理想的资金结构，使综合资本成本最低。

5. 答案：对

6. 答案：错

解析：收益分配的资本保全原则是为了维护债权人的利益。

7. 答案：对

解析：留存收益是企业内部筹资的一种重要方式，它同发行新股相比，不需要筹资费用，具有筹资成本较低的优势。因此，很多企业在确定收益分配政策时，往往将留存收益作为首选的筹资方式。

8. 答案：错

解析：股利分配的多少既取决于利润的多少，还取决于股利分配政策。

五、计算与案例分析

1. （1）当年公司发放股利 = 300 - 400 × 0.6 = 60（万元）；

   （2）股利支付率 = 60 ÷ 300 = 20%；

   （3）每股股利 = 60 ÷ 1 000 = 0.06（元/股）。

2. （1）法定盈余公积金 = 200 × 10% = 20（万元）；

   公益金 = 200 × 8% = 16（万元）。

   （2）投资所需的权益性资金 = 100 × 3 ÷ 5 = 60（万元），

   根据剩余股利政策，本年应发放的股利 = 200 - 20 - 16 - 60 = 104（万元）。

   （3）年末未分配利润为 100 万元。

   （4）每股股利 = 104 ÷ 80 = 1.3（元）；每股收益 = 200 ÷ 80 = 2.5（元）。

3. （1）下一年度所需的权益资本 = 2 400 × (1 - 50%) = 1 200（万元），

   需补充的权益资本 = 1 200 - 500 = 700（万元），

   股利支付率 = (1 000 - 700) ÷ 1 000 × 100% = 30%。

   （2）股票市价 = 10 × 2 = 20（元），

   若股利支付率为 100%，则增发股票数 = 700 ÷ 20 = 35（万股）。

4. 发放股票股利后的普通股股数 = 1 000 × (1 + 10%) = 1 100（万股）；

   发放股票股利后的普通股股本 = 1 100 × 2 = 2 200（万元）；

   发放股票股利后的资本公积金 = 800 + (35 - 2) × 100 = 4 100（万元）；

   现金股利 = 0.3 × 1 100 = 330（万元）；

   利润分配后的未分配利润 = 4 500 - 35 × 100 - 330 = 670（万元）。

5. （1）2017 年净利润 = 4 000 × (1 - 25%) = 3 000（万元）

   （2）2018 年投资所需权益资金 = 4 000 × 50% = 2 000（万元）

   2017 年分配的现金股利 = 3 000 - 2 000 = 1 000（万元）

   （3）2018 年度公司留存利润 = 3 000 × (1 - 40%) = 1 800（万元）

   2018 年外部自有资金筹集数额 = 2 000 - 1 800 = 200（万元）

   （4）2017 年发放的现金股利

   = 1 200 × (1 + 5%) × (1 + 5%) × (1 + 5%) = 1 389.15（万元）

   2017 年度公司留存利润 = 3 000 - 1 389.15 = 1 610.85（万元）

   2018 年外部自有资金筹集数额 = 2 000 - 1 610.85 = 389.15（万元）

   （5）2017 年发放的现金股利 = 1 000 + (3 000 - 2 000) × 10% = 1 100（万元）

   2017 年度公司留存利润 = 3 000 - 1 100 = 1 900（万元）

   2018 年外部自有资金筹集数额 = 2 000 - 1 900 = 100（万元）

【注会真题汇编】

1. 答案：D

解析：利润留存 = 1 000 × 7/10 = 700（万元），应发放现金股利 = 1 200 - 700 = 500（万元）。在剩余股利政策下，不需要考虑以前年度未分配利润的问题，因此年初未分配利润 -100 万元不影响 2016 年的利润分配。按净利润 10% 提取的公积金含在留存收益中了，不需要单独考虑。

2. 答案：D

解析：采用低正常股利加额外股利政策具有较大的灵活性。当公司盈余较少或投资需用较多资金时，可维持较低但正常的股利，股东不会有股利跌落感；而当盈余有较大幅度增加时，则可适度增发股利，把经济繁荣的部分利益分配给股东，使他们增强对公司的信心，这有利于稳定股票的价格。所以，选项 D 错误。

3. 答案：D

解析：以持有的其他公司的有价证券支付的股利，属于财产股利。

4. 答案：C

解析：股票分割会降低股票每股面值，股票股利不会改变股票每股面值，选项 A 错误；股票分割和股票股利都不会改变股东权益总额，但是股票股利会改变股东权益结构，股票分割不会改变股东权益结构，选项 B、D 错误；股票分割和股票股利都会导致股数增加，且股东权益总额均不变，因此都会降低股票每股价格，选项 C 正确。

5. 答案：CD

解析：剩余股利政策就是在公司有着良好投资机会时，根据一定的目标资本结构（最佳资本结构），测算出投资所需的权益资本，先从盈余当中留用，然后将剩余的盈余作为股利予以分配。由此可见，利用剩余股利政策的公司更多地关注的是投资机会和资本成本。

6. 答案：BCD

解析：股票回购不会改变每股面额，选项 A 不正确；股票回购会使权益资本降低，选项 B 正确；股票回购使流通在外的股份减少，则每股收益提高，选项 C 正确；因一部分现金流用于股票回购，所以自由现金流量减少，选项 D 正确。

第十四章　营运资本管理

一、简答题

答案：略

二、单项选择题

1. 答案：C

解析：冒险的流动资产筹资策略是短期资金来源不仅支持季节性流动资产的资金需求，还支持部分永久性流动资产和非流动资产的资金需要。

2. 答案：B

解析：保守型流动资产投资策略承担较大的流动资产持有成本，但短缺成本较小。

3. 答案：C

解析：保守型流动资产投资策略的风险最小，但收益性最差；激进型流动资产投资策略的风险最大，但可望获取的收益也最大，适中的流动资产投资策略则介于两者之间。因此选项 C 不正确。

4. 答案：B

解析：预防性需要是指置存现金以防发生意外的支付。现金流量的可预测性强，预防性现金的数额越小；此外预防性现金数额还与企业的借款能力有关，企业借款能力越强，为预防性需要持有的现金数额可以少一些，因此二者呈反向变动关系。

5. 答案：D

解析：投机性需要是指置存现金用于不寻常的购买机会，比如购入股票及有价证券等，但除了金融和投资公司外，一般地讲其他企业专为投机性需要而特殊置存现金的不多。

6. 答案：C

解析：激进型筹资政策的特点是低成本、高风险、高收益。

三、多项选择题

1. 答案：ACD

解析：持有成本主要是与流动资产相关的机会成本，所以选项 B 错误。

2. 答案：ABC

解析：企业流动资产投资策略有以下三种：适中的流动资产投资策略、保守型流动资产投资策略和激进型流动资产投资策略。

3. 答案：ABC

解析：激进型筹资政策的波动性流动资产是小于短期金融负债的，保守型筹资政策的波动性流动资产是大于短期金融负债的。

4. 答案：ABCD

解析：根据营运资本筹资政策可知，选项 A、B、C、D 都是正确的。

5. 答案：ABD

解析：短期金融负债的资本成本一般低于长期负债的资本成本，激进型营运资本筹资策略下，短期金融负债所占比重较大，所以该策略下企业的资本成本较低。为了满足长期性资产的资金需要,企业必然要在短期金融负债到期后重新举债或申请债务展期,所以企业会更频繁举债和借债,而且还会面临由于短期负债利率的变动而增加资本成本的风险,所以选项 A、B、D 正确。

6. 答案:AD

解析:保守型筹资策略的特点是:短期金融负债只融通部分波动性流动资产的资金需要,另一部分波动性流动资产由长期资金来源支持,所以选项 A 正确;在营业低谷时保守型筹资策略易变现率大于 1,适中型筹资策略易变现率等于 1,激进型筹资策略易变现率小于 1,选项 D 正确。

四、判断题

1. 答案:对

解析:流动资产最优的投资规模,取决于持有成本和短缺成本总计的最小化。企业持有成本随投资规模增加而增加,短缺成本随投资规模增加而减少,在两者相等时达到最佳的投资规模。

2. 答案:对

解析:在不同的经济周期下,公司的营运资本需求会向目标营运资本需求调整。经济周期与企业营运资本需求的调整速度负相关,即在经济周期上行期,调整速度较慢;在经济周期下行期,调整速度较快。

3. 答案:错

解析:短期金融负债只融通部分波动性流动资产的资金需要,另一部分波动性流动资产和全部稳定性流动资产,则由长期资金来源支持是保守型筹资政策的特点。

五、计算与案例分析

(1)

单位:元

	A 公司	B 公司
EBIT	300 000	300 000
利息	(124 000)	(106 000)
税前收益	176 000	194 000
所得税	(704 000)	(77 600)
净利润	105 600	116 400
所有者权益	1 000 000	1 000 000
净资产收益率(%)	10.56	11.64

(2)

单位：元

	A 公司	B 公司
EBIT	300 000	300 000
利息	(164 000)	(176 000)
税前收益	136 000	124 000
所得税	(54 400)	(49 600)
净利润	81 600	74 400
所有者权益	1 000 000	1 000 000
净资产收益率（%）	8.16	7.44

(3) B 公司面临的风险更大。首先，其净资产收益率和净利润的波动要高于 A 公司；其次，B 公司每年都要续借大额的短期贷款，如果资金紧缩需要续借，或者公司经营不好，或者两种情况都出现时，B 公司可能无法继续经营。

【注会真题汇编】

1. 答案：B

解析：激进型营运资本投资策略，表现为较低的流动资产/收入比率，所以持有成本最低，短缺成本最高；相比而言，适中型营运资本投资策略，持有成本较高，短缺成本较低，所以选项 B 正确。

2. 答案：A

解析：保守型流动资产投资策略需要较多的流动资产投资，其持有成本（主要是机会成本）较高、短缺成本较低。

3. 答案：CD

解析：营业低谷时的易变现率 = [（经营性流动负债 + 长期债务 + 股东权益）− 长期资产］÷ 稳定性流动资产 = 120%，稳定性流动资产为 300 万元，则：经营性流动负债 + 长期债务 + 股东权益 = 360 + 长期资产，而：长期资产 + 稳定性流动资产 = 长期资产 + 300，即：长期资金来源大于长期资产（包括稳定性流动资产）占用，表明营业低谷时，公司有 60 万元的闲置资金，同时也表明，波动性流动资产占用的资金部分来源于长期资金；稳定性流动资产全部来源于长期资金，因此该公司采用的保守型筹资策略，选项 A、B 错误，选项 C、D 正确。[或者：营业低谷时的易变现率大于 1，即：（经营性流动负债 + 长期债务 + 股东权益）大于（长期资产 + 稳定性流动资产），表明公司有 60 万元的闲置资金，所以，选项 D 正确。]

第十五章　现金管理

一、简答题

答案：略

二、单项选择题

1. 答案：C

解析：现金周转期 = 存货周转期 + 应收账款周转期 – 应付账款周转期

2. 答案：D

解析：最高现金控制线 = 3×8 000 – 2×1 000 = 22 000（元），由于公司现有现金20 000元没有到达现金控制的上限，所以，不需要用现金购买有价证券。

3. 答案：A

解析：预防性现金持有量的多少主要取决于现金流量预测的可靠性、临时举债能力的强弱和企业愿意承担现金短缺风险的程度。

4. 答案：B

解析：现金是一种非营利性资产，现金结余过多，会降低企业的收益。

5. 答案：B

解析：本题的考核点是现金的持有动机。A选项属于为满足交易动机而持有现金；C、D选项属于为满足投机动机而持有现金。

6. 答案：B

解析：本题的主要考核点是最佳现金持有量确定的随机模式。现金最高持有量 = 3×9 000 – 2×2 500 = 22 000（元），所以，目前的现金持有量未达到现金最高持有量，不予理会。

三、多项选择题

1. 答案：ABC

解析：企业持有现金动机主要包括交易动机、预防动机和投机动机。

2. 答案：AB

解析：现金周转期 = 存货周转期 + 应收账款周转期 – 应付账款周转期

3. 答案：ABCD

解析：现金收支管理的目的在于提高现金使用效率，为达到这一目的，可运用多种方法。

4. 答案：BC

解析：本题的考核点是随机模式。B选项不正确：当现金量达到控制上限时，用现金购入有价证券，使现金持有量下降；C选项不正确：当现金量降到控制下限时，要抛售有价证券换回现金，使现金持有量回升。

5. 答案：AB

解析：预防性需要是指置存现金以防发生意外的支付。现金流量的不确定性越大，预防性现金的数额也越大；此外预防性现金数额还与企业的借款能力有关。

四、判断题

1. 答案：对

解析：企业持有现金，会发生管理费用，这些费用就是现金的管理成本。管理成本是一种固定成本，与现金持有量之间无明显的比例关系。

2. 答案：对

解析：现金的收益性较差，企业现金持有量过多，盈利水平要下降。

3. 答案：错

解析：存货模式假定现金的流出量是稳定不变的，随机模式才是建立在企业的现金未来需求总量和收支不可预测的前提下的，因此随机模式计算出来的现金持有量比较保守。

五、计算与案例分析

1. ①计算应收账款周转期：

应收账款周转率 = 4 800 ÷ [(200 + 400) ÷ 2] = 16（次），

应收账款周转期 = 360 ÷ 16 = 22.5（天）。

②计算存货周转期：

存货周转率 = 2 200 ÷ [(320 + 120) ÷ 2] = 10（次），

存货周转期 = 360 ÷ 10 = 36（天）。

③计算现金周转期：

现金周转期 = 应收账款周转期 − 应付账款周转期 + 存货周转期 = 22.5 − 28 + 36 = 30.5（天）。

④确定最佳现金持有量：

最佳现金持有量 = 3 075 ÷ 30.5 = 100.82（万元）。

2. 最佳现金持有量 = $\sqrt{(2 \times 900\,000 \times 60) \div 12\%}$ = 30 000（元），

所以，该企业的最佳现金持有量为 30 000 元。

3. （1）目前存在收入浮游量是 5 天，若采用锁箱法则可降低至 2 天。通过采用锁箱法系统，A 公司的现金余额可减少 42 万元（14 万元 × 3 天）。

（2）年价值 = 420 000 × 12% = 50 400（元）。

（3）最高花费 = 50 400 ÷ 12 = 4 200（元）。

4. （1）现金管理的目的是在保证企业正常生产经营所需现金的同时，节约使用资金，并从暂时闲置的现金中获取最多的利息收入。

（2）公司持有现金的动机主要包括：①支付的动机，即持有现金以便满足日常支付的需要；②预防的动机，即持有现金以防止意外事件对现金的需求；③投机的

动机,即持有现金以便当证券价格出现剧烈波动时,从事投资活动,从中获取收益。

(3) 公司在安排现金支出时,应当考虑到现金流入的时间,尽量使现金流出与现金流入同步,这样,可以减少交易性现金余额,并能减少有价证券转换为现金的次数,提高现金的使用效率,节约转换成本。

(4) 公司的支付浮游量为 50 000 美元(10 000×5),收款浮游量为 40 000 美元(10 000×4),净浮游量为 10 000 美元(50 000 – 40 000)。

(5) 公司可以通过下列措施加快收款速度:集中银行法、锁箱法。尽量利用商业信用来放慢支付速度。

(6) 一般来说,有价证券的收益率要低于现金以外的其他经营资产,但是,公司通常都会持有一定数量的有价证券,其原因主要有以下两个方面:作为现金的替代品及作为短期投资。

(7) 在建立有价证券的投资组合时公司必须考虑的因素包括违约风险、利息率风险、购买力风险、流动性风险和证券的投资报酬。

【注会真题汇编】

1. 答案:B

解析:$C^*_{原} = \sqrt{2T \times 100/4\%} = \sqrt{5\,000T}$,$C^*_{新} = \sqrt{2T \times 50/8\%} = \sqrt{1\,250T}$,最佳现金持有量变动百分 = $(\sqrt{1\,250T} - \sqrt{5\,000T})/\sqrt{5\,000T} = (1/2 \times \sqrt{5\,000T} - \sqrt{5\,000T})/\sqrt{5\,000T} = -50\%$,选项 B 正确。

2. 答案:AD

解析:$H - R = 2 \times (R - L)$,所以 $H = 2 \times (7\,000 - 2\,000) + 7\,000 = 17\,000$(元),当现金余额为 5 000 元和 12 000 元时,均介于 17 000 元和 2 000 元之间,不必采取任何措施。当现金余额为 1 000 元时,低于现金存量下限 2000 元,存在现金短缺,需要转让 6 000 元的有价证券,使得现金存量达到最优现金返回线 7 000 元的水平;当现金余额为 18 000 元时,高于现金存量上限 17 000 元,存在现金多余,需要购买 11 000 元的有价证券,使现金存量达到最优现金返回线 7 000 元的水平。所以选项 B、C 不正确,选项 A、D 正确。

第十六章　存货管理

一、简答题

答案:略

二、单项选择题

1. 答案：B

解析：存货 ABC 分类的标准主要有两个：一是金额标准，二是品种数量标准。一般而言，三类存货的金额比重大致为 A：B：C = 7：2：1，而品种数量比重大致为 A：B：C = 1：2：7。

2. 答案：B

解析：经济批量 = $\sqrt{\dfrac{2 \times 2\,400 \times 400}{12}}$ = 400（吨）

最佳订货次数 = 2 400 ÷ 400 = 6（次）

3. 答案：B

解析：实行数量折扣下的经济订货量决策所考虑的成本因素包括订货成本、采购成本和储存成本。

4. 答案：A

解析：本题的考核点是经济批量基本模型。根据经济订货量基本模型：

$Q^* = \sqrt{\dfrac{2KD}{K_c}} = \sqrt{\dfrac{2 \times 7\,200 \times 50}{2}}$ = 600（千克）

每年最佳订货次数 = 7 200 ÷ 600 = 12（次）

最佳订货周期 = 1/12（年） = 1（月）

5. 答案：B

解析：经济订货批量 = $\sqrt{\dfrac{2 \times 1\,000 \times 100}{5}}$ = 200（千克），一个月的最佳订货次数 = 1 000 ÷ 200 = 5（次），最佳的订货间隔期 = 30 ÷ 5 = 6（天）。

6. 答案：A

解析：再订货点 R = 交货时间 × 平均日需求 + 保险储备，从公式可以看出，经济订货量与再订货点无关。

三、多项选择题

1. 答案：ACD

解析：经济订货量基本模型的假设条件包括：（1）存货总需求量确定；（2）采购的物资集中到货一次性入库，然后被均匀消耗；（3）供应商不提供商业折扣，供应充足，采购单价不变；（4）企业资金充足，能够及时补充存货，不允许缺货现象存在。

2. 答案：ABCD

解析：存货功能是指存货在企业生产经营过程中所具有的作用，主要体现在：（1）保证生产经营活动正常开展；（2）适应市场需求变化；（3）便于均衡组织生产；（4）可以降低进货成本。

3. 答案：ABCD

解析：

相关订货成本 = $\dfrac{存货年需要量}{每次采购批量}$ × 每次订货费用

相关储存成本 = $\dfrac{每次采购批量}{2}$ × 单位存货年均储存成本

从上述公式可以看出各相关成本相互之间的关系以及各自与采购批量的关系。另外，用经济订货量的表达式代入上述两项相关成本表达式，整理后会发现两者相等。

4. 答案：ABC

解析：存货陆续供应和使用的情况下经济订货批量公式为：

经济订货批量 = $\sqrt{\dfrac{2 \times 年需用量 \times 每次订货费用}{单位存货年均储存成本 \times \left(1 - \dfrac{每日耗用量}{每日送货量}\right)}}$

5. 答案：ABC

解析：建立保险储备后的再订货点公式为：再订货点 = 交货时间 × 平均日需求 + 保险储备量。

6. 答案：ACD

解析：本题的主要考核点是存货的储存变动成本的内容。存货的储存变动成本是指与存货数量相关的成本，包括存货占用资金的应计利息、存货的破损变质损失、存货的保险费用，而紧急额外购入成本属于缺货成本。

四、判断题

1. 答案：对

解析：在存货模式下，将现金最佳持有量的表达式分别代入机会成本和变动转换成本的表达式，会发现这两者相等。即持有现金的机会成本与变动转换成本相等时，相关总成本最低，此时的现金持有量为最佳现金持有量。

2. 答案：对

解析：在存货的 ABC 分类管理法下，A 类存货是控制的重点，而 A 类存货属于品种数量较少，但金额较大的存货。

3. 答案：错

解析：印花税与委托转换的金额成正比，但从某个预算期间（如 1 年）来看，转换的金额是固定不变的，所以对应的转换成本是一种固定成本，属于决策无关成本。

4. 答案：错

解析：根据存货经济订货批量基本模型，经济订货批量是能使变动性订货成本与变动性储存成本相等的订货批量，不考虑与订货批量无关的固定性订货成本与固定性储存成本。

五、计算与案例分析

1. （1）经济订购批量 = $\sqrt{(2 \times 260\,000 \times 5\,000) \div (5 \times 0.02)}$ = 161 245（蒲式耳），由于公司的订购量必须为 500 蒲式耳的倍数，所以公司的经济订购批量为 161 500 蒲式耳。

（2）平均每星期的耗用量 = 260 000 ÷ 52 = 5 000（蒲式耳），

再订货点 = 6 × 5 000 = 30 000（蒲式耳）。

（3）总存货成本 = 5 × 0.02 × (161 500 ÷ 2) + 5 000 × (260 000 ÷ 161 500) + 260 000 × 5

　　　　　　= 8 075 + 8 049.5 + 1 300 000 = 1 316 124.5（元）。

2.

订购量（打）	2 500	5 000	10 000	20 000	130 000	260 000
订购次数（次）	104	52	26	13	2	1
平均存货量（打）	1 250	2 500	5 000	10 000	65 000	130 000
持有成本（元）	1 950	3 900	7 800	15 600	101 400	202 800
订货成本（元）	31 200	15 600	7 800	3 900	600	300
总成本（元）	33 150	19 500	15 600	19 500	102 000	203 100

从上表可见，当订货批量为 10 000 打时，总成本最低。因此，B 公司的经济订购批量为 10 000 打。

【注会真题汇编】

1. 答案：C

解析：研究保险储备的目的，就是要找出合理的保险储备量，使缺货或中断损失和储备成本之和最小。所以，选项 C 正确。

2. 答案：BD

解析：存货经济订货批量 = $\sqrt{\dfrac{2KD}{K_c}}$，单位储存成本与存货经济订货批量反向变动，所以选项 A 错误；存货年需求量、单位订货变动成本与存货经济订货批量同向变动，所以选项 B、D 正确；订货固定成本与存货经济订货批量无关，所以选项 C 错误。

3. （1）外购 K_c = 100 × 10% = 10（元/件），外购 K = 20 元/件，外购 D = 3 600 件

外购该零部件的经济订货量 = $\sqrt{\dfrac{2 \times 3\,600 \times 20}{10}}$ = 120（件）

外购该零部件与批量有关的总成本 = $\sqrt{2 \times 3\,600 \times 20 \times 10}$ = 1 200（元）

外购零部件的全年总成本 = 3 600 × 100 + 1 200 = 361 200（元）

（2）自制 K_c = (100 × 0.1 + 50) × 10% = 6（元/件），自制 K = 400 元/次，自制 D = 3 600 件，自制 P = 15 件/天，自制 d = 3 600/360 = 10（件/天）

自制该零部件的经济生产批量 = $\sqrt{\dfrac{2 \times 3\,600 \times 400}{6 \times (1 - 10/15)}}$ = 1 200（件）

自制该零部件与批量有关的总成本 = $\sqrt{2 \times 3\,600 \times 400 \times 6 \times (1 - 10/15)}$ = 2 400（元）

设备使用期内的平均年成本 = 100 000 ÷ (P/A, 10%, 5) = 100 000 ÷ 3.790 8 = 26 379.66（元）

自制总成本 = 3 600 × 60 + 26 379.66 + 4 × 25 000 + 2 400 = 344 779.66（元）

（3）由于自制的总成本小于外购的总成本，所以应该选择自制方案。

4.（1）每次订货的变动成本 K = 500（元）

经济订货量 = $\sqrt{\dfrac{2 \times 500 \times 720}{200}}$ = 60（吨）

订货次数 = 720/60 = 12（次）

与经济订货量相关的总成本 = $\sqrt{2 \times 500 \times 720 \times 200}$ = 12 000（元）

交货期内的日平均需要量 = 720/360 = 2（吨）

①保险储备 B = 0 时，即不设置保险天数，则缺货量的期望值 S = 1 × 2 × 30% + 2 × 2 × 20% = 1.4（吨）

TC(S,B) = 12 × 1.4 × 50 + 0 × 200 = 840（元）

②保险储备 B = 2 吨时，即设置 1 天的保险天数，则缺货量的期望值 S = (2 - 1) × 2 × 20% = 0.4（吨）

TC(S,B) = 12 × 0.4 × 50 + 2 × 200 = 640（元）

③保险储备 B = 4 吨时，即设置 2 天的保险天数，则缺货量的期望值 S = 0

TC(S,B) = 12 × 0 × 50 + 4 × 200 = 800（元）

通过计算结果比较得出，当保险储备量为 2 吨时，与保险储备相关的总成本最低，此时的再订货点 R = 10 × 2 + 2 = 22（吨）。

方案一的总成本 = 720 × (3 000 + 100) + 12 000 + 640 = 2 244 640（元）

（2）

$$Q^* = \sqrt{\dfrac{2KD}{K_c} \times \dfrac{P}{P-d}} = \sqrt{\dfrac{2 \times 100 \times 720}{200} \times \dfrac{10}{10-2}} = 30（吨）$$

与经济订货量相关的总成本 = $\sqrt{2 \times 720 \times 100 \times 200 \times \left(1 - \dfrac{2}{10}\right)}$ = 4 800（元）

方案二的总成本 = 720 × (3 300 + 20) + 4 800 = 2 395 200（元）

（3）从成本角度分析，由于方案一的总成本比方案二的低，所以，应该选择方案一。

第十七章　应收账款和信用政策

一、简答题

答案：略

二、单项选择题

1. 答案：D

解析：信用条件是指企业要求客户支付赊销款项的条件，包括信用期限、折扣期限和现金折扣。

2. 答案：B

解析：平均收现期 = 360 ÷ 9 = 40（天）

应收账款的机会成本 = 600/360 × 40 × 70% × 10% = 4.67（万元）

3. 答案：A

解析：应收账款的机会成本是指因资金投放在应收账款上而丧失的其他投资收益。

4. 答案：C

解析：应收账款收现保证率 = (2 100 − 600) ÷ 3 000 = 50%

5. 答案：A

解析：本题考核点是信用期限。不适当地延长信用期限会使平均收账期延长，占用在应收账款上的资金相应增加，引起机会成本、坏账损失和收账费用增加，存货占用资金减少。

6. 答案：C

解析：信用条件是指企业接受客户信用定单时所提出的付款要求，主要包括：信用期限、折扣期限和现金折扣率。收账政策亦称收账方针，是指当客户违反信用条件，拖欠甚至拒付账款时企业所采取的收账策略与措施，主要包括收账程序、收账方式等。信用标准是企业评价客户等级，决定给予或拒绝客户信用的依据。信用政策的制定就是在成本与收益比较的基础上，做出信用标准、信用条件和收账政策的具体决策方案，即信用政策主要包括信用标准、信用条件和收账政策三个方面的内容。

三、多项选择题

1. 答案：ABCD

解析：应收账款机会成本 = 平均每日赊销额 × 平均收现期 × 变动成本率 × 资本成本。

2. 答案：ABD

解析：信用标准是客户获得企业商业信用所应具备的条件。信用标准过高，意味着客户获得赊购的条件很苛刻，可能会使企业丧失销售机会，但有利于降低违约风险和减少坏账费用。

3. 答案：AD

解析：本题考核的是发生应收账款的原因。发生应收账款的原因，主要有以下两种：第一，商业竞争；第二，销售和收款的时间差距。

4. 答案：ABD

解析：本题的考核点是信用期限的含义及决策。信用期限是指企业允许客户从购货到支付货款的时间间隔。缩短信用期限可能增加当期现金流量，延长信用期限，可以在一定程度上扩大销售量，但增加了应收账款的机会成本。信用标准的高低与信用期限的长短没有直接关系。

5. 答案：BCD

解析：本题的主要考核点是缩短应收账款周转天数的意义。应收账款周转天数越短，收回账款的速度越快，资产的流动性越强，应收账款占用水平一定的情况下，有利于企业扩大销售规模。

四、判断题

1. 答案：错

解析：收账费用并不是越大越好，制定收账政策应该在增加收账费用与减少坏账损失、减少应收账款机会成本之间进行权衡，前者要小于后者，收账政策才是可取的。

2. 答案：错

解析：如果企业的信用标准严格，给予客户的信用期很短，可能不足以吸引顾客，使企业销售额下降，不利于企业利润的增加，甚至会减少企业的利润。

3. 答案：错

解析：赊销虽能扩大收入，但也会相应增加成本，并不一定赊销越多越好。

4. 答案：错

解析：信用标准是信用申请者获得企业所提供的信用必须达到的基本条件，通常以坏账损失率表示。

五、计算与案例分析

1.（1）应收账款周转率 = 360 ÷ 平均收账期 = 360 ÷ 24 = 15，

应收账款平均占用额 = 赊销收入净额 ÷ 应收账款周转率 = 450 000 ÷ 15 = 30 000（元）。

（2）应收账款周转率 = 360 ÷ 平均收账期 = 360 ÷ 20 = 18，

应收账款平均占用额 = 赊销收入净额 ÷ 应收账款周转率 = 450 000 ÷ 18 = 25 000（元）。

2. (1) 预期资金变动额:

原先每日销货 = 180 万 ÷ 360 = 5 000(元),

原先占用资金 = 5 000 × 30 = 150 000(元),

新的每日销货 = 240 万 ÷ 360 = 6 666.67(元),

新的资金占用 = 6 666.67 × 45 = 300 000(元),

增加资金额 = 300 000 - 150 000 = 150 000(元)。

(2) 预期利润变动额:

收益增加额 = 60 万 × 20% = 120 000(元),

坏账损失增加额 = 60 万 × 4% = 24 000(元),

利息增加额 = 120 000 × 16% = 19 200(元),

利润变动额 = 120 000 - 24 000 - 19 200 = 76 800(元)。

3. (1)

项目	A 政策	B 政策
平均收账期(天)	60	45
坏账损失率(%)	3	2
应收账款平均余额(万元)	240 ÷ 360 × 60 × 80% = 32	240 ÷ 360 × 45 × 80% = 24
收账成本:		
应收账款机会成本(万元)	32 × 25% = 8	24 × 25% = 6
坏账损失(万元)	240 × 3% = 7.2	240 × 2% = 4.8
年收账费用(万元)	1.8	3.2
收账成本合计	8 + 7.2 + 1.8 = 17	6 + 4.8 + 3.2 = 14

(2) 计算表明,B 政策的收账成本较 A 政策低,故应选用 B 政策。

4. 三种方案下的利润计算

单位:万元

项目	当前政策	方案一	方案二
销售额	1 000	1 100	900
销售利润	400	440	360
应收账款机会成本	1 000 ÷ 360 × 30 × 60% × 15% = 7.5	1 100 ÷ 360 × 45 × 60% × 15% = 12.375	900 ÷ 360 × 22 × 60% × 15% = 4.95
收账费	5	5	5

续表

项目	当前政策	方案一	方案二
坏账损失	20	33	9
税前利润	367.5	389.625	341.05
所得税	91.875	97.41	85.26
净利润	275.625	292.215	255.79

可见，该公司必须变更当前的信用政策，采用方案一。

【注会真题汇编】

1. 答案：A

解析：能力指顾客的偿债能力，即其流动资产的数量和质量以及与流动负债的比例。

2. 答案：C

解析：应收账款平均收现期 $= 20 \times 40\% + 30 \times (1 - 40\%) = 26$（天），应收账款年平均余额 $= 30\,000 \div 300 \times 26 = 2\,600$（元）

3. （1）边际贡献变动额 $= 180\,000 \times 12\% \times (10 - 6) = 86\,400$（元）

现金折扣成本变动额 $= 180\,000 \times (1 + 12\%) \times 10 \times 2\% \times 50\% = 20\,160$（元）

平均收账天数 $= 10 \times 50\% + 30 \times 40\% + 50 \times 10\% = 22$（天）

应收账款占用资金的应计利息变动额

$= [180\,000 \times (1 + 12\%) \times 10 \div 360] \times 22 \times 6 \div 10 \times 15\% = 11\,088$（元）

增加的收账费用 $= 180\,000 \times (1 + 12\%) \times 10 \times 10\% \times 3\% = 6\,048$（元）

增加的存货余额 $= 180\,000 \times 6 \div 3 \times 12\% = 43\,200$（元）

增加的存货占用资金应计利息 $= 43\,200 \times 15\% = 6\,480$（元）

节约的应付账款占用资金应计利息 $= (110\,000 - 90\,000) \times 15\% = 3\,000$（元）

（2）改变信用政策引起的税前损益变 $= 86\,400 - 20\,160 - 11\,088 - 6\,048 - 6\,480 + 3\,000 = 45\,624$（元）

因为增加的税前损益大于0，所以该信用政策改变是可行的。

参考文献

1. [美]雷蒙德·M.布鲁克斯著,路蒙佳译.财务管理(第2版).北京:中国人民大学出版社,2014.
2. [美]斯蒂芬·A.罗斯等著.吴世农等译.公司理财(原书第9版).北京:机械工业出版社,2013.
3. 中国注册会计师协会组织编.财务成本管理.北京:中国财政经济出版社,2018.
4. 丁元霖.财务管理.上海:立信出版社,2012.
5. 荆新,王化成,刘俊彦.财务管理学.北京:中国人民大学出版社,2012.
6. 陆宇建.财务管理.大连:大连理工大学出版社,2010.
7. 王化成.财务管理.北京:中国人民大学出版社,2013.
8. 屠红卫.财务管理学.北京:北京大学出版社,2014.
9. 骆永菊,郑蔚文.财务管理学实用教程.北京:北京大学出版社,2012.
10. 杨忠智.财务管理.厦门:厦门大学出版社,2014.
11. 刘淑莲.财务管理.大连:东北财经大学出版社,2013.
12. 卢家仪.财务管理.北京:清华出版社,2011.
13. 李延喜、秦学志、张悦玫.财务管理.北京:清华大学出版社,2014.
14. 刘瑞红.财务管理实务.北京:清华大学出版社,2014.
15. 王翠菊.财务管理.北京:高等教育出版社,2013.
16. 姚海鑫.财务管理.北京:清华大学出版社,2013.